破産管財 BASIC ベーシック

[チェックポイントと Q&A]

監修
中森 亘
野村 剛司
落合 茂

編著
破産管財実務研究会

発行 民事法研究会

はしがき

　私が初めて裁判所から破産管財人（以下、「管財人」といいます）に選任されたのは、もう十数年前のことになります。それまでも管財人代理（常置代理人）の経験はありましたが、自身が管財人として手続を担うということで、格別の緊張感と力みがあったことを記憶しています。事件の詳細は忘れてしまいましたが、破産者は小さな会社と代表者で、保有不動産に高利貸し名義の所有権移転と賃借権設定の各仮登記がついていたことから任意売却が難航し、最後は担当裁判官の「妥協せず押し切りましょう」という言葉に意を強くして、一気に乗り切ったことを覚えています。最初はとにかくいっぱいいっぱいという感じでしたが、経験を重ねるにつれ、受任当初に事件の全体像と勘どころを把握したうえ、スケジュール感までイメージできるようになり、徐々に余裕をもって事件に臨むことができるようになっていきました。

　当時もそうでしたが、今も、管財人への就任を希望する若手弁護士は多いと思われます。しかしその一方で、昨今の若手弁護士の急増とともに、先輩弁護士から管財実務のスキルやノウハウ、心構えなどを直接教わる機会が減り、若手の管財人から、何から手をつけたらよいのかわからない、自分の処理方法が正しいのかどうかわからないなどといった不安をよく耳にするようになりました。こうした事態に対処するため、大阪弁護士会をはじめ、各地の弁護士会で、若手弁護士を対象にした研修会やOJTなど、管財実務に関するスキル向上を図るための取組みも広まっています。

　本書は、そうした状況のなか、管財人経験のある関西方面の中堅以下の弁護士に声を掛け、初心者の管財人を対象にした、わかりやすくかつ使いやすいハンディな書籍をつくろうということで企画されました。しかし、それぞれに管財実務に対する熱い思いがあり、いざ集まって打合せを始めてみると議論が白熱して、必ずしも初心者には必要でないと思われる論点にまで議論が広がり、意見がまとまらないという事態にたびたび陥りました。最終的には、自分たちが初めて管財人を任されたときの初心に戻り、難しい論点など

は思い切って省略し、最低限必要な事項に絞ろうという当初の方針を再確認してようやく脱稿となりました。それでも、当初の想定を大幅に超える分厚い本になってしまうなど、本書を企画していただいた民事法研究会の田中敦司氏には多大なるご迷惑をお掛けすることとなってしまいました。田中氏には、この場をお借りしてお詫び申し上げるとともに、辛抱強くお待ちいただいた寛容さに感謝申し上げます。また、何よりも、日常の弁護士業務を抱えながら、それぞれに一家言もつ約50名もの管財人経験者による議論を整理し、論点の取捨選択から原稿のとりまとめ、校正刷りの校正に至るまで、本書の完成全般に中心的役割を果たしていただいた平井信二弁護士と小林あや弁護士には、感謝の念に堪えません。心より御礼申し上げます。

　最後に。管財人の役目は単なる残務整理ではありません。管財人は、「債権者その他の利害関係人の利害及び債務者と債権者との間の権利関係を適切に調整し、もって破産者の財産等の適正かつ公平な清算を図るとともに、債務者について経済生活の再生の機会の確保を図る」（破産法1条）という目的をもった破産手続を、円滑かつ迅速に遂行するという重要な任務を負っています。このような管財人としての任務を遂げるためには、破産法にとどまらない幅広い法的知識とバランスのとれた法的感覚が要求されるとともに、交渉力や決断力のほか、細かさと大胆さ、諦めない心と開き直れる力、そしてある種の冷徹さと寛容さまでもが求められるのであり、逆にそうした能力を求められつつ、最後まで自らの責任と判断で手続を進められるというところに管財人の仕事の魅力があるともいえるでしょう。

　管財実務に関する類書はすでにたくさん世に出ていますが、本書もその一冊として、これから管財人に就任される方々、管財人を少し経験された方々等が、管財人の仕事に魅力を感じ、今後、中堅、ベテランへと成長していくための一つの足掛かりとなれば幸いです。

　2014年1月

　　　　　　　　　　　　　　　　　　　弁護士　中　森　亘

●執筆者一覧●　　　　　　　（50音順）

〔監修・執筆〕

弁護士　中森　亘　　北浜法律事務所・外国法共同事業（47期・大阪弁護士会）

弁護士　野村　剛司　なのはな法律事務所（50期・大阪弁護士会）

〔第5章　税務〕

税理士　落合　茂　　落合・服部会計事務所

〔編集・執筆〕

弁護士　相沢　祐太　ふじ総合法律会計事務所（56期・大阪弁護士会）

弁護士　尾島　史賢　尾島法律事務所（56期・大阪弁護士会）

弁護士　北嶋　紀子　フェニックス法律事務所（53期・大阪弁護士会）

弁護士　木村　真也　はばたき綜合法律事務所（52期・大阪弁護士会）

弁護士　楠山　宏　　楠山法律事務所（48期・大阪弁護士会）

弁護士　小林　あや　小林功武法律事務所（53期・大阪弁護士会）

弁護士　坂川　雄一　はばたき綜合法律事務所（53期・大阪弁護士会）

弁護士　嶋田　修一　法修館法律事務所（51期・大阪弁護士会）

弁護士　新宅　正人　新宅法律事務所（53期・大阪弁護士会）

弁護士　團　潤子　　疋田淳法律事務所（54期・大阪弁護士会）

弁護士　豊島ひろ江　中本総合法律事務所（50期・大阪弁護士会）

弁護士　中西　敏彰　北浜法律事務所・外国法共同事業（55期・大阪弁護士会）

弁護士　濱野　裕司　濱野法律事務所（55期・大阪弁護士会）

弁護士　平井　信二　アクト大阪法律事務所（53期・大阪弁護士会）

弁護士　堀野　桂子　北浜法律事務所・外国法共同事業（58期・大阪弁護士会）

弁護士　渡邊　一誠　弁護士法人大江橋法律事務所（59期・大阪弁護士会）

〔執筆〕

弁護士　稲田　正毅　共栄法律事務所（52期・大阪弁護士会）

執筆者一覧

弁護士	岩佐　裕美	高志法律事務所（63期・福井弁護士会）
弁護士	植村　淳子	弁護士法人関西法律特許事務所（61期・大阪弁護士会）
弁護士	宇都宮一志	清和法律事務所（57期・大阪弁護士会）
弁護士	尾田　智史	弁護士法人池内総合法律事務所（57期・大阪弁護士会）
弁護士	川端さとみ	小松法律特許事務所（57期・大阪弁護士会）
弁護士	久米　知之	神戸H.I.T.法律事務所（56期・兵庫県弁護士会）
弁護士	古家野晶子	弁護士法人古家野法律事務所（61期・京都弁護士会）
弁護士	佐藤　俊	弁護士法人大江橋法律事務所（58期・大阪弁護士会）
弁護士	佐野　晃子	親和法律事務所（58期・大阪弁護士会）
弁護士	軸丸　欣哉	弁護士法人淀屋橋・山上合同（50期・大阪弁護士会）
弁護士	清水　良寛	弁護士法人淀屋橋・山上合同（57期・大阪弁護士会）
弁護士	白木　優	せせらぎ法律事務所（59期・滋賀弁護士会）
弁護士	鈴木　蔵人	色川法律事務所（58期・大阪弁護士会）
弁護士	津久井　進	弁護士法人芦屋西宮市民法律事務所（47期・兵庫県弁護士会）
弁護士	野上　昌樹	弁護士法人大江橋法律事務所（46期・大阪弁護士会）
弁護士	長谷川　裕	岡田春夫綜合法律事務所（56期・大阪弁護士会）
弁護士	速見　禎祥	インテリクス特許法律事務所（58期・大阪弁護士会）
弁護士	福井　俊一	はばたき綜合法律事務所（62期・大阪弁護士会）
弁護士	藤原　誠	北浜法律事務所・外国法共同事業（60期・大阪弁護士会）
弁護士	細井　信秀	弁護士法人フォーラム大阪法律事務所（55期・大阪弁護士会）
弁護士	松岡　潤	北浜法律事務所・外国法共同事業（59期・大阪弁護士会）
弁護士	溝渕　雅男	共栄法律事務所（59期・大阪弁護士会）
弁護士	森本　純	小松法律特許事務所（58期・大阪弁護士会）
弁護士	森本　英伸	弁護士法人淀屋橋・山上合同（59期・大阪弁護士会）
弁護士	八木　宏	九頭竜法律事務所（54期・福井弁護士会）
弁護士	山形　康郎	弁護士法人関西法律特許事務所（52期・大阪弁護士会）
弁護士	吉田　豪	弁護士法人淀屋橋・山上合同（58期・大阪弁護士会）

※弁護士のカッコ内は、修習期・所属弁護士会を示す。

破産管財 BASIC

目　次

【本書の使い方】……………………………………………………………[30]
■破産管財手続の概要と本書の構成■ ……………………………………1

第1章　破産手続開始決定

Ⅰ　破産手続開始決定の流れ・概要 ……………………………………4
Ⅱ　破産手続開始決定前後における事務作業のチェックポイント等 ……………………………………………………………5
　1　受任依頼から初動段階の心構え ……………………………………5
　2　管財人就任打診から破産手続開始決定まで ……………………6
　　(1)　裁判所からの管財人就任打診 ……………………………………6
　　(2)　破産者および申立代理人等との面談・引継ぎ・管財業務の把握等 ……………………………………………………………6
　　(3)　開始決定前の検討事項 ……………………………………………9
　　　◎申立てをするときは……(1) ………………………………………9
　　　◎申立てをするときは……(2) ………………………………………9
　　　◎申立てをするときは……(3) ………………………………………9
　3　破産手続開始決定当日 ……………………………………………10
　　　◎申立てをするときは……(4) ………………………………………10
　　　◎申立てをするときは……(5) ………………………………………10
　　　◎申立てをするときは……(6) ………………………………………10
　4　破産手続開始決定直後 ……………………………………………11
　　(1)　債権者等への開始決定通知等の発送 …………………………11
　　(2)　高価品保管口座（管財人口座）の開設と予納金の引継ぎ ………12

目 次

　(3)　係属する訴訟、執行、保全等の処理……………………………12
　(4)　その他の管財業務……………………………………………………13
　　◎申立てをするときは……(7)……………………………………………14
　　◎申立てをするときは……(8)……………………………………………14
　　◎申立てをするときは……(9)……………………………………………14
　　◎申立てをするときは……(10)……………………………………………14

Ⅲ　Q＆A ………………………………………………………………………15
　Q 1　裁判所からの管財人就任打診(1)──記録の閲覧……………15
　Q 2　裁判所からの管財人就任打診(2)──利害関係の確認………15
　Q 3　初動の重要性……………………………………………………17
　Q 4　申立書類の引継ぎ………………………………………………18
　Q 5　破産者および申立代理人との面談……………………………19
　Q 6　事業者管財人の注意事項………………………………………20
　Q 7　保全処分…………………………………………………………21
　Q 8　破産手続開始決定前の管財業務の準備………………………22
　Q 9　開始決定通知の発送(1)──債権者等への送付………………23
　Q 10　開始決定通知の発送(2)──新たな債権者が判明した場合…24
　Q 11　高価品保管口座（管財人口座）の開設 ………………………24
　Q 12　予納金の引継ぎ…………………………………………………25
　Q 13　係属中の訴訟等(1)──裁判所等への連絡……………………26
　Q 14　係属中の訴訟等(2)──訴訟等への対応………………………26
　Q 15　破産手続開始決定直後の管財業務(1)──スケジュール管
　　　　理と資産保全……………………………………………………28
　Q 16　破産手続開始決定直後の管財業務(2)──見落としやすい
　　　　双務契約…………………………………………………………30
　Q 17　現場確認と現場保全……………………………………………30
　Q 18　破産登記…………………………………………………………31
　Q 19　債権者等からの問合せ対応……………………………………32

Q20　債権者破産···32
　Q21　補助者の確保···33

第2章　自由財産拡張

Ⅰ　自由財産拡張手続におけるチェックポイント等 ··········36
　1　自由財産拡張における心構え ·································36
　2　自由財産拡張申立ての有無・内容の確認 ···················38
　3　財産の評価および拡張申立てのある財産の額の確定 ·······40
　　◎申立てをするときは……⑪·······································41
　　◎申立てをするときは……⑫·······································41
　　◎申立てをするときは……⑬·······································41
　4　自由財産拡張制度の運用基準に基づく調査・判断 ·········42
　5　拡張相当と認められる場合の処理 ···························45
　　(1)　原則拡張相当とされる財産の場合·························45
　　(2)　原則拡張不相当とされる財産の場合·····················45
　6　拡張不相当と判断した場合の処理 ···························46

Ⅱ　Q&A ···47
　Q1　本来的自由財産···47
　Q2　自由財産拡張制度の運用基準·································49
　Q3　拡張適格財産···51
　Q4　申立書の財産目録に記載のない財産·······················52
　Q5　総額99万円を超える財産·····································53
　Q6　超過分の財団組入れ··54
　Q7　本来的自由財産が高額な場合·································54
　Q8　自由財産拡張の判断時期·······································55
　Q9　財団組入れとの関係··56

- Q10 拡張相当と判断した場合の処理……………………57
- Q11 拡張不相当と判断した場合の処理……………………58
- Q12 交通事故の損害賠償請求権……………………58
- Q13 事業継続と自由財産拡張……………………59

第3章　破産財団の管理・換価

- Ⅰ　破産財団の管理・換価の流れ・概要 ……………62
  - 〔コラム❶〕　破産財団の占有・管理のエッセンス ……………63
- Ⅱ　破産財団の管理・換価のチェックポイント等 ……………64
  - ① 破産財団の占有・管理……………64
    - (1) 総論……………64
    - (2) 不動産……………65
    - (3) 自動車……………66
    - (4) 在庫商品・動産類……………66
    - (5) リース物件……………67
    - (6) 契約関係の処理……………67
  - ② 資産調査……………68
  - ③ 預貯金・出資金……………70
  - ④ 保険……………71
    - (1) 各種保険一般……………71
    - (2) 火災保険、動産保険……………72
    - (3) 自動車保険……………72
    - (4) 民間年金保険……………73
    - 〔コラム❷〕　換価のエッセンス ……………73
  - ⑤ 自動車……………74

⑴　占有・保管……………………………………………………74
　⑵　換　価…………………………………………………………74
　⑶　所有権留保付きの自動車である場合の問題………………76
6　不動産……………………………………………………………77
　⑴　不動産の占有・管理・現状の把握…………………………77
　⑵　不動産の権利関係等の把握、関係者への連絡……………79
　⑶　不動産の価値の把握…………………………………………81
　⑷　売却方法の検討、買受希望者の探索、買受希望者・売却代
　　　金の決定………………………………………………………81
　⑸　担保権者等との交渉、財団組入額等の決定………………83
　⑹　売買契約書の作成・締結、代金使途・分配内容の確定、決
　　　済日の決定、許可申請………………………………………84
　⑺　決済、決済後の処理…………………………………………87
　⑻　放　棄…………………………………………………………88
　　　◎申立てをするときは……⒁…………………………………88
7　有価証券…………………………………………………………89
　⑴　株　式…………………………………………………………89
　⑵　投資信託等の金融商品………………………………………90
　⑶　ゴルフ会員権・リゾート会員権……………………………90
　⑷　手形・小切手…………………………………………………91
8　売掛金、貸付金その他各種債権………………………………92
　⑴　売掛金…………………………………………………………92
　⑵　請負代金………………………………………………………94
　⑶　貸付金…………………………………………………………94
　⑷　敷金・賃貸借保証金…………………………………………95
　⑸　営業保証金（弁済業務保証金）等…………………………95
　⑹　その他取引保証金・会員保証金など保証金一般…………95
　⑺　過払金…………………………………………………………95

[9]

目 次

　　　(8) 退職金 ……………………………………………………96
　　　(9) 損害賠償請求権 ……………………………………………96
　9 在庫商品、機械工具等その他各種動産 ……………………97
　　　(1) 在庫商品・仕掛品・原材料 ………………………………97
　　　(2) 機械工具類・重機 …………………………………………98
　　　(3) 什器備品・家財道具 ………………………………………99
　　　(4) 切手・印紙・郵券・金券等 ……………………………100
　　　　　◎申立てをするときは……(15) ……………………………100
　　　　　◎申立てをするときは……(16) ……………………………100
　10 知的財産権 …………………………………………………101
　11 相続財産 ……………………………………………………102

Ⅲ　Q&A ………………………………………………………103
　1 破産財団の占有・管理 ……………………………………103
　　Q1 初動における優先順位 ………………………………103
　　Q2 自動車の保管 …………………………………………104
　　Q3 リース物件の特定 ……………………………………104
　2 資産調査 ……………………………………………………105
　　Q4 財産の見落としを防ぐ方法 …………………………105
　　Q5 帳簿類が廃棄されている場合の資産調査 …………107
　　Q6 財産隠匿が疑われる場合の資産調査 ………………108
　　Q7 法人資産の費消 ………………………………………109
　　Q8 所有不動産の調査方法 ………………………………110
　　Q9 資産調査の費用 ………………………………………111
　3 預貯金・出資金 ……………………………………………111
　　Q10 預金残高の確認 ………………………………………111
　　Q11 相殺予定口座の解約 …………………………………113
　　Q12 出資金の払戻し ………………………………………113
　4 保 険 ………………………………………………………114

Q13	契約者名義と保険料拠出者が異なる場合の対応	114
Q14	保険契約の解約時期	115
Q15	少額の解約返戻金の場合の対応	116
Q16	保険契約に質権が設定されている場合の対応	117
Q17	各種共済制度の相違点、留意点	118

5 自動車 ……119

Q18	破産者が自動車の継続使用を求める場合の対応	119
Q19	所在不明の自動車	120
Q20	自動車の評価・換価における留意点	122
Q21	所有権留保が付されている自動車についての処理	122

6 不動産 ……125

Q22	不動産の現地確認	125
Q23	不動産への告示書の貼付	125
Q24	土壌汚染や建物にPCB含有物が残されている場合やアスベストが使用されている場合の処理	126
Q25	不法占有者への対応	129
Q26	火災保険への加入・継続	129
Q27	明渡未了の破産者居住不動産	130
Q28	不動産の任意売却	132
Q29	共有不動産の任意売却	134
Q30	借地上の建物の任意売却	135
Q31	賃貸物件の任意売却	138
Q32	抵当権設定仮登記、登記留保債権者への対応	139
Q33	不動産の評価額	140
Q34	買受希望者の探索方法、買受希望者・売却代金の決定	141
Q35	買受希望者探索の期限	142
Q36	仲介業者を通じた募集	142
Q37	入札による募集の手順	143

目 次

　Q38　担保権者との交渉全般 …………………………………………144
　Q39　後順位担保権者との交渉 ………………………………………145
　Q40　課税庁の差押えの解除交渉 ……………………………………146
　Q41　固定資産税の精算 ………………………………………………147
　Q42　売買契約書の内容 ………………………………………………147
　Q43　不動産売却許可申請の注意点 …………………………………149
　Q44　決済の必要書類・手順 …………………………………………149
　Q45　不動産を放棄すべき場合 ………………………………………150
　Q46　売却困難物件の場合の対応 ……………………………………151
　　〔コラム❸〕　仲介業者の選定、仲介業者との付き合い方① ………152
　　〔コラム❹〕　仲介業者の選定、仲介業者との付き合い方② ………152
　　〔コラム❺〕　仲介業者の選定、仲介業者との付き合い方③ ………153
　　〔コラム❻〕　不動産業者に対する入札事務の委託 …………………153
7　有価証券 …………………………………………………………………154
　Q47　株主名簿の名義変更未了の株式 ………………………………154
　Q48　非上場株式の売却方法 …………………………………………155
　Q49　株券を喪失した場合の対応 ……………………………………157
　Q50　持株会の処理 ……………………………………………………157
　Q51　株主としての権利行使 …………………………………………158
　Q52　名義書換停止中のゴルフ会員権 ………………………………159
　Q53　年会費の滞納 ……………………………………………………160
　Q54　一身専属的なゴルフ会員権、リゾート会員権の処理 ………160
　Q55　会員権の放棄 ……………………………………………………161
　Q56　ゴルフ会員権に設定された質権 ………………………………161
　Q57　支払呈示期間を徒過した場合の対応 …………………………162
　Q58　不渡手形の処理 …………………………………………………163
　Q59　管財人が売掛金等の債権について手形で回収する場合の
　　　　注意点 ……………………………………………………………164

[12]

8 売掛金・貸付金その他債権 …………………………………165
- Q60 売掛金等の調査方法 …………………………………165
- Q61 債権回収のスケジュール ……………………………166
- Q62 請求書の工夫 …………………………………………168
- Q63 海外の売掛先 …………………………………………169
- Q64 売掛金に関する抗弁〜商品の欠陥・検品作業の不実施 ………170
- Q65 証拠の乏しい債権の回収 ……………………………171
- Q66 訴訟提起の判断 ………………………………………171
- Q67 訴訟提起の許可申請書作成の留意点 ………………172
- Q68 債権回収の和解の判断ポイント ……………………173
- Q69 和解内容および合意成立後の処理 …………………173
- Q70 和解と許可の要否 ……………………………………174
- Q71 サービサーの活用事例 ………………………………175
- Q72 債権を財団放棄する際の留意点 ……………………176
- Q73 財団放棄と許可の要否 ………………………………177
- Q74 債権放棄の時期 ………………………………………177
- Q75 請負代金に関する抗弁 ………………………………178
- Q76 営業保証金 ……………………………………………179
- Q77 退職金の評価と換価方法 ……………………………180
- Q78 慰謝料と破産財団 ……………………………………181

9 在庫商品、機械工具等その他各種動産 ………………182
- Q79 在庫商品等への担保設定 ……………………………182
- Q80 委託販売の在庫商品 …………………………………183
- Q81 在庫商品等の換価の一般的な留意点 ………………183
- Q82 大量の在庫商品の換価 ………………………………184
- Q83 ブランド品・キャラクター商品や電気用品の換価 ………185
- Q84 許可申請の要否の判断 ………………………………186
- Q85 機械工具類・重機の保管 ……………………………186

[13]

Q86　機械工具類の売却方法 ……………………………………187
　Q87　什器備品等の廃棄 ………………………………………188
　Q88　切手・印紙・金券等の換価 ……………………………188
 10　知的財産……………………………………………………………189
　Q89　知的財産権の換価方法 …………………………………189
 11　相続財産……………………………………………………………190
　Q90　遺産分割協議の実施方法 ………………………………190
　Q91　遺産分割協議が完了しない場合の対応 ………………190

第4章　財団債権と破産債権

Ⅰ　財団債権と破産債権に係る事務作業のチェックポイント等……………………………………………………………194
 1　財団債権と破産債権に係る事務作業の心構え ………………194
 2　破産手続開始決定直後の業務、引継面談時の確認事項 ……195
　(1)　公租公課庁に対する破産手続開始等の通知書の発送 ……195
　(2)　引継面談時の確認事項＝破産者が従業員を雇用している／していた場合 …………………………………………………198
 3　破産手続開始決定以後の業務 …………………………………200
　(1)　租税等請求権 ………………………………………………200
　(2)　労働者健康福祉機構の立替払請求手続 …………………201
 4　財団債権・優先的破産債権の弁済 ……………………………204
　(1)　財団債権の弁済（全部弁済・按分弁済）…………………204
　(2)　優先的破産債権の弁済 ……………………………………206

Ⅱ　Q&A……………………………………………………………208
　Q1　財団債権該当性（立替金）………………………………208

Q2	財団債権該当性（国民健康保険料）	208
Q3	財団債権該当性（相続した租税債務について）	209
Q4	財団債権該当性を争う場合の対応方法	210
Q5	公租公課庁からの交付要求	211
Q6	交付要求を行わない公租公課庁がある場合の対応	212
Q7	破産者本人あての交付要求通知書	214
Q8	労働債権該当性（労働者性）	214
Q9	労働債権該当性（交通費等）	215
Q10	解雇予告手当が支払われていない場合の対応	216
Q11	労働債権者に対する情報提供努力義務	217
Q12	立替払制度に関して管財人の留意すべき点	218
Q13	立替払請求等に係る不正請求	219
Q14	退職金規程等がない場合の退職金の認定	220
Q15	財団債権の按分弁済の具体的手続	220
Q16	財団債権の弁済（公租公課庁から納付書等が届いていない場合の対応）	221
Q17	公租公課の延滞金・延滞税の減免	222
〔コラム7〕	労働保険料の申告	223
〔コラム8〕	法テラス出捐の予納金	224
〔コラム9〕	携帯電話の解約	224

第5章 税 務

Ⅰ 破産管財事件における税務の流れ・概要 ……226
Ⅱ 破産管財事件における税務のチェックポイント等 ……228
  1 破産管財事件における税務の心構え……228

[15]

- 2 法人破産の場合 …………………………………………230
  - (1) 税務申告等の概要 ……………………………………230
  - (2) 税務申告を行うか否かの判断 ………………………232
  - (3) 破産申立て前の税務申告が不明確な場合の対応 …234
  - (4) 消費税の申告等 ………………………………………235
  - (5) 管財人による源泉徴収 ………………………………235
  - (6) その他 …………………………………………………236
- 3 個人破産の場合 …………………………………………237
- Ⅲ Q&A ……………………………………………………………238
  - Q1 法人の破産事件における税務申告の概要等 ………238
  - Q2 税務申告義務 …………………………………………240
  - Q3 税務申告を行うか否かの判断 ………………………241
  - Q4 消費税の申告 …………………………………………242
  - Q5 消費税の申告──不動産売却の場合、個人事業者の場合 ……243
  - Q6 清算事業年度の税務申告・清算確定申告の要否 …244
  - Q7 破産会社が納税義務を負う地方税 …………………245
  - Q8 税金の還付 ……………………………………………246
  - Q9 源泉徴収税の過納金の還付請求 ……………………246
  - Q10 税理士等に支払う費用の源泉徴収 …………………247
  - Q11 管財人報酬の源泉徴収 ………………………………249

第6章　別除権

- Ⅰ 別除権処理の流れ・概要 …………………………………………252
- Ⅱ 別除権処理における作業のチェックポイント等 ………253
  - 1 別除権処理における心構え ……………………………253

目次

　　② 別除権の確認・把握 …………………………………………254
　　③ 別除権者との協議・合意と別除権の受戻し …………256
　　④ 担保権消滅手続 ………………………………………………257
　　　◎申立てをするときは……⒄ …………………………………257
　　　◎申立てをするときは……⒅ …………………………………257
Ⅲ　Q＆A ……………………………………………………………258
　　Q1　動産売買の先取特権への対応 ……………………………258
　　Q2　商事留置権者の権利と交渉方法 …………………………259
　　Q3　譲渡担保と担保権者への対応 ……………………………260
　　Q4　所有権留保物件の処分 ……………………………………261
　　Q5　担保権消滅手続 ……………………………………………262

第7章　契約関係の処理

Ⅰ　契約関係処理の流れ・概要 …………………………………266
Ⅱ　契約関係の処理における作業のチェックポイント等 …267
　　① 契約関係の処理における心構え ……………………………267
　　② 契約関係の確認・把握 ………………………………………269
　　　(1) 契約の存否の確認 …………………………………………269
　　　(2) 契約内容の把握 ……………………………………………269
　　③ 契約の相手方からのアクションとその対応 ………………270
　　④ 双方未履行の双務契約該当性 ………………………………271
　　⑤ 継続的供給契約該当性 ………………………………………272
　　⑥ 双方未履行の双務契約に関する履行・解除の選択 ………273
　　　(1) 前提事実の把握 ……………………………………………273
　　　(2) 履行選択を検討する場合 …………………………………273

[17]

(3)　解除選択を検討する場合 …………………………………273
　(4)　解除実施後 …………………………………………………274
7　とくに留意すべき契約類型とその処理………………………275
　(1)　賃貸借契約 …………………………………………………275
　(2)　土地賃貸借契約の場合 ……………………………………276
　(3)　土地・建物賃貸借契約共通 ………………………………276
　(4)　請負契約 ……………………………………………………277
　(5)　注文者・請負人共通 ………………………………………277
　(6)　注文者破産の場合 …………………………………………278
　(7)　請負人破産の場合 …………………………………………278
　(8)　リース契約 …………………………………………………278
　(9)　ライセンス契約 ……………………………………………280
　(10)　商社取引 ……………………………………………………280

Ⅲ　Q＆A ……………………………………………………………281
　Q1　倒産解除条項の有効性 ……………………………………281
　Q2　双方未履行の双務契約と継続的供給契約 ………………282
　Q3　継続的供給契約の処理 ……………………………………283
　Q4　双方未履行の双務契約についての履行・解除の判断基準 ……284
　Q5　破産法53条2項所定の催告への対応 ……………………285
　Q6　賃貸借契約の一般的留意事項 ……………………………286
　Q7　賃貸人破産における敷金・保証金の処理 ………………288
　Q8　寄託請求への対応方法 ……………………………………288
　Q9　賃借人の破産と物件明渡し時の留意事項 ………………289
　Q10　賃借人の破産と明渡し・原状回復 ………………………292
　Q11　賃借人の破産と違約金条項の有効性 ……………………293
　Q12　質権が設定された敷金・保証金返還請求権の処理 ……296
　Q13　請負・準委任の区別 ………………………………………296

Q 14　工事請負契約の注文者の破産における一般的留意事項 ……… 297
　Q 15　工事請負契約の請負人の破産における一般的留意事項 ……… 299
　Q 16　請負人の破産と違約金条項の有効性 ……………………………300
　Q 17　リース契約の処理方法 ……………………………………………301

第8章　否　認

Ⅰ　否認の流れ・概要 …………………………………………………………304
Ⅱ　否認の処理における作業のチェックポイント等 ……………………305
　① 否認の処理における心構え …………………………………………305
　② 否認対象行為の調査 …………………………………………………306
　　(1) 調査開始前の確認事項 ……………………………………………306
　　(2) 危機時期および破産債権者の認識時期の確認 …………………306
　　(3) 否認対象行為の把握 ………………………………………………306
　③ 立証可能性の検討 ……………………………………………………310
　④ 否認権のための保全処分 ……………………………………………311
　⑤ 否認権の行使方法の検討 ……………………………………………312
　　(1) 任意での返還交渉が可能な場合 …………………………………312
　　(2) 任意での返還交渉が困難ないし不適当な場合 …………………312
Ⅲ　Q & A ………………………………………………………………………313
　Q 1　支払停止・支払不能の判断 ………………………………………313
　Q 2　否認の一般的要件（有害性・不当性） …………………………314
　Q 3　売掛債権の譲渡の否認 ……………………………………………315
　Q 4　給料からの天引きと否認 …………………………………………316
　Q 5　破産手続開始決定前の和解による一部免除と否認 ……………317
　Q 6　給与債権差押えへの対処方法 ……………………………………318

Q7　遺産分割と否認 …………………………………………………319
　Q8　否認権行使と手続選択 …………………………………………321
　　〔コラム⑩〕　否認権の行使の判断 ……………………………323
　　〔コラム⑪〕　申立代理人報酬やコンサルタントフィーと否認 ………324

第9章　相　殺

Ⅰ　相殺（相殺禁止、管財人による相殺）の処理の流れ・概要 …………………………………………………………………328

Ⅱ　相殺の処理における作業のチェックポイント等 …………329
　1　相殺の処理における心構え ………………………………………329
　2　破産債権者による相殺、相殺未了の破産債権者の確認 ………330
　　◎申立てをするときは……⑲ ……………………………………330
　3　破産法67条ないし73条の適用の有無および相殺の要件の確認 ……………………………………………………………………331
　4　相殺禁止およびその解除事由の確認 ……………………………332
　　(1)　危機時期および相殺を主張する破産債権者の認識時期の確認 …332
　　(2)　破産債権者の破産者に対する債務の負担 …………………332
　　(3)　破産者に対して債務を負担する者による破産債権の取得 …333
　　◎申立てをするときは……⑳ ……………………………………334
　5　請求（任意交渉、訴訟） ………………………………………335
　6　相殺の催告 ………………………………………………………336
　7　管財人による相殺 ………………………………………………337

Ⅲ　Q&A ……………………………………………………………338
　Q1　相殺権と自働債権に関する規律 ………………………………338
　Q2　破産手続開始決定後の第三者弁済、保証債務の履行によ

　　　　る求償権を自働債権とする相殺の許否 …………………………339
　　Q3　管財人からの相殺（破産債権者による相殺権の行使が期待
　　　　できない場合における管財人からの相殺の可否）………………340

第10章　免責・破産犯罪

Ⅰ　免責・破産犯罪に関する事務作業のチェックポイン
　　ト等 ………………………………………………………………344
　1　免責・破産犯罪の処理における心構え ……………………344
　2　免責不許可事由の有無を検討すべき場合 …………………345
　　(1)　破産手続開始決定時 ……………………………………345
　　(2)　管財業務中 ………………………………………………345
　　　◎申立てをするときは……(21) ……………………………345
　　　◎申立てをするときは……(22) ……………………………345
　3　免責不許可事由が窺われる場合 ……………………………346
　　(1)　浪費・射幸行為の場合 …………………………………346
　　(2)　その他の問題点 …………………………………………346
　　(3)　共　通 ……………………………………………………346
　4　破産犯罪 ………………………………………………………347

Ⅱ　Q＆A …………………………………………………………348
　Q1　一般的留意事項 ……………………………………………348
　Q2　免責不相当と判断される場合 ……………………………350
　Q3　免責不許可事由である「浪費」の判断基準 ……………350
　Q4　法人の代表者としての行為が自然人の免責に及ぼす影響 …351
　Q5　財団組入れによる裁量免責の可否 ………………………351
　Q6　管財人による刑事告発・告訴の要否 ……………………352

第11章　債権者集会

Ⅰ　債権者集会の流れ・概要 …………………………………………354
Ⅱ　債権者集会に関する事務作業のチェックポイント等 …355
　1　債権者集会に関する処理における心構え ……………………355
　2　スケジュールの確認 ……………………………………………356
　3　財産状況報告書等 ………………………………………………357
　4　業務要点報告書 …………………………………………………358
　5　財産目録 …………………………………………………………359
　6　収支計算書 ………………………………………………………360
　7　管財人口座通帳の写し …………………………………………361
　8　交付要求に係る公租公課一覧表・労働債権一覧表の作成
　　　の要否 …………………………………………………………362
　　⑴　共　通 …………………………………………………………362
　　⑵　公租公課一覧表 ………………………………………………362
　9　配当見込みの検討 ………………………………………………363
　10　債権者集会に向けての準備事項 ………………………………364
　11　その他 …………………………………………………………365
Ⅲ　Q＆A ……………………………………………………………366
　Q1　運営方法および進行 …………………………………………366
　Q2　裁判所への提出資料 …………………………………………367
　Q3　報告書の提出時期 ……………………………………………368
　Q4　破産者の出席の要否 …………………………………………369
　Q5　各種費用 ………………………………………………………369
　Q6　債権者への情報開示の方法 …………………………………370
　Q7　債権者集会における債権者対応 ……………………………371

第12章　債権調査

Ⅰ　債権調査の流れ・概要 …………………………………………374
Ⅱ　債権調査における事務作業のチェックポイント等 ……376
　1　債権調査における心構え ………………………………376
　2　債権者に対する債権届出用紙等発送業務 ……………377
　3　【債権者による届出】債権届出書等の回収・整理 …………379
　4　【届出債権の調査①】債権届出書および添付資料の検討 ……380
　　(1)　形式的事項のチェック ………………………………380
　　(2)　実質的事項のチェック ………………………………381
　5　【届出債権の調査②】認否予定書（破産債権者表）および
　　　異議通知書の作成 ………………………………………384
　6　【破産債権の確定】債権調査期日の実施 ………………385
Ⅲ　Q&A ………………………………………………………386
　Q1　破産債権者表とは …………………………………386
　Q2　認否予定書（破産債権者表）の作成方法における留意点 ………387
　Q3　労働債権者に対する留意点 ………………………387
　Q4　届出がない債権者に対する対応 …………………389
　Q5　債権届出期間経過後の債権届出 …………………390
　Q6　債権届出書の記載不備に対する対応 ……………391
　Q7　別除権付債権の該当性判断および認否方法 ……392
　Q8　条件付債権・将来の請求権の認否 ………………393
　Q9　債権届出が二重になされる可能性がある場合 …394
　Q10　手形債権の認否方法 ………………………………395
　Q11　利息金・遅延損害金債権の認否方法 ……………396
　Q12　開始決定後に保証人が利息・遅延損害金も含めて代位弁

[23]

　　　　済した場合の認否方法 …………………………………………397
　　Q13　利息制限法上の上限利率を超過した取引がある場合の認
　　　　否方法 ……………………………………………………………398
　　Q14　債権認否における債権疎明資料 …………………………399
　　Q15　未払養育費等の非免責債権の取扱い ……………………399
　　Q16　認否結果を発表する時期 …………………………………400
　　Q17　債権認否における疎明の程度および判断基準等 ………401
　　Q18　「暫定的異議」の適否 ………………………………………401

第13章　配　当

Ⅰ　配当手続の流れ・概要 ……………………………………………404
Ⅱ　配当の手続選択のイメージ ………………………………………405
Ⅲ　簡易配当の流れ・概要 ……………………………………………406
Ⅳ　最後配当の流れ・概要 ……………………………………………408
Ⅴ　同意配当の流れ・概要 ……………………………………………410
Ⅵ　中間配当の流れ・概要 ……………………………………………411
Ⅶ　追加配当の流れ・概要 ……………………………………………412
Ⅷ　配当手続におけるチェックポイント等 …………………………413
　1　配当手続における心構え ………………………………………413
　2　配当の可否等の前提事実の確認 ………………………………414
　3　配当の手続選択 …………………………………………………415
　4　簡易配当 …………………………………………………………417
　　⑴　配当表の作成 ………………………………………………417
　　⑵　簡易配当の許可申請 ………………………………………418

- (3) 届出破産債権者への通知 …………………………………………418
- (4) 通知が債権者に到達したものとみなされる旨の届出 …………419
- (5) 配当表の更正 …………………………………………………………419
- (6) 配当額の定め …………………………………………………………420
- (7) 配当の実施 ……………………………………………………………420
- (8) 配当後の手続 …………………………………………………………421

5 最後配当……………………………………………………………………422
- (1) 配当表の作成 …………………………………………………………422
- (2) 最後配当の許可申請 …………………………………………………422
- (3) 配当の公告または届出破産債権者への通知 ………………………422
- (4) 配当表の更正 …………………………………………………………422
- (5) 配当額の定めおよび通知 ……………………………………………422
- (6) 配当の実施 ……………………………………………………………423
- (7) 配当後の手続 …………………………………………………………423

6 同意配当……………………………………………………………………424
- (1) 配当表の作成 …………………………………………………………424
- (2) 全届出破産債権者からの同意取得 …………………………………424
- (3) 同意配当の許可申請 …………………………………………………424
- (4) 配当の実施 ……………………………………………………………424
- (5) 配当後の手続 …………………………………………………………424

7 中間配当……………………………………………………………………425
- (1) 中間配当の要否の確認（今後の管財業務の確認等） ……………425
- (2) 配当表の作成 …………………………………………………………425
- (3) 中間配当の許可申請 …………………………………………………426
- (4) 配当の公告または届出破産債権者への通知 ………………………426
- (5) 配当表の更正 …………………………………………………………426
- (6) 配当率の定めおよび通知 ……………………………………………426
- (7) 配当の実施 ……………………………………………………………426

(8) 配当後の手続 …………………………………………………427
8 追加配当……………………………………………………………428
　(1) 追加配当の要否の判断 ……………………………………428
　(2) 追加配当の許可申請 ………………………………………428
　(3) 配当額の通知 ………………………………………………428
　(4) 計算報告書の提出 …………………………………………428
　(5) 配当後の手続 ………………………………………………429
9 租税債権の優先的破産債権部分の簡易分配 ……………………430
　(1) 簡易分配の可否の判断 ……………………………………430
　(2) 公租公課庁との和解 ………………………………………430
　(3) 和解の許可申請 ……………………………………………430
　(4) 弁済の実施 …………………………………………………430
10 労働債権の優先的破産債権部分の弁済許可による簡易分配 …431
　(1) 簡易分配の可否の判断 ……………………………………431
　(2) 破産債権届出 ………………………………………………431
　(3) 破産法101条の要件該当性…………………………………431
　(4) 破産法101条の弁済許可の申請 ……………………………431
　(5) 弁済の実施 …………………………………………………432

Ⅸ　Q＆A …………………………………………………………433
　Q 1　配当の種類と選択・運用上の工夫 ……………………………433
　Q 2　配当許可申請後に新たな破産財団が判明した場合の対応 ……436
　Q 3　配当見込みの判断 ………………………………………………437
　Q 4　配当額の算出方法 ………………………………………………439
　Q 5　不足額未確定の債権者に対する配当の是非 …………………440

第14章　破産手続の終了

Ⅰ　破産手続の終了の流れ・概要……………………………444
Ⅱ　破産手続の終了におけるチェックポイント等…………445
　1　破産手続の終了における心構え………………………445
　2　破産手続終結の場合……………………………………446
　　(1)　計算報告集会の招集（個別管財の場合）…………446
　　(2)　集会前の書面の提出…………………………………446
　　(3)　破産手続終結決定後の処理…………………………446
　3　異時廃止の場合…………………………………………447
　　(1)　処理漏れがないことの確認…………………………447
　　(2)　廃止意見聴取・計算報告集会の招集（個別管財の場合）…………447
　　(3)　集会前の書面の提出…………………………………447
　　(4)　廃止決定後の財団債権の弁済報告（廃止決定後に財団債権の弁済を行った場合）……………………447
　　(5)　債権者に対する通知…………………………………448
　4　破産記録の処理…………………………………………449
　5　破産手続終了後の財産の発見…………………………450
Ⅲ　Q&A………………………………………………………451
　Q1　異時廃止の場合の債権者に対する通知の要否……451
　Q2　破産手続終了時の資料の保管および処理…………451

・事項索引……………………………………………………453

凡　例

⟨**法令**⟩（カッコ内の略語）

法	破産法
規	破産規則
民再	民事再生法
民再規	民事再生規則
会更	会社更生法
民	民法
商	商法
会	会社法
民訴	民事訴訟法
民訴規	民事訴訟規則
民執	民事執行法
自賠	自動車損害賠償保障法
国通	国税通則法
消税	消費税法
地税	地方税法
法税	法人税法
地自	地方自治法

【条文の表記】　本書中、各章のチェックポイントにおいては、「法78条2項3号」を「法78Ⅱ③」「法78Ⅱ③」のように表記している。

⟨**判例集・法律誌**⟩

民集	最高裁判所民事判例集
判時	判例時報
判タ	判例タイムズ
金法	金融法務事情

⟨**文献**⟩

伊藤	伊藤眞『破産法・民事再生法〔第2版〕』（有斐閣、2009年）
運用と書式	大阪地方裁判所＝大阪弁護士会破産管財運用検討プロジェクトチーム編『新版　破産管財手続の運用と書式』（新日本法規、2009年）
解説弁護士規程	日本弁護士連合会弁護士倫理委員会編著『解説「弁護士職務

	基本規程」第 2 版』（日本弁護士連合会、2012年）
管財の手引	鹿子木康＝島岡大雄編　東京地裁破産実務研究会『破産管財の手引〔増補版〕』（金融財政事情研究会、2012年）
実践マニュアル	野村剛司＝石川貴康＝新宅正人『破産管財実践マニュアル〔第2版〕』（青林書院、2013年）
条解破産	伊藤眞＝岡正晶＝田原睦夫＝林道晴＝松下淳一＝森宏司『条解　破産法』（弘文堂、2010）
大コンメ破産	竹下守夫編集代表・上原敏夫＝園尾隆司＝深山卓也＝小川秀樹＝多比羅誠編『大コンメンタール破産法』（青林書院、2007）
はい6民	大阪地方裁判所第 6 民事部編『破産・個人再生の実務 Q&A はい6民です　お答えします〔全訂新版〕』（大阪弁護士協同組合、2008年）
破産200問	全国倒産処理弁護士ネットワーク編『破産実務 Q&A200問』（金融財政事情研究会、2012年）
破産・民再の実務（上）（中）	西謙二＝中山孝雄・東京地裁破産再生実務研究会著『破産・民事再生の実務（上）（中）〔新版〕』（金融財政事情研究会、2008）

（略称の50音順）

【本書の使い方】

1　本書の特徴

　本書は、初めて破産管財人に選任された方々、破産管財人としての経験がまだ数件程度の方々が、初めの第一歩でつまずくことのないよう、また、若手破産管財人にとって、破産管財事務を進めていくための道標となるよう、「使いやすさ」「わかりやすさ」を重視して作成した書籍です。

　それとともに本書は、これまでに、破産管財人経験者が、それぞれに、数多くの破産管財事件を通して長年かけて培ってきたノウハウを、若手破産管財人に惜しみなく伝承しようと作成した書籍でもあります。

　このように、本書は、若手破産管財人にとって道標となるよう「使いやすさ」「わかりやすさ」を重視した書籍であること、これまでに数多くの破産管財事件を通して培われてきたノウハウを若手破産管財人に伝承する書籍であること、の2点を大きな特徴とするものです。

2　本書の構成

　以上の本書の特徴を踏まえ、本書の各章は、「Ⅰ　処理の流れ・概要」、「Ⅱ　処理における作業のチェックポイント等」、「Ⅲ　Q&A」、「コラム」の4部から構成されています（章によっては、これら4部から構成されていないものもあります）。

3　「Ⅰ　処理の流れ・概要」

　破産管財事件では、個々の案件の特徴に応じて、常に、手続全体の流れ・TODO・スケジュールを意識する必要があります。

　各章の「Ⅰ　処理の流れ・概要」は、その章で説明をしている破産管財事務を行うに際して、まず、事務手続の流れの全体像を把握するのに活用してください。

　また、その事務手続を進めていくうえにおいて、今、自分が、手続全体の

流れのなかで、どの位置に立っているのか、これから、どのような手続進行が必要となりうるかを確認するのに活用してください。

4 「Ⅱ 事務作業のチェックポイント等」

(1) 「Ⅱ 事務作業のチェックポイント等」では、冒頭、その手続処理において必要とされる「1 心構え」を説明しています。

　この「心構え」は、各事務手続における基本的な指針となるものです。破産管財事件は、迅速に、複数種類の多量の事務を遂行していかなければいけないのですが、そのなかでは、何が大事で、何に気を付けなければいけないかといった基本を常に意識することが大切です。折々、「心構え」のページを開けて、基本に立ち返った処理を確認するとよいでしょう。また、万が一、事件が進行していくなかで迷走しそうになったときには、基本に立ち返る意味で、この「心構え」のページを開けて確認することをお勧めします。

(2) 「Ⅱ 事務作業のチェックポイント等」の「2」以下では、各事務手続において必要となりうる事項を、チェックリストの形式で説明しています。チェックボックスは、必ず確認すべき事項（「☐」）、場合によって検討すべき事項のうち重要なもの（「回」）、場合によって検討すべき事項（「口」）の3種類に分けています。

　各事務手続を進めるにあたっては、まず、このチェックリストを確認することをお勧めします。それぞれの章に記載された事務手続を進めるうえで、具体的に必要とされる事項の詳細を把握することができます。また、「※」欄には、そのチェックボックスの意義や留意点を記載しています。チェックボックスとあわせて「※」欄を確認することによって、必要となりうる事務事項を確認するにとどまらず、その意義や留意事項も一挙に把握することができます。

　チェックリストは、その事務手続を進める過程でも、何が完了していて、何が残務として残っているか、必要とされる事務事項に見落としが

[31]

ないか等を確認するのにも活用してください。
(3) また、破産管財事件では、各章に記載の事務手続それぞれが独立して進められるのではなく、いろいろな事項が相互に関連しながら進行していきます。

　本書では、他の章に記載されている関連事項について、一つひとつ索引を確認しなくてすむよう、チェックリスト欄に関連する他の章を紹介しています。関連する他の章の内容をも確認することを通して、手続全体について立体的なイメージを描くことが有益です。

5　「Ⅲ　Q&A」

「Ⅲ　Q&A」では、若手破産管財人が陥りやすい事項、判断に迷いがちな事項を選別して、Q&A形式で整理したものです。基本書等に一般事項として記載されているようなことは、なるべく、それらの書籍に委ねることとして、ここでは、痒いところに手が届くような、より踏み込んだ説明をしています。

「Ⅲ　Q&A」は、「Ⅱ　事務作業のチェックポイント等」のチェックボックスとも紐付けがされています。チェックボックスでは、関連する「Q&A」を直ちに参照することができるよう、章番号・Q番号を記載していますので、チェックボックスを確認する際に、関連する「Q&A」を参照すると、より深い理解に至ることができるでしょう。

6　「コラム」

「コラム」では、読者に対し、数多くの破産管財事件を経験してきた先人たちのノウハウを伝承することができるよう、「コラム」の形式で、問題点、問題意識、留意点、解決方法等を説明しています。

破産管財事件では、1個の回答があらかじめ確定的に定まっているわけではなく、先人たちは、いろいろと思考錯誤して工夫を積み重ねながら事件処理を進めてきました。その経験談に基づく「コラム」の内容は、読者にとっ

て、勉強の糧としても、読み物としても、興味深いものとなるでしょう。

7　破産管財人からみた申立代理人の注意則

　破産管財事件を円滑に遂行するためには、申立代理人の適切な対応・処理が欠かせません。本書では、破産管財人の立場からみた、申立代理人が注意すべき事項を、「申立てをするときは」の欄で説明しています。破産管財人の経験を通して、あらためて、申立代理人のあり方について考えてみてください。

8　裁判所による運用の違いの注記等

　破産管財事務については、各地の裁判所によって、運用が異なる点が多々あります。

　本書の説明は、大阪地方裁判所における破産管財事務の運用に基づくものですが、神戸地方裁判所、京都地方裁判所、奈良地方裁判所、大津地方裁判所、福井地方裁判所の運用で、大阪地方裁判所の運用と異なる点については、その旨注記をしています（平成25年9月末日時点での運用です）。

　なお、一部の支部では、本庁と運用が異なることがありますので、ご注意ください。

　また、大阪地方裁判所では、「一般管財」および「個別管財」の2種類の運用モデルが定められています（運用と書式4頁）。前者は、迅速な手続遂行のために定められた一般的な運用モデルであり、後者は、事案が複雑であり画一的な処理になじまない案件のための運用モデルです。本書の「一般管財」および「個別管財」の表記は、大阪地方裁判所における上記の運用モデルを示すものです。

9　最後に

　本書は、若手破産管財人向けの書籍として作成されたものですが、破産管財事件は、さまざまな問題にぶつかり、いろいろと悩みながら、また、智恵

を絞って工夫をしながら事件処理を進めていくのが常です。ある程度経験を積まれた後も、本書に立ち返り、基本事項やノウハウを確認して、長く本書とお付き合いいただけると幸いです。

■ 破産管財手続の概要と本書の構成 ■

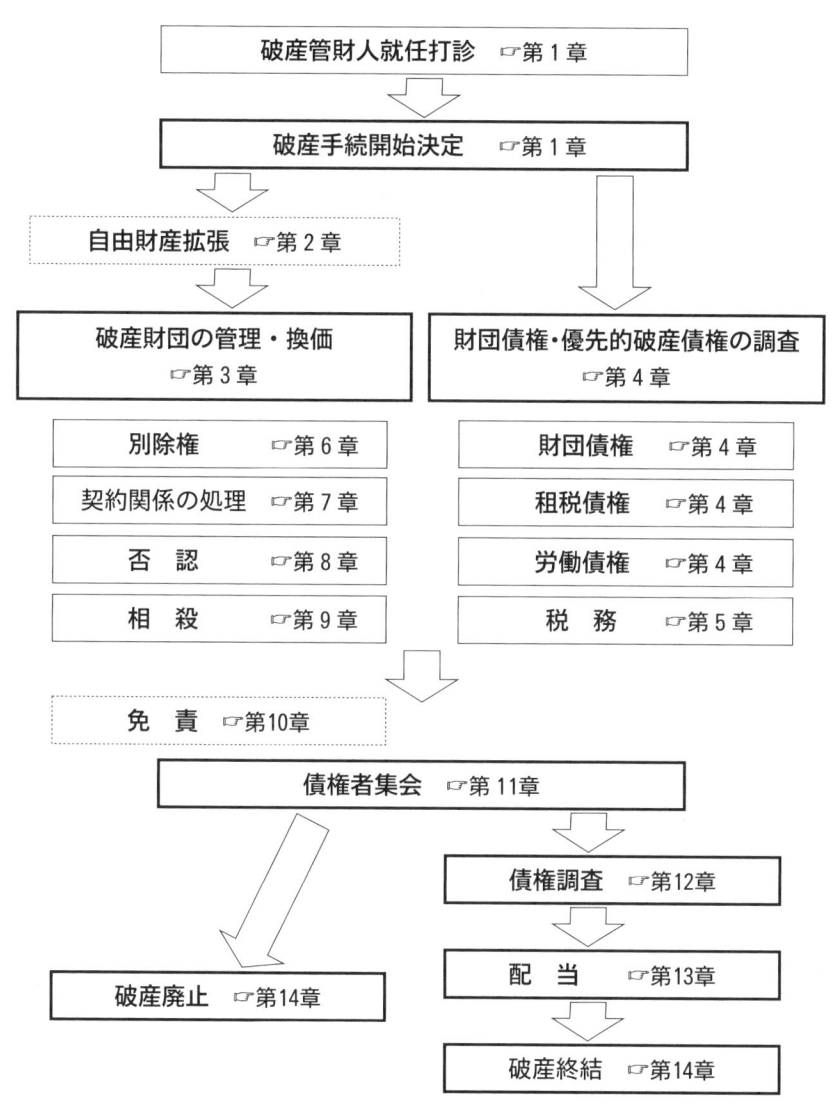

```
破産管財人就任打診 ☞第1章
        ↓
破産手続開始決定 ☞第1章
        ↓
自由財産拡張 ☞第2章
        ↓
破産財団の管理・換価 ☞第3章        財団債権・優先的破産債権の調査 ☞第4章

別除権       ☞第6章        財団債権    ☞第4章
契約関係の処理 ☞第7章        租税債権    ☞第4章
否  認       ☞第8章        労働債権    ☞第4章
相  殺       ☞第9章        税  務      ☞第5章

免  責 ☞第10章
        ↓
債権者集会 ☞第11章
        ↓                    ↓
破産廃止 ☞第14章            債権調査 ☞第12章
                             ↓
                             配  当 ☞第13章
                             ↓
                             破産終結 ☞第14章
```

※いわゆる債権調査留保型で配当が可能となった場合の流れである。
　配当見込みが明らかで破産手続開始決定と同時に債権調査期日が定められるいわゆる期日型の場合は換価と並行して債権調査を行う。
※以下、本書では「破産管財人」を単に「管財人」という。

1

第1章

破産手続開始決定

I 破産手続開始決定の流れ・概要

```
┌─────────────────────────────────────────┐
│ 管財人就任打診・受任の検討・期日調整  ☞Q1・2 │
└─────────────────────────────────────────┘
                    ↓
┌─────────────────────────────────────────┐
│ 破産者等との面談・引継ぎ等  ☞Q4・5・8・20・21 │
└─────────────────────────────────────────┘
                    ↓           ┌──────────────────┐
                    ←───────────│ 破産手続開始決定前の │
                                │ 保全処分    ☞Q7   │
                                └──────────────────┘
                    ↓
┌─────────────────────────────────────────┐
│           破産手続開始決定                │
└─────────────────────────────────────────┘
                    ↓
┌─────────────────────────────────────────┐
│     管財人印の届出・管財人証明の受領        │
└─────────────────────────────────────────┘
                    ↓
╭─────────────────────────────────────────╮
│ ┌──────────────────┐  ┌──────────────┐  │
│ │債権者等への開始決定通知│  │係属訴訟等の対応│  │
│ │等の発送    ☞Q9・10│  │     ☞Q13・14│  │
│ └──────────────────┘  └──────────────┘  │
│                                         │
│ ┌──────────────────┐  ┌──────────────┐  │
│ │高価品保管口座の開設・│  │管財業務の把握 │  │
│ │予納金の引継ぎ ☞Q11・12│  │☞Q3・6・15～18│  │
│ └──────────────────┘  └──────────────┘  │
│                                         │
│ ┌──────────────────┐                    │
│ │占有管理の着手 ☞第3章│                   │
│ └──────────────────┘                    │
╰─────────────────────────────────────────╯
```

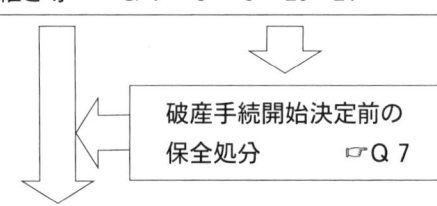

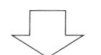

Ⅱ 破産手続開始決定前後における事務作業のチェックポイント等

1 受任依頼から初動段階の心構え

▶管財事件は初動が重要です。

　とくに、初動段階において、破産者および申立代理人から徹底した事情聴取を行うことが重要です。一般的に、開始決定から時間が経過するにつれ、裁判所により破産手続開始決定がなされたことの感銘力が薄れ、破産者や関係者からの事情聴取や売掛金等の回収が難しくなっていくといえます。

▶破産手続開始決定後に迅速かつ適切に管財事務が行えるよう、開始決定前に記録を十分に精査し、管財業務の大まかな見通しをつけるとともに、開始決定後に直ちに行うべき事務を把握して必要な準備を行っておきましょう。

⇨申立てをするときは……(1)

▶破産手続開始決定後直ちに、破産財団に属する財産の管理、不要な双務契約の解除等に着手し、緊急性のある業務、換価に要する時間等を考慮しながら、スケジュール管理を適切に行い、管財業務にあたりましょう。

⇨申立てをするときは……(2)

2 管財人就任打診から破産手続開始決定まで

(1) 裁判所からの管財人就任打診

☐記録の閲覧・利害関係の確認・受任の回答 　☞Q1・2
　(!) 神戸地裁、京都地裁、大津地裁、福井地裁においては、申立書は正本（裁判所用）・副本（管財人用）を申立て時に同時に提出する扱いになっており、裁判所から管財人候補者に申立書副本を交付して利害関係の確認を行うことがある。

☐破産手続開始決定日、財産状況報告集会等の日程調整

☐開始1か月後面談・集会前面談の日程調整（個別管財手続の場合）

(2) 破産者および申立代理人等との面談・引継ぎ・管財業務の把握等 　☞Q3

☐申立代理人からの申立書副本、管財人引継資料のコピー、ラベル等の引継ぎ、申立書の検討 　☞Q4
　(!) 神戸地裁、京都地裁、大津地裁、福井地裁においては、裁判所から管財人候補者に申立書副本を交付する扱いになっている。
　(!) 神戸地裁、大津地裁においては、申立てに際し、独自の引継書に所要事項を記載して提出することとなっている。
　(!) 福井地裁においては、官報公告費用以外の分も含めた予納金の全額を裁判所への保管金提出により納付する（予納金以外の引継現金は、申立代理人から管財人に直接引き継ぐが、引継現金も含めた全額を予納金として保管金提出することも可能となっている）。
　　大津地裁においては、官報公告費用のみ裁判所への保管金提出により予納する。予納金、郵送費用および引継現金は、申立代理人から管財人に直接引き継ぐ。

☐申立書に補充・追完すべき点があれば状況に応じて補充・追完依頼

☐債務者審尋の要否の検討
　※引継ぎが円滑に行われるか疑義があるなど、審尋を実施したほうがよいと思われる場合は、速やかに裁判所に申し出て審尋期日指定を受ける（運用と書式91頁）。
　(!) 京都地裁においては、弁護士が申立代理人となっている場合は、原則として債務者審尋を行わずに開始決定をする（ただし、管財人

チェックボックスの種類

☐必ず確認すべき事項
◉場合によって検討すべき事項のうち重要なもの
☐場合によって検討すべき事項

（予定者）との面談は必須となっている。また、管財人予定者が希望する場合は債務者審尋が行われる）。また、免責調査型の管財手続でも原則として免責審尋期日は指定されない。

☐補助者の要否の検討　　　　　　　　　　　　　　☞Q21

☐破産者等との面談　　　　　　　　　　　　　　　☞Q5・6・
　※開始決定から時間が経つと、破産者等は非協力的になることが　Q20
　　多いので、初動時期の破産者等の面談は、徹底的に事情聴取し
　　ておくことが重要。

　【説明事項】

　☐管財人に対する説明義務（法40）、重要財産開示義務（法41）

　☐上記義務違反が免責不許可事由に該当し、罰則があること

　☐債権者集会への出頭（説明義務を果たすため）

　☐郵便物回送手続、郵便物の引取方法

　☐住居制限の説明（要許可事由。法37）
　　⚠ 大阪地裁、京都地裁、大津地裁、奈良地裁、福井地裁においては、
　　　破産者の住所変更にあたり、管財人の同意をあらかじめ得たうえ
　　　で許可申請を行い、裁判所による明示の決定を行うのが一般的で
　　　ある。これに対し、東京地裁、神戸地裁においては、管財人の同意
　　　で足りるとの運用がされている。

　☐免責手続（個人の場合）

　☐免責観察型の場合は、家計簿、家計収支表の作成指示、そ
　　の後の面談日程の調整

　【聴取事項】

　☐連絡先電話番号等の確認

　　☐必要な場合は、元経理担当などの確保、連絡先の確認

　☐申立書に記載されていない住所以外への郵便物配達の有無
　　の確認
　　※必要があれば郵便物回付の上申を行う。

　☐破産者の事業の概要、破産に至る事情　　　　　⇨申立てを
　　※資産調査、契約関係の調査、否認対象行為等の有無の調査、　するとき
　　　免責調査等を行ううえでの基礎情報として、また、それらの　は……(3)
　　　調査の端緒として聴取する。

第1章　破産手続開始決定

- ☐破産者の収支（カネの流れ）の確認
    - ☐粉飾決算の有無
        - ※粉飾決算により過大な納税を行っている場合は、還付の可能性がある。
- ☐住居・事業所の明渡しの状況および要否の確認
- ☐破産財団の内容の確認
    - ※破産財団帰属財産の占有・管理の開始のために必要な事項を聴取する。売掛金等については、資料の確認も行う。開始決定直後の占有・管理の着手にあたり対応すべき点については、第3章参照。
    - ※破産財団に属しない資産で、破産者が占有する物の確認および返却方法等の確認を行う。
    - ☐事業継続の必要性の確認
    - ☐最終の決算書に記載されており、申立書の財産目録に記載のない財産の処分状況の確認
        - ※財産目録への記載漏れの可能性があるほか、否認対象行為等の有無の調査の端緒になることもある。
- ☐未処理契約の存否および内容の確認
    - ☐工場等がある場合、高圧電気の受電契約の有無、通電の要否を確認
- ☐係属する訴訟等の有無および内容の確認
- ☐否認対象行為の有無および内容の確認
    - ※事前に記録を精査し、問題となりそうな行為がないか確認したうえで聴取する。
    - ☐支払停止時期、受任通知発送の有無・時期・内容の確認
        - ※相殺または否認の判断の基準となる。
    - ☐倒産直前の処分行為の内容の確認
        - ☐相続の有無および内容の確認
        - ☐離婚の有無、財産分与等の有無および内容の確認
- ☐従業員に関する事項の確認
    - ※従業員を雇用していた場合の聴取事項については、第4章参照。

☞ 申立てをするときは……(4)

⇨ 申立てをするときは……(5)(6)

☐財団債権・破産債権の内容の確認
　※財団債権・破産債権の調査を要する場合に争いとなる可能性がある債権の確認および当該債権に係る資料の確認を行う。

　　☐友人・知人からの借入れ、保証債務の漏れはないか確認

☐債権者の動向の確認
　※債権者集会に出席する可能性のある債権者の有無およびその数並びに対応に注意を要する債権者の有無の確認を行う。

☐自由財産拡張の相当性等に関する事情の確認（第2章参照）

(3) 開始決定前の検討事項

☐保全処分の要否の検討　　　　　　　　　　　　　　☞Q7
☐財産目録の作成
　※換価のスケジュールを立て、換価状況を管理するために早期に財産目録を作成する。
☐換価スケジュール等の検討、開始決定後直ちに着手すべき業務の確認　　　　　　　　　　　　　　　　　　　　☞Q8

◎申立てをするときは……(1)
　受任から破産申立てまでに長期間を要すると、申立人本人による財産処分や偏頗弁済のおそれなどが生じかねません。申立費用の準備に時間を要するなどの理由のない限り、迅速な申立てを心掛けましょう。

◎申立てをするときは……(2)
　管財人への引継ぎ後、管財人が迅速かつ適切に管財業務に着手できるように、申立代理人において、破産手続開始決定後に管財人にて緊急に対応する必要があるものとして把握している事項や、とくに手間や労力を要したり、困難な交渉・作業が必要と予想されたりする事項等については、申立書や上申書にその旨を記載するなどして、管財人候補者に適切に引き継ぎましょう。

◎申立てをするときは……(3)
　受任から申立てまでの間に申立人に関する事情に変動が生じている可能性がありますので（生活保護受給の有無、就業・離職、相続の発生等）、申立て前にあらためて確認し、申立書には現状を正確に反映させておきましょう。

3　破産手続開始決定当日

☐裁判所から破産手続開始決定正本等の書類一式の受領および内容の確認

☐管財人証明書の受領

◎申立てをするときは……(4)
　賃借物件の有無および明渡状況について入念に確認しましょう。明渡未了の賃借物件があった場合，そのまま破産手続開始決定がなされると，賃料相当損害金が財団債権となってしまいます。

◎申立てをするときは……(5)
　新たな財団債権の発生を防止するために従業員は破産手続開始決定前に解雇する必要がありますが、解雇を確実に行うために、解雇通知は書面で行い、できれば受領書をもらって解雇の事実を証拠化しておきましょう。

◎申立てをするときは……(6)
　未払賃金があり財団に十分な資力がない場合には、未払賃金立替払制度の利用を視野に入れることになりますが、同制度は、請求者が破産申立てまたは「事実上の倒産」の認定申請が行われた日の6か月前の日から2年間の退職者であることが要件とされていますので、退職から破産申立てまでに日を要する場合には同要件が欠けて同制度が利用できなくなることが生じないよう留意しましょう。

4 破産手続開始決定直後

(1) 債権者等への開始決定通知等の発送　☞Q9

☐債権者等へ破産手続開始等の通知書等を発送（規7）

(!) 京都地裁、福井地裁においては、債権者への開始決定通知は裁判所が発送する。

(!) 大津地裁においては、最初に、通知事務を管財人にて行うかどうか、裁判所から問合せがある。管財人にて行う場合、通知書の原本、封筒およびラベルといっしょに、事務連絡文書が裁判所より管財人に交付されるので、それに従う。

※以下、通知先および破産手続開始等の通知書以外に送付すべき書類を記載する。

☐債権者（法32Ⅲ①）

- ☐（破産手続開始決定と同時に債権調査期日が定められる期日型の場合）債権届出用紙、債権届出の説明書

- ☐管財人名の「ご連絡」（運用と書式449頁・450頁）
  ※必要に応じて定型書式の文面を調整する。

☐財産保持者等（売掛先、貸付先等）（法32Ⅲ②）

- ☐請求書
  ※請求額および請求先を確認する（自然人で自由財産拡張の手続により自由財産となった財産の保持者には通知しない）。
  ※短期消滅時効に注意する。
  ※第3章参照。

☐公租公課庁（法32Ⅲ①）
  ※法人の場合は、申立書に滞納の記載がなくても、漏れ防止のため、公租公課チェックリスト等に記載のある公租公課庁に通知したほうがよい。
  ※具体的なチェックポイントは第4章参照。

☐労働組合等（法32Ⅲ④）

☐許認可庁（規9Ⅰ）

☐回送嘱託先郵便事業会社に郵便回送嘱託書を発送（法81）

(!) 京都地裁、福井地裁においては、裁判所が郵便回送嘱託書を発送

11

する。
- □登記嘱託先法務局に登記嘱託書を発送（法人の場合）（法257）
- □裁判所に「知れている債権者等への発送報告書」をFAX
- □裁判所に「新たに知れたる債権者等への発送報告書」をFAX　☞Q10
（債権者が新たに判明した場合）
  - □新たに知れたる債権者名は申立代理人にも連絡し、新たな債権者が判明した旨の報告書および債権者一覧表の追加分を裁判所に提出するよう促すこと

(2) 高価品保管口座（管財人口座）の開設と予納金の引継ぎ

- □高価品保管口座（管財人口座）の開設　☞Q11
- □申立代理人に対する高価品保管口座の通知および予納金の引継ぎ　☞Q12
- □裁判所への管財人印、高価品保管口座（管財口座）の届出（規51）

(3) 係属する訴訟、執行、保全等の処理　☞Q13・14

- □破産者を当事者とする訴訟、執行、保全手続等の有無の確認
- □訴訟手続の中断の有無の確認
  - ※破産財団に関する訴訟は当然に中断する（法44Ⅰ）。
  - ※その他の訴訟（破産者の自由財産に関する訴訟、破産者の身分関係に関する訴訟など）は中断せず、破産者がそのまま訴訟追行する。
  - □中断している訴訟について、係属裁判所に対する訴訟中断の上申書の提出
  - □受継（法44Ⅱ）の可否および要否（財団増殖の可能性等を踏まえ）の検討・対応
- □執行裁判所への上申書等の提出
  - □強制執行の場合、執行終了の上申書（法42ⅠおよびⅡ参照）

- ☐ 担保権に基づく競売の場合、破産手続開始の事実の届出書
    ※なお、国税滞納処分が開始決定前にすでになされている場合、開始決定は滞納処分の続行を妨げないことになっている（法43Ⅱ）。
- ☐ 保全裁判所への保全執行解放上申書の提出（法42ⅠおよびⅡ参照）

⇨ 申立てをするときは……(7)・(8)

(4) その他の管財業務

☞ Q15

- ☐ 開始決定前に引継ぎ未了の原本書類・データ等の引継ぎ・確保（おおむね3年分の決算書類、帳簿、未払売掛金の請求書、納品書等）

⇨ 申立てをするときは……(9)

- ☐ 現場確認と現場保全（告示書の貼付等）
    ※破産財団の占有・管理の開始についての詳細は第3章参照。

☞ Q17

- ☐ 残リース物件の処理
    ※パソコン等で帳簿データがある場合には確保しておくことが必要である。
- ☐ 賃借物件の処理
- ☐ 封印執行の検討
    ※現地に高価品があり、散逸の危険性が高いなどの事情がある場合は、執行機関による封印執行（法155Ⅰ）の措置を検討する（運用と書式99頁）。
- ☐ 不動産等の破産登記（法258）の必要性の検討
    ※白紙委任状等を交付しているような場合

☞ Q18

- ☐ 継続不要な双務契約等の解除（電気・水道・電話・ガス、クレジットカード、リース等）
    ※不要な財団債権の増殖防止のため。継続的供給契約の処理については第7章（契約関係の処理）Q3参照。

☞ Q16

- ☐ 廃業届の提出（許認可事業を営んでいた場合）
- ☐ 従業員の解雇（第4章参照）
- ☐ 債権者からの問合せ対応

☞ Q19
⇨ 申立てをするときは……(10)

◎申立てをするときは……(7)
　破産債権に基づいて給与債権が差し押さえられているときは、速やかに破産申立てをし、破産手続開始の決定を得ることで差押えを失効（管財事件）ないし中止（同時廃止事件）させることができますので、速やかに申立てをしましょう。

◎申立てをするときは……(8)
　滞納処分をされるおそれがありますので、公租公課庁へは受任通知を送付しないようにしましょう（破産200問Q147参照）。

◎申立てをするときは……(9)
　帳簿類・パソコン内のデータが散逸・消失してしまうと、管財業務に支障が生じますので、申立代理人において確保しておきましょう。たとえば、リース契約をしているパソコンについてリース業者の引揚げに応じる場合は、経理データが入っていないかなどについて確認し、データをコピーするなどの必要な措置を講じておきましょう。

◎申立てをするときは……(10)
　申立人が施工していた仕掛工事等で危険な事故を惹起するおそれがあるときは、危険防止のための最低限の措置は行っておくようにしましょう。破産手続開始決定前の事故で破産債権が増大したり、破産手続開始決定後の事故で財団債権が増大したりすることを避けることもできます。

Ⅲ　Q&A

Q1　裁判所からの管財人就任打診(1)──記録の閲覧

裁判所からの管財人就任の打診がありました。裁判所にはいつ記録の閲覧に行けばよいのですか。また、その際持っていくものはありますか。

A

　裁判所からの打診を受け受任する意思がある場合は、できる限りその日のうちに記録の閲覧に行きます。当日に行くことができない場合でも、翌日の可能な限り早い時間に行くようにしましょう。裁判所としても、管財人候補者が受任できない場合には、他の候補者に打診する必要がありますし、受任可能な場合には、破産開始決定予定日を早急に確定させるなどの手続を進める必要があるためです。

　この際の記録閲覧の目的は利害関係の確認（☞Q2）ですが、同時に、賃借物件の明渡しの了否、換価すべき財産の概要など、初動に必要となる対応を記録をみてあらかじめ把握しておくとよいでしょう。また、申立代理人等の連絡先を控えておくと、副本受領や面談（☞Q5）のための連絡がスムーズに進む場合があります。

　利害関係を確認して受任することとなった場合には、開始決定日や財産状況報告集会等の期日調整をしますので、記録閲覧の際には手帳等のスケジュールがわかるものを持参します。また、管財人の事務所所在地等確認のため、名刺を求められる場合がありますので、持参しましょう。

Q2　裁判所からの管財人就任打診(2)──利害関係の確認

利害関係の確認はどのようにして行うのですか。その際の注意点は

A 何ですか。

　破産者、役員、株主、主要な債権者、主要取引先などと、自身の間の利害関係の有無を確認します。

　管財人が中立公正な第三者としての立場から手続を遂行する義務があることからすれば、現在または過去に自身もしくは所属事務所が、破産者、破産債権者、財産所持者等の関係者の対立当事者の代理人として関与したことがある場合だけではなく、自身等のクライアントとして、関係者の事件を受任したり、相談を受けたりしたことがある場合も利害関係があると考えるべきです。もっとも、利害関係が認められるからといって、すべて受任するのが好ましくないというわけではなく、自身等とその該当者との関係の度合いの強さや、破産管財業務を遂行するうえで、管財人とその該当者がどのような関係に立つことになるかなどをあらかじめ予想して判断します。

　管財人が該当者に対して、否認の請求や取立訴訟を行う必要があるなど、対立構造になるような場合には、受任すべきではないことになりますが、多数存する債権者等の関係者のうちの一者として、集団的、定型的な処理で対応することで足りるような場合には、受任したとしても問題が生じる可能性は低いといえるでしょう。もちろん、そのような場合であっても、債権額が大きかったり、破産申立て前に破産者と密接な関係があるなどして破産原因にも影響を及ぼしていたりといった事情がある場合には、受任すべきでないと判断することもあります（解説弁護士規程90頁）。

　この点、管財人は裁判所から選任され、総債権者の利益のために職務を行うものであって、職務の公正性に対する信頼が求められることから、利害関係ある該当者の同意があったとしても、それによって職務の禁止が解除されるものではないことに留意する必要があります（解説弁護士規程89頁）。

　なお、何らかの利害関係を認めつつ、受任可能という判断をした場合には、裁判所に事情を説明しておくべきであると思われます。

Q3 初動の重要性

破産事件において、初動が重要だといわれるのは、なぜですか。

A

　破産事件においては、時間の経過により対応や処理が困難となる事項が多数存在します。具体的には、関係資料が散逸してしまい、事実関係の調査や立証が困難となることや（資料の散逸・破産者等関係者の記憶の減退）、財産の換価をするうえで、その価値が時の経過とともに劣化してしまい、適切な額での換価が困難となること（財産価値の劣化）、関係者に協力を求めようとしても、その協力が得られなくなってしまうこと（関係者の非協力）などがあります。こうした問題は、破産開始決定後の管財人の初動が適切に行われていれば、相当程度防止することが可能ですので、受任することになった場合には、破産手続開始決定日まで漫然と過ごすのではなく、開始決定日に直ちに管財業務を開始できるよう準備を整えておくべきです。

　資料の散逸を防止するためには、申立書や引継資料を精査するなかで、後に何らかの請求や各種調査報告をすることになる問題点を拾い上げ、必要となる証拠類が引継資料の中に含まれているか否かを早急に確認すべきです。そのなかでも、会計帳簿類は、役員責任の追及や否認の請求、その他の証拠資料となるばかりでなく、税金の還付を求める際にも必要となってきますので、その確保は必須です。また、売掛金等の破産者の有する債権がある場合には、その請求の裏づけとなる伝票類や貸付けを証する書面等の確保が必要です。不動産の明渡しを行う際などに誤って破産者が処分してしまう例もあるようですので注意が必要です。

　財産価値の劣化では、売掛金などの債権の回収に留意する必要があります。債務者（売掛先）の側では、当初、支払う必要性を認識していても、債権者からの取立てがいったん止まると、次第に支払う意欲を失う、もしくは財産状況が悪化して支払いが困難になるケースもあります。また、破産者が納品した製品に対する瑕疵担保等のクレームがあると、回収に至るまでの交渉に

時間を要する場合もありますので、開始決定後の初動時に早急に請求行為を行うなど、陳腐化することを防ぐ必要があります。関係者への協力要請については、時間の経過とともに、破産者も含めて、非協力的になるケース（協力意思の減退、就職による協力の困難化等）も多くあります。したがって、早急に連絡をとり、協力することの必要性（時には、法律上の義務があることも伝えて）を説明して、協力体制を構築することが必要です。

Q4 申立書類の引継ぎ

申立書副本・引継資料を検討する際に着目すべき点はどこですか。

A

　破産申立てを行う代理人弁護士が、破産者が破産に至った経緯を詳細に把握し、その経緯上で生じた問題点もすべて把握し、これを申立書に記載しているとは限りません。申立代理人としては、そういった問題点をすべて把握できるにこしたことはありませんが、債権者からの厳しい取立てに対応しつつ、現場の混乱を最小限に抑え、とり急ぎ申立書の作成や必要書類の準備に注力し、可及的速やかに申立てを行うことを最優先しているのが実情といえます。

　一方、管財人は、破産申立て前に財産の隠匿や流出、債権者による不当な回収行為等が行われていないかなど、時間を巻き戻して調査を行うことが求められています。もとより、申立代理人が重視すべきポイントと管財人が重視すべきポイントとは異なっていることを認識し、申立書の記載や添付書類等が不十分であるからといって申立代理人に責任を転嫁するのではなく、管財人自身の責任で問題点を見つけ出していくことが求められていることを自覚し、記録を精査すべきです。

　精査すべきポイントとしては、債権額が膨らんでいった事情や経過を確認するとともに、破産者の収入状況や当初保有していた資産の状況等に照らして不自然な点がないかなどといった点を検討することにより、財産の隠匿や不当な費消の形跡の有無、特定の債権者への弁済の有無などの確認を行うこ

とになります。

　この点では、過去の通帳や銀行の取引履歴、クレジットカードの利用明細、消費者金融の取引履歴などの具体的な資料が添付資料として存在するのが通常ですので、これらの履歴に直接あたって調査することも必要となってきます。なお、破産者が法人である場合は、決算報告書を精査し、勘定科目内訳書などから資産・負債の変遷を確認し、財産目録と比較することは必要最低限の作業といえるでしょう。

Q5　破産者および申立代理人との面談

　破産者および申立代理人との面談はいつ、どこで行うべきですか。申立代理人からの連絡が遅い場合どうすればよいですか。破産者のみと最初の面談をしてよいですか。

A

　管財人への就任が決まったら、できるだけ早く申立代理人と連絡をとり合って面談を行うべきです。この面談は、初動を円滑に進めるべく問題点を早期に把握する観点からは、破産開始決定日前であっても実施すべきと考えます。面談場所は管財人の事務所とするのが一般的です。この面談を実施することにより、早い段階で、申立代理人から当該破産事件における問題点のポイントを具体的に把握することもできますし、一方で、準備・確保が不足している資料などについて確認を行ってその提出を求めることも可能となります。

　また、初回に関しては、破産者本人だけと面談するのではなく、申立代理人も同行してもらうようにするべきです。なぜなら、管財人のほうから申立代理人に協力を求める事項が存する場合もあり、そういったものは、直接顔を合わせて依頼したほうが、追って、ファクシミリや電話等で依頼するよりも準備してもらいやすくなるからです。開始決定後に、破産者に対して、破産に至る経緯などの調査等を実施する場合には、申立代理人が同行するかどうかは、個別の判断となってきます。

なお、自然人の場合で、預金を自由財産として認めることに問題がなく、かつ、とくに開始決定前に面談する必要がない場合には、開始決定後に拡張申立てのある預金の通帳（開始決定後の通帳記入後のもの）を持参してもらうと、その場で確認のうえ面談当日に通帳を返還できるため効率的である場合もあります。

Q6 事業者管財人の注意事項

初めて個人事業者の管財人になりました。どのような点に注意すべきですか。法人の場合はどうですか。

A

(1) 個人事業者の場合

個人事業者においては、その資産や負債が、事業としてのものと個人生活としてのものとが混在していることが多く、帳簿類が適切に作成・保存されていないことも少なくありません。このため、財産状況を解明するために管財人による調査が必要とされ、原則として管財事件として取り扱われています。

個人事業者は自然人ですから、非事業者の管財事件と同様、破産者の経済的再生の機会の確保を図る（法1条）ため、自由財産拡張の検討および免責不許可事由の調査をする必要があります。

一方で、法人破産の場合と同様の視点からの調査も必要になります。破産者からの事情聴取、確定申告書や帳簿類の確認を経たうえで、事業内容や事業期間などの把握、事業による取引、借入れ、雇用などの契約関係などを適切に把握する必要があります。廃業から申立てまで期間があいている場合は、事業用資産の処分過程を調査します。許認可事業の場合には廃業届を出します。前年度に納税していたり、粉飾がある場合には、税金の還付請求ができないかについても検討すべきです。

また、事業用の事務所等が残っている場合は現地確認を行います。必要に応じ告示書を貼付し、施錠する等して物件の管理を行い、動産類の散逸を防

ぎます（☞Q17）。また、明渡しが未了の場合は、財団債権の発生を防ぐため、早期に明渡しを行います。破産者個人の生活に不要な双務契約についても早期に解除します（☞Q15）。その他の必要な換価作業については、第3章の各項目を確認してください。

(2) 法人の場合

　破産者が法人の場合ですが、法人を同時廃止事件として申し立てられることは認められていないため（はい6民Q7）、管財事件となります。上記の個人事業者案件における注意点のうち、自然人固有の管財業務の外は法人の場合も同様に検討が必要です。その他に、法人の管財事件の場合は、申立書の内容、商業登記簿謄本や決算報告書等から事業内容を把握し、負債が増加していった状況を確認します。また、帳簿類、印鑑、手形・小切手帳、クレジットカードの確保を行い、財産および契約関係を把握します。帳簿類に関しては、パソコンのデータで管理していることが多いので、パソコンの処分はこれらのデータを保存してから行います。代表者が経理の詳細を把握していない場合は、経理担当者の協力を求めます（☞Q21）。

　さらに、取引先、従業員、労働組合、公租公課庁など関係者が多いため、その把握にも努めます。不要な契約は早期に解除して解消します（☞Q16）。

　法人併存型として、法人代表者の管財事件についても管財人に就くことが多いのですが、法人代表者の管財人に就いていない場合は、法人と法人代表者の財産は混同が生じやすいため、法人代表者（場合により代表者の配偶者）についての破産手続の有無も確認し、法人の財産が個人の財産として流出していないか確認する必要があります。

Q7　保全処分

　　破産手続開始決定前の保全処分とは何ですか。どのような場合に利用するのですか。

A

　破産手続開始決定前の保全処分とは、破産手続開始の申立て後、同開始決

21

定がなされるまでの間、将来の破産財団所属財産が散逸することを防ぎ、かつ、債権者間の平等を図ることで、破産手続の実効性を担保するための制度です。

保全処分は、申立てから破産手続開始決定までの間に債務者が財産を隠匿したり、債権者が抜け駆け的回収を行うなどの危険がある場合、利害関係人の申立てにより、または裁判所が職権で発令しますので、管財人候補者としては、そのような危険があると判断した場合、申立代理人ないし裁判所に保全処分の申立てまたは発令を促すことになります。否認権の行使に必要な場合や役員責任の査定に必要な場合もあるでしょう。実際には、破産手続開始決定を速やかに行って管財業務に直ちに着手してもらうよう運用がなされており、現行の破産法になってから保全処分が発令される例は限られているようです（制度の詳細は、伊藤101頁以下、はい6民Q17を参照）。

Q8　破産手続開始決定前の管財業務の準備

破産手続開始決定前に、管財業務の処理方針やスケジュール検討をどの程度行っておくべきですか。また、どのような準備をしておくべきですか。

A

管財業務を円滑かつ迅速に進めるためには、破産手続開始決定直後の初動が重要です。開始決定からの時間の経過に比例して、財産の散逸が生じやすくなり、関係者の記憶も減退するほか、破産者の協力度も低くなりがちです（☞Q3）。そうなると、換価・回収の実効性も低くなっていきます。したがって、破産手続開始決定直後から、すぐに管財業務にとりかかることができるように開始決定前の準備が必要です。

まず、申立代理人から受領した申立書および添付書類の副本の内容をよく検討し、開始決定前でも早期に破産者および申立代理人と面談します（☞Q5）。破産者および申立代理人との面談のポイントは、本章のチェックリスト②(2)を参照してください。裁判所から交付される「管財業務スケジュール」

（運用と書式394頁）の内容も確認します。事件の内容を把握したら、まず、配当の可能性を見極めます。財産の評価、回収可能性を検討し、破産財団がどの程度形成されるか検討します。次に、おおよその財団債権や優先的破産債権の額を見積もり、配当事案か否か、一応の見通しを立てておきます。

また、不動産の売却が必要な場合は、大まかな方針を立てておきます。賃借物件がある場合は明渡しの要否、明渡時期を検討します。

さらに、売掛金の請求をすぐにできるように請求書の作成をしておく、財団債権の発生を防ぐために解除の必要な双務契約をリストアップするなど、開始決定直後に処理しなければならない事項を点検し、内容を整理のうえ、すぐに管財業務にとりかかることができるように段取りをつけておく必要があります。開始決定前でも、必要があれば申立代理人に対して直接、補正や追完を依頼します。破産者や申立代理人が非協力的で準備に支障が生じる場合は、開始前の債務者審尋について裁判所に相談します。

さらに、管財業務を遂行するにあたって、管財人代理や補助者が必要な場合は、事前に就任の打診をしておきます（☞Q21）。

Q9 開始決定通知の発送(1)——債権者等への送付

債権者への開始決定の通知書等を発送する際の注意点は何ですか。

A

大阪地裁では、破産規則7条に基づき、破産手続開始決定通知等の発送作業は管財人に委ねられています。破産手続開始決定がなされると、破産手続開始等の通知書等の各種書類が裁判所で用意されていますので受領します。受領後、書類漏れや記載内容に間違いがないか確認し、申立代理人から引継ぎを受けているあて名ラベルを使用して、速やかに通知を発送します（運用と書式93頁・94頁を参照）。なお、発送にあたっては、裁判所から受領した封筒を使用しますが、封筒には切手が貼られていませんので切手を貼付します。

送付先は、知れたる債権者（公租公課庁を含む）、財産保持者、労働組合等、許認可庁への送付が必要です。売掛先など財産保持者への送付は、裁判所の

了解を得て同封している旨を記載したうえで、請求書（あるいは照会書）と回答書を同封することも検討しましょう（実践マニュアル80頁）。

住所不明の債権者に関する調査は、申立代理人に住所調査の指示をします。転居先不明等の理由で通知書が送付できなかった場合は、担当書記官から申立代理人に連絡があり、申立代理人が調査のうえ、管財人および裁判所に新たな通知先を報告することになっています。

郵便局に郵便回送嘱託書を送付する場合には、破産手続開始等の通知書は同封しません。

法人破産の場合で、法務局へ登記嘱託書を送付する際は、破産手続開始決定謄本の添付が必要です。

通知書等の発送作業が終了したら、その旨の発送報告書（運用と書式403頁）を裁判所に提出します。

Q10 開始決定通知の発送(2)——新たな債権者が判明した場合

新たな債権者が発見された場合はどのように対応すればよいですか。

A

債権者が新たに判明した場合、管財人は、すぐに当該債権者に破産手続開始等の通知書等を郵送します。そのうえで、「新たに知れたる債権者等への発送報告書」を裁判所にファクシミリ等により提出し、申立代理人に連絡します（運用と書式94頁・95頁）。申立代理人は、債権者一覧表を訂正して、裁判所に提出します。

Q11 高価品保管口座（管財人口座）の開設

高価品保管口座（管財人口座）はどのようにして開設すればよいのですか。

A

事件ごとに、「破産者○○○○破産管財人○○○○」名義（「弁護士」の肩書を入れる必要はありません）の口座を金融機関で開設します。

管財人口座の通帳写しは、債権者集会のつど、裁判所に提出し記録に綴じられます。裁判所は、管財人口座の通帳写しを確認することで管財業務における入出金状況を確認しますので、管財人口座は、管財業務における入出金の内容が、他の事件の入出金と混じらずに明確にわかるものである必要があります。したがって、事件ごとに口座を開設する必要があり、法人と代表者個人の管財人になった場合は、法人の管財人口座と代表者個人の管財人口座を別々に開設する必要があります。

各金融機関により口座開設時の必要書類が異なるので事前に確認する必要がありますが、①破産手続開始決定正本（原本提示、写しを提出）、②管財人資格証明書、③管財人印等が必要です。口座を開設したら、所定の届出書で高価品保管場所として裁判所に報告します（運用と書式98頁）。

なお、高価品保管口座では頻繁な入出金を想定しておらず、一般管財手続の場合には、小口の事務費等については、管財人がいったん立て替えて、管財人報酬受領時等にまとめて精算します（収支計算書の支出欄に「事務費（立替え）」等と記載しておきます）。また、換価・回収手続で得た金銭は、速やかに高価品保管口座に入金しておく必要があります。

Q12 予納金の引継ぎ

予納金の受渡方法はどのようにすればよいのですか。

A

申立代理人に対して、開設した高価品保管口座（管財人口座）を通知し、引継予納金を振込送金（振込手数料は破産者の負担）または現金を持参してもらいます。引継予納金以外に引き継ぐべき現金がある場合には、同時に引継ぎを受けます。

なお、裁判所の運用により、裁判所に予納されている場合には、裁判所から交付される保管金等支払請求書に必要事項を記載し提出します。

Q13 係属中の訴訟等(1)――裁判所等への連絡

破産者に対して、保全処分や強制執行がなされている場合、裁判所等への連絡はどのようにすればよいですか。

A

破産手続開始決定時に係属中（手続が終了していないもの）の、破産債権または財団債権に基づく強制執行や保全処分は、破産財団に対してその効力を失います（法42条2項）。

この場合、執行裁判所に対して、①執行終了の上申書（運用と書式405頁）に、②破産手続開始決定正本（原本還付を受けます。なお、大阪地裁は写しで足ります）と③管財人証明書を添付して、必要な額の郵券とともに提出します。

また、第三債務者が供託している場合には、④供託金交付を求める上申書（管財の手引439頁、実践マニュアル598頁）に必要な郵券を添えて提出して、還付請求権の証明書を受領し、法務局に対して、この証明書と、供託金払渡請求書、管財人証明書（開始決定日および管財人個人の住所が記載されたもの）および市町村発行の管財人個人の印鑑証明書を提出して、供託金の還付請求手続を行います。

なお、担保権に基づく不動産競売手続が係属している場合には、破産手続開始決定によってはその効力は失われませんが、送達先が管財人に移行するため、執行裁判所に破産手続開始の事実を届け出ます（運用と書式406頁）。

Q14 係属中の訴訟等(2)――訴訟等への対応

破産者を当事者とする訴訟が係属している場合、管財人としてどのように対応すればよいですか。また、債権調査「留保型」のまま異時廃止になる見込みの事案の場合に注意すべき点はありますか。

A

破産財団に関する訴訟手続は中断します（法44条1項）。この場合、受訴裁判所に対して、①訴訟が中断した旨の上申書に、②破産手続開始決定の写し

と、③管財人証明書を添付して提出します。

　一方、破産財団に関しない訴訟手続としては、自由財産、身分関係、破産法人の組織関係に関する訴訟手続がありますが、これらの訴訟手続は中断せず、破産者がそのまま訴訟を遂行することになります。

　なお、破産者を債務者とする詐害行為取消訴訟および債権者代位訴訟は中断し（法45条1項）、管財人は、受継することも、別途否認の請求や否認訴訟を提起することもできます。

　中断した破産財団に関する訴訟手続は、請求債権の性質により、以下の対応を行います。

① 　財団債権に関する訴訟および破産財団に属する訴訟（破産債権に関しないもの）

　　財団増殖に寄与するか否かを検討し、寄与する場合は受継し（法44条2項）、寄与しない場合には、速やかにその財産の管理処分権を放棄します。財団債権と認めて弁済する場合には、訴訟を受継したうえで、財団債権者に訴えを取り下げてもらうなどします。なお、破産財団からの放棄後は、破産者が訴訟を受継します（法44条5項・6項類推）。

② 　破産債権に関する訴訟

　　破産債権は、破産手続の債権調査手続（債権届出・調査・確定）による確定手続を予定しているため、その訴訟は直ちに受継するものではありません。まず、届出債権について異議等がなければ、当該破産債権は届出内容で確定し、訴訟は当然終了となります。この場合、受訴裁判所には、破産手続の終結を知らせるため、事実上、終結決定を提出します。

　　また、届出債権が、執行力ある債務名義または終局判決のある債権（有名義債権）の場合は、届出債権に異議等が出されると、管財人から（法129条2項）受継申立てをすることとなりますが、訴訟が受継されない場合は、当該債務名義等の内容で確定します。これに対して、届出債権が有名義債権ではない場合に、届出債権に異議等が出されると、届出債権者から（法127条1項）受継申立てをすることになり、訴訟が受継されな

第1章 破産手続開始決定

い場合は、異議の出なかった範囲でのみ、債権が確定することになります。

③ 留保型で異時廃止となった場合

なお、債権調査「留保型」のまま異時廃止となった場合には、破産手続終了後に破産者が当然受継して（法44条6項）、破産債権者が訴えを取り下げるという方法があります。ただし、破産手続終了前の処理や法人の場合には清算人等を選任するなど手続が煩雑となるため、破産債権者が、管財人に対して、当該訴訟の請求債権を破産手続において破産債権として行使しない旨の書面による意思表示をすることで、当該訴訟を「破産債権に関しないもの」（法44条2項）として管財人が直ちに訴訟手続きを受継して破産債権者が訴えを取り下げることができると考える余地もあるとされています（運用と書式95頁）。この場合は、受訴裁判所との協議が必要となります。

Q15 破産手続開始決定直後の管財業務(1)——スケジュール管理と資産保全

破産手続開始決定直後に、急いで対応すべき資産保全や財団債権増加防止等のためにすべきことは何ですか。

A

破産手続開始決定直後は、債権者等による債権回収行為が行われるおそれがあり、また、時間の経過により財産散逸の可能性が高まるとともに、財産の劣化が進み、売掛先が支払いの意思を失うなど債権回収も困難となりやすいため、できる限り早期の換価着手が望まれます。そのため、事前に、破産者および申立代理人から十分な事情聴取を行い、緊急性・換価に要する時間等を考慮しながら、スケジュール管理を適切に行い、管財業務にあたることが重要となります。

資産保全の措置としては、破産手続開始決定後速やかに、換価が必要な財産等の引継ぎを受け、占有を確保して保全することが重要となります（☞第3

章)。不動産、自動車、機械、在庫等、管財人が直接保管することが困難なものについても、債務者および第三者による無断使用や財産の散逸を防ぐために、鍵、不動産の登記済証、車検証、実印等の引渡しを受け、また、現地で現物の確認を行い、必要であれば告示書（運用と書式408頁）を貼付するなどして占有を確保しなければなりません。その際、財産保全のため、必要があれば、鍵の交換、警備契約の締結および高価品の保管場所の移動等を行います。なお、建物の不法占拠や現地にある高価品の持出しのおそれが高い場合には、執行機関による封印執行や裁判所書記官による帳簿閉鎖の措置を検討します（運用と書式99頁）。

次に、破産財団の増殖に向けた管財業務を進めるにあたっては、売掛金等の短期消滅時効や、手形・小切手の支払呈示期間について注意しておく必要があります。破産者や申立代理人から、対象となる債権および手形・小切手の存在を確認するとともに、破産手続開始決定後速やかに請求書を送付したり、手形・小切手の支払呈示をしたりするなどの対応を行う必要があります。

さらに、破産者が法人または個人事業主の場合、破産手続開始決定後は原則として事業を停止します。そのため、財団債権の増加を防止するべく、解雇手続未了の労働者があれば速やかに解雇し（☞第4章参照）、また、その後の管財業務に必要のない双務契約（☞Q16）を解除する必要があります。

破産債権または財団債権に基づく強制執行や保全処分については、破産手続開始決定時に係属中のものは、その効力を失いますが、担保権に基づく不動産競売手続（法65条1項）や破産手続開始決定時にすでになされている滞納処分（法43条2項）は続行することとなります。したがって、当該競売または滞納処分の対象となっている財産を任意売却することが破産財団の増殖に資すると判断した場合には、速やかに、担保権者と任意売却に向けた交渉を行い、税務当局に対しては、法定納期限前に設定され滞納処分に優先する別除権への配当の結果、剰余を生ずる見込みがない場合には、その旨説明するなどして抹消（差押解除）に向けた交渉をする必要があります。

Q16 破産手続開始決定直後の管財業務(2)——見落としやすい双務契約

不要な財団債権の発生を防ぐため、見落としやすい双務契約について教えてください。

A

　法人名義の携帯電話契約、クレジットカード契約、金融機関との夜間金庫・貸金庫の契約、インターネットのプロバイダ契約、NHKの受信契約等は見落としやすい双務契約といえます。解除が遅れると不要な財団債権が発生することになりますので、早期に申立代理人や破産者から聴取りを行い、預金通帳や銀行の取引履歴における引落明細等を確認し、関係先へ照会を行うなどして、双方未履行双務契約の該当性を早期に確認したうえ、速やかに対処します。なお、従業員等が使用していた法人名義の携帯電話について、従業員等が使用継続を希望する場合は、滞納料金を当該従業員等に負担してもらい、契約者の変更手続を行うこともあります（以上につき、実践マニュアル87頁）。

Q17 現場確認と現場保全

現場確認をする必要があるのはどのような場合ですか。また、現場確認をする際のポイントなどを教えてください。

A

　破産者が法人や個人事業者の場合、事務所や工場等の現場確認をする必要があります。現場確認の際には、代表者等を同行し、現場案内等をしてもらいます。現場確認により、在庫商品、仕掛品等の状況を確認して処分の方法等について見通しを立てるとともに、重要な帳簿等が残置されていないかも確認して、それらについて適切な方法で占有管理を開始します。必要があれば管財人が占有管理している旨の告示書を貼付します（告示書の貼付については☞第3章Q23参照）。また、必要に応じて建物の鍵を交換したり、警備契約が締結されている場合はその継続の要否を検討します。価値ある動産は保管

場所を変更することも検討します。なお、事案によっては、執行機関による封印執行、裁判所書記官による帳簿閉鎖の措置も検討します（法155条）。

現場確認により、賃借物件がある場合は明渡時期等の見通しを立て、所有物件があるときは売却時期・売却方法の見通しを立てます。工場内にPCBを含有する高圧コンデンサ等がないか、高圧電気の受電契約がないか（一度解除すると再度契約の際に相当の費用がかかります）等も確認します。

なお、現場確認の際には、告示書、カメラ等を持参するとともに、必要に応じて鍵屋等も同行します（以上につき、運用と書式98頁、実践マニュアル85頁、95頁、管財の手引105頁・111頁）。

Q18 破産登記

A どのような場合に不動産等の破産登記をしなければなりませんか。

破産者が個人の場合、個人の破産者の破産財団に属する権利について、職権で破産登記・登録の嘱託を行う建前になっていますが（法258条1項・262条）、破産登記がなくても売却に伴う移転登記ができること、とくに一般管財事件では短期間で破産手続の終了に至る事件が多いことから、実際には多くの裁判所で破産登記の嘱託を留保する運用を行っています。

しかし、①債権者申立事件などで破産者が不正を働くおそれがある場合（破産手続開始決定後も、事実上、破産者本人が不動産の処分に関する登記手続をなし得るため）、②破産財団に属する不動産の権利証や破産者名義の白紙委任状が第三者に渡っているといった、財産処分の現実的なおそれがある場合、③全国各地に多数の財産が存在するため、そのすべてについて管財人による管理を直ちに行うことが事実上困難な場合、などには破産登記を行う必要があるといえます。その場合、速やかに裁判所に上申書を提出して、登記の嘱託を行ってもらうことになります。

なお、破産者が法人の場合は、商業登記簿謄本に破産手続開始の登記を行うだけで、個別の財産について破産登記を行う制度は廃止されています（以

31

上につき、運用と書式100頁、実践マニュアル90頁、管財の手引122頁)。

Q19 債権者等からの問合せ対応

債権者からの問合せにはどのように対応すればよいですか。また、債権者以外からの問合せや、業者からの連絡にはどのように対応すればよいですか。

A

破産手続は債権者の利益のために行われるという側面があり、その意味で、債権者は破産手続の最大の利害関係人の一人といえます。したがって、債権者からの問合せには誠実に対応する必要があり、破産申立てに至った経緯、破産財団の状況、今後の進行見通し等について質問を受けた場合は、問合せ内容に応じて必要な範囲で情報開示を行います。また、債権者からの情報提供で隠匿財産等が発見されることもありますので、債権者から具体的な情報提供があれば必要に応じて調査を行います。

信用情報会社等からの問合せについては回答義務はなく、回答するか否か、どこまで回答するかは管財人の判断によりますが、申立書記載の範囲で大まかな債権者数や負債額について回答することは問題ないものと思われます。

不動産業者、動産買受業者等からの問合せ対応は、事案に応じて検討することになります。換価等のために業者を利用する場合は、財団の最大限の増殖を実現するため、また不要なトラブルに巻き込まれないようにするためにも他の管財人等からも情報を収集し、信頼に足る業者を利用するよう注意します（以上につき、実践マニュアル90頁、管財の手引91頁）。

Q20 債権者破産

債権者申立てによる破産手続において管財人に就任した場合には、どのような点に注意すべきでしょうか。

A

債権者申立ての事案においては、破産者が管財人に対して非協力的な場合

も多く、破産者による財産の隠匿や処分のおそれが類型的に高いといえます。また、破産者が所在不明となってしまう例も少なくありません。そのため、管財人としては、開始決定前に早期に申立債権者から申立書の副本や関係書類等の引継ぎを受けて破産財団の保全・確保の方針を早期に検討し、開始決定後直ちにそれを実行する（場合によっては開始決定前の保全処分を行う）とともに、開始決定後直ちに破産者と面談し、収支の状況、資産の状況等について詳細な事情聴取を行うことが必要です。その際、破産者に対しては、説明義務違反、重要財産開示義務違反が免責不許可事由（法252条1項11号）になるだけでなく、破産犯罪（法268条・269条）となりうることも説明し調査に協力するよう説得します。

　また、債権者申立ての事案においては、免責許可申立てのみなし規定（法248条4項）が適用されませんので、免責許可申立てについて、破産手続開始決定から1か月という期間制限（法248条1項）があることを含めて、必要に応じて破産者に教示しておくことが望まれます。自由財産拡張も、申立てを受けて可否を判断する運用となっていますので、必要に応じて破産者に拡張申立ての意思を確認しておくことが望まれます（以上につき、実践マニュアル66頁、管財の手引348頁）。

Q21　補助者の確保

　管財業務を行ううえで補助者を使う必要があるのはどのような場合で、補助者はどのようにして確保すればよいですか。また、その場合、留意しておくべき点はありますか。

A

　管財業務を行ううえで使う補助者としては、①元従業員等、②公認会計士・税理士、③弁護士等があります。以下、順に説明します。

(1) 元従業員等

　在庫商品等の管理や売却、帳簿類の整理等を行うにあたって、元従業員等の協力がなければスムーズに行えないような場合は、補助者（通常はアルバイ

ト）として元従業員等を使用します。この場合、申立代理人や破産会社の代表者等に依頼して、補助者として適切な元従業員（帳簿類の整理であれば元経理担当者）を確保してもらいます。補助者に対する報酬額は、事案の内容や従業員の知識・経験・従前の給与水準等を参考に事案ごとに決定することになりますが、従前の給与額が高すぎる場合は一般的な世間相場を念頭において調整する必要があります。

　⑵　**公認会計士・税理士**

　①破産財団が大規模であるなど税務処理が複雑な場合、②税金の還付が見込まれる場合、③財産隠匿や否認対象行為の存否等を判断するうえで混乱している帳簿類を整理して精密な調査を行う必要がある場合などは、必要に応じて、補助者として公認会計士や税理士を使用します。従前の顧問税理士等のほうが会社の内情を理解していることから迅速な対応が可能で費用も安く済むことが多いとも思われますが、滞納顧問料があり依頼するのが困難な場合、粉飾決算を行っていた場合、破産会社の税務に不慣れな場合などは、ほかの公認会計士・税理士に依頼したほうがよいと思われます（なお、法人破産者の確定申告については第5章参照）。

　⑶　**弁護士**

　①支店など営業拠点が多数に及んでいたり、回収すべき売掛金が多数あったり、否認対象行為が複数存在するなどして管財人一人での対応が困難な場合、②換価業務において特殊な分野（知的財産権等）にかかわるため、その分野に詳しい弁護士の補助を受けたほうがよい場合などは、弁護士を補助者として使用します。この場合、単に事実上の補助者とするか、個別に代理人として選任するか、管財人代理として選任するかは、事案に応じて検討することになります（以上につき、管財の手引116頁、実践マニュアル71頁）。

第2章

自由財産拡張

I 自由財産拡張手続における チェックポイント等

1 自由財産拡張における心構え

▶全国各地の裁判所にてそれぞれ自由財産拡張に関する運用基準が設けられている場合が多く、当該裁判所での運用基準を確認する必要があります。なお、本章では主に大阪地裁における運用基準を念頭に記載しています。

▶本来的自由財産（法34Ⅲ）と自由財産拡張が認められた財産（法34Ⅳ）は管財人の管理処分権が及ばず、換価の対象になりません。

▶管財人は、「破産者の経済的再生」と「破産債権者の利益」の両方の観点から、各裁判所の自由財産拡張基準に従って自由財産拡張対象財産を確認し、破産財団との区別を適正に行う必要があります。

▶自由財産拡張が申し立てられている財産のうち、申立代理人または申立関与司法書士（以下、「申立代理人等」という）と管財人との意見が相違しているものについては、決着がつくまで換価着手を留保しておくのが原則です。

　これに対し、管財人としては、本来的自由財産および自由財産拡張が申し立てられていない財産以外は、早期に換価に着手します。

▶自由財産拡張の判断は、破産者の経済的再生の観点からも、拡張対象外となった財産の早期換価の観点からも、できるだけ迅速に行う必要があります。　☞Q8

▶本来的自由財産または自由財産拡張が認められた財産は、速

やかに破産者に返還します。
▶申立代理人等がいる場合、自由財産拡張をめぐって、破産者と直接協議するのか、申立代理人等を通じて行うのかについては、引継ぎ時に確認しておくのが望ましいといえます。

2　自由財産拡張申立ての有無・内容の確認

☐自由財産拡張申立ての有無を確認
　※職権での決定も認められているが（法34Ⅳ）、対象財産の選択や必要性の判断の観点から、申立てに基づく決定が原則である。申立書添付の各財産目録の右端の「自由財産拡張申立欄」をみて確認する。

☐以下のとおり拡張申立て漏れがあると思われる場合は、破産者、申立代理人等に拡張申立ての意思の有無を確認。もっとも、評価額が０円となる財産（電話加入権など）などについては、自由財産の拡張申立てを待たず、財団から放棄することで対応することも可能。

　自由財産拡張を求める財産を追加する場合や取下げを行う場合には、申立代理人等は、特段の事情説明が必要な場合を除き、財産目録の総括表と当該財産の個別目録のみを裁判所と管財人にFAXすれば足りる。ただし、拡張適格財産以外の財産の自由財産拡張を求める場合や、総額99万円以上の自由財産拡張を求める場合は、上申書等で適宜事情を追完する。

　◎定型的拡張適格財産
　　　拡張申立てのある財産の総額が99万円未満であるにもかかわらず、定型的拡張適格財産について拡張申立てがされていない場合
　◎預貯金
　　　申立書添付の預貯金目録では相殺予定と記載されていたが、実際には相殺予定がないことが判明した場合
　◎出資金
　　　信用金庫、信用組合に預金があるにもかかわらず、財産目録に出資金の記載がなく、出資金の存在が確認された場合や、申立書添付の預貯金目録では相殺予定と記載されていたが、実際には相殺予定がないことが判明した場合
　◎保険解約返戻金
　　　◎火災保険
　　　　　破産者が所有または賃借している自宅不動産がある場

チェックボックスの種類
☐必ず確認すべき事項
◎場合によって検討すべき事項のうち重要なもの
☐場合によって検討すべき事項

☞Q3
⇨申立てをするときは……(11)

⇨申立てをするときは……(12)

⇨申立てをするときは……(12)(13)

合で、火災保険の存在が確認された場合
- 自動車保険

　破産者が自動車を所有している場合で、自動車保険（任意保険）の存在が確認された場合

※なお、自賠責保険は、自動車の評価額に含まれることが通常であるので、二重評価とならないように注意する必要がある。

- 生命保険

　破産者の預貯金口座から保険料の引落しがなされている場合で、生命保険等の保険契約の存在が確認された場合

- 解約返戻金が0円の保険について拡張申立てがされていない場合

回 敷金・保証金返還請求権

- 建物

　破産者が賃借建物に居住している場合で、引継資料として提出されている賃貸借契約書に保証金の記載があるにもかかわらず、財産目録に記載されていない場合

- 駐車場

　破産者が駐車場を賃借している場合で、保証金の存在が確認された場合

- 電話加入権

　債務者の連絡先として記載された固定電話の電話番号から電話加入権があることが予想されるにもかかわらず、財産目録に記載されていない場合で、電話加入権の存在が確認された場合

※もっとも、近時は加入権のない固定電話契約も多く存在する。

3 財産の評価および拡張申立てのある財産の額の確定

☐財産の評価方法については、各裁判所の運用基準を参照
　以下、留意点を記載する。

☐預貯金は開始決定後に記帳し開始決定時の残高を確認

　※破産手続開始決定時点での残高を確認するために決定直後に記帳する。

　※残高確認のため、申立代理人等に対し破産手続開始決定前に少額の入出金を行うよう求めることは、原則として必要とされていない。

　※口座の凍結を防ぐため、原則として管財人からの照会は行わず記帳機で確認する。

　※すでに口座が凍結されていて記帳機で記帳ができない場合は、自由財産拡張の予定であるため口座の凍結をしないように書き添えたうえで金融機関に照会する。

　※申立て時点と開始決定の時点で残高が変動した預金があったとしても、自由財産拡張を求められている財産の評価の問題にすぎないことから、財産目録の差替えは必要でない。

☐保険解約返戻金は証明書で確認

　回証明書発行日から長期間経過している場合は再度の調査を検討

☐自動車は原則として査定評価額による

　※簡易な評価方法として、レッドブック（オートガイド自動車価格月報（有限会社オートガイド発行））がある。

☐敷金・保証金返還請求権

　☐賃貸借契約書の内容を確認

☐退職金債権

　※支給見込額は、勤務先の退職金額証明書、退職金規程等をもとに確定する。

　※支給見込額が不明の場合は、就業規則（労働基準監督署に備え置きがある場合もある）などで確認する。破産の事実を勤務先が知らない場合には資料収集方法を配慮する。

☐過払金

※過払金を回収済みの場合で、かつ、代理人が相当な報酬を超える分を受領済みである場合、管財人が積極的に代理人と協議をする。相当な報酬については、日本弁護士連合会の「債務整理事件処理の規律を定める規程」が参考となる。

◎申立てをするときは……(11)
　現金の額を正確に把握するのは難しいですが、保有している現金の額は自由財産拡張の判断にあたって重要ですので、申立人および関係者からは十分に事情聴取を行い、かつ、客観的資料との整合性も確認したうえで報告しましょう。

◎申立てをするときは……(12)
　名義人と行為者・出捐者が異なる預貯金や生命保険等については、申立人が申立代理人にその存在を報告するのを失念しているケースがよくありますので、このような預貯金や生命保険等がないかどうかについても確認し、ある場合は、預金契約や保険契約が名義人と行為者・出捐者のどちらに帰属するかについて、具体的事案に応じて適切に判断しましょう。

◎申立てをするときは……(13)
　申立人の預貯金通帳を精査することで、申立人からの申告にない保険契約等の存在が明らかになることがありますので、申立人の預貯金通帳の入出金の内容は入念にチェックしましょう。たとえば、保険証券記載の保険料額より、預貯金口座からの毎月の保険料引落額が多いときは、差額が生じている原因を確認し、申立人名義の他の保険契約が存在しないか確認することが必要です。

4 自由財産拡張制度の運用基準に基づく調査・判断

⇨運用基準については、Q2

※破産法上、開始決定確定後1か月以内に拡張の裁判ができるとされているが（法34Ⅳ）、自由財産の拡張の判断に時間を要する場合、黙示に期間の延長がなされたものとして扱われている（運用と書式85頁）。

☐拡張申立財産の中に本来的自由財産がないか確認（運用と書式65頁参照）。とくに、中小企業退職金共済（中退共）、小規模企業共済、平成3年3月31日以前に発効している簡易保険などに注意。　☞Q1

☐定型的拡張適格財産であるかを確認
　　(!) 神戸地裁においては、過払金は原則として換価すべき財産であり、破産者の経済的再生に不可欠であるとの疎明がなされた場合に拡張相当の判断がなされる可能性がある。

☐定型的拡張適格財産でない場合、当該財産が破産者の経済的再生に必要かつ相当であるという事情が認められるかを判断　☞Q3

◉申立書（「金銭及び別紙財産目録2～8以外の財産を自由財産とすべき具体的理由を記載した別紙」）記載の理由では相当性の説明として不十分と考えられる場合は、さらに事情を調査し、場合によっては申立代理人に上申書などによる説明の追完を依頼する。

　☐積立金（互助会の積立て、社内積立てを含む）、信用金庫等の出資金などは預金等に準じ、定型的拡張適格財産に準じて処理する

　☐不動産は原則として相当性を認めることは困難
　　※債権者の関心が高く、また、オーバーローンの場合は早晩退去することになり、破産者の経済的再生に必要となる事情もないため。

　☐株式は原則として拡張不相当
　　※投機的性格の強い財産であるため。従業員持株制度等により取得した株式も同様。ただし、直ちに売却して生活費に充てるなどの場合は事情によって拡張相当とすべき場合がある。

I 自由財産拡張手続におけるチェックポイント等

☐ 手形・小切手、売掛金、請負代金、貸付金は原則として拡張不相当

※回収を行う必要があるため、管財人による管理が必要である。

　☐ 個人事業者の場合で、事業継続する場合は事情により拡張相当とする場合があるので検討する　　☞ Q13

　　※拡張相当とする場合、管財人が回収するのか、破産者本人が回収するのかをさらに検討する必要がある。

　☐ 売掛金や請負代金名目であっても、実質的に給与と考えられる場合には事情を調査し、拡張適格財産とすべきかを検討する

　　※形式的には下請業者として売掛金や請負代金名目で請求を行っているが、実体は雇用に準ずるものである場合など。

☐ 在庫商品は原則として拡張不相当

※原則として破産者の経済的再生に資するものでないため。

　☐ 個人事業者の場合で、事業継続する場合は事情により拡張相当とすべき場合があるので検討する。

☐ 機械工具類は原則として拡張不相当

※原則として破産者の経済的再生に資するものでないため。

　☐ 個人事業者の場合で、事業継続する場合は、本来的自由財産（民執131⑥）に該当する場合があり、また本来的自由財産に該当しない場合でも、事情により拡張相当とすべき場合があるので検討する

☐ 手続開始時に財産目録に記載のない財産の場合、当該財産を財産目録に記載していなかったことにつきやむを得ない事情があると認められるかを判断　　☞ Q4

※やむを得ない事情が認められない場合、拡張の必要性が乏しいと考えられることから拡張不相当。

※残高が少額で入出金が頻繁でない預貯金口座などは、破産者の失念により財産目録に記載していなかったことにつきやむを得ない事情があると認められることが多い。

☐ 現金および拡張適格財産の価額の総額が99万円以下であるかを判断

※価額の評価について、Q2参照。

※これらの合計額が99万円以下の場合、99万円までの現金が本来的自由財産とされていることとの均衡から、原則として拡張相当と考えられる。
　①京都地裁の自由財産拡張基準では、原則として自由財産合計額が99万円以下であるというだけでなく、定型的拡張適格財産については個別の財産が原則として20万円以下であることも必要とされている。

❏現金および拡張適格財産の価額の総額が99万円を超える場合、不可欠性の要件の有無を判断　　　　　　　　　　☞Q5
　※超過分の財団組入れができない場合については、Q6参照。
　　回申立書（「99万円を超える財産を自由財産とすべき具体的理由を記載した別紙」）記載の理由では不十分と考えられる場合は、さらに事情を調査し、場合によっては申立代理人に上申書などによる追完を依頼する。

❏本来的自由財産が高額な場合の処理については、Q7参照。

5 拡張相当と認められる場合の処理 (Q10)

(1) 原則拡張相当とされる財産の場合

☐ 破産者本人に当該財産など（預金通帳、保険証券、車検証、自動車の鍵、賃貸借契約書など）を返還

　※破産手続開始決定後の引継ぎ時に拡張相当であると判断できる場合は、引継ぎを受けずに返還してよい。

　☐ 破産者から受領書を受領

　　※とくに自動車の場合は、運行供用者責任との関連があるので、必ず受領書を受領する。

☐ 財産目録備考欄に拡張済みと記載、拡張済額（評価額）を記入

(2) 原則拡張不相当とされる財産の場合

☐ 定型的拡張適格財産以外の財産、手続開始時の財産目録に記載のない財産、現金および拡張適格財産の価額の総額が99万円を超える拡張申立てがある場合は、裁判所に事前に報告・相談

　※管財人としての方針を立てたうえで報告・相談を行う。

6　拡張不相当と判断した場合の処理（Q11）

☐破産者、申立代理人等と、自由財産拡張申立ての内容を管財人の意見に合致する内容に変更することが可能かを協議
　☐協議が整ったときは、（一部）取下げを促す、超過分を組み入れさせるなどの処理
　　※保険の解約返戻金など、不可分の財産がある場合には、保険契約は存続させて自由財産として拡張し、99万円超過分を自由財産や新得財産から破産財団に組み入れさせる処理が、破産者の経済的再生の観点からは望ましい。
　　※評価額相当額を財団に組み入れさせて、当該財産を財団から放棄してもよい。
☐協議が整わないときは、拡張の可否の判断に時間を要する場合を除き、財産状況報告集会の1週間前までに自由財産拡張に関する意見書を裁判所に提出

Ⅱ　Q&A

Q1　本来的自由財産

〔1〕　本来的自由財産にはどのようなものがありますか。
〔2〕　本来的自由財産と自由財産拡張制度はどのような関係ですか。

A

(1) 本来的自由財産とは（〔1〕）

　破産者が破産手続開始時に有する一切の財産は、原則として破産財団を構成します（法34条1項）。管財人は、破産財団に属する財産の管理処分権を有し（法78条1項）、これらの財産を換価することになります。しかし、例外的に、破産手続開始時に破産者が有する財産であったとしても、法律上当然に破産財団に属さない財産があり、法34条3項に規定がおかれています。これを以下「本来的自由財産」と呼びますが、本来的自由財産については、管財人の管理処分権は及ばず、また、自由財産拡張の対象にもなりません。

　本来的自由財産には、①99万円以下の金銭（法34条3項1号、民執131条3号、民執施行令1条）、②金銭以外の差押禁止財産（法34条3項2号）および差押禁止債権（民執152条）、③特別法上の差押禁止債権、④性質上の差押禁止財産があります。

　このうち、③の特別法上の差押禁止財産には、たとえば、生活保護受給権（生活保護法58条）、各種年金受給権（国民年金法24条等）、小規模企業共済の共済金受給権（小規模企業共済法15条）、中小企業退職金共済の退職金受給権（中小企業退職金共済法20条）、平成3年3月31日以前に効力の発生している簡易保険の保険金・還付請求権（平成2年改正前の旧簡易生命保険法50条）などがあります（なお、小規模企業共済や中小企業退職金共済の詳細については、第3章（破産財団の管理・換価）Q17を参照してください）。もっとも、これらの生活保

護費などが開始決定までに預金口座に入金された場合には、単なる預金債権になりますので、差押禁止財産にはあたらず、破産財団を構成することになります。

　また、④の性質上の差押禁止財産とは、たとえば慰謝料請求権等の一身専属性を有する権利です。もっとも、慰謝料請求権は行使上の一身専属権であり、具体的な金額が確定すれば、一身専属性を失い、差押えが可能になります。したがって、破産手続が終了するまでに慰謝料の具体的金額が確定した場合には、慰謝料請求権も破産財団に属することになります（法34条3項2号ただし書。この点については、Q12も参考にしてください）。

(2)　自由財産拡張制度（〔2〕）

　法34条3項は、個別執行手続において差押債権者の引当てにならない差押禁止財産を、包括的執行手続である破産手続でも総債権者の引当財産から除外するとともに、金銭については、破産手続では破産者が無資力になることも考慮して、総債権者の引当財産から除外する範囲を個別執行手続における差押禁止額の1.5倍まで拡張し（法34条3項1号）、破産者の経済的再生に配慮しています。

　しかし、本来的自由財産を破産者の手元に残すだけでは、破産者の経済的再生にとって不十分なことも少なくありません。そこで、補完的に、破産者の個別事情に応じて破産者の経済的再生を図るために設けられたのが自由財産拡張制度です。

　このように、自由財産拡張制度は、本来的自由財産を破産者の手元に残すだけでは破産者の経済的再生にとって不十分なときに、これを補完する制度ですので、その利用にあたっては、破産者の生活状況、破産手続開始時に破産者が有する本来的自由財産の種類や額、破産者の収入の見込みなどの個別事情が斟酌されることになります。

Q2 自由財産拡張制度の運用基準

A 自由財産拡張について、どのような基準で検討すればよいですか。

　自由財産拡張制度は、本来的自由財産を破産者の手元に残すだけでは破産者の経済的再生にとって不十分なときに、破産者の個別事情に応じて、これを補完する制度です（Ｑ１）。したがって、本来的には、拡張申立てがなされた財産の一つひとつについて、破産者の具体的事情を踏まえつつ、必要性や許容性を検討したうえで、その拡張の可否が判断されることになります。

　ただ、破産者や債権者にとって、ある程度予測可能性のある運用が行われるのが望ましいことから、大阪地裁では、以下の運用基準が定められています（運用と書式70頁）。なお、自由財産拡張制度の運用基準は、裁判所により異なりますので、具体的な運用基準については、各地の裁判所に確認するようにしてください。

【大阪地裁における自由財産拡張制度の運用基準】（平成25年４月30日現在）

1　拡張の判断の基準

　拡張の判断にあたっては、まず、①拡張を求める各財産について後記２の拡張適格財産性の審査を経たうえで、②拡張適格財産について後記３の99万円枠の審査を行う。なお、99万円を超える現金は、後記２の審査の対象とはならず、後記３の99万円枠の審査の対象となる。

2　拡張適格財産性の審査

(1)　定型的拡張適格財産

以下の財産は、拡張適格財産とする。

① 　預貯金・積立金（なお、預貯金のうち普通預金は、現金に準じる）
② 　保険解約返戻金
③ 　自動車
④ 　敷金・保証金返還請求権

⑤　退職金債権

⑥　電話加入権

⑦　申立て時において、回収済み、確定判決取得済みまたは返還額および時期について合意済みの過払金返還請求権

(2)　(1)以外の財産

　原則として拡張適格財産とならない。ただし、破産者の生活状況や今後の収入見込み、拡張を求める財産の種類、金額その他の個別的な事情に照らして、当該財産が破産者の経済的再生に必要かつ相当であるという事情が認められる場合には、拡張適格財産とする（相当性の要件。Ｑ３を参照）。

(3)　手続開始時に財産目録に記載のない財産

　原則として拡張適格財産とならない。ただし、破産者が当該財産を財産目録に記載していなかったことにつきやむを得ない事情があると認められる場合については、その財産の種類に応じて(1)または(2)の要件に従って拡張適格財産性を判断する（Ｑ４を参照）。

3　99万円枠の審査

(1)　拡張適格財産の価額の評価

　原則として時価で評価する。ただし、敷金・保証金返還請求権（前記2(1)④）は契約書上の金額から滞納賃料および明渡費用等（原則として60万円）を控除した額で評価し、退職金債権（同⑤）は原則として支給見込額の8分の1で評価し、電話加入権（同⑥）は0円として評価する。

(2)　現金および拡張適格財産の合計額が99万円以下の場合

　原則として拡張相当とする。なお、後記(3)の場合に99万円超過部分に相当する現金を破産財団に組み入れることにより、財産の評価額を組入額分低減させ、実質的に拡張を求める財産の額を99万円以下とすることが可能である。

(3)　現金および拡張適格財産の合計額が99万円を超える場合

　原則として99万円超過部分について拡張不相当とする。ただし、破産

者の生活状況や今後の収入見込み、拡張を求める財産の種類、金額その他の個別的な事情に照らして、拡張申立てされた99万円超過部分の財産が破産者の経済的再生に必要不可欠であるという特段の事情が認められる場合には、例外的に拡張相当とする（不可欠性の要件。Q5を参照）。

Q3 拡張適格財産

拡張適格財産に該当するか否かを判断する際に注意すべき点は何ですか。

A

(1) 定型的拡張適格財産

自由財産拡張が認められるためには、まず、その性質上、自由財産拡張の対象とすることが適切な財産（拡張適格財産）であることが必要です。

大阪地裁では、その性質から自由財産拡張の対象とすることが適切であるといえる財産の種類を類型化し、①預貯金・積立金、②保険解約返戻金、③自動車、④敷金・保証金返還請求権、⑤退職金債権、⑥電話加入権、⑦（申立時において、回収済み、確定判決取得済みまたは返還額および時期について合意済みの）過払金返還請求権の7ジャンルについては、当然に拡張適格財産性が認められるものとしています（これを「定型的拡張適格財産」と呼びます）。

もっとも、定型的拡張適格財産にはあたらない場合でも、これと同視できる場合には、定型的拡張適格財産に準じて取り扱うことができます。たとえば、信用金庫の出資金であれば、信用金庫に預金口座を開設するのと同時に行われることが多いことから、預金と同視することができますし、共済の出資金であれば、その制度の共通性から、保険解約返戻金と同視することができますので、定型的拡張適格財産に準じて取り扱うことになります。

また、定型的拡張適格財産であっても、たとえば事業用の賃借物件で、破産者が事業を継続していない場合の敷金・保証金返還請求権は、自由財産拡張の対象とすることが適切とはいえず、拡張適格財産性が認められません。

(2) 定型的拡張適格財産以外の財産

　他方、定型的拡張適格財産にあたらない財産でも、相当性の要件、すなわち、破産者の生活状況や今後の収入見込み、拡張を求める財産の種類、金額その他の個別的な事情に照らして、当該財産が破産者の経済的再生に必要かつ相当であるという事情があれば、拡張適格財産性が認められます。たとえば、交通事故などによる損害賠償請求権や、疾病による保険金請求権などは、相当性が比較的認められやすいと考えられます。

　これに対し、保有し続ける予定の株式やゴルフ会員権などは、相当性を認めるのが困難といえるでしょう。ただし、早期に処分して生活費等に充てる予定があるような場合には、破産者の具体的事情に応じて相当性が認められることもありえます。その他、破産者が事業を継続する場合については、Q13を参考にしてください。

　なお、不動産については、かりに破産者の経済的再生に必要であっても、その性質上、自由財産の対象とするのは適切でなく、相当性を認めることができません。

Q4　申立書の財産目録に記載のない財産

　申立書に記載のない財産について拡張適格財産性が認められることはありますか。

A

　破産手続開始決定時に申立書の財産目録に記載のない財産については、それが定型的拡張適格財産であったとしても、当然に拡張適格財産性が認められることにはなりませんが、破産者が当該財産を財産目録に記載していなかったことにつきやむを得ない事情があると認められるときには、財産目録に記載があったのと同じように拡張適格財産性を判断します。

　この「やむを得ない事情があると認められるとき」とは、たとえば、単純な記載漏れであることが記録・資料の上から明らかな場合（申立書の他の箇所において言及されている場合や資料は提出されている場合など）、当該財産が自

己の管理下になかったことにより財産そのものを把握していなかった場合、自己に帰属する財産とは考えておらず、そう考えたことについて無理からぬ事情がある場合などです。

ただ、厳密な意味で「やむを得ない事情があると認められるとき」にあたるかどうかが微妙な事案であっても、たとえば、申立書の財産目録に記載されていなかった財産の額が少額で、大勢に影響を及ぼすことがないような場合には、財産目録に記載があったのと同じように取り扱っても差し支えないでしょう。

Q5 総額99万円を超える財産

現金と拡張適格財産の価額の総額が99万円を超える財産を拡張相当とするのはどのような場合ですか。

A

現金と拡張適格財産の価額の総額が99万円を超える財産の拡張申立ては原則として認められませんが、破産者の生活状況や今後の収入見込み、拡張を求める財産の種類、金額その他の個別的な事情に照らして、拡張申立てされた99万円超過部分の財産が破産者の経済的再生に必要不可欠であるという特段の事情が認められる場合に、例外的に拡張相当とされます（不可欠性の要件）。

総額99万円を超える財産が拡張相当とされる例としては、医療上の理由での保険解約返戻金が多く、それらの例に共通する事情としては、①高齢である、②収入の途がないか、極めて乏しい状況である、③破産者自身が病気や障害を抱えていたり、その親族に要介護の者がいたりして、就労が困難であり、経済的負担が多い状況である、④入退院を繰り返していて高額な医療費がかかる、⑤保険の再加入が認められない等の事情があげられます。

なお、管財人として特段の事情が認められると考えた場合であっても、直ちに拡張相当とは判断せずに、まずは裁判所と十分に協議をするようにしてください（以上、運用と書式79頁、実践マニュアル301頁、管財の手引143頁）。

Q6 超過分の財団組入れ

〔1〕 99万円を超える不可分な財産につき、99万円超過部分を拡張不相当とした場合、当該財産を換価する必要がありますか。

〔2〕 超過部分相当額の財団組入れができない場合は、どのように対応すればよいですか。

A

(1) 拡張不相当部分の換価（〔1〕）

破産者が99万円超過部分を本来的自由財産や新得財産、親族からの援助等を原資として破産財団に組み入れることが可能なのであれば、換価する必要はありません。また、他の換価に時間がかかるなどの事情がある場合には、換価業務が継続している間、破産者の新得財産をもって分割払いをするなどの方法により財団組入れをさせるなどの工夫をする場合もあります。このような処理は、破産財団にとって不利益にはなりませんし、当該財産を保有しておきたいという破産者の利益にも適うものですので、合理的な運用として認められます（運用と書式71頁、実践マニュアル302頁、管財の手引142頁）。

(2) 超過分の財団組入れができない場合の対応（〔2〕）

総額99万円超過部分相当額の財団組入れができない場合は、原則どおり、管財人が総額99万円を超える不可分な財産の全体を換価し、総額99万円の枠内の部分は破産者に返還する必要があります。

もっとも、たとえば、同じ保険会社に複数の保険契約があり、その一部のみを解約して換価しなければならないような場合には、その解約手続を破産者自身に行わせたうえで、破産者が受領した解約返戻金のなかから99万円超過部分を破産財団に組み入れてもらうといった工夫をすることも考えられるでしょう。

Q7 本来的自由財産が高額な場合

現金以外の本来的自由財産の額が極めて高額である場合にも自由財

産拡張は認めるべきですか。

A

　自由財産拡張の運用基準に照らした場合、本来的自由財産の額が極めて高額であっても、運用基準に従った内容による自由財産の拡張が認められるようにも思えます。

　しかし、そもそも自由財産拡張制度は、本来的自由財産を破産者の手元に残すだけでは破産者の経済的再生にとって十分ではないときに、それを補完するために利用されるものです（Q1参照）。したがって、自由財産拡張制度の利用にあたっては、破産者の生活状況とともに、破産手続開始時に破産者が有する本来的自由財産の種類や額などが斟酌されることになり（法34条4項）、本来的自由財産の額が極めて高額である場合には、通常は自由財産拡張を認めないという判断になることが多くなるでしょう。

　ただし、たとえば、本来的自由財産として破産者の手元に残った財産が退職金債権の4分の3の部分のみであった場合などは、その額が高額であったとしても、破産者は直ちに換価して生活費等に充てることができませんので、本来的自由財産の存在を考慮する必要はないでしょう（以上、実践マニュアル285頁・300頁、破産200問51頁、管財の手引141頁）。

Q8　自由財産拡張の判断時期

　自由財産拡張の判断はいつまでにすればよいのですか。

A

　破産法上は「破産手続開始の決定があった時から当該決定が確定した日以後1月を経過する日まで」とされています（法34条4項）。

　ただし、破産者の経済的再生の見地からすると、破産手続開始決定後できるだけ迅速に判断すべきです。とくに、預貯金や保険解約返戻金など自由財産拡張の対象となることが明らかな財産の場合は、破産手続開始決定後の面談時または面談実施後速やかに拡張を認める判断をしたうえで、破産者から引き継いだ通帳や証書類等を破産者に返還すべきです。

これに対し、たとえば、交通事故による損害賠償請求権で金額が確定しない場合など、開始決定確定後 1 か月を経過しても拡張の相当性について判断がつかない場合もあります。このような場合は、自由財産の拡張決定が可能となる時期まで黙示に期間の延長決定がなされたものとして扱い、拡張の判断を行うことも認められています。ただし、この場合でも、漫然と判断を留保せず、できる限り速やかに判断をすべきです（運用と書式85頁、実践マニュアル279頁、管財の手引140頁）。

Q9 財団組入れとの関係

〔1〕 裁量免責を認めるために破産者に財団組入れを指示すべき場合にも、総額99万円まで自由財産拡張を認めるべきですか。

〔2〕 破産者に新得財産がない場合、自由財産拡張を認めた財産から財団組入れを指示することはできますか。

A

(1) 免責制度と自由財産拡張（〔1〕）

免責制度と自由財産拡張とは趣旨の異なる別個の制度で、両者を連動させるべきではありません。したがって、かりに破産者に免責不許可事由があったとしても、これを考慮することなく、運用基準に従って自由財産拡張の可否を判断すべきです。

また、裁量免責を認めるために破産者に財団組入れを指示する場合であっても、自由財産拡張については運用基準に従った判断をし、その結果99万円までの拡張を認めることが相当な事案と判断できるのであれば、拡張を認めるべきです（運用と書式69頁、実践マニュアル278頁、はい6民89頁、破産200問53頁）。

(2) 自由財産拡張された財産の財団組入れ（〔2〕）

いったん拡張を認めた財産は、破産者が管理処分権を有することになりますが、免責制度と自由財産拡張制度はあくまでも別個の制度ですので、破産者が管理処分権を有するに至った財産について、これを裁量免責のために財

Ⅱ　Q＆A

団組み入れさせる（積み立てさせる）ことはまったく問題ありません（裁量免責のための積立てについては、第10章（免責）Q5を参照）。

　それぞれ個別に、自由財産として拡張することが相当か、裁量免責のために財団組入れが必要かを十分に検討し、拡張が相当であり、かつ、免責のために財団組入れが必要と判断した場合には、拡張後の自由財産を財団に組み入れるように指示することもできます。

Q10　拡張相当と判断した場合の処理

　調査の結果、破産者の申立てのとおり自由財産の拡張をすることが相当であると判断しました。この後、具体的に何をすればよいですか。

A

(1)　破産者との関係

　破産者にとって、拡張申立てをした財産が自由財産として今後の生活に使用できるか否かは、免責と並ぶ最大の関心事です。また、破産者の経済的再生のためには、拡張された財産を利用できるようにすることが大切です。したがって、拡張相当と判断した財産は、破産者に自由に処分できることを告げたうえで、破産者から引き継いだ書類等（たとえば、預貯金の場合は通帳やキャッシュカード、保険解約返戻金の場合は保険証券、自動車の場合は車検証や鍵など）を速やかに返還します。

　なお、これらの書類等の返還は、破産者または申立代理人からの受領書と引換えにすることが通常ですが、とくに自動車については、運行供用者責任の時的限界を明らかにするため、返還の日付を記載した受領書を忘れないように注意が必要です（運用と書式86頁、実践マニュアル294頁）。

(2)　裁判所との関係

　大阪地裁や東京地裁をはじめ、ほとんどの裁判所では黙示の決定による運用がなされているため、拡張対象財産を破産者に返還した時点で裁判所に報告する必要はありません（運用と書式86頁、管財の手引140頁、実践マニュアル278頁）。もっとも、管財人として行うべき残務の内容を明らかにしておくた

57

めにも、拡張を認めた時点で直ちに財産目録（運用と書式436頁、管財の手引470頁）に反映させておくことが好ましいでしょう。

Q11　拡張不相当と判断した場合の処理

調査の結果、破産者の申立てのとおり自由財産の拡張をすることは相当でないと判断しました。この後、具体的に何をすればよいですか。

A

　まずは、破産者と協議のうえ、拡張申立ての取下げを促します。大阪地裁では、拡張申立てを取り下げる場合、チェックを外した財産目録の個別表とこれを反映させた総括表を裁判所と管財人にファクシミリすれば足り、とくに理由や上申書は必要とされていません。

　これに対し、破産者との協議によっても意見が一致せず、破産者によって拡張申立ての取下げがなされない場合は、裁判所の明示の決定を受けることになります。管財人は、裁判所に拡張が相当でない旨の意見書を速やかに提出します（運用と書式68頁、管財の手引140頁、実践マニュアル280頁）。裁判所の明示の決定で拡張不相当とされた財産は、破産財団に属するものとして換価を進めることになります。もっとも、明示の決定があった場合でも、即時抗告（法34条6項）の期間が経過するまでは換価には着手しないほうがよいでしょう。

Q12　交通事故の損害賠償請求権

破産者が交通事故の被害者であり、損害賠償請求権を有する場合の自由財産拡張について、どのように対応すべきですか。

A

　交通事故による損害賠償請求権のうち自動車損害賠償責任保険（以下、「自賠責保険」という）部分の保険会社に対する直接請求権は差押禁止財産ですので（自賠16条1項・18条）、本来的自由財産となります。したがって、自由財産拡張の対象とならないことに留意が必要です。

交通事故による損害賠償請求権については、①そもそも自賠責保険の直接請求権以外の部分についても本来的自由財産として破産財団に属しないのではないかという問題と、②破産財団に属するとして、自由財産拡張が認められるかという問題があります。

この点については、財産的損害と精神的損害（慰謝料）とを分けて考える必要があります。財産的損害に基づく損害賠償請求権は、①破産財団に帰属しうる財産です。また、②自由財産拡張の面でも、拡張適格財産とはされていません（運用と書式70頁）。しかし、財産的損害のうち、休業補償や逸失利益は、破産財団への帰属をとくに問題とされない給与の代替的性格を有していることからすれば、自由財産拡張を認めるべきであると考えられます。被害者の治療に直接関係する介護費用や入院雑費も、拡張が認められるべきでしょう（破産200問90頁）。

他方、精神的損害に基づく慰謝料請求権については、①行使上の一身専属権であると考えられており、金額が確定するまでは破産財団に属するものではありません。しかし、②破産手続中に金額が確定した場合、破産財団に帰属することとなりますので（法34条3項2号ただし書）、自由財産拡張の可否が問題となります（破産200問90頁、管財の手引136頁）。この点、破産債権者が、交通事故に起因する破産者の慰謝料まで債権の引当てとして期待していたとは通常は考えられないことからすれば、拡張が認められるべきでしょう（実践マニュアル299頁）。

Q13 事業継続と自由財産拡張

破産者が個人事業者の場合で、開始決定後も事業を継続する場合の自由財産拡張について注意すべき点は何ですか。

A

まず、事業用の動産のうち、技術者等の業務用必要な器具等は差押禁止動産として本来的自由財産に該当することに注意が必要です（法34条3項2号、民執131条4号～6号。管財の手引136頁）。

59

売掛金や在庫商品は定型的拡張適格財産とはされていませんし（運用と書式70頁）、また、相当性（☞Q３）の判断も慎重に行う必要があります（運用と書式77頁）。売掛先や仕入先との関係で紛争が生じやすく、また、評価額も容易には定まらないことなどが理由です。もっとも、売掛金を自由財産とせず、破産財団に組み入れる場合でも、管財人が回収や売却を行うことで、破産者の事業継続に支障を生じる場合もあり得ます。このようなおそれがある場合、破産者に換価を委ね、換価した現金を財団に組み入れることも検討すべきです。

第3章

破産財団の管理・換価

I　破産財団の管理・換価の流れ・概要

```
申立代理人から申立書副本、資料等の引継ぎ
          ↓
      破産手続開始決定
          ↓
破産財団に属する財産の直接管理の着手、現状の把握
          ↓
   破産財団の散逸・劣化を防ぐ措置
          ↓
必要資料の収集・関係者からの事情聴取・関係資料の精査
          ↓                    ↓
  管理処分権限の及ばない財産      管理処分権限の及ぶ財産
```

※自然人の場合
- 本来的自由財産
- 自由財産の範囲の拡張が認められた財産

```
        適正かつ迅速な換価業務の実施
                ↓            ↓
   （許可が必要な場合）破産裁判所の許可取得
                ↓            ↓
      破産財団への組入れ     破産財団からの放棄
```

〔コラム❶〕
破産財団の占有・管理のエッセンス

　破産手続開始決定の効果として、破産者に属していた一切の財産は、破産財団と呼ばれる財産の集合体となり、その管理処分権は管財人に専属します（法78条1項）。そして、管財人は、職務を行うにつき善管注意義務を負っていますので（法85条1項）、財産の管理処分に関してその注意を怠った場合には損害賠償義務を負うことになります（同条2項）。したがって、管財人は、就任の後直ちに破産財団帰属の財産の占有・管理に着手し（法79条）、破産財団の現状把握に努め、その価値を毀損しないように努めなければなりません。

　もっとも、すべての作業を厳格に行いすぎると、破産事件の処理が遅延し、管理コスト等が過大な負担となって、かえって財団の減少・劣化を招くこともあります。したがって、破産事件の円滑・迅速な処理の観点から、費用対効果なども意識して、適切かつ合理的な破産財団の占有・管理に努めましょう。

　その一方、破産手続においては、このような迅速処理や費用対効果の視点もさることながら、債権者その他の利害関係人に対して、適正な管財業務を行ったとの合理的な説明ができるかどうか（債権者の合理的な納得を得られるかどうか）という視点も極めて重要です。したがって、場合によっては、公正・公平な事件処理のため、上記のような迅速性や費用対効果を犠牲にしなければならない場面もあります。

　いずれにしても、管財業務に絶対的な正解というものがあるわけではなく、ケースに応じて管財人が適切かつ合理的に判断し、よって処理方針が異なることもあり、工夫を凝らしながら臨機応変に対応することが必要です。管財人自身が上記のような視点要素を総合考慮して、適正かつ迅速に、最大の換価を目指して手続を進めていくことにこそ、まさに管財業務の醍醐味があるともいえるでしょう。

II 破産財団の管理・換価のチェックポイント等

1 破産財団の占有・管理

(1) 総 論

☐直接管理の着手

※管財人は、就任後直ちに破産財団帰属の財産の管理に着手しなければならない（法79）。

とくに、管財人が直接保管できる現金、預金通帳、保険証券、有価証券、出資証券、会員権証書、受取手形・小切手、印鑑類、不動産の権利証、帳簿類、不動産・自動車等の鍵類等は、就任後直ちに引継ぎを受けること（現金や引継予納金は、裁判所に届け出た管財人口座（高価品保管場所）に預け入れる。また、受取手形・小切手は、そのまま保管しないで、速やかに管財人口座を開設した金融機関を通じて交換に回すこと）。

なお、自然人の場合で自由財産拡張対象の通帳、保険証券等は、拡張相当であることが確認でき次第、速やかに返却することもある点に留意。

☞第1章（破産手続開始決定）Q15

☐現状の把握・現地確認

※法人破産や個人事業者破産の場合、速やかに管財人自らが本社事務所や工場等の現場へ臨場して現状を確認する。なお、遠方などやむを得ない場合は、現場への臨場に替えて、関係者を通じて現場の写真等を手配して、それにより現状を確認することもあり得る。

※すでに不法占拠者がいて相当な抵抗が予想される場合、第三者による占有や財産持出しの危険が差し迫っていて放置できない場合等には、封印執行（法155Ⅰ）を検討する。この場合は、事前に裁判所と協議する。

☞第1章（破産手続開始決定）Q6・17

☐管財業務の優先順位の見極め　破産財団の散逸・劣化を防ぐ措置

※早期に着手すべき業務を放置しない。上記以外に、リース物件等第三者所有物件の調査や、売掛金等破産財団に属する債権の

☞Q1、第1章（破産手続開始決定）Q15～16

短期消滅時効に注意する。
　破産者所有建物等の火災保険・警備契約等は、継続の方向で検討する。

□ 強制執行・保全処分の解除
　※破産手続開始決定前に債権差押え等破産財団に属する財産に対して強制執行・保全処分が行われている場合には、早急に執行裁判所等に対して執行の終了等を上申する。

☞ 第1章（破産手続開始決定）Q13

□ 保管場所・方法の再検討
　※盗難等のおそれがないかを確認する（あれば、速やかに保管場所変更や警備契約の締結を検討する）。保管場所が散在している場合には、破産者所有の本社建物等に集約できないかなど効率的・合理的な管理方法を検討する。

(2)　不動産

□ 現場の確認、施錠
□ 鍵の保管（施錠状態を確認。施錠状態不良、合鍵を持つ者が立ち入るおそれがある等の場合は、鍵の交換や追加を検討）
　※破産者が居住しているような場合は、管財人の管理処分権下にあることを説明したうえで破産者に管理させることもある。

□ 告示書の掲示

☞ Q23

　※告示書を掲示して、管財人の占有管理を明示する（盗難犯等に対して一定の抑止効果）。その場合でも、掲示のメリット（管財人占有の明示、破産者所有であれば任意売却の際の買受申込みの端緒となりうる）とデメリット（個人の居住用住宅では、プライバシーに配慮して掲示をしないことが通常）等を考慮する。

□ 火災保険の加入ないし継続の検討
□ 警備契約が締結されている場合、その契約の継続が必要か否か検討
　※遠隔警備に電気と電話回線が必要な場合があるので、警備契約継続に必要な契約は残しておくこと。

□ 電気・水道をどの時期まで使用する必要があるか確認
　※とくに、工場等の機械類は、動作確認や搬出移動に電気（高圧）が必要なものがあり、これらの処理前に電気契約を解約すると

チェックボックスの種類
□ 必ず確認すべき事項
回 場合によって検討すべき事項のうち重要なもの
□ 場合によって検討すべき事項

65

処理に支障を来す場合がある。現地確認時にそのような機械類がないかを確認する。
- □ 危険物、有害物質の有無の確認・管理処分方法の検討（管財の手引160頁）
  ※危険物や有害物質があれば、速やかに処理する。PCBが使用されているコンデンサーがある場合については、Q24参照。
- □ 不法占拠者の有無を確認
  ※不法占拠者が確認された場合の対応については、Q25参照。
- □ その他不動産については、⑥（不動産）を参照

(3) 自動車

- ☐ 速やかに管財人の管理下に置く。
  ※破産財団に属する自動車で交通事故が起こった場合には、管財人が運行供用者責任を問われるリスクがあるので、速やかに管財人の管理を開始すること。もっとも、破産者が個人であり、自由財産として拡張相当であることが確認できた場合には、速やかに「受領証」（日付明記）を受け取ったうえで鍵を返却して、管財人の運行供用者責任を免れるようにするのが通常である。
  ※所在不明の自動車については、Q19参照。
- ☐ 自動車の保管場所を確認したか。
- ☐ 鍵と車検証の引継ぎを受けたか。
- ☐ 車検証の確認
  ※破産者が所有者であるか、所有権留保が付いていないか等を確認すること。
- □ その他自動車については、⑤（自動車）を参照

(4) 在庫商品・動産類

- ☐ 財産目録、最終決算書と現地での現物の確認、照合
  ※財産目録にはあがっていないが現地にはあるもの、逆に財産目録にあるが現物が確認できないものを拾い出し、換価漏れがないようにする。
- ☐ 所有権や担保権の確認　　　　　　　　　　　　　　　☞ Q79

※当該商品ないし動産の納入の根拠となる契約書等を確認し、関係者からのヒアリング等も含めて、所有権が誰にあるのか、担保権が設定されていないか等を確認する。
□ その他在庫商品・動産類については、⑨を参照

(5) リース物件 ☞ Q 3
□賃貸借なのかリースなのかの確認
※契約書の表題だけでなく、契約内容を検討してどちらに該当するのかを判断する。
□ 現地で「リース物件」に貼付されているシールを確認
※リース物件か否かの判断、あるいは同一種類のリース物件が多数ある場合等にシールによって対象を特定していく。
□継続使用するかどうかの判断
※不要であれば速やかにリース債権者に引き揚げてもらうか、あるいは所有権放棄してもらう。

(6) 契約関係の処理 ☞ 第 1 章（破産手続開始決定）Q 16、第 7 章（契約関係の処理）
□残存している契約関係を整理
□双方未履行双務契約について解除ないし履行選択の検討

2 資産調査

☐ 預金通帳や当座勘定照合表の入出金の履歴を確認

　※あるべき財産が申立書の記載から漏れていないか確認する。　☞ Q 4

　※過去の入出金の履歴から、申立書に記載のなかった、売掛金、貸付金、出資金（配当金振込み）、会員権（年会費引落し）等の財産がみつかる場合があり、不自然な多額の入出金は、偏頗弁済や資産隠匿発見の端緒となりうる。少なくとも申立て前1年間、または申立てまでに時間がかかっている事件については支払停止（受任通知）から遡って1年間は、履歴を確認すべきである。

☐ 決算書・税務申告書・会計帳簿等の確認

　※資産調査に必要な帳簿類（決算書・税務申告書（申立書添付）、仕訳帳、総勘定元帳、現金出納帳、売掛帳、仕入れ帳等）を確保する必要がある。電子データの形で保存されている場合も多いので、リース物件の引揚げ前に会計帳簿のデータの保全が必要ないか、確認が必要。

　　これらの帳簿類の調査により、申立資料に載っていない資産の有無、実質赤字なのに納税していれば、粉飾決算等による税金の還付がないか等を確認できる（第5章（税務）参照）。

　※申立て前に廃棄されている場合について、Q 5参照。

☐ 破産者および関係者からの事情聴取

　※破産者および申立代理人から、十分な事情聴取を行う。
　　また、破産者の従業員や取引先等からの情報が、新たな財産の発見等の端緒となる場合がある。

☐ 貸金庫の有無の確認

　※金融機関への残高照会の際に、あわせて貸金庫の有無も照会する。

☐ 源泉徴収票・給与明細の確認

　※生命保険料控除、損害保険料控除の記載がないか等を確認。これらの記載があれば、保険契約が残っている可能性がある。また、公務員の場合、共済会等による相殺禁止にあたる天引が行われている可能性がある（相殺禁止、第9章（相殺）参照）。

☐ 賃料等の収入の確認

※携帯電話のアンテナ基地設置料、電柱の敷地使用料、広告塔設置料等が見落とされがちなので、そのようなものがないか確認する。

□ 固定資産税の名寄帳の取寄せ　　　　　　　　　　　　　☞ Q 8
※破産者所有の不動産が他にある疑いがある場合に、管財人名で取り寄せることが可能。同一市町村内の破産者名義の不動産の有無がわかる。

□ 転送郵便物の確認　　　　　　　　　　　　　　　　　　☞ Q 4
※転送郵便物から、申立書に記載のなかった貴重な情報が得られる場合があるので、破産者あての郵便物はすべて開披し、管財人自身において、内容を確認するようにする。
　とくに、株式、出資金等の配当通知（有価証券を所有している可能性がある）、証券会社の特定口座取引報告（上場株式を所有している可能性がある）、リゾート会員権等の年会費の請求書（リゾート会員権を所有している可能性がある）、ダイレクトメール等（宝石店や先物会社からのダイレクトメールが届いていれば、過去に高価品の売買や投機行為が行われていた可能性がある）に注意する。

□ 過去に発生した相続の調査
※遺産分割未了の相続財産が見落とされがちなので注意すること。

□ 裁判所の調査嘱託を検討

3 預貯金・出資金

❏預貯金残高・相殺可能性・貸金庫の有無についての照会	☞ Q 10・Q 11
※自然人の場合は、自由財産拡張対象の預金について照会をかけると口座が凍結されたりして混乱を招くことがあるので、拡張対象の口座かどうか確認のうえ対応する。	
❏預貯金口座の帰属主体についての検討	
※基本的には口座名義が基準となるが、破産者の家族名義であっても実質は破産者の財産と認定できる場合がある。	
❏預貯金口座の解約の要否の検討	☞ Q 10・Q 12
※自然人の預貯金口座で自由財産拡張の対象財産である場合は、解約対象外。	
※残高が極めて少額の場合は、解約せずに放棄することを検討。	
※自然人の預金口座で自由財産拡張対象でなく、99万円の枠を使い切っている場合には、残高相当額を財団組入れしてもらい、破産財団から放棄することも可。	
※相殺予定の口座についてはQ11参照。	
※法人破産や個人事業者破産の事案で、債権者でない金融機関に売掛金の回収口座がある場合についてはQ10(2)参照。	
※それ以外は、速やかに解約して払戻しを受ける。	
❏金融機関が債権者である場合、支払停止を知った時期以降に口座に入金された預金（売掛金振込等）を、受働債権として相殺していないか確認（相殺禁止の要件該当性の検討）	
※詳細は第9章（相殺）参照	
❏出資金の有無の確認	
※出資証券がない場合でも、信用金庫や信用組合等と取引があれば照会する。	
❏出資金の払戻しの可否の検討	
※対象金融機関から借入れがあれば、通常は出資金返還債務と相殺されることになる。	
❏出資金の払戻方法、時期の確認	☞ Q 12
※払戻しは、年に1度の総会後しかできないので、急いで対象金融機関に確認し処理する。	

4 保　険

(1) 各種保険一般

☐申立書添付の財産目録に保険契約の記載があるか

　回財産目録に保険契約の記載がない場合でも、郵便物（保険会社からのダイレクトメール等）、預貯金口座の入出金履歴、当座預金の当座勘定表、決算書、源泉徴収票の「生命保険料の控除額」「損害保険料の控除額」欄、給与明細の天引欄、団体信用保険の加入の有無を確認し、記入漏れの保険契約がないか確認する

　　※これらの書類の記載から、財産目録に記載されていない新たな保険契約の発覚に結びつく場合がある。

☐保険証券の引継ぎを受けたか

　☐契約者名義を確認したか　　　　　　　　　　　☞ Q13

　　※保険契約が破産財団を構成するかどうかは、原則として契約者名義で判断する。

☐保険会社に対して解約返戻金額および他の保険契約の存否について照会を行ったか

　※破産者の説明を鵜呑みにせず照会を行うこと。

　回失効した保険についても照会を行うか検討

　　※失効した保険であっても、解約返戻金が残っている場合がある。

　回契約者貸付けが行われていないか確認

　　※契約者貸付けが行われている場合は、貸付金額を控除した残額が解約返戻金として評価される。

☐換価可能な保険か確認

　※小規模企業共済、中小企業退職金共済、平成3年3月31日以前に効力が生じた簡易保険契約の保険金または還付金請求権は差押禁止財産であるため換価対象外。

　※各種共済制度について、Q17参照。

☐解約手続を実施し、解約返戻金を回収したか

　※解約時期について、Q14参照。

※すぐ解約すべき保険かどうか、検討する。破産財団の管理のために火災保険や自動車保険等の継続が必要な場合には、その財産の換価または放棄まで当該保険は解約しない。

※自由財産拡張の対象となる場合は解約してはならない。なお、自由財産拡張については、第2章（自由財産拡張）参照。

※自由財産拡張の対象とならない場合でも、破産者が契約継続を希望する場合は、解約返戻金相当額を組み入れさせて、保険としては財団から放棄することも可能。

※少額の解約返戻金の場合の対応について、Q15参照。

☐質権設定契約の内容を確認したか　　　　　　　　　☞ Q16

※質権設定の対象が解約返戻金か、保険金請求権かを確認する。保険金請求権に質権が設定されていても、質権の効力が当然に解約返戻金に及ぶわけではない。

☐質権が第三者対抗要件を具備しているか　　　　　　☞ Q16

※管財人（第三者性を有する）に対抗できない質権である場合も多いので、第三者対抗要件（確定日付ある証書による第三債務者への通知または第三債務者の承諾）を備えているか確認する。

☑解約返戻金に質権が設定されて第三者対抗要件を具備している場合でも、解約返戻金の一部を財団組入れするよう交渉することを検討する。

(2) 火災保険、動産保険

☐不動産や在庫商品の管理を継続する必要があるか　　☞ Q14

☑管理を継続しなければならない場合は、火災保険、動産保険の継続を検討（契約が消滅している場合は、新たな契約をするかを検討）

(3) 自動車保険

☐任意保険について、解約手続は自動車の売却後に行う　☞ Q14

☐自賠責保険について、自動車処分価格に解約返戻金相当額が含まれているか確認

※自賠責保険は、自動車の登録を抹消しない限り解約できないため、売買の場合は、通常解約返戻金相当額が売却代金に含まれ

ている。
- 自動車の所有名義を変更する場合は、自賠責保険の契約名義も変更する。
- 自動車の登録を抹消する場合は、自賠責保険を解約して解約返戻金の返還を受けることを検討

  ※自賠責保険は、自動車の登録を抹消しない限り解約できない。なお、解約返戻金は、廃車手続に含まれている場合が多い。

(4) 民間年金保険

☐ 民間年金保険に加入しているか

※すでに保険料の払込みが完了し給付が始まっている場合には、解約できないことに留意する。財産としての評価は、差押禁止債権（民執152Ⅰ①）との関係に注意して行う。

〔コラム❷〕

換価のエッセンス

換価業務は、初めて管財人となった方でも必ず経験する業務です。管財業務の中心ともいうべき業務であり、苦労が多い反面大変やりがいのある業務でもあります。弁護士としてのこれまでの経験と知識をフル活用して臨みましょう。

- 破産財団を極大化するよう、熱意をもって換価に励むこと。マニュアルにこだわり過ぎず、常に事案に応じて創意工夫すること
- 換価業務に早期に着手すること。そのためには早期に財産目録を作成して財産の把握に努めること
- 資料等に基づき、権利関係の把握に努めること
- 公平・公正な換価を心掛けること
- 換価業務のスケジュール把握と管財業務全体のスケジュールとの調整を心掛けること

5 自動車

(1) 占有・保管

☐申立書添付の財産目録に自動車の記載があるか（自由財産拡張の対象となる場合には、第2章（自由財産拡張）参照）

　☐申立書添付の財産目録に自動車所有の記載がなくとも、自動車所有の有無をさらに調査・検討

　　※たとえば、財産目録の自動車保険の記載、転送郵便（定期点検のお知らせ、自動車保険の更新のお知らせなど）、自動車税等の交付要求、預金口座の入出金履歴（保険会社への支払い）、家計収支表のガソリンや保険料、駐車場代の記載等から、自動車を所有していないか調査・検討する。

☐自動車の鍵（すべて）・車検証の引継ぎを受けたか

　※破産手続開始後に、破産財団に属する自動車において交通事故が発生すれば、管財人は運行供用者責任（これに基づく損害賠償義務は財団債権）を負うおそれがあるため（自賠3）、管財人の関知しないところでの運転を防ぐ必要がある。

　　なお、破産者等から自動車の継続使用を求められたときの対応については、Q18参照。

☐自動車の保管場所を確認したか

　※管財人が運行供用者責任を負担しないよう、また、盗難にあって破産財団が毀損することのないよう、自動車の保管には留意が必要。

　※この保管場所の把握によって、新たな賃貸借契約の発覚、ひいては敷金等の新たな財産の発見につながることもある。

　※自動車が所在不明な場合については、Q19参照。

(2) 換　価

☐自動車の車検が切れていないか

　※車検が切れている場合には、新たに車検を受ける必要があるため、換価価値が乏しくなる場合が多い。また、車検切れの自動車を公道で運行することは道路運送車両法違反となることに注意。

II　破産財団の管理・換価のチェックポイント等

☐自動車の価格調査や売却可能性を検討したか　　☞ Q20
　※登録年数から査定や相見積りの必要性、売買方法を検討する。
　※査定の要否、売却手続の概要については運用と書式140頁以下。
☐換価できる場合
　☐自動車の売却に許可申請が必要な事案か
　　※自動車の売却は大阪地裁では価額にかかわらず許可不要（ただし、破産手続開始決定書において、少なくとも1か月に1回、自動車の売却等につき財産目録と収支計算書に記載して、通帳写しを添付して報告しなければならないと定められている）。なお、許可書は名義変更手続の際に必要書類として提出を求められる地域（大阪陸運支局においては許可書不要という運用に統一されている。関連して必要書類等については運用と書式141頁参照）もあるため、事前に確認をすることが望ましい。
　　①京都地裁および大津地裁では、開始決定と同時に許可不要と定められており、1か月に1回の報告義務も課されていない。
　☐売却に際して自動車保険の解約等をしたか
　　※自賠責保険は自動車の所有者が変更したとしても解約することはできないため、売却代金に解約返戻金分を含め（含めることを前提とした価格提示を受けるのが通常）、自賠責保険の名義を買主に変更する。
　　　任意保険は、解約して、解約返戻金を破産財団に組み入れる。
　☐売却に際して自動車税の精算をしたか
　　※自動車税の賦課期日は4月1日。日割計算や月割計算を行うよう、買主と協議する。
　☐買主への登録名義変更手続をしたか
　　※実務上は、買主において登録名義変更手続を管財人に代わって行うため、売却にあたって、買主に対して登録名義変更手続の必要書類を交付する。必要書類は運用と書式141頁を参照。
☐換価できない場合
　☐破産財団からの放棄か、廃車するか判断
　　※廃車の手続には費用を要するものの、破産者が法人である場合には、破産財団から放棄したとしても、その後の管理

者が不明となるため、管財人が運行供用者責任を問われかねない。したがって、費用を負担してでも廃車するのが望ましい（運用と書式141頁）。

なお、自動車税の課税期日が4月1日であるため、3月31日までに放棄または廃車の手続を行うようにする。

❑廃車する場合
　❑廃車手続を業者に依頼
　回自動車税の還付があれば、これを破産財団に組み入れる
　　※後日、課税庁から還付通知が届くため、これに従って受領する。

(3) 所有権留保付きの自動車である場合の問題
※一般的な対応について、Q21参照。
❑登録自動車である場合、所有者として誰が登録されているのか。
　※所有権留保も別除権であるため、これを管財人に対抗するためには、対抗要件の具備、すなわち、登録自動車であれば別除権者が所有者として登録されていることが必要である。

　❑所有者として、所有権留保権者が登録されている場合の対応は、Q21、第6章（別除権）を参照
　❑所有者として、破産者が登録されている場合には、所有権留保の対抗力がないことを前提に、自動車の換価を実施 　☞Q21(2)
　❑所有者として、所有権留保権者ではなく、販売会社が登録されている場合には、所有権留保の対抗力がないことを前提に、自動車の換価と精算を実施 　☞Q21(3)
　❑軽自動車である場合には、別除権の対抗要件が具備されているかについては動産に準じて判断する。その対抗要件の状況に応じて登録自動車である場合と同様に処理する 　☞Q21(1)

6　不動産

(1) 不動産の占有・管理・現状の把握

(A) 関係書類、鍵等の引継ぎ

☐関係書類（登記済権利証、境界確認図面、建築確認資料、通行権に関する書類、収益物件の場合の賃貸借契約書・管理関係の契約書類等）の有無を確認し、ある場合は引継ぎを受けたか　⇨申立てをするときは……(14)

※破産手続開始決定前後の申立人との面談全般については第1章（破産手続開始決定）参照。

※引継ぎを受けた関係書類は速やかに精査して権利関係を正確に把握するよう注意する。

☐鍵の引渡しを受けたか

　◫複数の鍵がある場合は、どこの錠と対応するかを確認

　　※破産者が現に居住している建物の鍵は原則として引渡しを受けない。

(B) 現地確認

◫現地確認を行ったか

　※どのような場合に現地確認を行うべきか、現地確認の要否については、Q22参照。

　◫施錠状態を確認

　　☐施錠状態不良、合鍵を持つ者が立ち入るおそれがある等の場合は、鍵の交換や追加を検討

　◫告示書の貼付を検討　☞Q23

　☐警備契約が締結されている場合、契約の継続の要否を確認

　　※遠隔警備に電話回線が利用されている場合があるので、警備契約継続の場合は、電話料金の支払いが必要となる場合がある。

　☐電気・水道をどの時期まで使用する必要があるか

　　※とくに、工場等の機械類には、動作確認や搬出移動に電気（高圧）が必要なものがあり、処理前に電気契約を解約すると処理に支障を来す場合がある。現地確認時にそのような機械類がないかを確認する。

□ 物件（とくに工場等）内に危険物・可燃物等が保管されていないか
　※危険物や可燃物があれば、破産財団での処理を検討する。PCBが使用されているコンデンサーがある場合については、Q24参照。
□ 不動産が工場や廃棄物処理場として使われていた場合等は、土壌汚染のおそれが生じていないか
　※土壌汚染が生じている場合は、裁判所と相談のうえ、処理を検討する。
□ 不法占拠者の有無を確認
　※不法占拠者への対応について、Q25参照。

(C) 火災保険

□ 火災保険への加入、継続を検討　　　　　　　　　　　☞ Q26

(D) 破産者居住用不動産で明渡未了の場合

□ 明渡時期、明渡し時に必要な費用の工面予定などを破産者に確認　　☞ Q27
　※任意売却のための内覧等、物件確認が必要な場合に協力する必要があることを破産者に十分説明しておく必要がある。
　※なお、明渡し完了までは、管理は破産者に任せ、鍵は預からないのが一般的である。

(E) 区分所有建物の場合

□ 管理会社に連絡し、管理費や修繕積立金、その他管理規約で定められている費用の額および当該規約の内容並びに滞納の有無および額を確認

(F) 工場等の場合

□ 土壌汚染対策法、水質汚濁防止法、不動産所在地の条例等による土地の汚染状況の調査義務の有無を確認

(G) 農地の場合

□ 現況が農地として使用されている場合は、農地法の適用があり、権利の移転に農業委員会の許可が必要となるので（農地法3）、あらかじめ当該市町村の農業委員会に手続や委員会が開催されるスケジュールを確認

(2) 不動産の権利関係等の把握、関係者への連絡
(A) 不動産一般
※不動産の任意売却の手順全般について、Q28も参照。

☐不動産の登記事項を確認したか
　※担保権設定の有無、滞納処分による差押登記の有無を把握する。
　※申立人から引き継がれた登記事項証明書が古い場合には、開始決定後に新たに登記事項証明書を取り直すか、あらためて提出を求めて、最新の登記事項を確認する必要がある。

☐担保権者の債権調査票、滞納処分手続書類等を確認したか
　※別除権の内容（保証会社の有無、被担保債権額等）、租税債権の内容（種類、金額等）等を把握する必要がある。

☐担保権者、公租公課庁に不動産の任意売却を行う予定であることを連絡したか
　※早い時期に任意売却を行う意向を示しておくことが重要。

☐連絡時に、別除権の内容（被担保債権額等）や租税債権の内容（種類、金額等）も確認

☐担保権者が処分価格に関する意向を有していれば確認

◉すでに競売手続が開始されている場合は、執行裁判所に破産手続が開始したことを連絡し（運用と書式406頁参照）、執行手続のスケジュール（評価書の提出見込時期、開札期日等）を確認
　※競売事件取下げは開札期日の前日まで可能だが、任意売却の期限については担保権者と事前に協議しておく。

◉不動産が共有の場合、共有者に不動産の任意売却を検討していることを連絡したか
　※共有不動産の換価については、Q29参照。

◉建物が借地上にある場合、借地契約の内容を確認し、土地の賃貸人に対し、任意売却を検討していることを連絡したか
　※借地上の建物の換価については、Q30参照。

☐不動産に仮差押えの登記がある場合、仮差押債権者との間で、担保取戻しに協力することを条件として、仮差押申立てを取り下げるように促したか

※破産手続開始決定により、仮差押えの効力は失われるので（法42）、仮差押申立ての取下げを求めなくとも、任意売却を行い、任意売却終了後、保全執行裁判所に仮差押登記の抹消嘱託の上申を行うことで、登記は抹消できる。しかし、買受希望者は、仮差押登記があることを懸念する場合もあるので、可能であれば早い段階で、仮差押債権者に申立ての取下げを促すのが望ましい。

　※100万円を超える額の担保取消しに同意する場合は、裁判所の許可が必要（法78Ⅱ⑫Ⅲ①、規25）。

(B) 賃借物件・収益物件の場合

☐賃貸借契約の内容を確認
　※賃借人・賃料・敷金・賃料の滞納の有無といった契約の内容、賃借権に対抗要件が備わっているか等の基本的事項を確認する。社宅として破産会社が従業員に使用させている場合などは、賃貸借に該当しない場合もあるので注意。

☐賃借人に対し、賃料の振込先の変更を連絡したか

☐賃借人に対し、寄託請求の制度（法70）を案内するか否か検討する　　　　　　　　　　　　　　　　　　☞Q31

☐賃料の滞納がある場合は、賃貸借契約の債務不履行解除を検討
　※滞納賃料債権については、別途換価・回収を検討する。

☐賃貸物件（とくに規模の大きい収益物件等）について管理委託契約、各種の付属契約（電気、ガス、水道、プロバイダ、ケーブルテレビ等）の有無を把握し、内容を確認

　☐従前の管理委託契約を継続するか、新規に締結するかを検討
　　※管財人において物件管理に対応することが困難であれば、従前の管理委託契約を継続するかを検討する。また、規模の大きい収益物件にもかかわらず、管理会社に管理委託が行われていないような場合、新規に管理会社と管理委託契約を締結するかを検討する。

(3) 不動産の価値の把握　　　☞ Q33

☐ 固定資産評価証明書から固定資産税評価額を確認
☐ 不動産業者から査定書を取得し、市場価格を確認
　☐ 競売手続が進行している場合、評価書の評価額を確認

(4) 売却方法の検討、買受希望者の探索、買受希望者・売却代金の決定

(A) 方針決定・総論

☐ 買受希望者の探索を、仲介業者を通じて募集するか、入札により募集するかの方針を検討　　　☞ Q34・35
☐ 任意売却の際に、建物消費税が発生するか否かをあらかじめ確認

(B) 仲介業者を通じた募集　　　☞ Q36

☐ 仲介業者を選定したか　　　☞ コラム3
☐ 把握した不動産価額と、担保権者の意向を考慮し、売出価格を決定したか
☐ 売買価格に影響する売出条件をあらかじめ決めたか
　☐ 固定資産税の負担区分を決めたか　　　☞ Q41
　　☐ 固定資産税額を固定資産税証明書等で確認
　☐ 区分所有建物の滞納管理費等の負担区分を決めたか
　　☐ 滞納管理費等の額を管理会社に確認
　☐ 売主と買主のいずれが不動産内の動産処分を行うか
☐ 買受希望者が現れれば、買付証明書の提出を受ける
☐ 複数の買受希望者が現れた場合は、最も高い価額での買付証明書を提出した者を買受希望者として決定するのが一般的
☐ 複数の買受希望者が同額で競合した場合は、買受希望価額の増額（買い上がり）を求めたり、入札を行うなどして、第1順位を決めるのが一般的
☐ 売却代金額について、担保権者の了承を得る

※担保権者が売却代金額の増額を求めてくることがあるが、担保権者に買受希望者の現提示額での任意売却に応じるよう説得したり、買受希望者に売却代金額の増額を求めるなどして、最終的に、担保権者の了承を得る必要がある。

(C) 入札による募集　　　　　　　　　　　　　　☞ Q37

☐入札事務を行わせるために、売主側として不動産業者を利用するか検討

☐最低売却価格を定める必要があるか等、入札条件の設定の前に担保権者と協議したか

☐入札条件を設定する（入札条件の具体例は下記参照）

　☐スケジュール

　☐最低売却価格（必要な場合）

　☐保証金の有無・基準・額

　　※たとえば「入札に参加する買受希望者は、入札と同時に入札額の10％の納付を求める」、「第1順位となった買受希望者は、開札後1週間以内に代金の10％の納付を求める」等。

　☐選考基準・方法

　　※たとえば「第1順位の買受希望者が辞退した場合は、第2順位の買受希望者が落札者となる」、「入札額の高い2社で再入札を行い、より高い額を入札した方が落札者となる」等。

　☐売買契約の重要な内容（現状有姿売買、公簿取引、境界確認義務の免除、瑕疵担保責任免責、担保権者・差押債権者の同意を停止条件とすること、担保権消滅許可手続への協力を求めることがあること等）

　☐売主・買主間の費用負担区分（固定資産税、区分所有建物の滞納管理費等）

　☐売主側仲介手数料

☐購入希望者や担保権者、不動産業者などに入札案内を送付する

☐内覧会を実施する

☐入札を行い、最高価格の応札者を買受希望者として決定する

□売却代金額について、担保権者の了承を得る

(5) 担保権者等との交渉、財団組入額等の決定　☞ Q38
(A) 交渉先の把握
□不動産の価値と各担保権者の被担保債権額等を考慮し、交渉の主要な対象となる担保権者を把握したか
　※たとえば、第1順位の担保権者の被担保債権が全額担保される見込みが高い場合は、第2順位の担保権者が売却代金や配分額、財団組入額に強い関心を有しており、主要な交渉先となる。

(B) 配分案の作成
□上記(4)の手順により、不動産の売却代金額を決定する。担保権者の了承を得るために、配分表を作成する場合は、その時点での最高額の買受希望価額を売却代金額とする

□売却代金から支出する諸費用を確認（費用の具体例は下記参照）
　□売主側仲介手数料
　□売主側の登記費用
　　□司法書士から見積書を取得する
　□動産処分費用（売主が負担する場合）
　　□業者から見積書を取得する
　□固定資産税の売主負担分
　　□固定資産税額は固定資産税証明書等で確認する
　☐滞納管理費等の売主負担分
　　☐滞納管理費等の額は管理会社に確認する

□財団組入額（売却代金の5〜10％程度）の希望額を決定する

☐無剰余の後順位担保権者との間で、別除権の受戻しに必要な額（いわゆる抹消料）を交渉し、決定する　☞ Q39
　□無剰余の後順位担保権者が高額の抹消料を要求するなどして交渉が不調に終わった場合は、担保権消滅請求を行うか検討

☐ 滞納処分による差押えをしている公租公課庁との間で、差押解除に必要な額（いわゆる解除料）を交渉し、決定する　☞ Q40

☐ 売却代金額から、上記の諸費用、諸支出、財団組入額を控除した残額を担保権者への配分額として確定する

　※担保権者への配分額について、担保権者が劣後的破産債権となる遅延損害金から充当するか否かは、他の債権者にも影響を及ぼす事項であるので、この段階で担保権者と協議し、充当方法を決めておくことが望ましく、できるだけ元本に充当するよう促すことが望ましい。

　(C)　配分表サンプル

次頁参照。

　(D)　配分の確定

☐ すべての担保権者、差押をしているすべての公租公課庁との間で配分内容について合意を得る

(6) 売買契約書の作成・締結、代金使途・分配内容の確定、決済日の決定、許可申請

　(A)　売買契約書の作成・締結

☐ 必要な条項（現状有姿売買、公簿取引、境界確認義務の免除、瑕疵担保責任免責、担保権者・差押債権者の同意を停止条件とすること等）が規定されているかを確認　☞ Q42

☐ 手付を受領するか検討　☞ Q42

☐ 売買契約書の作成通数と貼用印紙の負担について検討

☐ 固定資産税・都市計画税、管理費等の日割精算金額の確定

　※ 1月から3月頃に決済をする場合には、当年の固定資産税・都市計画税額が確定していない場合があること、4月基準で精算する場合2年度にわたる固定資産税等の精算を要することに留意（Q41参照）。

　(B)　代金使途・分配内容の確定

☐ 担保権者への受戻金、差押債権者への弁済金、売主負担の登記手続費用、仲介手数料等を含めた受領する代金の使途・配

平成28年㈠第○○号　破産者Ｘ鉄工こと　Ｘ

平成29年3月1日

売却代金配分案

【対象物件】　大阪市△△区△△１丁目
　　　　　　　土地（○○○○○○○○○○○○）・建物（××××××××××××）

- ■　1　売却価額　19,500,000　円　　決済予定日　平成29年3月28日
　　うち建物消費税　　　0　円　　　　うち本体価額　19,500,000　円
- ■　2　別除権者　第1　C債権回収㈱（H29.2.25債権譲渡）　17,605,865　円
- □　3　　　　　　第2　　　　　　　　　　　　　　　　　　0　円
- □　4　　　　　　第3　　　　　　　　　　　　　　　　　　0　円
- □　5　差押え債権者　　　　　　　　　　　　　　　　　　　0　円
- □　6　明渡費用その他（　　　　　　　　　）　　　　　　　0　円
- ■　7　固定資産税・都市計画税　　　　　　　　　　　53,200　円
- ■　8　管理費・修繕積立金等　　　　　　　　　　　140,585　円
- □　9　売買契約書貼用印紙税　　　　　　　　　　　　　0　円
- ■　10　司法書士費用　　　　　　　　　　　　　　　48,100　円
- ■　11　仲介手数料（本体価額の　3.00%　＋60,000円　及び消費税）　677,250　円
- ■　12　財団組入額（本体価額の　5.00%　　持分　1　）　975,000　円
　　　　　　　　　　　　　　　　　　　合計　　19,500,000　円

【備考】
(1) 上記２については、決済日により上記７・８が増減することに伴い変動する。また、上記２は被担保債権の元本に充当するものとする。
(2) 上記７については、下記の合計額。決済日により買い主との日割負担額変動。
　：平成28年分(4/1～3/27)　72,200　－既納付額　19,000　＝　53,200　円
　：平成29年分　　　　　　　4/1基準により全額買主負担　　　　　0　円
(3) 上記８については、下記の合計額。決済日により買い主との日割負担額変動。
　①管理費・修繕積立金
　　：平成28年6月～29年2月分　115,740　円
　　：平成29年3月分(3/1～3/27)　11,200　円
　②水道料金等立替金　10,445　円
　　（規約○条，○条1項6号）
　③使用料（駐車場・自転車置場）　3,200　円
　　（規約○条，○条1項5号）

以上

分内容の確定

　　(C)　決済日の決定
☐買主、担保権者、公租公課庁、司法書士等すべての関係者の予定を調整し、決済日を決定する
　※買主がローンを利用する場合は、その申込手続にかかる日数も考慮する必要がある。

　　(D)　許可申請　　　　　　　　　　　　　　　　　　　☞ Q43
　　　(a)　形式面
☐裁判所に申請書2通を提出したか
　※裁判所保管用1通、管財人交付用1通。なお、申請時に、裁判所からの問合せに対応できるよう申請書の写し1通を管財人の手元用に置いておく。
　※価格決定の経緯や組入額について許可申請書に記載すると支障がある場合や申請書が大部になる場合は、許可申請書と同時に提出する報告書に記載し、許可申請書には許可を求める事項だけ記載するという方法や、許可申請書とは別に許可事項だけを記載した許可証明書を取得する方法がある。
☐申請書には、直前に取得した不動産登記事項全部証明書を添付したか
☐申請書の記載に誤りがないよう十分に確認したか
　☐物件目録の内容の記載に誤りはないか
　☐買主の住所、氏名・商号の記載に誤りはないか
　　※物件目録や買主の記載に誤りがあると登記手続に支障を来すので、十分に確認する。また、申請書を裁判所に提出する前に、登記手続上問題がないか、担当司法書士に確認してもらうのが望ましい。
☐許可申請と同時に、不動産登記用の管財人証明書の交付を申請したか

　　　(b)　内容面
☐売却価格の相当性を十分に説明したか
☐諸費用を控除した後の財団組入額および売却代金に対する割合（財団組入率）を明記したか

□売買代金の使途がもれなく記載されているか

(7) 決済、決済後の処理　　　　　　　　　　☞ Q44
(A) 決済前の準備

□登記に必要な書類（不動産売却許可書、管財人証明書（不動産登記用）、固定資産評価証明書、場合によっては住民票等）の写しを事前に司法書士に確認してもらったか

□担保権者や公租公課庁から事前に抵当権や差押の抹消登記に必要となる書類の写しを司法書士に送ってもらい、司法書士の確認を受けたか

□決済当日に持参する必要書類等（不動産売却許可書、管財人証明書（不動産登記用）、固定資産評価証明書、領収証、鍵、鍵の受領書、管財人印、管財人の身分証明書等）を準備したか

□現金で支払いを行うものについては、買主に現金での出金を依頼し、金種の指定をしたか

□手付金が財団組入額を上回る場合は、支払いに充てる分の現金を持参できるよう準備したか

(B) 決　済

□担保権者、公租公課庁、仲介業者、司法書士等、支払いを行った相手方から領収証を受領したか
　※配分表を用意し、領収証に漏れがないかその場で確認する。

(C) 決済後の処理

□手付金を管財人口座ではなく、弁護士預り金口座等に保管しておいた場合は、財団組入分を管財人口座に入金したか

□登記完了後の不動産登記事項を確認し、所有権移転と担保権抹消を確認したか

回建物に火災保険等が付保されている場合、解約手続を行ったか
　※担保権者が解約返戻金にも質権を設定しており、担保権者が解約をして解約返戻金を弁済に充当する場合もある。

回担保権者が破産債権届出を行っている場合、不足額確定報告

書の提出を促したか
※できる限り元本からの充当を促すのが望ましい。
□仮差押登記が残っている場合、任意売却し、所有権移転登記した旨の登記事項証明書を保全執行裁判所に提出し、仮差押登記の抹消嘱託の上申を行ったか
□破産登記がある場合、破産登記の抹消を裁判所に上申したか

(8) 放 棄   ☞ Q45・46
(A) 放棄の手続
□破産者が法人の場合は、放棄の2週間前までに担保権者に通知を行う（規56）
□不動産の価格が100万円を超える場合は、破産財団から放棄することについて裁判所の許可を取得する（法78条Ⅱ⑫Ⅲ①、規25）
　※大阪地裁では、不動産の破産財団からの放棄については、書面による許可を取得することとされている。

(B) 放棄後の処理
□担保権者に破産財団から放棄した旨の通知を行ったか
□新年度の固定資産税が賦課されないように、課税庁（市町村）の固定資産税担当の係に放棄した旨の通知を行ったか
□破産者が個人の場合は、鍵等を破産者に返還し、以後、破産者に管理させる
□破産者が法人の場合は、鍵等を破産者の代表者に返還する

◎申立てをするときは……⑭
　申立人の住居所に異動があるときは、所有物件を売却して賃借物件に引っ越した可能性があるため、前住所が賃借・所有のいずれであったかを確認し、所有であった場合は、処分内容の詳細（売却の相手方、売却価格の相当性、売却代金の使途等）について確認をしましょう。

7 有価証券

(1) 株　式

☐申立書添付の財産目録に株式の記載がないか

　☐申立書添付の財産目録に株式の記載がなくとも、株式保有の有無をさらに検討

　　たとえば、決算書、会計帳簿、通帳（配当金の入金等）、転送郵便（株主総会招集通知、配当通知、証券会社からの取引報告等）などから、株式の保有を検討する（名義変更未了の株式についてQ47参照）

　　※なお、相互会社であった保険会社との間で保険契約を締結している場合には、株式会社化した際に株式の割当てを受けている可能性もある。

(A)　換　価

☐換価には裁判所の許可が必要か

　※大阪地裁では有価証券の市場における時価での売却は価額に関わらず許可不要（運用と書式142頁。ただし、破産手続開始決定書において、少なくとも1か月に1回、財産目録と収支計算書に記載して、通帳写しを添付して報告しなければならないと定められている）。

☐市場売却が可能な上場株式等である場合

　☐証券会社に管財人名義の口座を開設して売却する

　　※破産者が口座を開設していた証券会社や、管財人の最寄りの証券会社などに口座開設を依頼する。なお、上場株式は電子化されているため、株券の引継ぎは問題とならないのが通常。

　　※早期かつ確実に売却するため、指値ではなく成り行きでの売却で十分。

☐市場が形成されていない非上場株式等である場合

　☐対象株式の発行会社が株券発行会社であるか否か

　　※株券発行会社であれば、株式譲渡の効力要件として株券の交付が必要となる（会128Ⅰ）。

　　☐株券発行会社であれば、株券の引継ぎを受けたか確認（株券を喪失している場合の対応についてはQ49参照）

❏売却先を探索し、売却価格を交渉 ☞ Q48
❏従業員持株会・取引先持株会の持分である場合
　❏持分の売却が可能か持株会と交渉 ☞ Q50

(B) 配当金の受領

❐配当金の通知を受領した場合には、配当金を管財人口座で受領できるよう、株式の発行会社等に問合せをして口座指定 ☞ Q51
　※売却後であっても、基準日時点において株主であった場合には配当金を受領することができる。

(C) 議決権の行使

❏株主総会の招集通知が届いた場合には、議決権行使をする必要があるか検討 ☞ Q51

(2) 投資信託等の金融商品

❏申立書添付の財産目録に投資信託等の金融商品の記載がないか
　❐申立書添付の財産目録に投資信託等の金融商品の記載がなくとも、決算書等の会計帳簿、転送郵便（銀行や証券会社からの取引報告等）などから金融商品の保有の有無をさらに検討
❏窓口の銀行や証券会社に連絡をとり、解約や売却手続を実施

(3) ゴルフ会員権・リゾート会員権

❏申立書添付の財産目録にゴルフ会員権・リゾート会員権の記載がないか
　❐申立書添付の財産目録にゴルフ会員権・リゾート会員権の記載がなくとも、決算書、会計帳簿（会員権の計上、年会費の支払いなど）、転送郵便（ゴルフ場からのDM、年会費の請求書など）などから、ゴルフ会員権・リゾート会員権の有無をさらに検討
　　※破産者が法人である場合には、破産者や代表者の名義で、ゴルフ会員権やリゾート会員権を保有していることがある。

Ⅱ 破産財団の管理・換価のチェックポイント等

- ☐ ゴルフ会員権やリゾート会員権に質権や譲渡担保権が設定されていないか確認（質権が設定されていた場合の対応についてはQ56参照）
- ☐ 預託金付会員権である場合に、据置期間が経過していないか
  - ※ 据置期間や当該会員権の滞納年会費の状況は専門業者に依頼をすれば調査してくれることが多い。
  - ※ 据置期間が経過していれば、退会手続をとったうえで預託金の償還を求めることや、市場売却が可能。なお、預託金の回収については⑧（債権）を参照。
- ☐ 預託金付会員権で据置期間の経過に長期間を要する場合には、専門業者に買取価格の査定を依頼し、売却を実施
  - ※ 名義変更停止中であるゴルフ会員権の対応についてはQ52、年会費の滞納がある場合の対応についてはQ53（運用と書式144頁）、一身専属的なものであるとの抗弁を受けた場合の対応についてはQ54をそれぞれ参照。
- ☐ 売却が困難である場合には、放棄を検討する

(4) 手形・小切手　　　　　　　　　　　　　　　　　☞ Q55

- ☐ 申立書添付の財産目録に手形・小切手の記載がないか
  - ☐ 申立書添付の財産目録に手形・小切手の記載がなくとも、引継資料、現場などに手形・小切手が残されていないか、破産者が当座預金を有していないかを確認
- ☐ 手形・小切手の引継ぎを受けたか
- ☐ 速やかに金融機関に持参して、手形は取立委任を行い、小切手は口座入金する
  - ※ 支払呈示期間を徒過した場合の対応についてQ57、不渡りとなってしまった場合の対応についてはQ58をそれぞれ参照。
  - ※ 管財人として売掛金等の債権を手形・小切手で回収したときも支払呈示期間を徒過しないよう注意する。管財人が売掛金等の債権を手形で回収する場合の注意点についてはQ59参照。

8 売掛金、貸付金その他各種債権

(1) 売掛金

※売掛金の把握・回収方法など、以下の事項は、他の各種債権回収にも共通する。

(A) 売掛金の把握

☐申立書添付の財産目録に売掛金の記載があるか

　☐申立書添付の財産目録に売掛金の記載がなくとも、売掛金の有無をさらに検討

　　　たとえば、決算書、帳簿、納品書・発注書、転送郵便から、さらに調査・検討　　☞ Q60

　　※パソコンの経理データが散逸しないよう、第三者がむやみに操作できないよう管理したり、経理データを抽出するなどして別途保存ができたことを確認してからパソコン自体を処分したりするなど、パソコン自体の管理処分も留意。

　　※なお、現金ではなく手形・小切手にて回収済みの場合もあるため、財産目録などとの整合性を確認する。

☐課税取引である場合、資料から判明した売掛金額は消費税込みの金額か否か確認

　　※課税取引であれば、管財人から請求する場合にも消費税込みの金額で請求をする必要がある。

☐資料から判明した売掛金債権が時効消滅していないか（民167Ⅰ・商事消滅時効（商522）・短期消滅時効（民170以下））、または消滅時効の完成が迫っていないか確認

　　※管財人のもとで時効消滅して破産財団が毀損しないよう、早期に回収に着手することがより求められる。　　⇨ 申立てをするときは……(15)

☐売掛金につき、滞納処分がなされていないか、債権譲渡担保や債権質など別除権の対象となっていないかなど、管財人が取り立てることのできる債権であるか確認

　　※すでに滞納処分がなされている場合には、課税庁による配当を待ち、残余金があればこれを受領する。

　　　なお、差押えや仮差押えは、破産手続開始決定により、破産財団に対してその効力を失うため（法42Ⅱ）、執行裁判所に対し

Ⅱ　破産財団の管理・換価のチェックポイント等

　　て執行の終了の上申書を提出する（運用と書式99頁）。
　※債権譲渡担保や債権質などの別除権の対象となっている場合の対応については、第6章（別除権）参照。

　(B)　回　収
❑請求書を作成して発送
　※一般的な売掛金回収の流れについては、運用と書式128頁以下参照。
　　　また、具体的なスケジュールにつきQ61、請求書の工夫につきQ62、海外の売掛先につきQ63をそれぞれ参照。
　　　売掛金等を手形・小切手で回収する場合の留意点についてはQ59参照。
❑相手方が何らかの抗弁を主張して支払拒絶、あるいは減額主張する場合には、抗弁の法的許容性や合理性を検討し、交渉
　※売掛金に関するよくある抗弁への対応につき、Q64参照。
❑相手方との協議がまとまらない場合には、訴訟提起の要否を判断
　※証拠が乏しい債権に関してQ65、訴訟提起の判断につきQ66をそれぞれ参照。
　❑訴訟提起につき裁判所の許可が必要な事案であれば、裁判所の許可を得たか
　　※許可申請作成の留意点については、Q67参照。
❑（訴訟提起の有無にかかわらず）和解により解決する場合で、裁判所の許可が必要な事案について、裁判所の許可を得たか
　※和解の判断ポイントや和解条項案作成の留意点についてはQ68、和解契約書の作成についてQ69、許可申請の要否につきQ70をそれぞれ参照。
▣和解によっても早期回収が困難である場合、サービサーの活用を検討　　　　　　　　　　　　　　　　　　　☞ Q71
▣和解による回収やサービサーの活用ができない場合、破産財団からの放棄を検討　　　　　　　　　　　　　　☞ Q72
　❑破産財団からの放棄に裁判所の許可が必要な事案について、裁判所の許可を得たか
　　※裁判所の許可の要否の基準につきQ73、財団から放棄するタ

93

イミングにつきQ74をそれぞれ参照。
- 債権放棄と貸倒処理については第5章（税務）参照

(2) 請負代金

☐請負契約の仕事が完成しているか
　※完成していれば、(1)に従って請負代金を回収する。また、よくある抗弁については、Q75参照。

☐請負契約の仕事が完成していない場合、出来高査定を行って出来高で回収をするか、仕事を完成させるかを判断
　※請負人の破産における一般的留意事項については、第7章（契約関係の処理）Q15参照。

　☐出来高で回収をする場合で、破産者が請負代金の前払金を受領していないか
　　※受領していた場合は、これと精算して、残金につき(1)に従って請負代金を回収する。

　☐（下請けであった場合）元請負人から支払いを保留されていたものはないか
　　※保留金があれば、あわせて支払いを請求する。

(3) 貸付金

☐貸付けの実態のある貸付金か
　※会計帳簿上、計上されている貸付金であっても、たとえば、関連会社や役員およびその家族に対する貸付金など、貸付けの実態がない場合もあるため、貸付金として回収可能なものであるか、借用書や金銭消費貸借契約書の有無、ヒアリングなどから実態を調査する必要がある。実態がなければ、貸付金は不存在と判断せざるを得ない場合もある。

☐貸付金は一括支払いの支払期限が到来しているものか、長期の分割支払いの約定があるものか
　※一括支払いの支払期限が到来している場合には、(1)に従って回収。

☐長期の分割支払いの約定がある場合や支払期限が破産手続の終了時期より後である場合には、弁済時期を早期の一括支払

いまたは短期間での分割支払いに変更できないか、協議を実施
　※変更合意の基準等については(1)(B)（回収）の和解判断の基準と同様（運用と書式131頁）。　　　　　　　　　　　　☞ Q68
　※和解が困難である場合のサービサーの活用についても検討する。　☞ Q71

(4) 敷金・賃貸借保証金

☐返還額について合意済みか

☐合意未了である場合に、賃貸物件の明渡しは完了済みか

☐合意未了で明渡し済みであれば返還や賃貸借契約の処理につき、賃貸人との間で協議

　※賃貸借契約の違約金条項の有効性については第7章（契約関係の処理）Q11、質権が設定された敷金・保証金返還請求権の処理については同章Q12をそれぞれ参照。

(5) 営業保証金（弁済業務保証金）等

☐破産者が旅行業者、宅地建物取引業者、前払式支払手段発行者（商品券、プリペイドカード等の発行者）等である場合に、弁済業務保証金を預託・供託していないか

　☐預託・供託していれば、弁済業務保証金の取戻手続を実施　☞ Q76

(6) その他取引保証金・会員保証金など保証金一般

　☐相手方から主張される相手方の有する取引債権と保証金の相殺につき、相殺の法的許容性を検討　　　　☞ 第9章（相殺）

(7) 過払金

☐申立書添付の財産目録に過払金の記載があるか

　☐記載がなくとも、財産目録の債権者一覧に5年以上の取引がある消費者金融業者がいないか、5年以上の取引がありながらも完済をした消費者金融業者がいないかを確認

　　※管財人として、過払金の発生の可能性を検討する趣旨である。

❑開示された取引履歴をもとに利息制限法に基づき引直計算をしたか
　※申立代理人と引直計算の方法が異なる場合もあるため、引直計算書の提出を受けていても再計算するのが望ましい。
　※回収については(1)に従うほか、運用と書式145頁。

(8) 退職金
❑申立書添付の財産目録に退職金の記載があるか
　❑記載がなくとも勤続年数などから退職金の有無を検討
　　※勤務先に破産手続開始決定を受けたことを知らせていないのが通常であるため、破産者のプライバシー保護の観点から、管財人として勤務先に照会することは破産者と協議して留意すべき（破産者が勤務先に破産手続開始の事実を知られたくない場合には、たとえば、破産者を通じて退職金規程の開示や退職金受給に関する証明書等の提出を受けたり、破産者からヒアリングしたりするなどして、退職金の有無やその額を管財人として認定する）。
❑退職金の評価をしたか
　※退職金のうち4分の3は本来的自由財産（法34Ⅲ②、民執152Ⅱ）に該当し、破産財団に属するのは4分の1であることに加えて、破産手続開始時点において退職未了であれば具体化していないという問題点がある。評価方法について、Q77参照。
❑退職金の評価額について回収したか
　※具体的な回収方法について、Q77参照。

(9) 損害賠償請求権
❑破産財団に属するものか
　※一身専属性を有する権利、すなわち慰謝料請求権は本来的自由財産に該当する。ただし、破産手続開始決定後に具体化した場合には、破産財団に属することになる（法34Ⅲ②ただし書）。この不均衡については、Q78参照。
❑破産財団に属するものにつき、管財人として請求　　　　☞Q78

9 在庫商品、機械工具等その他各種動産

(1) 在庫商品・仕掛品・原材料

(A) 占有・保管

☐申立書添付の財産目録に在庫商品・仕掛品・原材料の記載があるか　⇨申立てをするときは……(16)

　☐申立書添付の財産目録に在庫商品・仕掛品・原材料の記載がなくとも、会計帳簿の記載や現場に赴いて、在庫商品等が残っていないかを確認する

　　☐在庫商品等が残っていても、所有権留保、（集合）動産譲渡担保、委託販売の対象となっていないか、顧客からの預り品ではないか、など契約関係を確認する

　　　※担保設定がされている場合につきQ79、委託販売の対象商品である場合につきQ80をそれぞれ参照。

　　　※動産売買の先取特権に基づく返還請求を受けた場合や商事留置権の主張を受けた場合の対応は、第6章（別除権）参照。

☐在庫商品等の性質に応じて、占有を引継ぎ、保管

(B) 換 価

☐在庫商品等の性質に応じて、売却先を探し、売却

　※売却の一般的方法につき運用と書式130頁、売却スケジュールの一般的な注意点につきQ81、大量の在庫がある場合につきQ82、ブランド品につきQ83をそれぞれ参照。

　☐売却に裁判所の許可が必要な事案について、裁判所の許可を得たか

　※売却の許可申請が必要か否かの判断について、Q84参照。

(C) 仕掛品

☐出来高査定を行って出来高で回収をするか、仕事を完成させるかを判断（請負契約の処理については、第7章（契約関係の処理）を参照）

(2) 機械工具類・重機

(A) 占有・保管

☐申立書添付の財産目録に機械工具類・重機の記載があるか

　☐申立書添付の財産目録に記載がなくとも、会計帳簿の記載や現場に赴いて、機械工具等が残っていないかを確認

　　☐機械工具等が残っていても、レンタルやリース物件ではないか、契約関係を確認（なお、リース物件等の処理は第7章（契約関係の処理）を参照）　☞ Q87

　☐破産者が自然人の場合、その業務に使用するものであって、本来的自由財産に該当するものではないかを判断（自由財産拡張につき、第2章（自由財産拡張）を参照）

　　※破産者が技術者等である場合に差押禁止動産（民執131④～⑥）に該当する可能性がある。

　☐機械工具類・重機が、破産財団に属する、または、管財人として権利者に返還する必要があれば、占有を引き継ぎ、保管する

　　※重機は高価品であって盗難の被害にあうおそれがあるため、保管場所の施錠をしっかりと行ったり、保管場所の状況に応じては業者に保管を委託したりして、保管に留意する（Q85参照）。

　　※機械工具類の売却には電源を入れて運転状況を確認することが一般的であるが、高圧電力契約によっている場合が多い。電気使用料の滞納により電気が止められている場合があるため、保管にあわせて、破産者や代表者、電力会社などに電力供給契約の内容と通電しているか否かについて確認する必要がある。

(B) 換　価

☐売却先を探し、売却

　※重機で登録されている場合には、登録自動車の換価（⑤(2)）に従う。売却方法の一般的な留意点について、Q86参照。

　☐売却に裁判所の許可が必要であれば、裁判所の許可を得たか

　　※売却の許可申請が必要か否かの判断について、Q84参照。

❏売却できない場合には、廃棄や放棄を検討する
　※廃棄や放棄について、運用と書式139頁参照。

(3) 什器備品・家財道具

(A) 占有・保管

❏申立書添付の財産目録に什器備品・家財道具の記載があるか
　❏財産目録に記載がなくとも、決算書、会計帳簿の記載や現場に赴いて、什器備品等が残っていないか確認する
　　※ただし、破産者が自然人である場合、通常の範囲の家財道具については後述するとおり本来的自由財産であって破産財団を形成しないため、管財人として把握する必要はない。

❏什器備品等が残っていても、レンタルやリース物件ではないか、契約関係を確認する（なお、リース物件等の処理は第7章（契約関係の処理）を参照）　☞ Q87
　▫破産者が自然人の場合、本来的自由財産に該当するものではないかを判断（自由財産拡張につき、第2章（自由財産拡張）を参照）
　　※破産者の家財道具については骨董品等の高価品を除き差押禁止動産（民執131①）に該当する（運用と書式140頁）。

❏什器備品等が、破産財団に属する、または、管財人として権利者に返還する必要があれば、占有を引き継ぎ、保管する

(B) 換　価

❏売却先があれば売却をし、売却が困難であれば廃棄等を検討（廃棄の留意点について、Q87参照）
　※パソコンには、社員の個人情報や顧客データが保存されている場合があるため、売却・廃棄のいずれにおいても、当該情報の取扱いについては留意が必要（たとえば、売却先や廃棄業者にデータの消去証明書や廃棄証明書を提出させるなど）。また、パソコンには経理データが残っている場合があるため、経理データの抽出・保存にも注意（運用と書式140頁）。
　❏売却に裁判所の許可が必要であれば、裁判所の許可を得た

第3章　破産財団の管理・換価

　　か
　　※売却の許可申請が必要か否かの判断について、Q84参照。

(4) 切手・印紙・郵券・金券等

☒印紙・郵券・商品券・プリペイドカード・回数券などがあるか
　※申立書添付の財産目録に記載されていないことが多く、現場に赴いて、机の引き出しや金庫の中身を確認する。

☐金券ショップ等で換価（印紙・郵券等は管財人の事務所等が額面で買い取ることも可能）　☞ Q88

◎申立てをするときは……⒂
　申立人の財産に再生会社や更生会社、破産会社等に対する債権が含まれている場合には、配当（弁済）の有無および額に注意し、債権届出期間内に債権届出をしていないという状態にならないように注意しましょう。

◎申立てをするときは……⒃
　管財人に破産財団に属する財産を適切に引き継げるよう、動産類（自動車、建設機械、在庫商品、原材料、資材、什器備品等）の保管においては、保管場所の施錠やセキュリティ管理を適切に行い、盗難等に遭うことがないよう注意しましょう。

10 知的財産権

☐申立書添付の財産目録に、登録により発生する特許権・実用新案権・意匠権・商標権の記載があるか

　回財産目録に記載がなくとも、決算書、会計帳簿の記載、転送郵便（特許料等に関する書類）、関係者からのヒアリング、特許電子図書館での検索（http://www.ipdl.inpit.go.jp/homepg.ipdl）などから有無を検討

　回登録によらずとも発生する著作権、ノウハウ等については、関係者からのヒアリング、決算書、会計帳簿の記載から検討

☐登録により発生する知的財産権につき第三者に対して使用許諾をしており、それが登録されているか

　※登録されている場合には、双方未履行双務契約の解除の適用はない（法56、運用と書式148頁）。

　※登録にかかわらず、知的財産権につき第三者に使用許諾している場合で、使用対価に未払いがあれば当該第三者に請求。

☐知的財産権につき売却価格を算定し、売却先を探す（運用と書式147頁） ☞ Q89

☐売却にあたって、裁判所の許可を得たか

　※知的財産権の売却には許可が必要（法78Ⅱ②）（運用と書式147頁）。

11 相続財産

☐破産者が自然人である場合、破産手続開始前に破産者を相続人とする相続が発生し、破産手続開始決定時点で分割未了の遺産がないか
　※申立書には、破産者の戸籍は添付されていないため、破産者を相続人とした相続の有無につき、報告書の家族構成欄の記載と、破産者へのヒアリングで確認することが必要となる。

☐遺産分割協議が必要であれば、遺産分割協議を実施し、相続分を財団に組み入れる（遺産分割協議の進め方についてＱ90、分割協議が完了しない場合の対応についてＱ91をそれぞれ参照）
　▷破産申立て直前に遺産分割協議があり、破産者以外の相続人が多くの遺産を取得している場合には、遺産分割が否認対象行為に該当しないか検討する

Ⅲ　Q&A

1　破産財団の占有・管理

Q1　初動における優先順位

初動段階で破産財団の占有・管理のためにやるべき作業がたくさんありそうです。優先順位が高いものから着手しようと思いますが、とくに優先度の高い作業としてはどのようなものがあるでしょうか。

A

(1)　破産財団の極大化

管財人の最も重要な任務は、配当原資となる破産財団の極大化を図ることにありますが、破産財団を極大化するためには、①破産財団に属する財産をできる限り高値で換価等の処分を行うとともに、②無駄な財団債権の負担を回避することが必要になります。

そうすると、おのずと①の観点からは、時間の経過に伴って換価・回収できる額が大きく下がるものから優先的に換価等に着手することが必要になりますし、また、②の観点からは、財産の保管に伴って高額の費用負担が生じるものから優先的に換価等の作業を進めることが必要になります。

したがって、たとえば売掛金の回収や在庫商品の売却などは、①の観点から、開始決定後速やかに着手することになります。また、賃借物件内にある機械類や在庫商品等の動産類の売却については、②の観点から、開始決定後速やかに着手することになります。

(2)　円滑かつ迅速な事務処理

管財人としては、配当原資となる破産財団の極大化を図る一方で、破産事件を円滑かつ迅速に処理し、できる限り早期に破産債権者の満足を図ること

も重要な任務になります。

したがって、円滑かつ迅速な事件処理の観点からは、換価処分に時間がかかると見込まれる財産から優先的に換価作業に着手することが必要になります。たとえば、不動産の任意売却は、利害関係人も多く、買主を探すだけでなく、担保権者と受戻額の交渉を行う必要もありますので、開始決定後速やかに着手することが必要です。また、信用金庫の出資金は、決算期を待たなければ払戻しに応じてもらえませんので(ただし、譲渡をあっせんしてくれることもあります)、時機を逸しないように優先的に着手する必要があります。

Q2　自動車の保管

破産財団に帰属する自動車の保管について注意すべきことはありますか。売却までの間、破産者や第三者に預かってもらっていてもよいですか。

A

自動車の保管に際しては、盗難や債権者による持ち去りが起きないよう、また、破産者や第三者が運転をして事故を起こし、管財人が運行供用者責任を負う事態とならないよう十分に注意する必要があります。管財物件を扱う自動車買取業者であれば、無料で保管換えを行ってくれることも多くありますので、売却することが前提である自動車であれば、このような業者に保管を委ねることも検討すべきです。

もっとも、自由財産の拡張の判断を待っている状態であるなど、何らかの理由で換価しない可能性があり、業者の保管に委ねることが相当でない場合などは、破産者や信用できる第三者のもとで保管する場合もあります。このような場合であっても、運転は極力控えてもらい、盗難防止の観点からも、鍵はすべて管財人が保管します。

Q3　リース物件の特定

動産類の中にリース物件が混在しており、不要なため返還しようと

考えています。その場合、リース会社のシール等が貼られておらず、リース物件の特定が困難なときはどのように対処すればよいでしょうか。

A

このような場合、まずはリース契約書等から、リース物件の型番や個数を確認し、物件の特定に努めます。リース契約書等が保管されていない場合はリース会社から写しを送ってもらうなどして確認します。

ただし、リース物件の返還に時間をかけてしまうと、賃借物件の賃料がかさみ、財団債権を増やしてしまうことにもなりかねません。そのような場合は、リース会社に現場を確認してもらって物件を特定してもらうのも一つの方法です。複数のリース会社がいる場合は、現場確認の日時を合わせて一度に行うと手間も省け、物件違いのリスクも軽減できます。その際、リース会社の遺漏がないよう、債権者一覧表はもちろん、契約書類の確認、預金口座からのリース料の引落し、会計帳簿上のリース料支払いなどを十分に確認するよう注意します。

② 資産調査

Q4 財産の見落としを防ぐ方法

管財人が申立書に記載のない財産の見落としを防ぐための方法にはどのようなものがありますか。

A

(1) 見落としがちな財産の例

破産者自身がその存在を失念しがちな財産については、申立書の記載から漏れているケースが多く、管財人としても見落としがないよう注意が必要です。具体例としては、信用金庫・信用組合の出資金、長期間使用していない口座の預貯金、保険料が一時払いされている保険（火災保険や養老保険など）、未分割の遺産などがあげられます。また、破産者自身が直接管理しておらず、

同居の親族や貸金庫などに保管を委ねている財産もあげられます。

　さらに、破産者等が財産の存在を認識していながら、何らかの理由で意図的に申立書に記載していない場合についても、見落としがないよう注意が必要です。

(2) 見落としを防ぐ方法

　申立書に記載のない財産の見落としを防ぐための方法としては、破産者からの事情聴取や転送郵便物の確認といった一般的な方法のほか、次のような方法があります。

① 信用金庫・信用組合の出資金や貸金庫の有無については、金融機関に対する預金残高の照会をする際にあわせて照会します。

② 貯金については、所轄の貯金事務センターに問合せをすれば容易に調査が可能です。また、簡易保険、かんぽ生命保険についても、所轄の簡易保険事務センターに問合せをすれば容易に調査が可能です。

③ 破産者が建物を所有していた場合、とくに建物に住宅ローンを被担保債権とする抵当権設定がある場合には、火災保険が付保されていることがほとんどです。また、事業者の場合には、在庫商品等に火災保険（店舗総合保険）が付保されていることも多くあります。

　　火災保険の有無については、保険金に質権が設定されている場合は、質権者に照会することで判明しますが、保険金に質権が設定されておらず、破産者等にも記憶がないような場合は、一般社団法人日本損害保険協会や一般社団法人外国損害保険協会への照会により、協会加盟の損害保険会社で加入している損害保険の調査が可能です。

④ 養老保険や年金保険などは、一時払いで保険料を支払ってから相当期間が経過していると、発見の端緒となる事象も少なく見落としがちな財産ですが、見落としを防ぐには，一般社団法人生命保険協会に対する照会が効果的です。

⑤ 給与振込み、公共料金等の引落し、保険料支払い、保険解約返戻金受領など、通常銀行口座を使用していると思われる事項が記載された通帳

の提出がない場合などは、破産者の住所地周辺の金融機関に対する網羅的な照会を行うこともあります。
⑥　事業者の場合は、廃業前後に自動車を処分しているケースが多く、中には否認対象行為に該当するような場合もあります。また、債権者が持ち去り、事実上使用しているようなケースもあり、破産者からの申告がない場合があります。

　申立書に記載のない場合でも、決算報告書や過去の自動車税課税状況などから所有自動車の有無を確認し、自動車の所有が疑われる場合には、さらに調査を行います。登録番号と車台番号が判明している場合には陸運局で登録事項証明を入手し、登録番号のみが判明している場合には弁護士法23条の2に基づく照会を行うことが効果的です。

Q5　帳簿類が廃棄されている場合の資産調査

会計帳簿類が申立て前の事務所明渡し時に廃棄されているなどで残存していない場合はどのように資産調査すればいいでしょうか。

A

　法人、あるいは事業者であった自然人についての管財業務においては、廃業以前の資金の流れを解明することが重要な職務の一つですので、会計帳簿類がすでに廃棄されている場合でも、可能な範囲で資料を収集して精査する必要があります。

　帳簿類自体が廃棄されてしまっている場合でも、業務に使用していたパソコンが残っている場合には経理データが残っていることがありますので、廃棄あるいはリース会社に返還する前に必ずデータの内容を精査します。

　また、従来の顧問税理士が経理データを保存していたり、作成済みの試算表を保管していたりする場合もありますので、連絡をとってみるとよいでしょう。

　このような方法によっても帳簿類が発見できない場合は、やむを得ず、銀行口座の動きなどから資金の動きを調査することになるでしょう。通帳がな

い場合は金融機関から元帳を取り寄せて調査します。当座預金口座の場合は通帳には詳細な取引履歴の記帳がない場合もありますので、その場合は当座勘定照合表を取り寄せます。

なお、過去の決算報告書が廃棄されてしまっている場合は、法人の管財人として管轄税務署で添付書類を含む申告書類の閲覧をすることができますので、貸借対照表や減価償却資産明細表などの記載から、破産者が保有していた資産を確認します。

Q6 財産隠匿が疑われる場合の資産調査

〔1〕 破産者や申立代理人が、管財人に対して秘密や隠しごとがあるように疑われる場合はどのように対応すればよいでしょうか。

〔2〕 また、申立代理人や破産者、家計を管理している親族などが調査に非協力的な場合はどのように対応すればよいでしょうか。

〔3〕 債権者申立ての場合で、破産者が非協力的な場合はどこまで調査すればよいでしょうか。

A

(1) 破産者・申立代理人が非協力な場合（〔1〕）

破産者や申立代理人（以下、本項において「破産者等」といいます）などが管財人の調査に非協力的な場合においても、管財人が資産の調査を行うべき範囲・程度に変わりはありません。管財人としては破産者等に協力を促すとともに、破産者等が協力的な場合に比べ、より破産者等からの聴取に頼らない、積極的かつ網羅的な調査を行う必要がある場合もあります。

破産者等の協力を促す方法としては、破産者等は破産法40条1項、230条1項、244条の6第1項により管財人に説明義務を負うこと、この説明義務に違反した場合には刑事罰が科される可能性があること、また、自然人の場合は免責不許可事由に該当すること（法252条1項11号）を説明し、協力を求めるのが一般的です。

破産者等からの聴取りに頼らない調査方法としては、たとえば、破産者の

営業所周辺に支店のある金融機関等に対する照会（具体的な照会方法についてはＱ４参照）、法人の破産者の場合は管轄税務署での申告書類の閲覧、不動産の名寄台帳の閲覧、過去の自動車税課税状況の照会、債権者に対する情報提供の呼びかけ、相続の可能性のある親族関係の調査などが考えられます。もちろん、預金口座の動きや帳票類の精査、転送郵便物のチェックなど通常の場合に必要となる調査も十分に尽くすことはいうまでもありません。

(2) 親族が非協力な場合（〔２〕）

親族が非協力的な場合、破産者の親族には直接の説明義務はないものの、破産者が説明義務を果たさない場合上記の効果があることを親族等に説明し、破産手続への協力を求めていくことになるでしょう。

(3) 債権者申立ての事案の場合（〔３〕）

債権者申立ての事案の場合は、とくに債権者の意見を聴取しつつ、(1)の場合と同様の調査が必要となるものと思われます。

Ｑ７　法人資産の費消

破産申立て直前に代表者が法人名義の口座から預金を引き出し、費消していた場合はどのように対応すればよいでしょうか。

Ａ

まず、破産申立て直前に法人名義の口座から預金が引き出されていた場合には、代表者から事情聴取したり、家計収支表を提出させたりするなどして、その使途を明らかにする必要があります。そして、調査の結果、代表者が自己の生活費等として費消していたことが明らかになった場合には、法人の管財人としては、代表者に対する否認権行使や損害賠償責任の追及を検討することになります。

もっとも、なかには、代表者がその全財産（場合によって親族の財産も含めて）を法人の運転資金として投入し、しかも、事業廃止の直前は業績不振のため役員報酬をほとんど受け取っていなかったため、法人の事業廃止に伴って代表者が当面の生活費にも窮することになったという事案もあります。その

ような事案においてまで否認権行使等を行うのは、バランスを失する場合もあるので、慎重に検討することが必要です。ただし、代表者自身は生活費として費消したと述べているものの、金額や期間などに照らして、生活費として費消したとすることが明らかに不自然な場合には、別途の考慮が必要になるでしょう。

　なお、代表者も破産手続開始決定を受けている場合には、否認権の行使や損害賠償責任の追及をするにしても、代表者の破産手続のなかで破産債権者として権利行使できるにすぎないことには留意しておく必要があります。

　また、法人の代表者としての行為が自然人の免責に及ぼす影響については、第10章（免責）Q4を参照してください。

Q8　所有不動産の調査方法

　　破産者が申立資料にあげられている不動産以外にも不動産を所有している疑いがあります。どのように調査すればよいでしょうか。

A

　転送郵便物（固定資産税の課税通知書、マンション管理費の請求書など）や預金通帳の入出金記録（管理費や光熱費等の引落し、賃料等の入金など）等から発見される場合がありますので、これらの資料を丹念に調査する必要があります。

　また、管財人は、市町村にある固定資産課税台帳（名寄帳）を閲覧し、証明書の交付を受けることができますので、過年度分に遡って調査するのが有効です。なお、具体的にどの程度遡るかについては、調査の目的により異なります。たとえば、否認対象行為の調査が目的であれば、支払不能（または支払停止）に陥った時期まで遡れば足りるでしょうし、隠匿財産の調査が目的であれば、その他の調査から明らかになった財産隠匿に着手した時期まで遡ることになるでしょう。

Q9 資産調査の費用

資産調査を行うにあたって、どこまで費用をかけてよいものなのでしょうか。とくに財団の規模との関係で費用対効果の目安があれば教えてください。

A

　管財人の第一の任務は債権者の配当原資となる破産財団の増殖にありますので、資産調査を行うにあたっても費用対効果を考える必要があります。やみくもに費用をかけて調査し、それに見合う資産がみつからなかったというのでは、債権者の納得も得られないでしょう。したがって、まずは費用のかからない方法による調査を尽くすべきで、それによって相当程度具体的な端緒がみつかれば、場合によっては公認会計士などの専門家に依頼するなど、費用をかけてより詳細な調査を実施することになります。

　こうした姿勢そのものは、基本的には財団規模の大小にかかわらないと思われます。ただし、破産者に悪質な財産隠匿が疑われ、適正な管財事務の遂行、債権者の納得という観点から、結果はともかく、費用をかけてでも徹底した調査を行うべきという場合もあります。もっとも、その場合でも財団規模との見合いは考慮する必要はあるでしょう。

　なお、債権者が具体的な手がかりもなく単なる噂話だけで調査を要請してくる場合もありますが、管財人としては、そのような要請にいたずらに振り回されるのではなく、証拠に基づくより具体的な情報提供を依頼しつつ、上記の方針で粛々と進めるべきです。

③ 預貯金・出資金

Q10 預金残高の確認

〔1〕 預貯金口座の残高の確認は通帳記帳で足りますか。残高照会の書面送付が必要ですか。

111

〔2〕 また、破産者が自然人の場合と法人の場合とで預貯金口座の残高確認・解約等に際して異なる点や留意すべき点はありますか。

A

(1) 残高確認の方法（〔1〕）

　預貯金口座の残高は、通帳があれば記帳によっても確認できますが、金融機関に残高照会をすることによって、把握していなかった他の口座、出資金や貸金庫が判明することもあります。また、借入金のある金融機関では相殺処理を予定しているため、記帳がロックされていたり、金融機関が支払停止等を知った後に入金されたものについて別段預金として管理されていたり、記帳のみでは正確な残高が明らかにならないこともあります。したがって、とくに破産者が法人の場合には、金融機関に対して残高照会をするべきでしょう。

　他方、自然人の場合には、自由財産拡張の対象となっている口座や、残高相当額の組入れを求めることによって財団から放棄する口座もありうるため、このような口座についてまで一律残高照会をしてしまうと、自由財産拡張や放棄後の処理が煩雑となりかねません。そのため、破産者が自然人の場合には、明らかに解約を予定している口座以外は、記帳での残高確認で足りるのが一般的です。

(2) 解約に際しての留意点（〔2〕）

　破産者が法人の場合にはすべての口座、破産者が自然人の場合には自由財産拡張の対象外の口座はすべて解約するのが原則です。

　ただし、破産者が法人の場合、売掛金等が入金される口座については、破産手続開始後もそれを知らずに売掛先が入金してくる可能性があるため、破産手続開始後直ちには解約せずに一定期間維持する場合もあります。また、残高が少額である場合には、解約手続に要する費用（窓口に赴くための交通費や解約の必要書類の郵便代など）を考慮して、解約までせずに破産財団から放棄することも検討します。

　なお、破産者が自然人の場合、残高が少額である場合には、破産者から残

高相当額の組入れを受けて財団から放棄することも検討します。

Q11 相殺予定口座の解約

申立書財産目録中に相殺予定と記載された預金口座は解約せずに放置しておいてよいですか。

A

相殺予定と記載された口座であっても、まずは金融機関に照会をかけ、相殺前後の残高を確認します。相殺後の残高がゼロ円の場合や非常に少なくなる場合は、解約せずに破産財団から放棄しても構いません（運用と書式127頁）。ただし、金融機関の相殺が相殺禁止規定（法71条1項）に反するものでないかどうかを確認しておく必要があります（第9章（相殺）参照）。とくに、支払停止後に口座に入金されたものも含めて相殺されていないかは十分注意して確認するようにしましょう。このような入金がある場合は、当該入金額については払戻しを請求します。

なお、一般調査期間の終期または一般調査期日の終了時点以降にもかかわらず相殺の意思表示がなされていない場合は、相殺についての催告権（法73条1項）の行使を検討します。

Q12 出資金の払戻し

信用金庫の出資金10万円というのが財産目録にあがっています。解約しようと信用金庫に連絡をとったところ、1年ほど先の総代会を経ないと返金できないと言われました。これ以外の残務はないのですが、回収できるまで気長に待つしかないのでしょうか。財団から放棄をしてもよいのでしょうか。

A

破産手続に要する期間に比して、出資金の払戻しまで長期間を要する場合は、出資金払戻請求権の譲渡を検討します。具体的には、信用金庫に譲渡先を紹介してもらえる場合には、その譲渡先に額面額で譲渡する方法や、破産

者の代表者に額面額で譲渡する方法などが考えられます。また、破産者が自然人の場合には、破産者に額面額を財団に組み入れてもらうのと引換えに、出資金を破産財団から放棄する方法も考えられます(運用と書式127頁、実践マニュアル157頁)。さらに、回収額は額面額より低くなりますが、サービサーに譲渡する方法も考えられるでしょう。

なお、上記のいずれの方法によることができない場合でも、出資金は、期限さえ到来すればほぼ確実に回収が可能ですので、額面額が小さく、財団形成に大きな影響を与えないような場合を除き、安易に破産財団から放棄するのは避け、裁判所とも協議をして慎重に検討すべきでしょう。

④ 保　険

Q13　契約者名義と保険料拠出者が異なる場合の対応

〔1〕　保険料の支払いは破産者自身が行っていたが、保険契約者が破産者の親族名義である場合に、管財人として、保険契約を解約して解約返戻金の回収をしてもよいでしょうか。

〔2〕　逆に、保険契約者は破産者名義ですが、保険料の支払いは破産者の親族が行っていた場合にはどうでしょうか。

A

　保険が破産財団に属するか否かを判断するにあたっては、保険契約における保険契約者たる当事者は誰か、つまり解約返戻金の権利者は誰かを確定する作業が必要になります。権利者の確定が問題となる事案において考慮すべき要素としては、単に保険契約の名義や保険料の支払者は誰かという点だけでなく、①当該保険契約の内容(被保険者、保険金受取人、保険金額、保険料、保険期間およびその他の特約等)、②保険料の支払方法、出捐者、③名義人、行為者および出捐者の関係、年齢、職業、収入および生活状況、④行為者の動機、目的および契約締結手続の際の言動、⑤保険者および名義人の認識、⑥届出印および保険証券の保管状況、⑦契約者貸付けの利用の有無、利用があ

る場合は貸付金の受領者とその使途、並びに⑧配当金の分配方法等があり（はい 6 民40頁）、これらの要素の総合考慮によって判断することになります。

〔1〕の場合は、破産者の親族がまったく保険契約の存在を認識していなかったと判断できる場合には破産者が権利者とされることが多いでしょうが、親族が認識している場合には破産者による保険料の負担は親族への贈与と認定される場合が多いでしょう（保険料が高額でない限り、扶養家族の保険料の負担として否認は問題にはならないと思われます）。

他方、〔2〕の場合は、逆に、破産者がまったく保険契約の存在を認識していなかったと判断できる場合を除き、親族による保険料の負担は破産者への贈与と認定される場合が多いでしょう。また、破産者やその親族の保険契約の存在に関する認識については、単に口頭や書面の主張のみで判断するのではなく、保険料が誰の管理している口座から引き落とされているか、破産者やその親族が所得金額の計算上、保険料控除を受けていないか、契約者貸付を受けていないか、特約に基づく給付金を受領していないか等も確認することになります。

このようにして破産財団に保険が帰属すると判断できた場合でも、保険契約の名義が親族となっていると、通常、保険会社は管財人からの解約手続を受け付けてくれないことから、親族の協力が必要となります。親族側に言い分があるような場合には、和解して、協力を得るような対応も必要になってきます。

Q14 保険契約の解約時期

保険契約にはさまざまな種類がありますが、保険契約の種類・内容に関係なく、管財人としては早期に保険契約を解約して解約返戻金を回収すべきでしょうか。たとえば、自宅や工場を対象とする火災保険や任意の自動車保険など、解約時期に留意すべき保険契約はありますか。

A

管財人は、自然人の破産の場合であって自由財産拡張の対象となる保険契約を除き、後述するような継続の必要なもの以外については、解約手続が遅れると解約返戻金が減少する場合がありますので、保険会社に対し、早々に解約返戻金の有無およびその金額について照会を行うとともに、解約に必要な書類を送付するよう依頼します。そのうえで、管財人は、早期に保険契約の解約手続を行い、解約返戻金がある場合にはその支払いを受けるようにします。

　もっとも、破産財団に帰属する財産が被保険対象となっている保険契約（とくに損害保険契約など）が存在する場合には、当該財産の換価を終えるまでの間、保険料を払って保険契約を維持する場合があります。たとえば、不動産に付された火災保険、自動車に付された自動車保険、在庫商品に付された動産保険などがその例です。これらの保険は、被保険対象に事故が生じた場合に、その損害を填補することを目的としたり、第三者に損害を与え賠償責任を負った場合の責任を填補したりすることを目的としています。保険事故が発生して、破産財団が大きく毀損されたり（盗難や火事による焼失など）、賠償義務を負担させられたり（自動車の運行供用者責任の発生や失火による延焼など）する事態が考えられる場合には、保険料を支払ってでも保険契約を継続し、破産財団の維持を図ることが適切と考えられます。なお、保険料は破産財団の負担となりますので（法148条1項2号）、換価処分は速やかに行うようにし、換価処分後に速やかに解約することになります。

Q15　少額の解約返戻金の場合の対応

　保険会社に解約返戻金額の照会を行ったところ、解約返戻金額が少額で、解約手続に要する通信費だけで解約返戻金を上回ることが判明しました。このような場合でも保険契約を解約して解約返戻金を破産財団に組み入れなければならないでしょうか。

A

　このように保険の解約手続に要する費用が解約返戻金額を上回るような場

合には、解約を進めることがかえって破産財団にとってマイナスになりますので、解約手続に着手せず、保険解約返戻金を破産財団から放棄することを検討すべきです。

また、破産者が自然人である場合には、放棄の際、破産者に解約返戻金相当額を組み入れてもらうという対応も考えられるでしょう。

Q16 保険契約に質権が設定されている場合の対応

破産者所有の不動産を対象とする火災保険に債権者が質権を設定していることが判明しました。このような場合でも、保険契約を解約して解約返戻金を回収できるでしょうか。質権者が、解約返戻金に質権の効力が及んでいると主張している場合に、管財人として質権者とどのように交渉したらよいでしょうか。

A

質権が解約返戻金に及んでいない場合や、債権者が質権の対抗要件を具備していない場合には、解約返戻金は破産財団に帰属しますので、管財人が保険契約を解約して解約返戻金を回収することになります。

破産者名義の火災保険に質権が設定されている場合に、管財人がチェックすべきポイントは次の二つです。

① 質権の効力が及んでいるのが保険金だけでなく、解約返戻金まで含まれているか。

② 債権者が質権の対抗要件を具備しているか。

そして、上記①②を充たしている場合に限って、債権者は、別除権者として、破産手続によらずに解約返戻金を優先的に回収することができます。しかし、実際には、債権者が別除権者として解約返戻金を優先的に回収するための要件を満たしていることは必ずしも多くありませんので、管財人としては質権設定契約書や質権設定の通知書等により、解約返戻金に質権が及ぶ約定になっているか、通知書に確定日付が付されているか（民364条）を確認するなど十分に注意する必要があります。また、解約返戻金に質権の効力が及

んでいないにもかかわらず、保険会社が、債権者の同意がなければ解約手続に応じないとの対応をとる場合があります。そのような場合、管財人としては、債権者の同意が不要であることを粘り強く説明するか、どうしても保険会社が債権者の同意を要求する場合には、債権者と交渉して協力を得るよう努めることになります。

Q17 各種共済制度の相違点、留意点

〔1〕 破産者が、①中小企業倒産防止共済に加入していることが判明しましたが、解約手続にあたって留意すべき点はあるでしょうか。

〔2〕 また、破産者が、②小規模企業共済または③中小企業退職金共済に加入していることが判明しましたが、解約手続を行って解約金を破産財団に組み入れることができるでしょうか。

A

⑴ 中小企業倒産防止共済（〔1〕）

①中小企業倒産防止共済（経営セーフティ共済）は、取引先事業者の倒産の影響を受けて、中小企業が連鎖倒産や経営難に陥ることを防止するための共済制度で、中小企業倒産防止共済法に基づき、独立行政法人中小企業基盤整備機構が運営しています。

この共済は、掛金の納付月数に応じて解約返戻金が発生する場合がありますので、申立書に記載がない場合でも、決算書等の資料から破産者に中小企業倒産防止共済の掛金の拠出があることがうかがわれる場合や、独立行政法人中小企業基盤整備機構からの借入れがある場合には、この共済の解約返戻金の有無について照会する必要があります。

もっとも、この共済には契約者に対する貸付制度があり、破産者がこの貸付制度を利用していた場合には、返戻金額から借入額が控除されることになります。また、この貸付制度では、返戻金額を超える借入れもできますので、破産者が返戻金額を超える借入れをしていた場合には、結果的に返戻金がないこともあります（実践マニュアル147頁）。

(2) 小規模企業共済・中小企業退職金共済（〔2〕）

　他方、②小規模企業共済は、小規模企業の個人事業主が事業を廃止したとき、会社等の役員が役員を退職したとき、個人事業の経営に携わる個人が廃業などにより共同経営者を退任したときなどの生活資金等をあらかじめ積み立てておくための共済制度で、小規模企業共済法に基づき、独立行政法人中小企業基盤整備機構が運営しています。また、③中小企業退職金共済は、中小企業退職金共済法に基づき設けられた中小企業のための国の退職金制度で、独立行政法人勤労者退職金共済機構の中小企業退職金共済事業本部が運営しています。

　これらの共済（②、③）は、中小企業の役員または従業員のための制度であるため、共済に加入していた中小企業の管財人が解約手続をして解約金を破産財団に組み入れることはできません。また、小規模企業共済に加入している個人事業主が破産した場合も、共済金等の支給を受ける権利は差押禁止財産に該当するため（小規模企業共済法15条）、破産財団を構成せず、共済金等を破産財団に組み入れることはできません。

5　自動車

Q18　破産者が自動車の継続使用を求める場合の対応

　自然人の管財人をしていますが、破産者名義の自動車について破産者が継続使用を求めています。なお、自動車は自由財産拡張の対象ではありません。破産者の利用を認めてもよいのでしょうか。

A

　破産者による自動車の継続使用を認めないのが原則と思われますが、認めても差し支えない場合もあります。

　まず、原則として、自由財産でない自動車は、破産手続開始決定とともに管財人の占有管理下に置き、査定額以上の金額で売却して換価することになります。しかし、初年度登録から長期間の年月が経過した自動車などは、査

定価格がつかず、処分すればかえって廃車費用がかかるような場合もあります。とくに、国産の大衆車（新車時の車両本体価格が300万円未満のもの）で、初年度登録から7年（軽自動車や商用の普通自動車の場合は5年）以上経過しているものは、ほとんど無価値であることが多いでしょう（運用と書式140頁）。そこで、このようなほとんど無価値の自動車であり、しかも、破産者自身がその利用を希望するような場合には、数万円程度（自動車の使用利益や自賠責保険の返戻金額等を考慮して定めた額）を破産財団に組み入れてもらうのと引換えに自動車を破産財団から放棄し、破産者による自動車の継続利用を認めても差し支えないといえるでしょう。ただし、財団から放棄する前の自動車で破産者が交通事故を起こした場合、管理処分権を有する管財人が運行供用者責任を負うおそれがありますので、破産者に自動車を継続使用させるのは破産財団から放棄した後にする（それまでは管財人が責任をもって自動車の鍵を保管する）よう留意しましょう。

Q19 所在不明の自動車

〔1〕 申立書の財産目録には自動車が記載されていますが、所在不明です。このような場合、財団から放棄をして、管財業務は終了としてもよいのでしょうか。

〔2〕 また、これがリース物件である場合にはどのように対応したらよいのでしょうか。

A

(1) 財産目録記載の自動車の所在不明（〔1〕）

このような場合、管財人としては、破産財団から放棄するだけではなく、廃車手続（抹消登録）まで済ませることを検討しなければなりません。

まず、所在不明の自動車であっても、管財人は、第三者が当該自動車を運行して人身事故を起こしたときに自動車損害賠償保障法3条に基づく運行供用者責任を負う場合もあることから、できる限り自動車の所在を調査し、占有を確保するよう努める必要があります。なお、所在不明の自動車の所在調

査の方法ですが、普通自動車であれば、自動車の占有者が車検の更新手続をするときには、未納となっている自動車税を全額納付し、かつ、そのことを証明する納税証明書が必要になります。そこで、車検切れの時期が迫っている場合には、課税当局に相談し、継続検査用納税証明書発行事前連絡依頼書を提出しておくと、占有者が車検更新用の納税証明書を取得しようとした際に、課税庁からその旨の連絡を受けることができますので、自動車の占有者およびその所在を確認する端緒となり得るでしょう（運用と書式142頁）。

　また、自動車の所在調査を行ったものの、その所在が判明せず、占有の確保に至らなかった場合には、自動車税の課税や自動車損害賠償保障法3条に基づく運行供用者責任の負担等を免れるため、速やかに破産財団から放棄することになります。ただ、その場合には、可能な限り廃車手続をしておく必要があります。なお、廃車手続には原則として車検証やナンバープレート等が必要になりますが、自動車の所在が不明の場合には、これらが手元にありません。もっとも、盗難の疑いがあるため自動車の所在が不明である場合には、警察署に盗難届を提出し、その受理証明書を添付すれば、車検証やナンバープレートがなくても廃車手続が可能です（はい6民128頁、運用と書式142頁、管財の手引175頁）。

　(2)　**自動車がリース物件の場合**（〔2〕）

　所在不明の自動車がリース物件である場合には、その自動車は破産財団を形成しませんが、その自動車で人身事故を起こした場合には、破産財団において自動車損害賠償保障法3条に基づく運行供用者責任を負担しなければならないおそれがありますので、それを免れるため、可能な限り廃車手続をしておく必要があります。もっとも、廃車手続（抹消登録の申請）は原則として登録自動車の所有者しかできませんので、自動車がリース物件の場合には、所有者であるリース会社に対し、廃車手続をしてもらうよう協力を求めることになります（はい6民129頁）。

Q20 自動車の評価・換価における留意点

法人の管財人をしていますが、法人名義の自動車があります。法人の代表者や元従業員がこれを安価で売却してほしいと申入れをしてきました。どのように対応したらよいでしょうか。

A

　破産手続の公正性の観点から、原則として査定書などの客観的な資料もない場合には安易にこのような申入れを受けるべきではなく、まずは自動車の価格査定をするべきです。その場合、評価額は自動車の実際の状態に左右される場合が多いので、レッドブックを調べるだけでなく、信用できる中古車買取業者や日本自動車査定協会に査定を依頼するなどの方法も検討するべきでしょう。なお、日本自動車査定協会による査定には費用がかかるので注意が必要です。

　もっとも、国産の大衆車（新車時の車両本体価格が300万円未満のもの）で、初年度登録から7年（軽自動車や商用の普通自動車の場合は5年）以上経過しているものの場合には、無価値であることが多いので、査定をせずに数万円程度の安価（自動車の使用利益や自賠責保険の返戻金額等を考慮して定めた額）で破産者の代表者や元従業員に売却しても、破産手続の公正性を害するとまではいえず、許容される場合もあるでしょう（運用と書式140頁）。ただし、走行距離が少ない場合で自動車の状態や車種などによっては価値が存する場合もあるので注意が必要です。

Q21 所有権留保が付されている自動車についての処理

〔1〕　破産財団に所有権留保が付されている自動車がある場合、どのように処理したらよいでしょうか。

〔2〕　普通自動車について、信販会社との契約上は所有権留保特約が付いているのに、所有者の登録が破産者になっている場合、管財人は信販会社に車両を引き渡さずに売却してもよいのでしょうか。

〔3〕〔2〕の事例で、所有者の登録が信販会社でなくて販売会社になっている場合、管財人は信販会社の車両引渡要求には応じなくてもよいのでしょうか。応じずに売却する場合、登録が販売会社のままでもできるのでしょうか。できないとした場合、どのような処理をすればよいのでしょうか。

A

(1) 所有権留保が付されている自動車に対する一般的な対応

　自動車をローンで購入している場合、信販会社等が特約で所有権留保を付していることがほとんどです。留保所有権者は、対抗要件を具備している限り、破産実務においては別除権者として取り扱われます（対抗要件を具備していない場合には(2)、(3)参照）。したがって、管財人は、留保所有権者に当該自動車を返還しなければなりません。この点、普通自動車の場合は、登録が対抗要件となりますので、車検証の所有者の欄を確認します。

　一方、軽自動車の場合は、自動車のような登録制度がないことから、引渡しによる占有が対抗要件となります。したがって、留保所有権者が占有改定による引渡しを受けたと解される場合（多くの場合、特約で占有改定による引渡しをする旨が定められています）、留保所有権者は、管財人に所有権留保を対抗することができます。

　このように、管財人に対抗できる所有権留保付きの自動車がある場合、管財人は、留保所有権者から引渡しを求められれば拒むことはできません。また、車両の保管費用（ガレージ代等）がかかっている場合には、財団債権の増加を防止するためにも、早急に留保所有権者に連絡して引揚げを促しましょう。なお、残債権額より自動車の価額が上回る場合には、債権者に精算義務が認められますので、精算金の回収を遺漏しないよう注意してください。

(2) 対抗力のない所有権留保——登録名義が破産者の場合——(〔2〕)

　〔2〕のような場合、信販会社等は、管財人に対し、所有権留保を対抗できません（最判平成22年6月4日民集64巻4号1107頁、判タ1332号60頁）。したがって、管財人は、信販会社等に車両を引き渡さずに売却することができます。

ガレージ代等の保管費用がかかっている場合には、速やかに売却処分しましょう。

　なお、申立て前に破産者が信販会社等による引揚げに応じてしまい、売却処分された場合には、破産者と信販会社等は所有権留保特約の契約当事者ですので、信販会社等は登録がなくても所有権留保を主張できます。しかし、対抗要件を具備しない留保所有権者にすぎず、別除権者とは認められない信販会社等が、破産者が支払不能に陥っていることを知りつつ自動車を引き揚げ、その評価額をもって立替金等債務を消滅させると、偏頗的な代物弁済がなされたものとして、否認対象行為（法162条1項）になると考えられます（福田修久・法曹時報64巻6号1296頁）。ただし、実際には、否認して自動車の返還を受けた場合、保管費用等がかさむおそれもありますし、すでに売却されていることが多いため、信販会社等との間で価額償還につき和解的な解決を図るのが望ましいでしょう。

(3)　対抗力のない所有権留保――登録名義が販売会社の場合――（〔3〕）

　〔3〕の場合も、〔2〕の場合と同様、信販会社は管財人に所有権留保を対抗することはできません。

　したがって、管財人は、信販会社からの車両引渡要求に応じる必要はなく、売却処分することができます。もっとも、そのままでは自動車の移転登録ができないことから、事実上売却できません。そこで、所有者である販売会社および債権者である信販会社それぞれと交渉し、協力するよう求めることになりますが、場合によっては、売却代金の一部を信販会社ないし販売会社に支払う代わりに移転登録手続に協力するとの和解的解決を図ることもやむを得ません。もし、販売会社や信販会社との間で交渉できない場合には、訴訟提起するほかありませんが、長期化した場合には、自動車の保管料や自動車税などが破産財団の負担になりますので、早期に解決するよう努めなければなりません。

6 不動産

Q22 不動産の現地確認

破産財団に不動産がある場合、管財人は、現地確認をする必要がありますか。

A

管財人は、原則として現地確認をしたほうがよいでしょう。破産財団に不動産がある場合は、管理状況のほか、占有者の有無・周辺環境・建物の設備・残置動産類等を確認しておく必要があるため、現地を実際に見ておく必要性は高いといえます（運用と書式98頁、実践マニュアル104頁）。かりに破産財団から放棄する場合でも、裁判所や債権者にその理由を説明する必要がありますので、管財人の業務として可及的に現地確認をしてください。

もっとも、当該不動産が遠隔地の山林などで、調査に要する旅費等が高額となり、管理状況等の問題も生じない場合など、必ずしも現地確認を必要としない場合もあります。また、場合によっては、業者に現況調査を依頼することもあります。

Q23 不動産への告示書の貼付

破産財団に不動産がある場合、告示書を貼付するべきですか。

A

告示書は、破産財団に属する不動産を管財人が管理・占有していることを記載した文書で、当該不動産を訪れる関係者や第三者に対して、管理占有関係を明示するために貼付するものです。告示書には、管財人の連絡先のほかに、不動産への立入りや不動産内の動産の搬出等を禁止する旨等を記載します（書式例として、運用と書式408頁、管財の手引409頁）。

告示書を不動産の出入口等の人目のつくところに貼付することで、不法な立入りや動産類の持ち去りに対する抑止が期待されますし、現地を訪れた関

係者に対し、破産手続が開始したことや管財人の連絡先を知らせる効果もあります。

一方で、告示書の貼付により近隣に破産の事実が広く知られることとなりますので、破産者の自宅不動産等には貼付しません。

なお、不動産に告示書を貼付すると、当該不動産が破産物件であり、通常の管理が行われていないことが第三者にわかることとなり、場合によっては、不法な侵入等の標的となることもありますので、告示書の貼付とともに、不動産の施錠や防犯等には十分な配慮が必要です。不法な侵入が懸念される場合で、建物内に重要な資産や帳簿類が残っている場合は、鍵の付替えや警備契約の締結等を検討します。

Q24 土壌汚染や建物に PCB 含有物が残されている場合やアスベストが使用されている場合の処理

不動産に土壌汚染の可能性がある場合や、建物内のコンデンサーなどに PCB 含有のおそれがある場合、建物にアスベストが使用されている場合にはどのように対応すべきですか。

A

(1) 土壌汚染の可能性がある場合

不動産に土壌汚染の可能性がある場合には、そのままでは当該不動産を第三者に売却することが難しい場合がほとんどですが、任意売却が可能であれば、当該不動産の購入者に対して十分な情報開示を行って、対策の負担をその購入者に負わせることにより対応します。その際、事前に土壌汚染に関する調査を行う必要がある場合には、あらかじめ担保権者と協議して、その除去費用を不動産売却代金から支出することの了解を得ておく必要があります。

これに対して、汚染の程度によっては、その除去費用が高額となり、当該不動産の評価額がマイナスとなって当該不動産の任意売却が実現しないこともあり得ます。このような場合には、最終的には破産財団からの放棄を検討せざるを得ませんが、汚染物質が周辺住民の生命・身体に損害を与える可能

性もあるので、安易に放棄することなく、事前に所轄の行政庁および裁判所と十分協議するようにしてください。

(2) PCB（ポリ塩化ビフェニル）含有のおそれがある場合

破産者が工場などで高圧電流を使用していた場合、変電設備（キュービクル）が備えられており、変圧器に使用されている絶縁油に PCB が含まれている場合があります。

PCB が含まれているか否かについては、変圧器等の製造年、型番等を特定して、メーカーに問い合わせることでわかります。また、変電設備がある場合は、保安契約を締結していますので、保安契約者に問い合わせることもできます。

ただし、変圧器等の製造年によっては、PCB を含む鉱物油は使用されていないものの、検査等の過程で微量の PCB が混入している可能性がある場合があり、このような場合は検査機関に依頼して絶縁油の分析を行わないと PCB 含有の有無が確定できません。

ポリ塩化ビフェニル廃棄物の適正な処理の推進に関する特別措置法（PCB 処理特別措置法。以下、本項において「本法」といいます）により、自己の事業活動に伴って PCB 廃棄物を保管する事業者は、自己の責任において保管に係る PCB 廃棄物を処分する義務を負い、毎年、保管・処分および承継の状況を都道府県知事等に届け出ることを義務づけられ、PCB 廃棄物の譲渡・譲受けは、地方公共団体に対する場合等のほかは禁止されています。

この点、管財人は上記の「事業者」には該当せず（本法 2 条 2 項に「事業者」の定義があります）、その承継人にも該当しないと解されていますので、PCB 廃棄物を処分する義務を負うのは、直接的には管財人ではなく、破産者本人（自然人の場合）または清算法人の清算人ということになります。

しかし、現実的には、破産者や清算人による適正な措置は期待できない場合が多く、当該 PCB 廃棄物は破産財団に帰属する不動産上に存在しているわけですから、周辺住民や不動産購入者などの生命・身体に被害を及ぼすことがないよう、破産財団の許す限り、必要な調査や措置等を行うべきです。

そして管財人としては、所轄官庁との間でPCB廃棄物の引取りないし早期処理への協力を求めて交渉しつつ、必要な場合には、破産財団の許す限り、適正保管のための措置を行うべきです。実際、管財人がPCB廃棄物の処理を依頼する場合には、処理までに要する時間についてある程度の配慮を受けられることもありますので、可能な限り、早期処分に向けて努力してください。

　それでもなお、時間的に破産手続中に処分することができず、あるいは破産財団が乏しいために処分できない場合には、破産者が自然人の場合には破産者本人に、法人の場合には旧役員等にPCB廃棄物の保管を委ねざるを得ない場合もあります。この場合でも安易に任せることなく、破産者等が適切な処理を行うように指導を行うべきでしょう。

　破産者所有建物にPCB廃棄物が保管されている場合で、当該建物に購入希望者が現れる場合には、所轄官庁に報告しつつ、売買契約書上、買主に処理を確約させ当該廃棄物を適法に処理するよう義務づけさせて処理することが可能です。事情によっては抵当権者が売買代金から処理費用を捻出することに協力してくれる金融機関もありますので一度協力を求めてみましょう。

(3) 破産者所有建物にアスベストが含有されている場合

　破産者所有建物にアスベストが含有されている場合には、将来の解体時等にアスベストの撤去費用が特別にかかるため、建物設計図等を調査のうえ、その存在ないしは可能性については売買契約書ないしは重要事項説明書に明示し、買主が将来の費用を負担することを明示しておくべきです。アスベストが損傷・劣化して粉じんをまき散らすおそれのあるような状態の場合には、近隣住民への配慮を行い、直ちに所轄官庁とその対策について協議し、封じ込め・囲い込みの処理を検討するべきでしょう（「建築物に対する石綿（アスベスト）対策マニュアル」大阪府等参照）。

　いずれにしても、土壌汚染やPCB廃棄物が存在する等周辺住民や不動産購入者などの生命・身体に危険を及ぼす可能性が判明した場合には、その重要性に鑑み、早急に担当裁判官と十分な協議を行うようにしてください（以

上、運用と書式139頁、実践マニュアル210頁、はい6民136頁、破産200問113頁、116頁)。

Q25 不法占有者への対応

不動産に占有権原が不明確な占有者がいる場合、どのような対応をとればいいですか。

A

不動産に申立書に記載のない占有者がいる場合、まず、破産者や関係者に対し、第三者に占有させた事実がないかを確認します。また、占有者本人に対しても占有権原の有無を確認します。

上記確認を行った段階で占有権原がないことが明らかな場合は、占有者に対し、速やかな退去を求めます。占有者が管財人の指示に従って任意に退去した場合は、不法占有者が再度侵入できない様に、鍵の交換や追加、また場合によっては警備会社との契約締結を検討しましょう。

管財人の指示に従わない不法占有者の場合でも、何らかの占有権原を仮装することが通常ですので、警察が直ちに協力してくれるケースは必ずしも多くありません。このような場合、不法占有者の特定を急ぎつつ、民事上の裁判手続（占有移転禁止の仮処分、明渡訴訟等）を検討しましょう。なお、至急に不法占有者の排除の必要がある場合は、裁判所と協議のうえ、破産法84条に基づく警察上の援助を求め、当該物件を執行官保管とすることも考えられます。

Q26 火災保険への加入・継続

破産財団に帰属する不動産（建物）にかけられている火災保険の契約期間が間もなく満了します。保険契約を継続すべきですか。

A

火災により不動産が焼損してしまうと、破産財団を構成する財産が減少することとなります。また、延焼等により第三者に損害が生じる危険もありま

129

す。とくに破産物件は、通常の管理が行われていない場合がほとんどですので、火災発生の危険性には十分に留意する必要があります。

したがって、まずは、できる限り速やかに不動産を換価するよう努めるべきですが、換価作業期間中に火災保険の契約期間が満了する場合には、管財人は、保険契約を継続し、保険料は財団債権として支出します（法148条1項2号）。なお、継続にあたっては、保険期間のほか、保険料が高額な場合は、保険金額や保険の種類の見直しを行いましょう。すでに契約期間満了等で火災保険契約が終了している場合も、保険金額や保険料を検討したうえで、新たに火災保険契約を締結するのが望ましいといえます。なお、破産手続開始前に締結されている保険契約（および更新された保険契約）には、金融債権者等のために質権が設定されている場合がありますので、そのような保険契約を更新するような場合には、更新後の保険契約に質権が及ばないことを明確にしておくべきでしょう。

Q27 明渡未了の破産者居住不動産

破産者が居住したままの不動産がありますが、換価にあたって、留意すべきことはありますか。また、破産者に引越資金がない場合は、どのようにしたらよいでしょうか。

A

不動産を売却するためには、売却（決済および買主への引渡し）までに破産者に退去してもらう必要があるのはもちろんですが、破産者の退去予定が不明確だと売却予定が立てづらく、売却活動に支障がでる可能性もあります。

そこで、破産手続開始決定後一定期間、破産者が不動産に居住することを認めるとしても、破産者の退去時期を明確にしておくことが重要です。また、移転費用の確保も含めて、破産者の退去に必要な手続等が履行されているか適宜確認し、退去が遅延しないよう留意する必要があります。

(1) **退去予定の明確化**

まず、破産手続開始決定前後の面談時に、破産者の退去の意思、退去予定

時期、引越しに必要な費用額、同費用の工面状況を確認します。

　破産者のなかには、まれに、速やかに不動産から退去しなければならないことを認識していない人もいるので、破産手続開始決定により不動産の管理処分権が管財人に帰属したこと、破産者が任意に退去しない場合は、引渡命令（法156条）を得て強制的に引渡しを受けることが可能であること、管財業務のなかで不動産の売却を予定しており退去が必要なこと、抵当不動産の場合は競売されればいずれ不動産から退去する必要があること、などを説明し、早期の退去が必要であることを理解してもらうよう説明します。そして、面談時およびその直後には、破産者の退去時期を確定するのが望ましいと思われます。

(2) 移転費用の工面

　破産者が不動産から退去するためには、引越費用のほかに、新たな住居の敷金等の費用が必要となります。これらの移転費用の工面は、第一に破産者および申立代理人において考えておくべきものですが、換価手続の前提として、管財人としても考慮せざるを得ません。

　破産者に一定の自由財産があったり、親族等からの援助を受けられるような場合は、これらの移転費用はあまり問題となりません。一方で、破産者が破産手続開始決定後の収入による積立てで移転費用の一部または全部を賄うことを予定している場合は、管財人としては、積立期間や積立可能性を考慮し、その方法を認めるべきか否かについて検討する必要があります。この方法をとる場合は、管財人は適宜積立状況の報告を受けるなど、退去時期が遅延等しないよう留意する必要があります。

　破産者が上記のようないずれの方法もとれず、移転費用の一部または全部を工面する見込みがない場合は、管財人としては、不動産の売却代金から捻出することができるかを検討します。本来は、不動産の売却代金から破産者の移転費用を工面することは認められませんが、別除権者と交渉し、別除権者が受領する金額の一部を破産者の移転費用に充てることが認められる場合もあります。別除権者との交渉にあたっては、破産者の退去により任意売却

が可能となり、競売手続に比して早期に、かつ、移転費用を考慮しても高額での処分が可能となることを理由とすることもあります（破産200問152頁）。

ただし、このような費用の捻出を求める場合は、任意売却を行う初期の段階で別除権者に伝えておくほうが望ましく、管財人としては、破産者が移転費用を工面する見込みの有無、見込みがない場合は必要な費用の額がどの程度かを早い段階で見極めておく必要があります。

(3) 移転先住居の契約状況、引越状況の確認

破産者が予定どおりに退去しないと、任意売却のスケジュールに支障が出ます。破産者の退去が予定どおりいかない場合、購入希望者が買受けを断念することもあります。そこで、破産者が移転先の住居の賃貸借契約を締結したか、引越予定は確定したかなど、管財人としては、任意売却に支障が生じることのないよう、適宜確認することを忘れないようにすることも重要です。

Q28　不動産の任意売却

不動産の任意売却は、どのような手順で進めればよいですか。

A

(1) 現況等の確認

不動産の換価にあたっては、まず、当該不動産の①現況、②権利関係、③価値、の3点を確認する必要があります。

現地を実際に訪れ、不動産の管理状況を確認するとともに、現況も確認します（なお、居住用の不動産などは、管財人が建物内まで確認せず、後述の査定を依頼した不動産業者に内覧してもらい、写真を撮影してもらう方法で済ませてもよいでしょう）。また、不動産の登記事項を確認し、別除権者の有無、差押債権者の有無、共有関係などを把握します。債権調査票や滞納処分手続書類などで対象となる債権の額も把握しておきましょう。賃貸借関係を確認しておくことも必要です。さらに、不動産の価値をある程度把握しておく必要がありますので、固定資産税の評価額を確認し、また、不動産業者に依頼して簡易な査定をしてもらうことも必要です。

(2) 関係者への周知

　上記の3点を確認しつつ、任意売却する意向であることを速やかに関係者に伝える必要があります。任意売却には別除権者や差押債権者の承諾が必要となりますので、これらの関係者から、売却時期、売却額、別除権の受戻しや差押えの解除に必要な額などの意向を聴取しましょう。また、共有者がいる場合には、共有者が任意売却に協力してくれるかを確認しておく必要があります。

　そして、これらの関係者の協力が得られないことが明らかであれば、任意売却自体できない場合がありますので、任意売却を進める前にあらかじめ確認しておくことは重要です。

(3) 購入希望者の確保

　任意売却に必要な情報が揃えば、いよいよ買主を探すこととなります。買主を探す方法としては、単独の不動産業者に依頼して探してもらう方法、複数の不動産業者に依頼して探してもらう方法、入札による方法などがあります。価格が別除権者の想定より低いと別除権者の承諾を得られない場合がありますので、この点に留意しつつ、より高い価格で購入してくれる購入希望者を探します。

(4) 別除権者の承諾

　購入希望者が現れたら買付証明書を提出してもらい、別除権者の承諾を得られるか確認します。売買価格について別除権者の承諾を得られれば、次に、売買代金をどのように分配するかを決めます。別除権者、差押債権者と協議し、別除権者への支払額、後順位の別除権者がいる場合の抹消料、差押債権者がいる場合の解除料、財団組入額などを確定させます。このとき、売買代金から控除する費用（仲介手数料、司法書士費用、固定資産税、マンションの滞納管理費等）も考慮する必要があるので、これらの費用についてもあらかじめ確認しておく必要があります。オーバーローンの不動産では、財団組入額を高くできるよう別除権者と交渉するのが管財人の腕の見せ所となります。

(5) 売買契約の締結

売買代金の分配内容について、別除権者や差押債権者の承諾が得られたら、買主との間で売買契約の内容を協議します。契約内容が固まったら、不動産の売却について裁判所の許可をとり、買主との間で契約を締結します。そして、決済日に代金を受領して買主への引渡しを行い、別除権者等への支払いを行って、登記を買主に移転すれば任意売却が完了となります。

Q29 共有不動産の任意売却

共有不動産の換価はどのように進めるとよいでしょうか。また、破産者以外の共有者が任意売却に応じてくれない場合には、どの程度換価を試みるべきでしょうか。

A

破産者とその配偶者や親、兄弟が破産者と不動産を共有している場合があります。このような場合の換価方法としては、①共有者全員で不動産を売却する、②破産者の共有持分を売却する、の二つの方法が考えられます。

(1) 共有者全員で不動産を売却する場合

共有者も連帯保証人や物上保証人となっており、不動産全体に対して担保権が設定されている場合は、不動産全体を任意売却するにあたって、共有者の同意を得やすいことが多いです。

この場合、任意売却にあたって、売買に要する費用をどのように負担するか（たとえば「売買に係る費用は売買代金から支出する」等）、分配をどのようにするか（たとえば「費用・別除権者等への支払いの残額（財団組入分）は管財人が受領する」「不動産の売却価格が被担保債権額を上回る場合は、残額につき持分に応じて分配する」等）をあらかじめ共有者との間で合意しておくことが重要です。

不動産がオーバーローンとなっている場合に、管財人は別除権者と交渉し、財団組入額を確保しますが、共有者が財団組入額の一部を（たとえば持分割合に応じて）支払うよう要求し、応じない場合は任意売却に同意しないと主張することも考えられます。財団組入額は、別除権者が売買代金の中から管財人が受領することを認めたものであり、当然に共有者間で分配すべきものでは

ありません。管財人は、共有者に対してこの点を説明し、また、任意売却により競売手続より高額で不動産が処分できることで共有者の連帯保証債務などが軽減され、共有者にとっても有利であることを説明するなどして、財団組入分を分配することはできないが任意売却には応じてもらいたい旨説得を試みましょう。

(2) 共有持分のみを処分する場合

共有不動産に担保権が設定されていなかったり、破産者の持分だけに担保権が設定されている場合、他の共有者は物件を処分する必然性がないことから、共有不動産の処分に同意を得られない場合もあります（全共有者の同意が得られれば、上記(1)のように全共有者で任意売却を行います）。

この場合、共有物分割を行ったうえで売却することも考えられますが、共有物分割に適した不動産でなかったり、手続に時間を要するといった問題があることから、共有持分を処分することで換価を行わざるを得ない場合があります。この場合、まず他の共有者に持分の購入を打診することが考えられます。

他の共有者に購入希望がない場合は、第三者の購入希望者を探す必要がありますが、一般に、相当価格を低くしても第三者の購入希望者はなかなか現れません。

購入希望者がみつからない場合は、共有持分を放棄せざるを得ないこととなりますが、担保権が設定されていない不動産の場合は、債権者等から放棄について異議が出される可能性もあります。そこで、第三者の購入希望者がみつからない場合は、放棄する前に、債権者またはその指定する者に共有持分を購入する意思がないかを打診し、購入の機会を与え、それでも購入希望者が現れなかったと確認したうえで放棄するということも考えられます。

Q30 借地上の建物の任意売却

借地上の建物は、どのように換価を進めればよいでしょうか。

A

(1) 土地賃貸借契約の処理

　破産財団に借地上の建物がある場合、管財人としては、まず土地賃貸借契約を解除するか継続するかの判断が必要ですが、土地の賃貸借契約を解除した場合、建物収去土地明渡義務を負担することになるところ、建物を収去することは費用的にも困難な場合があり、また、破産財団に属する建物という財産および借地権を失うことになりますので、土地の賃貸借契約を解除すべき場合は限定されるでしょう。

　管財人が土地の賃貸借契約を継続する場合、地代の支払いが必要となり、破産手続開始後、換価または破産財団から建物を放棄するまでの間の地代は財団債権（法148条条1項2号・4号・8号）となります（管財の手引184頁）。土地の賃貸人が売却活動中の地代の支払いを留保してくれたとしても、最終的には財団債権として優先的に支払う必要があります。

(2) 売却活動における留意点

　管財人としては、月々の地代が発生することから、早期に借地権付建物の売却を検討する必要があります。このため、長期間の売却活動は望ましくなく、第三者の購入希望者が現れない場合は、早期に土地の賃貸人に買取りを打診することも検討しましょう。

　なお、借地権付建物の売却には、原則として、土地の賃借権の譲渡につき、賃貸人の承諾が必要なため、第三者が購入する場合は、承諾料の支払いが必要となるのが一般的ですので、この点を考慮して売却代金を決める必要があります。管財人としては、事前に地主（賃貸人）と交渉を行い、買主候補者の情報を提供するなど、借地権譲渡の承諾を得られるよう交渉しつつ、承諾料をできるだけ低い金額で交渉することが必要となります。借地上の建物の売買契約書には、地主（賃貸人）の借地権譲渡の承諾が停止条件となることにも留意するべきでしょう。

(3) 土地賃貸人に対する譲渡または財団からの放棄

　第三者の購入希望者が現れず、土地の賃貸人も買取りを拒否した場合は、管財人としては地代の負担を継続するわけにはいかないので、借地権付建物

について財団からの放棄を検討することとなります。なお、借地権付建物を破産財団から放棄した場合、収去されない建物が借地上に残ることとなり、破産者が自然人の場合は無資力の破産者に管理権が戻り、破産者が法人の場合は管理者がいない状態となります。このような状態は土地の賃貸人にとって望ましくないことですので、低廉な価格でも第三者の購入希望者を募り、また、土地の賃貸人に対して、建物を放棄した場合の不利益を説明するなどして、賃貸人に買取りや無償譲渡を求めるなど、なるべく放棄しないで済むよう対応することが望ましいでしょう。

(4) 建物に担保権が設定されている場合

建物に担保権が設定されている場合は、建物を換価したとしても、売却代金の大部分は担保権者が受領し、破産財団への組入れは一部にとどまります。

そこで、管財人は、担保権者に地代を立替払いするよう交渉することが考えられます。担保権者としても、地代が不払いとなると土地賃貸借契約が債務不履行解除され、建物の担保価値が毀損してしまうので、担保権者は地代を支払うメリットを有しています。担保権者が立替払いに応じた場合は、管財人は任意売却を進め、借地権付建物の売却代金の中から優先的に立替払分を充当してもらうこととなります。抵当権者との間では、売却代金から通常の破産財団組入額のみならず借地権の承諾料を負担してもらうことの交渉も必要となります。

担保権者が立替払いに応じない場合は、管財人としては、月々の地代負担を継続してまで任意売却を試みる合理性があるか、購入希望者がどの程度の期間でみつかるかなどを検討します。地代支払いの負担が大きくなる場合は、財団からの放棄を検討せざるを得ませんので、この作業はとくに急ぐ必要があります。

賃貸人に対する無償での譲渡すら実現できない場合には、地代の負担を免れるために破産財団から放棄せざるを得ませんが、借地上建物に担保権者がいる場合にはあらかじめ担保権者に通知し、競売手続を促したうえで、競売手続中で地代代払制度（民執56条）の活用により借地権を存続させることを紹

介して、担保権者の権利を一方的に侵害しないように慎重に配慮したうえで放棄することが必要です。

Q31 賃貸物件の任意売却

賃貸物件の管理・換価にあたって、とくに留意すべきことはありますか。

A

(1) 管理上の留意点

賃貸物件が駐車場などの場合は、賃料の確実な収受を中心に留意すべきですが、物件が商業施設や人の居住に供する物件である場合には注意が必要です。原則として、管財人は当該物件の賃貸人たる地位を有することとなりますから、賃借人が従来どおりの賃料等を支払う限り、通常の賃貸人としての管理を行わねばなりません。たとえば、エレベーターの保守点検や電気・水道などのライフラインの確保には気を配ってください。電気代・水道代などを毎月個別に各賃借人やテナントに請求する物件もあり、その場合は基準日を合意したうえで毎月メーターの検針を行い、請求書を発行することになります（実践マニュアル231頁）。

また、共益費などを賃借人から取得している以上、共用部分の清掃や灯火の維持、ビル等の場合は、消防点検や受水槽の管理等も行う必要があります。管財人の手に余る場合には、不動産管理会社に当該物件の管理を要請する場合のほか、賃借人側で組合や自治会などの管理組織ができている場合には、賃借人側と交渉のうえ、共益費などをある程度減額して管財人が行える最低限度の管理業務を行うことで合意をすることも一つの手段です。なお、賃貸物件においては、不測の事態が発生する可能性もありますので、火災や盗難、漏水などのための保険は必ず契約するようにしましょう。

(2) 換価に際しての留意点

賃貸物件の換価に際しては、賃借人の関心事である賃貸借契約の存続の可否、敷金・保証金等の返還条件等を、賃借人側と買受人側とで十分に連絡を

Ⅲ　Q＆A

とり、認識の齟齬が生じないようにしてください。

なお、賃貸物件の場合、賃貸人の破産を奇貨として賃料不払いとなるケースもありますが（賃借人が破産法70条による寄託請求を行った場合は第7章（契約関係の処理）Q8参照）、その状態では任意売却に悪影響を及ぼしますので、破産裁判所や買受予定者等と至急に協議のうえ、場合によっては明渡訴訟も検討してください。

Q32　抵当権設定仮登記、登記留保債権者への対応

〔1〕　不動産に抵当権設定の仮登記が設定されており、当該仮登記抵当権者が別除権を主張する場合、任意売却にあたってどのように対応すればよいでしょうか。

〔2〕　また、破産者との間で抵当権設定契約を行い、そのための書類まで有しているものの抵当権設定登記をしていない債権者が別除権を主張する場合についても教えてください。

A

(1)　抵当権設定仮登記が設定されている場合

抵当権設定の仮登記のみでは、当然には別除権者としては扱われません。しかし、抵当権が仮登記にとどまっている経緯により対応は異なってくるものと思われます。

そもそも仮登記には、不動産登記法105条1号に基づくもの（以下、本項において「1号仮登記」といいます）と、同条2号に基づくもの（以下、本項において「2号仮登記」といいます）の2種類があります。1号仮登記とは、権利の変動がすでに生じているが必要書類が揃わない場合になされる仮登記であり、2号仮登記とは、権利の変動が未だ生じていない場合になされる仮登記です。登録免許税が低廉であるため、抵当権については、1号仮登記のみがなされる事例も実務上多いようです。また、仮登記に基づく本登記が対抗要件否認の対象から外されている（法164条1項ただし書）ことからも、仮登記であることのみを理由として別除権としての要求を拒絶することは適切な対

139

応とはいえません。

まず、仮登記の設定自体が偏頗行為否認の要件に該当するような場合には、否認権の行使等も念頭に、原則として無償の抹消を求めるべきです。

しかし、同時交換的行為や危機時期以前の1号仮登記、条件が成就しているにもかかわらず義務者（破産者）が不当に本登記への移行を拒絶していた2号仮登記等の場合には、仮登記抵当権者は破産財団に対して本登記請求権を有するものと解されますので、任意売却において他の別除権者と大きく異なる取扱いをすべきではないものと思われます。

(2) 抵当権設定契約のみで未登記の場合の扱い

他方、抵当権設定契約を行い、そのための書類まで有しているものの抵当権設定登記をしていない債権者は、単なる対抗要件の不具備に過ぎず、別除権者として扱うべきではありません。

Q33 不動産の評価額

不動産の評価額はどのように決めればよいですか。

A

管財人は、破産手続開始決定後遅滞なく、破産財団に属する一切の財産について価格の評定をしなければならない（法153条1項）と定められており、実務上、遅くとも財産状況報告集会の1週間前までに提出する必要がある財産目録に各財産の評価額を記載する必要があります。また、不動産の任意売却の際の価格交渉、別除権の目的物の受戻し交渉の際にも、管財人が不動産の評価額を把握しておくことが不可欠です。

この点、不動産の評価の方法は、固定資産評価額、路線価、または、業者査定額によるのが一般的です。ただし、固定資産評価額や路線価が実勢価格とかけ離れている場合もありますので、宅地などの市場流通性のある不動産について、任意売却の際の最低入札価格の参考としたり、売却許可申請をする際の価格の相当性の参考にするためには、ある程度客観性をもった評価が必要です。とはいえ、よほど規模の大きな不動産でない限り、不動産鑑定士

に評価を依頼するまでの必要はなく、不動産業者に査定を依頼するのがよいでしょう。

Q34 買受希望者の探索方法、買受希望者・売却代金の決定

〔1〕 買受希望者を探すには、どのような方法があり、それらをどのように選択すればよいですか。

〔2〕 また、親族や賃借人といった特定の人物から強い買受希望がある場合はどのようにすればよいですか。

A

(1) 買受希望者探索の方法

　管財人は破産財団の増殖に努める義務がありますので、基本的には可及的高額での物件売却を目指す必要があります。そして、破産者の不動産には、複数の担保権が設定されているケースが大半であり、買受希望者の募集や選定については担保権者の意見を聞きつつ、中立・公正・透明性の見地からできるだけ広く募ることが望ましいものと思われます。そのためには、不動産業者を通じての募集も一つの方法であり、担保権者に不動産業者または仲介業者の指定や紹介の意思の有無を確認した後、管財人が適正と考える不動産業者複数を加えて買受希望者を募集することが多いのではないでしょうか。また、とくに価値の大きい物件などの場合は、入札の方法により、広く買受希望者を募集することも検討します。

(2) 親族等からの買受希望への対応

　一方で、破産者の親族、賃借人や隣接不動産の所有者等が強い購入意欲を有している場合、管財人は必ずその者に売却する必要はありませんが、一般的な入札等より高額な売却となる場合もあります。この場合には、不当廉売や管財人の恣意的な売却であるとの誤解を避けるために、担保権者らの意見を聞きつつ、また何らかの客観的評価額（複数業者の査定書等）より高額売却であることと、入札を経由せずに当該買受希望者に売却することの有用性を説明して、特定の者に売却することも可能です。

Q35 買受希望者探索の期限

不動産の買受希望者を探索するのにどの程度時間をかけてよいのでしょうか。

A

　可及的速やかな売却が望ましいといえます。とくに固定資産税は毎年1月1日現在の登記簿上の所有者に課税されますので、年度をまたいで任意売却の努力をする場合には、次年度の固定資産税の納税義務が発生することを念頭に入れたうえで任意売却のタイミングを考えてください。

　また、占有者がいると引渡し・決済ができませんので、破産者が居住・占有している物件等については早期の退去を命じてください（法156条1項、運用と書式135頁）。第三者が何らかの占有権原を主張して譲らないケースでは、場合によって訴訟も必要です。訴訟等に伴い任意売却が遅れることもありますが、当該不動産の価値や他の換価処分の進行具合等から総合的に判断して、当該物件の明渡しの手続内容やおおよそ必要な時間を予測して、買受希望者の募集等の売却手続を始めてください。

　一方で、競売手続中の物件については、開札期限が決められていますので任意売却が可能な期限に留意してください。原則として開札日の前日までに取下げの手続を行うことが可能であるとの運用です。

　これらの努力の結果、有力な買受希望者を発見できない場合は、破産財団の負担が増加しないようなタイミング（たとえば年度末や目的不動産が競落されたとき）での放棄を検討します。ただし、破産手続の早期終結を優先するあまり、安易な放棄をすることは避けるべきです。

Q36 仲介業者を通じた募集

仲介業者を通じて買受希望者を募集する場合の手順はどのようにしたらよいですか。また、この場合の注意点は何ですか。

A

対象物件の特性に応じて仲介業者を使い分ける方法が望ましいといえます。大手の仲介業者は一般に信用があり、客観性を担保できます。一方、地元業者等は小回りがきき、地元の情報を取得しやすいといえます。ただ、管財人としてはとくに中立性・公正性・透明性に留意すべきであり、特定の仲介業者のみに依頼しているとの印象を関係者に与えないことが必要です（運用と書式132頁、管財の手引150頁）。

大手不動産業者を仲介業者として指定するデメリットとして専任媒介を希望されることが多く、仲介手数料の減額交渉は難しくなること（ただし、現在の運用では仲介手数料を３％とする費用計上は多くの金融機関が認めています）、小型案件や処理困難案件などにはあまり積極的な活動を行ってくれないこともあげられます。一方、地元の業者に仲介依頼を行った場合には業者間の談合の危険も否定できません。

また、担保権者が仲介業者を指定するケースは管財人が必ずこれに応諾する義務はありませんが、担保権者指定の仲介業者が提示する売買価格は当該担保権者を説得する有力な資料となりますので、この仲介業者を含め、管財人が複数の仲介業者を選定すればよいといえます。

ただし、もう一つの留意点は決済の確実性です。多くの不動産業者はなんとか仲介依頼を受けようと多種多様な方法で管財人に連絡をとってきます。実現不可能な高額の買受希望者の存在を管財人に暗示したり、担保権者からの依頼を詐称したりするケースも散見されます。このため、仲介業者の選定は、大手の信用ある業者に依頼するか、管財人自身の過去の経験で信用できると判断した業者などを複数者組み合わせ、より条件のよいほうに売却するとの内容で入札することが中立性・公平性・透明性を担保するうえで望ましいものと考えます（実践マニュアル185頁）。

Q37 入札による募集の手順

入札方式で買受希望者を募集する場合の手順はどのようにしたらよいですか。また、この場合の注意点は何ですか。入札条件としては、

どのような内容を定めたらよいでしょうか。

A

　入札を行う場合には、入札要領を作成します。入札条件や契約条件等の売買契約書の条項（Q42参照）を念頭にできるだけ詳細に記入してください（実践マニュアル185頁）。

　次に、この入札への参加者の決定です。入札の透明性を担保するためには、各担保権者の指定・推薦する業者等を含めた複数の希望者から入札を募るべきですが、他方、入札要領がコピーされて一般人にまで広く出回ることは望ましいものではありませんので、応札できる者をある程度限定することも考えてください。入札要領には「内覧会」日時を特定し、できるだけ管財人が立ち会ってください。その後、入札→開札となり、基本的に最高価格での入札者と契約交渉を開始します。なお、最高価格で入札した者が、結局決済できないという場合も少なくありませんので、入札に際し（または入札後速やかに契約を締結する場合には）、売買価格の一割程度の保証金（解約手付の性質を有さず、決済のための保証金）を預託してもらい、買主側の事情で残代金の決済ができない場合には破産財団がこれを取得できる内容の契約とし、決済直前の債務不履行を回避すべきです。また、最高価格で入札した者が契約に応諾しなかった場合や残代金の決済をしなかった場合に、再度入札を行うのか、または2番札・3番札までに契約締結の意思の打診をするかについても入札要領に明記しておけば、その後のトラブルは少なくなります。

Q38　担保権者との交渉全般

　担保権者との交渉はどのような手順で行えばいいでしょうか。また、財団組入額を確保するための工夫はどのようなことがありますか。

A

　近時においては、担保権者が被担保債権額全額を対象不動産の任意売却時に回収をすることは困難であるケースが多いため、不動産の売却代金から財団組入額を確保するためには、いかにして担保権者（対象不動産によっては後

順位の担保権者が複数存することも考えられます）と信頼関係を構築するかが肝要です。

　各担保権者（金融機関が多いもの思われます）はそれぞれ対象不動産の想定評価額を有しているものと思われますから、まず対象不動産の客観的評価を示す資料や、任意売却に際し入札などの客観性・透明性のある手続を踏襲しているか等を明確に示し、誠意をもって各担保権者と交渉することが必要です。また、管財人の努力により早期の売却が実現した、あるいは高額での売却が実現した事情があれば、それらを具体的に担保権者に伝えることで財団組入額の増額が実現する場合もあります。

　次に、担保権の抹消交渉に際しては、配分額や必要経費等を記載した書面（いわゆる配分表ないし分配表）を各担保権者に交付するなどして、売買価格や必要経費（仲介手数料や司法書士費用など）、財団組入額等を明示したうえで交渉にあたってください。ただし、後順位担保権者への配分が高額に過ぎるとして任意売却に同意しない先順位担保権者が見受けられますので、各担保権者の交渉の順番については考慮する必要があるでしょう。場合により、先順位担保権者にあらかじめ打診しておくことも必要です。

Q39　後順位担保権者との交渉

　後順位担保権者が、低額の抹消料では応じることができないと言っていますが、どのように対応したらよいでしょうか。

A

　対象物件がかりに競売に付された場合に配当を受けうることが困難な後順位担保権者が、任意売却を契機として被担保債権の実質的回収を企図することも少なくありません。当該後順位担保権者が金融機関である場合は後順位担保権者への高額な抹消料では先順位担保権者が同意しないこと、現在判明している対象不動産の客観的評価からはかりに競売になった場合には、当該後順位担保権者への配分（配当）が見込めないことを合理的に説明してください。

なお、担保権消滅請求を当該後順位担保権者に対し発動することも検討すべきですが、担保権消滅請求は技術的なハードルが高いうえ、申立ての結果、競売申立てや買受申出となった場合には財団への組入れが期待できないため、伝家の宝刀として担保権消滅請求の申立て可能性を示唆しつつ、できるだけ低額な抹消料での合意を得る努力をしてください（実践マニュアル193頁）。

Q40　課税庁の差押えの解除交渉

課税庁との間で、差押解除についての交渉は、どのような手順で行えばよいでしょうか。また、余剰がない場合や、課税庁が差押解除のために滞納分全額の支払いを求めるなど、強硬な態度を示している場合はどのような対応をすべきですか。

A

滞納税金を原因とする差押登記が入っている物件の任意売却に際しては格別の努力が必要です。まず、先順位担保権者と当該差押処分を行っている税金との優先関係を検討し、先順位担保権者が優先する場合は、同担保権者と十分に協議のうえ、課税庁に差押解除料を提示し、差押解除の同意を得るようにします。課税庁が差押解除のための高額の滞納分支払いを求めたケースは、最終的にはその差押解除申立ての法的手続を検討することになります（国税徴収法79条1項2号、地税373条7項）。また、課税庁によっては、独自の見解を示すところもありますが（たとえば、売買代金の3％の組入れ等の主張）、「差押財産の価額が、その差押に係る国税等に先立つ他の債権の合計額を超える見込みがなくなったとき」であることを、不動産の価格書等を提示しつつ、上記条項の解釈、説明を行い、さらに文書を送付する等して差押解除についての職権発動を促すための粘り強い交渉をしてください。

電話交渉のみで済まさず、不動産の査定額の資料や別除権の被担保債権の資料を送り、競売手続になった場合に余剰がないことの理解を求めたり、他の課税庁が解除に応じている場合には、その旨を伝えるなどの方法で交渉にあたる場合もあります。

Q41 固定資産税の精算

任意売却における、固定資産税の精算の方法について、教えてください。

A

所有権移転日を含む当該年度の固定資産税の負担については、関西では4月1日、関東では1月1日をそれぞれ起算日とし、所有権移転（残代金決済日）の前日分までを破産者（破産財団）、当日以降分を買主側の負担とするのが習慣のようです。

そして、当該年度の残期間分の固定資産税の支払いについては、①管財人が買主から受け入れた固定資産税相当額をいったん破産財団に組み入れて、その後の破産財団の規模と全体の財団債権の額とのバランスにより、全額の支払いを行うか、(管財人の報酬決定後に)他の財団債権と同列で按分支払いを行うかを決める方法と、②代金決済時にあらかじめ納付書を取得しておき、残期間分の固定資産税は直ちに納付する方法、とがあります。①の方法は破産財団の増殖に結びつきますが、買主が想定しているのとは異なる処理となるおそれがあります。一方、②の方法は、配分表や精算表どおりの処理が行えますが、かりに破産財団が増殖せず財団債権の全額弁済ができないときには最も納期の遅い税金のみを支払う結果となります。いずれの方法もそれぞれの管財人の考えで行われていますが、裁判所の不動産売却許可取得時にこれを明示しておくと、後のトラブル回避につながります。

なお、当該年度の固定資産税が判明するのは毎年4月末頃ですが、精算が必要な場合は当該年度の固定資産税の精算については課税庁等と協議を行い、当該年度の事前納付等の手続も検討してください。

Q42 売買契約書の内容

不動産売買契約書はどのような内容とすべきでしょうか。条項を作成する際注意すべき点は何でしょうか。

A

　管財手続は、換価終了の後、速やかに終結に向けて手続が進んでいきます。そこで、不動産売買契約書は、売買決済の後に新たな法的紛争や費用負担が発生しないように条項を工夫する必要があります。

　まず、新たな法的紛争を避けるために、現状有姿取引であり、管財人が（地中障害物等を含む）一切の瑕疵担保責任を負わない等の免責条項を入れておくことが必須です。

　具体的には、①現状有姿売買であること（残置物がある場合には所有権放棄の条項を入れる）、②瑕疵担保責任が一切免責されること、③公簿取引であって実測による精算はしないこと（実測しているケースは別）、④境界確認義務は免除されること（境界確認書・筆界確認書が揃っている物件は不要）を、契約書に明記しておくべきです。瑕疵担保責任免除特約の有効性については、買主が個人である場合には消費者契約法との関係で疑問がありうるところですが、実際には配当手続終了後などに管財人が瑕疵担保責任を負うことはできませんので、買主に十分な説明をして、瑕疵担保責任免責の特約を入れた売買契約書での契約を進めているのが現状です。

　また、管財物件に特徴的な条項として、破産裁判所の許可と担保権者の同意を停止条件とするとの条項を、必ず盛り込んでおく必要があります。

　さらに、売買決済時に、費用も含めて一括決済を終え、決済後に速やかに登記手続まで完了できるような態勢がとれるように、契約内容を定めます。高額物件で、決済資金の融資を受ける関係で決済までに時間がかかるときには、契約の拘束力を担保する目的で保証金（手付金）を受領する場合も考えられます。売買代金の10％程度とすることが多いでしょう。なお、保証金を受領する場合には、買主側に違約があった場合には、保証金を破産財団が取得できるとの規定をおくとともに、担保権者の同意を得られなかった場合にも破産財団に新たな負担が発生しないよう、保証金額と同額を返金する以外のペナルティーを負わないとの条項を、必ず入れるようにしてください。

なお、最近の問題として、暴力団排除条項を盛り込むことも忘れないでください。暴力団排除条項については、国土交通省ホームページに、不動産流通4団体による、反社会的勢力排除のための標準モデル条項例が紹介されていますので、確認してください。

Q43 不動産売却許可申請の注意点

不動産売却許可申請の際にはどのような点に注意すべきでしょうか。

A

裁判所に対する売却許可申請は、手付売買で売買契約を締結した後に申請する場合もありますが（裁判所の売却許可が停止条件となる契約となります）、締結前の売買契約書（案）で裁判所の許可を得て売買契約を締結する場合が多いと思われます。この場合には、売買契約の締結と決済とを同時に行う場合もあります。

許可申請には、「許可を求める事項」の内容として、①対象不動産、買主、売買条件（通常は売買代金のみを記載し、売買契約書案を添付して「別紙売買契約書案のとおり……」などとすることが多いと思われます）、所有権移転登記をする旨、また、②別除権の受戻額を記載します。

次に、「許可を求める理由」には、売買代金の相当性の説明とともに、売買代金の使途（財団組入額、固定資産税・都市計画税、登記費用、仲介手数料等）を記載します。価格決定過程や組入額等について許可申請書に記載すると管財業務に支障がある場合には、許可申請書と同時に報告書を提出し、「平成○年○月○日付け報告書記載のとおり」と記載しておく方法もあります。

法務局に提出用の許可書として、買主への所有権移転登記手続の許可の部分だけの許可証明書を、別途、裁判所に発行してもらうことも可能です。

Q44 決済の必要書類・手順

不動産決済当日はどのような手順で進めればよいのですか。

A

売買決済当日は、決済場所に、管財人、買主、担保権者、司法書士、仲介業者が一同に立ち会います。
　一括売買・決済の場合には、まず売買契約書を締結します。当日は、関係者から領収証等への記名（署名）・捺印を求められますので、住所・氏名等のゴム判と管財人印を忘れずに持参してください。
　その後は、①代金授受、②管財人から担保権者への受戻金支払い、③担保権者から管財人への担保権解除、抹消登記手続に必要な書類の交付、④管財人から買主への当該抹消登記書類および所有権移転登記書類の交付、という一連の取引が、同時的に行われることになります。
　売買代金は、通常送金手続で決済されます。担保権者への受戻金を担保権者の預金口座へ管財人名で振り込む場合には、本人確認書類として、管財人個人の確認書類（免許証等）が必要となります。なお、担保権者の口座への着金確認に時間がかかって、③以下の手続になかなか入れない場合がありますので、当該決済支店の「支店発送」の要請を事前にしておいてください。
　登記費用、固定資産税、仲介手数料、財団組入額については、事前に説明して、現金で出金してもらうようにします。
　各担保権者、司法書士、仲介業者から、きちんと領収証をもらったかを確認し、財団組入額の受領も確認し、買主に対して領収証を交付します。買主負担分の固定資産税等、売買代金に加えて受け取った現金については、買主に別途領収証を発行します。
　また、別除権者には、速やかに不足額確定報告書の提出をお願いしておきます。司法書士には、登記完了後の不動産全部事項証明書（写しでも可）を、持参または送付してくれるようお願いします。

Q45　不動産を放棄すべき場合

不動産の放棄を検討すべきなのはどのような場合ですか。

A
　管財人は、オーバーローンの状態にある不動産や、競売中の不動産であっ

ても、任意売却して、売買代金の一部を破産財団に組み入れることができるように努力すべきです。ただし、換価の可能性が低いにもかかわらず売却困難な不動産を破産財団として保有し続けていると、管理費用や固定資産税等の新たな負担が発生するうえ、破産手続の終結が無為に遅れることになります。そこで、売却困難物件は、適切な時期に放棄を検討すべきといえます。

管財人としては、第1回債権者集会までに不動産を換価するか破産財団から放棄するかを見極め、放棄する見込みである場合は、債権者集会で債権者に報告することが望ましいといえます。

放棄に適切な時期は、事案に応じて異なりますが、1月1日現在の所有名義人に固定資産税は課税されますので、新たな負担の発生を阻止する意味で、年内が放棄の目安の一つになります。

破産者が法人の場合には、放棄の2週間前までに担保権者に対して、放棄の予告通知を行う必要があります（規56条）ので、年内放棄を検討すべき場合には、通知の余裕を忘れないように気を付けてください（個人の場合も、紛争予防のため事前に通知するほうが望ましいでしょう）。

Q46　売却困難物件の場合の対応

破産財団に不動産の性質上売却困難物件（たとえば崖地で危険回避勧告を受けている物件や倒壊の危険のある建物等）がある場合の管財人の対応を教えてください。

A

これらの不動産は確かに売却困難物件ですが、事情を了解のうえ買受けを希望する者の探索にまず努力をしてください。相当の代金減額はやむ得ないと思います。

一方で、管財人は善管注意義務を負担していますので（法85条1項）、速やかに現地確認を行い、必要な措置をとってください。たとえば、子供や通行人が進入して事故となり、土地工作物責任等を追及されることもあり得ますので、危険防止のためのバリケード設置や進入禁止等の看板の掲示を検討し

てください。あわせて、自治体の担当部署に連絡をしておくとよいでしょう。

また、やむを得ず破産財団から当該物件を放棄する場合でも、近隣住民に危害が及ばないように、可能な限り破産財団の費用をもって危険回避措置を講じることを裁判所と協議するようにしてください。

〔コラム❸〕
仲介業者の選定、仲介業者との付き合い方①

開始決定後、事務所を訪問してきて名刺交換した仲介業者から、後日、菓子折等が送られてくることがありますが、受け取ってはいけません。仲介業者が物品を贈答することは何らかの見返りを期待して行うものです。したがって、年賀状や暑中見舞いなどの社会的儀礼行為は結構ですが、たとえ安価な茶菓等であっても贈収賄（法273条）を疑われるものであり、管財人の中立性・公平性を害します。また、不用意に贈答品を受領すると、その内容物を開けてみるまでは何かわかりませんので（現金や商品券の可能性もあります）、事務所全体としても不用意に贈答品を受領しないように気をつけましょう。かりに仲介業者からの贈答品を受領した場合には開封しないで、そのまま返却することが望ましいでしょう。

〔コラム❹〕
仲介業者の選定、仲介業者との付き合い方②

任意売却に際して、仲介業者に買受希望者の募集を依頼したところ、成約後、業者が「先生に紹介料を支払います」などと申し出てくることがありますが、受領は控えてください。これも管財人の中立性・公平性を疑わせるものです。なお、紹介料やキャッシュバックをたとえ破産財団に組み入れたとしても、仲介業者から受領する金員の名目が全債権者に説明できず、とくに当該取引不動産の担保抹消に応じた担保権者からのクレームにつながりかねませんので、このような説明のつかない金員は受領すべきではありません。

〔コラム**5**〕
仲介業者の選定、仲介業者との付き合い方③
　任意売却の仲介を、別件依頼を受けていた仲介業者や顧問先の仲介業者にお願いをすることは、直ちに違法とは断じられませんが、弁護士倫理上問題となる可能性はあります。たとえば債権者のなかで「管財人と仲介業者が顧問契約を締結していること」をホームページ等で発見し、当該不動産の取引に管財人が有利に取り計らったのではないかとのクレームに発展する可能性もあります。当該仲介業者に依頼せねばならない格別の事情がない限り、円滑な管財業務遂行のためにも、また弁護士倫理上も管財人と利害関係のある仲介業者に物件の仲介を要請することは回避したほうが賢明であると思われます。

〔コラム**6**〕
不動産業者に対する入札事務の委託
　不動産の入札手続を実施しようとすると事務作業が多く、思いのほか大変です。他方で、不動産業者の「入札の事務手続を代行します」、「担保権者との交渉もお任せください」などといった広告を目にすることも多々あります。管財人として、不動産業者に入札事務をどこまで委託してよいものでしょうか。
　この点、入札事務は煩雑でもありますし、入札のとりまとめなど入札事務を不動産業者に委託すること自体は可能です。専門家である不動産業者に入札事務を委託して、管財人は他の管財業務にも注力したほうが、管財手続全体に資することもあるでしょう。ただし、慣れないうちは不動産業者の選定に十分注意しましょう。
　破産手続における不動産の任意売却は、財団増殖による配当を期待する債権者、入札をする買受希望者等、多数の利害関係人がおり、管財人の職務遂行を見守っています。したがって、管財人としては、破産手続制度の信頼が損なわれないように、公正・中立の立場で、透明な手続の遂行に努めることが必要です。たとえば、特定の入札参加者に入札情報を横流しするような不

動産業者はもってのほかです。

　また、担保権者との間で担保権抹消と財団組入額の交渉まで仲介業者が事実上行っているとすれば、それは弁護士法72条違反となるおそれがありますので、管財人としても決して交渉を丸投げしないようにしましょう。

　さらに、破産手続における不動産の任意売却において、管財人が競争入札を実施したものの、売買決済に自ら立ち会わず、仲介業者の従業員を管財人代理としてその職務を行わせたという事例で、当該行為は、弁護士職務基本規程5条、弁護士法56条1項に定める弁護士としての品位を欠く行為であったとして、懲戒処分がなされた事例があります。

　このように不動産業者に入札事務を委託するとしても管財人としての職責も忘れずに、そして、弁護士の先輩からも情報収集するなどして適切な不動産業者を選ぶようにしましょう。

7　有価証券

Q47　株主名簿の名義変更未了の株式

　　財産目録には記載がありませんでしたが、転送郵便で株主総会の招集通知が届きました。破産者に確認したところ、すでに第三者に株式を譲渡済みで名義変更が未了になっているとのことでした。どうしたらよいでしょうか。

A

　株券発行会社の場合には、譲受人に対し株券を交付しなければなりませんので、株券が交付されていない場合には売買契約は無効と解されます（会128条1項本文）。したがって、管財人は、あらためて株式を売却処分することになります。株券不発行会社である場合には、株主名簿の名義書換がなされているかどうかによって判断することになりますので、株主名簿の名義書換が行われていなければ、譲受人は、会社その他の第三者に対抗できません。したがって、当該譲受人は、管財人に対し、株式の譲渡を対抗することができ

ません。管財人としては、あらためて株式を売却処分することになります（非上場株式の売却方法についてはQ48）。

　もっとも、譲受人が株式の譲受代金を支払っていた場合には、対抗要件を具備できなかった事情によっては、当該譲受人との間で一定の金額を破産財団に支払ってもらって名義書換に協力するなど和解的な解決を図ることも考えてよいでしょう。

Q48　非上場株式の売却方法

非上場株式を売却しようと思いますが、売却先はどのようにみつけたらよいのでしょうか。また、売却価格はどのように算定したらよいのでしょうか。

A

　非上場の株式は、証券会社を通じて株式市場で売却することができません。また、株式の譲渡に会社の承認が必要とされる場合が多く、まったくの第三者に売却することは困難であることも多いといえます。したがって、売却先としては、当該会社または当該会社の代表者、役員、従業員、当該会社の株主、当該会社の推薦する第三者などが考えられます。また、破産者が自然人の場合、破産者に買取りを求める（あるいは財団組入れをしてもらって放棄する）ことも考えられます。

　売却価格の算定方法にはさまざまな方法がありますが、大きく次の三つのアプローチに分けられます。

① 　インカム・アプローチ　　発行会社に期待される利益ないしキャッシュ・フローに基づいて評価します（DCF法、配当還元法、収益還元法等）。

② 　マーケット・アプローチ　　上場している同業他社の取引事例など類似する取引と比較することで株式の価値を評価します（類似上場会社比例方式、取引先例価格方式等）。

③ 　ネットアセット・アプローチ　　主として対象会社の貸借対照表記載の純資産に着目して価値を評価します（簿価純資産法、時価純資産法等）。

①のインカム・アプローチは、将来の収益力を評価に反映させることができる点で優れた面がある一方で、事業計画等の将来情報に対する恣意性を排除しきれないという問題があります。②のマーケット・アプローチは、市場での取引を参考にするので客観性を保てるという優れた面がある一方で、類似する取引がない場合には評価できないというマイナス面もあります。③のネットアセット・アプローチは、帳簿が適正であれば客観性に優れているといえる一方で、一時点での純資産の評価を前提とするため、のれん等が適正に計上されていない限り収益力の反映等が難しいとされています。

　本来は、会計士などの専門家に評価を依頼するのが原則だともいえますが、破産財団が潤沢でない場合、それも困難と思われますので、管財人が上記の算定方式を使って適宜評価するほかありません。

　また、非上場会社の場合、株式に譲渡制限が付いていることが多いと思われます。せっかく売却先がみつかったにもかかわらず会社が承認しない場合には、会社または指定買取人による買取りの制度（会140条1項）を利用することも可能です。この場合には、簿価純資産法による評価額が前提となりますが、簿価純資産法による評価に疑問があれば、株式買取価格決定の申立てをせざるを得ません。その審理には時間や鑑定費用等の負担を要しますが、平成25年1月1日から新しい非訟事件手続法が施行され、株式買取価格決定申立事件等の非訟事件に専門委員の制度が導入されましたので（非訟事件手続法33条1項）、専門委員の意見も踏まえた和解による解決も可能となっています（同法65条1項）。

　なお、非上場株式の換価にあたっては、換価価格の相当性の確保に注力しすぎると、時間と費用が掛かりすぎてしまうおそれがあります。換価価格の相当性の確保も大切ですが、迅速な処理も必要となりますので、価値がほとんど認められないことがある程度明らかなケースになどでは、一定額の財団組入れを受けて放棄するなど、バランスを保った換価作業を心掛けてください。

Q49 株券を喪失した場合の対応

破産財団に株券発行会社の非上場株式があるものの、申立て前に株券を紛失していました。どうしたらよいでしょうか。売却できる見込みがある場合と、そうでない場合とで違いがあれば教えてください。

A

　株券発行会社の株式の譲渡は株券の交付をしなければその効力が生じません（会128条1項）。株券を紛失している場合、当該会社に対し、株券喪失登録の手続を行い、株券の再発行を受けたうえで、譲渡する必要があります。

　もっとも、喪失株券は、株券喪失登録の日の翌日から1年を経過した日まで無効とならず（会228条1項）、その後でなければ株券の再発行を受けることはできません（同条2項）。したがって、換価には1年以上の期間を要することとなります。

　そこで、破産者が自然人の場合には、株券喪失登録期間中であっても、破産者に買い取ってもらい、早期解決を図るのが適切です。破産者が法人の場合は、破産者に買い取らせることはできませんので、第三者に売却するほかありません。もっとも、株券発行会社の株式譲渡は、株券の交付が効力要件であると解されますので、管財人と当該第三者との間で、株券喪失登録中の権利を売買することになります。この点、喪失株券の所持者が1年経過前に株券喪失登録の抹消を請求（会225条1項）した場合、喪失登録が抹消され、譲受人は無権利となるリスクがあります。したがって、1株当たりの純資産額や破産者の購入価額などを基準にしながら（Q48参照）、無権利となるリスクを踏まえた金額で売却せざるを得ないと思われます。破産者に買い取ってもらう場合も同様です。

Q50 持株会の処理

破産者が従業員持株会に入会していました。どのように処理したらよいですか。

A

　従業員持株会とは、給与や賞与から天引きした従業員の投資金額を原資として自社株を購入する制度であり、法的性質は民法上の組合とされています。多くの上場企業で、従業員の福利厚生や安定株主形成のために設けられています。破産者が従業員持株会を通じて自社の株式を取得している場合、株主は組合である従業員持株会です。したがって、管財人が株式を売却することはできません（実践マニュアル156頁）。

　破産手続開始決定は組合の脱退事由ですので（民679条2号）、持株会の規定を確認しつつ、脱退した組合員の持分の払戻しを求めるか（民681条1項）、従業員持株会に破産者の持分の買取りを求めたり、破産者（破産者に資金がない場合には、破産者の親族等から資金を用立ててもらうことも検討します）に持分相当額（株式の評価相当額）を破産財団に組み入れてもらったうえで、破産者の持分を放棄することになります。

Q51　株主としての権利行使

　転送郵便で株主総会招集通知や配当通知が届きました。①配当金はどのように受領すればよいのでしょうか、また、②議決権行使は行うべきなのでしょうか。

A

　株式の配当は、一定の基準日（会124条1項）時点の株主名簿上の株主に対してなされます。したがって、当該基準日において破産者が株主名簿上の株主であれば、管財人が配当金を受領して破産財団にこれを組み入れることになります。

　また、株主としての議決権行使を行うことは共益権の行使にあたり、管財人が共益権を行使できるかどうかについては争いがあります（管財人が行使できないと考えるのであれば、破産者本人が行使できることになります）。そして、管財人は破産財団の維持増殖に努めるべき立場にありますので、共益権の行

使が破産財団の維持増殖につながるのであれば、これを行使すべきといえます（管財人は共益権を行使できないとする立場であれば、破産者に共益権を行使するように働きかけることになります）。

　たとえば、破産者が公開会社でない株式会社の一定割合の株式を保有しているような場合には、当該株式の議決権の行使如何が対象会社の業務に重大な影響を与えることがあります。このようなケースで、管財人が当該会社の役員や関係者への株式の譲渡を検討している場合、譲渡価格の交渉の際に共益権の行使が一定の交渉材料になることもあります。

Q52　名義書換停止中のゴルフ会員権

　ゴルフ会員権を換価しようと思いましたが、名義変更手続が停止されていました。それでも換価作業をするべきでしょうか。

A

　ゴルフ会員権（施設の優先利用権や預託金返還請求権等の債権と解されます。以下同じ）が名義書換停止になっている場合、停止期間中はゴルフ場経営会社との関係では譲渡をしても効力を主張できません。

　そのため、このようなゴルフ会員権を第三者に対して売却することは困難といえます。もっとも、ゴルフ場経営会社が名義書換を再開すれば譲渡可能になりますし、名義人は会員としてプレー権を行使することは可能です。したがって、破産者やその親族、関係者等に一定の財団組入れをさせたうえで破産財団から放棄できないか検討すべきでしょう。

　また、名義書換が可能になった時点で名義書換に必要な書類を交付するという約定で売買（一般に「念書売買」と呼ばれています）を行うことも考えられます。もっとも、名義書換が将来再開されるかどうかは不確実ですし、ゴルフ場から入会を不承認とされることもありますので、そのようなリスクを買主に十分説明したうえで契約する必要があります。譲渡契約書には名義書換ができなくても売主は一切その責任を負わない旨の条項を入れておくべきでしょう（運用と書式144頁、実践マニュアル157頁）。

Q53 年会費の滞納

ゴルフ会員権を換価しようと思いますが、破産手続開始決定前に年会費の滞納があります。滞納したままでも換価可能ですか。その他留意しておくべき点はありますか。

A

年会費を滞納している場合は、ゴルフ場経営会社が破産者に対して年会費請求権を有していることになります。そして、ゴルフ会員権を譲渡する場合は、債務者であるゴルフ場経営会社は譲渡人（破産者）に対して有していた抗弁（年会費請求権）を譲受人に対しても対抗できることになります。つまり、譲受人は滞納年会費を支払わなければ名義変更してもらえないことになります。

したがって、当該会員権の時価が滞納年会費額を上回っているのであれば譲渡は可能といえるでしょう。逆に、下回っているのであれば、当該会員権には実質的な価値はないといえ、譲渡することは事実上極めて困難といえるでしょう。この場合には破産財団からの放棄を検討することになります。

譲渡する場合には、譲渡代金は時価から滞納している年会費額を差し引いた金額とし、譲渡後に買受人に滞納年会費を納付してもらったうえで名義変更をすることになります。

Q54 一身専属的なゴルフ会員権、リゾート会員権の処理

破産者所有のゴルフ会員権を売却しようとしたら、その会員権は一身専属的なものだから譲渡できないとの指摘を受けました。このような場合、会員権はどのように処理すればよいでしょうか。

A

ゴルフ会員権について譲渡が禁止されている場合、当該ゴルフ会員権は譲渡禁止債権ですので、ゴルフ場経営会社との関係では譲渡をしても無効となります。したがって、このようなゴルフ会員権を第三者に売却することは事

実上できません。

　もっとも、当該ゴルフ場が預託金方式のゴルフ場で、預託金の償還期間が間近に迫っているのであれば退会手続をして預託金を回収する等の方法を模索すべきといえます。また、償還期限がかなり先の場合や、償還期限が到来しても一括での償還が期待できないような場合には、ゴルフ場経営会社に買取りを打診することも考えられます。それらの手段を検討してもなお換価が困難な場合には、破産手続の進捗状況、破産財団の規模、預託金の金額やその回収可能性等を総合考慮して放棄すべきかどうかを検討することになります。

Q55　会員権の放棄

　ゴルフ会員権を換価するために会員権取扱業者に打診しましたが、売却できませんでした。放棄してもよいのでしょうか。

A

　相場が立っているゴルフ会員権の売却については、専門の会員権取扱業者に売却の手続を依頼することが通常です。かかるプロセスを経ても売却できない会員権（滞納年会費が多額である等）は、市場で売却することは事実上不可能といえます。

　そのような会員権については、破産者やその関係者に財団組入れをしてもらって破産財団から放棄ないし譲渡する、預託金の償還期限が迫っているのであれば預託金返還請求権を行使して退会する、ゴルフ場経営会社への買取りを求める等の選択肢を検討すべきといえます。それでも換価することが不可能な場合には、放棄することもやむを得ないでしょう。

Q56　ゴルフ会員権に設定された質権

　ゴルフ会員権に質権が設定されていました。どうしたらよいでしょうか。

A

管財人は、質権が有効に設定されたかものどうか、管財人に対して対抗可能かどうか（第三者対抗要件の具備の有無）、否認権を行使すべき場合かどうかを確認する必要があります。

　とりわけ、ゴルフ会員権の質権設定には、確定日付のある証書によりゴルフ場経営会社に対して通知を行うこと、または、確定日付のある証書によりゴルフ場経営会社から承諾を得ることが第三者対抗要件として必要ですが、現実には、第三者対抗要件を具備していない場合も散見されますので、管財人は、この点の確認が必要です。そして、質権者が第三者対抗要件を具備していない場合には、質権者に対して会員権証書の引渡しを求めたうえで、換価を図ることになります。また、第三者対抗要件が具備されている場合でも、ゴルフ会員権の質権実行はそう容易ではありませんので、通常は任意売却によることが多く、その場合には管財人は一定の財団組入れを得ることができます。

　なお、否認権の行使に関する検討を行う場合には、一般的な偏頗行為否認の要件（法162条1項）を検討するほか、上記の第三者対抗要件が必要とされることとの関係で、対抗要件の否認（法164条）についても検討が必要です。具体的には、支払いの停止等があった後に、質権の設定から15日を経過して第三者対抗要件が具備された場合には、対抗要件否認の要件に該当する可能性があります（同条1項）。

Q57　支払呈示期間を徒過した場合の対応

　手形の支払呈示期間をすでに徒過していました。どうしたらよいでしょうか。

A

　約束手形は、支払呈示期間経過後であっても、時効期間（満期日から3年）が経過するまでの間、振出人に対する権利は消滅しないので、依然として手形債権の行使が可能です。したがって、設問の事例においても、管財人は振出人に対して手形金の支払いを求めることになります。

問題はその方法ですが、支払呈示期間経過前であれば、約束手形を取引金融機関に持参して交換に回すことで、手形上に支払場所として記載された金融機関から手形金の支払いを受けることができます。しかし、支払呈示期間経過後には、手形上の支払場所に関する記載は効力を失うと解されますので、同様の方法で当該金融機関から手形金の支払いを受けることはできません。

そこで、管財人としては、手形債権（あるいは原因債権に手形先行使の抗弁がない場合には原因債権）を行使して、振出人に支払いを求めることになります。手形の提示が現実に必要となる場合には、振出人の営業所で提示することになるでしょう。振出人があらためて手形金の支払いに関する依頼を行う場合には、当該金融機関から手形金の支払いを受けることができますので、管財人としては、振出人に対してその協力を求めることが考えられます。支払いがなされない場合には、手形訴訟や通常訴訟を提起して回収をすることも検討する必要があるでしょう。

Q58 不渡手形の処理

申立代理人から手形を引き継ぎましたが不渡りとなっていました。管財人としてはどのような処理をすればよいでしょうか。

A

一般に、不渡手形であっても、手形上の責任が消滅するわけではないため、管財人は、時効期間（満期日から3年）が経過するまでの間、引き続き手形債権の行使が可能です。もっとも、手形の不渡事由によっては、手形金の回収が著しく困難であることが予想されるため、まずは、手形に付された不渡付箋によって不渡事由を確認する必要があります。

多くの場合、不渡事由は資金不足または取引なし等、債務者の信用に関係するもの（いわゆる1号不渡り）と考えられますが、この場合には、振出人の資産状態が極めて悪化している場合が多く、すでに倒産している場合も少なくありません。管財人は、振出人の資産状況の調査を行う必要がありますが、通常、振出人から手形金を回収することは困難であるといえるでしょう。

もっとも、裏書人が存在する場合には、裏書人に遡及することが可能であるため、管財人は、裏書人の有無を確認すべきことになります。裏書人が存在する場合、管財人は、裏書人に対して、裏書人の営業所（営業所がない場合は住所）において支払いを求めることとなります。この場合、裏書人は、支払いと引換えに手形の交付を求めることができること、および、裏書人に対する請求権の短期消滅時効（満期日から1年）には留意が必要です。そして、管財人は、振出人や裏書人からの回収を図りつつも、振出人からの回収が困難であり、かつ裏書人がいない場合、あるいは裏書人がいても資力を欠く場合には、やむを得ず、不渡手形の破産財団からの放棄を検討することとなります。

これに対して、資金不足または取引なし等債務者の信用に関係するもの以外の不渡事由である場合として、形式不備や法的整理の開始決定、仮処分等のいわゆる0号不渡り、契約不履行、偽造等のいわゆる2号不渡りなどがあります。法的整理の開始決定による場合には資力がない場合が多いでしょうが、破産債権の届出等の対応を検討します。なお、裏書人が存在する場合については、上記と同様です。形式不備であれば形式を補正して回収に努めます。また、2号不渡りの場合には、支払銀行に異議申立預託金がある場合が多いので、そちらからの回収も検討するべきでしょう。

Q59 管財人が売掛金等の債権について手形で回収する場合の注意点

売掛先に売掛金を請求したところ、これまでどおり、代金の支払いのために手形の振出しをしたいといわれました。管財人として、どのように対応したらよいでしょうか。

A

管財人としては、通常、早期に売掛金債権の換価を完了するために、約束手形ではなく、現金で支払いを受けることが有利です。そこで、管財人は、売掛先の主張する約束手形による支払いが契約内容に基づくものであるかどうかを確認することとなります。この点、従前、約束手形による支払いがな

されていた場合であっても、それが契約内容に基づくものとはいえない場合もあるため、契約書の記載内容の確認や破産者ないしはその関係者からの事実関係の聴取を通じて、契約内容の確認を進める必要があります。そして、約束手形による支払いが契約内容に基づくものとはいえない場合、現金による支払いを求めていくことになります。

次に、約束手形による支払いが契約内容に基づくものである場合には、約束手形による支払いを受けたうえ、支払呈示期間を徒過することがないように留意しつつ、管財人口座を開設した金融機関を通じて約束手形を交換に回し、手形金の支払いを受けることにより回収を図ることになります。もっとも、満期までの期間が長くなる場合には、売掛先との交渉により、一定の減額をしてでも短期間における回収に努めるべきでしょう（実践マニュアル153頁）。また、あまり満期が先である場合には、サービサーへの譲渡をすることを検討する余地もあるでしょう。

8 売掛金・貸付金その他債権

Q60 売掛金等の調査方法

財産目録に記載がない売掛金が破産財団に属するものとして発見されることがあるという話を聞いたことがあります。そのような売掛金は、どのようにすれば発見することができるのでしょうか。

A

事業者は、一般に、多数の取引先を有し、売掛先が多数に上ることも少なくないため、申立人の売掛先の把握に漏れが生じて、後に、破産申立書添付の財産目録に記載のない売掛金が発見されることもしばしばあります。そこで、管財人は、常に、財産目録に記載のない売掛金が存在する可能性があることを頭に入れて、その発見に努める必要があります。具体的には、たとえば、以下のような方法が考えられます。

まず、管財人のもとに転送される郵便物の中には、売掛金の存在を知らせ

る支払明細書や、取引関係の存在を窺わせる文書等が入っていることがあります。必要に応じて、差出人や破産者（ないしはその関係者）に照会を行い、売掛金が存在しないかどうかを確認する必要があります。

　次に、たとえば、預貯金通帳や当座預金の当座勘定照合表に記載された従前の入金状況を確認し、取引関係の存在を把握することで、売掛金の発見につながる場合があります。さらには、最終の決算期に係る決算書、税務申告書、総勘定元帳、あるいは最終の決算期以後の試算表、注文書、注文請書、納品書、売掛台帳等などの帳簿類を確認することで、未収の売掛金の存在に気づく場合があります。

　また、破産手続開始決定直後に売掛先に対して請求書を送付する際、相手方の認識している債務額等を記載して返送してもらうために、回答書を同封することが一般に行われていますが、相手方から回答書の送付を受けることで、当該相手方に対する別の売掛金を発見できることもあります。

　いずれにしても、破産手続開始決定後、期間が経過するほど売掛金の把握や回収が困難になること、売掛金の回収に相応の時間を要することも少なくないことからすれば、管財人は、破産手続開始決定後早期かつ集中的に、未発見の売掛金が存在しないかどうかを確認する必要があるといえます（実践マニュアル132頁）。

Q61　債権回収のスケジュール

　債権回収はいつごろ、どのようなことをしたらよいでしょうか。スケジュールを立てるにあたって考慮するべきことがあれば教えてください。

A

　一般に、債権の回収には時間がかかることが少なくないため、管財人就任後、直ちに回収を進める必要があります。まず、代表的なものとして、売掛金については、売掛先が多数に上ることが少なくなく、また債務者から種々の抗弁が提出される場合もあります。そこで、おおむね、破産手続開始決定

後1か月前後を目途として、①債務の認識額や弁済予定額、請求額を弁済しない理由等の記載を求める回答書式を添付した請求書の送付（破産手続開始決定後直ちに発送するのがよいでしょう）、②回答内容等により、回収に問題を生じそうな売掛先の目星をつけるとともに、芳しい回答が得られない売掛先への再度の請求、③さらには内容証明郵便の送付など、訴訟提起の可能性を示唆した請求を行います。とくに、回収に問題が生じそうな売掛先には早期かつ繰り返し請求を行うなど、粘り強い対応が必要になります。

そして、それでも回収困難な売掛先については、特別な事情がない限り、遅くとも、破産手続開始決定後2〜3か月後に開催される財産状況報告集会までに、売掛金額、勝訴可能性、回収可能性等を踏まえて、訴訟提起の要否を含めた回収方針を確定する必要があります。

管財人は、回収可能性が認められる債権を安易に破産財団から放棄すべきではなく、和解的解決の可能性も視野に入れつつ、積極的に訴訟提起を検討すべきですが、訴訟提起による回収には相応の時間を要する場合が多いですので、たとえば、他の財産の換価終了後に特定の売掛金の回収のみに時間を要することが見込まれる場合などには、適宜、訴訟提起までの期間を短縮するなどして、換価業務の終了時期に与える影響を少なくするよう留意する必要があります。また、証拠の確保が困難であったり、金額が極めて少額であったり、相手方の資力からみて回収可能性が乏しい場合や、訴訟提起をしても現実の回収が見込めず破産財団にとって有益といえないものなどについては、サービサーへの譲渡の適否も検討のうえ、最終的には破産財団から放棄することも考えざるを得ません。

その他、破産財団に属することが多い債権には、預貯金、貸付金、過払金等がありますが、それぞれの特色を踏まえつつ、売掛金の場合と同様、計画的に回収を行う必要があります。たとえば、預貯金は、一般に回収可能性が高いものの、支払停止後の入金に係る相殺処理が問題になることがありますので、金融機関の相殺通知の内容は早期に確認しておくとよいでしょう。貸付金は、とくに債務者が自然人の場合に証拠関係や債務者の資力等に関して

回収に困難を生じやすく、また長期の分割払いの場合には換価の方法を検討する必要がありますので、早期に証拠関係や弁済条件を確認し、請求を行うべきでしょう。過払金は、大幅な減額を求められる場合や、解決のために訴訟提起を要する場合が少なくないこと、他方で、訴訟を提起しても債務者の資力との関係で回収が困難な場合があることなどに特色がありますので注意が必要といえます。

Q62 請求書の工夫

〔1〕 初めて売掛先に請求書を発送しようと思います。迅速に回収をするために、請求書の記載で工夫できることがあれば教えてください。

〔2〕 また、①売掛先が多数である場合、②売掛先に自然人が多い場合で、売掛金回収で気を付けるべきことがあれば教えてください。

A

(1) 請求書の記載上の留意点

まずは、正しい請求額を確認し、それを記載することです（申立書の売掛金目録の記載を再確認するという作業が大切です）。また、可能であれば、破産会社の経理担当者が従前作成していた請求書を作成してもらい、それを管財人名の請求書に添付して、管財人口座への振込みを求めるとよいでしょう。管財人名の請求書のひな型は参考例がありますのでこれを参考にして作成します（運用と書式412頁、管財の手引466頁、実践マニュアル594頁）。売掛先から書面で回答を求めるようにすると、債務承認の面や争点の絞り込みの面で便利でしょう。

(2) 売掛先が多数の場合や自然人が多い場合

①売掛先が多数の場合は、管財人側の管理がしやすいように、整理番号を付したり、問合せが集中しないように、請求書の発送時期をずらすという工夫をするとよいでしょう（後者の点については、質問事項は回答書に記載して返送してもらうようにすれば、一括発送してもそれほど対応に手間どることはないと

思われます)。請求書の発送時期をずらす場合には、金額が大きく訴訟提起の検討を要するものや、重要な争点があり交渉に時間を要するものなど、早期に作業を進めることが必要であるものを優先して発送するのが効率的でしょう。

②売掛先に自然人が多い場合、法律事務所の封筒で突然郵便が届くことにより相手先が混乱する事態を避けるため、そのような封筒を使わない、請求書の文面をソフトでわかりやすいものにする、振込詐欺と間違われないように、問合せに対しては丁寧に応対するといった点に留意するとよいでしょう。

なお、売掛金の回収一般については、運用と書式127頁、管財の手引178頁、実践マニュアル140頁を参照してください。

また、請求書を発送した後、回答や質問があれば速やかに対応すること、回答がない場合には遅滞なく回答を督促することといった対応も遺漏のないよう留意することが大切です。

Q63 海外の売掛先

海外の売掛先の売掛金回収など、海外に存在する財産の回収方法について具体的に教えてください。

A

海外の売掛先との取引を担当していた従業員や経理担当者から事情を聴き、相手先が日本語がわかり、日本語で請求していた場合は日本語で、英語等で請求していた場合は英語等の言語で請求書を作成して請求します。基本的には従前のルートを使って、売掛先の協力を得られるようにするのがよいでしょう。相手先が海外でも、メール、ファクシミリ、EMS、電話等で相当程度の交渉を速やかに行うことは可能です。面談が有益かつ必要であれば、出張することも考え得られないわけではありません。また、従来の担当者を通じて相手先に連絡を取ることで、スムーズな回収につながる事案もあります。さらには、外国債権者からの送金を受領する口座についても、従来使用していた口座を使用することにより送金事務がスムーズな場合もあるようです。

紛争になった場合が問題ですが、準拠法、国際裁判管轄、執行の可能性も考慮のうえ、従来の担当者、渉外弁護士等のさまざまなルートを使って、現地の弁護士に回収作業を依頼することも考えます。ただ、費用対効果も考慮し、早期に和解的な解決を図り、訴訟提起は断念して破産財団から放棄するなど現実的な処理を模索するしかないこともあります。

Q64 売掛金に関する抗弁～商品の欠陥・検品作業の不実施

①商品に欠陥があった、②納品後の検品作業が未了である、③返品特約があった、と主張して、売掛先が売掛金を支払おうとしません。どうしたらよいでしょうか。

A

　管財人からの請求に対し、さまざまな理由を付けて支払いを拒絶しようとする売掛先があります。①商品に欠陥があったとする主張は、瑕疵担保責任の主張になるでしょうが、そのような瑕疵が現実に確認できないのであれば、応じる必要はありません。具体的にどのような欠陥があったのか、それを確認する手段があるか、その主張がこれまでの取引経過からみて真実らしいかという点を相手方および破産者から聴取して吟味することが考えられます。

　次に、②納品後に検品作業がされなかったとする主張については、商人間の売買については、買主（売掛先）に目的物の検査および通知義務が課せられていますので（商526条1項）、原則として認められないでしょう（もちろん、その前提として売買契約の内容を確認する必要はあります）。それにもかかわらず、そのような主張をしている買主は、法的に何を主張したい趣旨なのかを正確にとらえる必要がありそうです。

　また、③返品特約があったとの主張に対しては、委託販売のような取引形態でない限り、従前の取引のなかでサービスの一環として行われていたものである場合が多く、原則として認められないでしょう（以上につき、管財の手引178頁、実践マニュアル168頁参照）。

Q65 証拠の乏しい債権の回収

財産目録には貸金債権が計上されているものの、確たる書証はありません。書証が乏しい場合に、管財人はどのように債権の存否につき調査・判断したらよいのでしょうか。また、その調査・判断にあたって、何か証拠化のノウハウがあればあわせて教えてください。

A

申立書添付の財産目録の記載だけでは証拠とはなりませんが、決算書に記載されているような場合、何らかの事情があるはずですので、破産会社の代表者や経理担当者らから事情を聴き、その存否について調査します。また、決算書の作成の基礎となった総勘定元帳、補助元帳、振替伝票等の記載の確認をしてみることも有益でしょう。さらに、現実に資金の動きがあったかどうかを預金取引履歴で確認することも考えられます。弁護士として、貸金請求ができるかどうかを判断するという点では、民事事件を担当する際と変わりはありません。相手先に請求書を送る際に、照会も兼ねて回答書の用紙を同封し、そこに回答を記載してもらうことで、証拠化することも検討します（売掛先への請求書・回答書をアレンジすることで対応できるでしょう）。

Q66 訴訟提起の判断

貸金債権の回収について、いつくらいまでに訴訟提起をするか否かを決めたらよいのでしょうか。また、どのような場合であれば、訴訟提起をしたほうがよいのでしょうか。

A

訴訟提起するかどうかは各管財人の考え方によるところが大きく、一概にはいえませんが、最初の請求書、その後の内容証明郵便による再請求を経て、財産状況報告集会のころまでには判断をするというところでしょう（運用と書式128頁、管財の手引212頁参照）。訴訟を提起した場合には、その後、解決までに数か月程度はかかるため、管財業務の終了時期に大きく影響します。そ

のため、訴訟提起をするのであれば、できる限り早期にその方針を定めることが迅速な処理に資すると思います。

また、証拠上貸金債権の成立が明らかであるのに任意の回収が難しいと判断した場合、すなわち、相手方が強硬に争い和解の見込みがない場合や請求書は届くが回答がない場合には、訴訟による解決を検討することになります。ただ、費用対効果の面（回収可能性や訴訟にかかる期間等）も総合考慮して判断することになります（運用と書式129頁、実践マニュアル175頁参照）。その際、債権者が関心をもちうる程度の金額、回収見込額かどうか、配当の見込みがあるかどうか、という点も考慮要素となりうるでしょう。

Q67 訴訟提起の許可申請書作成の留意点

債権回収のための訴訟提起の許可申請書作成にあたって、留意することがあれば教えてください。また、許可申請書の添付資料として何が必要でしょうか。

A

訴訟提起の許可申請書には、訴状の案を添付しますので、できるだけ完成版に近いものがよいですが、許可後の調整の可能性も含め、許可申請書には、「別紙訴状（案）を骨子とする」としておくとよいでしょう（実践マニュアル175頁参照）。また、許可申請の際の理由の記載については、後日の相手方などによる閲覧・謄写の可能性に配慮したほうがよく、閲覧制限の申立てを検討したり、事情は記録外の書面で提出するなどの工夫をしたほうがよいでしょう。受訴裁判所には許可書を提出する必要がありますので、許可が出た後または許可申請と同時に、許可証明申請書を提出し、許可証明書を受領しておくと便利です（運用と書式125頁参照）。

添付資料としては、訴状に添付する書証のうち、破産裁判所への説明に必要な範囲でよいでしょう。

Q68 債権回収の和解の判断ポイント

売掛金回収において全額の回収が難航しています。和解により解決したいと思いますが、どのような和解であれば管財人の処理として妥当なのでしょうか。考慮要素を教えてください。

A

まず、回収が難航している理由が重要です。債権の存否自体や金額が問題になっているのか、債務者の支払能力が問題になっているのかなどです。前者であれば、破産者の説明や資料などから訴訟によった場合にこちらの主張が認められる可能性がどの程度あり、債権額や破産財団との関係で時間とコストが見合うか否かを考えます。総合的に考えて訴訟は見合わないとなれば、一定額での和解を目指すことになります。一方、後者であれば、分割払いでの回収を検討することになりますが、その場合、破産手続終結までの期間との関係を考える必要がありますし、期間との関係その他の事情で減額を検討しなければならない場合は、相手方の決算報告書や確定申告書等、支払能力に関する資料の提供を求めるべきだと思われます。

管財人として、破産財団を確保するために粘り強く交渉をすることも大切ですが、迅速な回収の要請から早期弁済を受けるためにある程度減額をする和解をすることも柔軟に検討することがよいでしょう（運用と書式129頁）。

Q69 和解内容および合意成立後の処理

売掛金（貸付金）の回収のため、和解交渉をしていますが、売掛先（債務者）は、一括では支払えないので分割払いにしてほしいと言っています。分割払いの和解に応じてもよいでしょうか。また、合意が成立した場合、合意書を作成しておくべきでしょうか。

A

Q68のとおり、回収見込みがあるなら分割払いに応じてもよいと思われますが、管財事務には迅速性も求められますので、長期の分割になって当該債

権の回収のためだけに全体の手続を遅らせるというのは合理的ではありません。したがって、分割期間を定めるにあたっては、当該破産手続のスケジュール感のほか、破産財団増殖への寄与（債権額や配当見込みの有無など）を考慮する必要があります。また、分割の合意が成立したら、合意書を作成しておくべきです。

なお、長期分割で回収しても配当の見込みが立たない場合や、配当率にほとんど影響のない場合には、通常はそのために手続を長期間継続することが合理的とはいえないので、相当額減額することを提案しつつ早期回収を図る方法がないかを検討することも考えられます。また、長期分割払いの和解成立後にQ71のようにサービサーへの売却を検討する余地もあります。

Q70　和解と許可の要否

調査により売掛金の額面は120万円と判明しましたが、早期回収のために交渉の末、売掛先の支払金額を40万円に減額する旨の和解を締結することにしました。回収できる和解金額は40万円で100万円を超えないのですが、この和解締結に裁判所の許可は必要でしょうか。

A

100万円を超える価額の和解には裁判所の許可が必要です（法78条2項11号・3項1号、規25条）。この点、大阪地裁では、100万円を超えるかどうかの判断は合理的な資料や根拠に基づいた管財人の適正な評価額を基準として行います（運用と書式126頁）。そして、債権についても同様に管財人において評価した額が基準となります。まずは、債権が存在するか、存在するとして債権額（額面）はいくらなのかを調査します。たとえば、時効消滅や相殺による消滅が明らかであったり、債権の存在や債権額の立証が困難であったりすれば、それをもとに評価し直すことになるでしょう。

設問では、和解の対象である売掛金について、「調査により売掛金の額面は120万円」であると管財人として認定（評価）しており、早期回収のために支払金額を40万円に減額するものに過ぎませんから、100万円を超えた価格の

和解に該当し、和解には裁判所の許可が必要です。

なお、100万円を超えるかどうかの判断基準は裁判所によって運用が異なる場合があり、額面額を基準とする裁判所もあります。各裁判所の運用を確認するのがよいでしょう。

Q71 サービサーの活用事例

サービサーの活用事例を教えてください。

A

10万円以下の少額の債権、長期の分割支払約束のある債権、破産債権などの倒産債権、ゴルフ会員権の預託金債権など、多種多様な債権につきサービサーを活用できることがあります。また、サービサーによっては債務者による債務承認書や債務名義がなくとも買い取ってくれることもあります。破産財団に属する債権の回収業務は、本来、管財人が自ら行うことが原則であり、安易にサービサーに売却することは適切ではありませんが、分割弁済期間があまりに長期に及び、破産手続を長期化させることが適切でない場合や、金額が少額の債権が膨大な件数あり、個別の回収業務を行うことが時間的、コスト的に困難な場合などに活用を検討することになるでしょう。

サービサーによる買取価額は対象債権の内容や状況などによって異なり、債務名義の有無、回収の確実性の程度（証拠関係、債務者の資力、担保権の有無等）、弁済時期等に応じて、相当減額されることが多いようです。サービサーを利用する場合には、買取価額が適正であることを担保するため、複数のサービサーから相見積もりを得て、売却先を決めるべきでしょう。

ただし、サービサーを活用するということはサービサーに対して債権譲渡するということであるため、対象債権に譲渡禁止特約が付されている場合には活用できません。また、譲渡の対抗要件を備えるため、管財人は、債務者に対して、当該債権を譲渡した旨、内容証明郵便にて通知する必要がありますので、サービサーを利用するか否かを判断する際には、その費用も考慮しましょう。

Q72 債権を財団放棄する際の留意点

回収見込みが少ない債権を破産財団から放棄するべきか否か検討するときに、どのようなポイントを調査して、どのような資料を集めるべきでしょうか。

A

　回収見込みが少ない債権には、いくつかの場合が考えられます。まず、債権の存在自体を立証することが困難な場合があります。このときには、破産者や担当者から事情聴取をしたうえで、破産者が残している契約書等の書類を集めます。他方、相手方からも反論書面や当時の資料を提出してもらいます。

　次に、相手方の所在が不明である場合もあります。このときには、相手方が法人の場合には商業登記簿謄本を、自然人の場合には住民票を取得して最終の住所を把握したうえで、郵便や電話等で連絡を試み、それでも行方不明であることを記録に残します。さほど遠方でなければ、現地調査をして営業ないし居住している形跡があるかどうかを調査してみることも有益である場合があります。

　最後に、債務者に資力がない場合もあります。このようなときには、相手方が法人であれば決算報告書や直近の試算表を提出してもらい財産の有無や経営状況を確認します。たとえば、決算報告書に不動産が計上されていれば登記を取り寄せて優先する抵当権の有無や余剰の有無を確認するべきでしょう。また、相手方が自然人でも同様に、確定申告書や納税証明書、預貯金通帳の写し等資力に関する資料の提出を求め、自宅等を所有している場合には不動産登記事項証明書や固定資産評価証明書等を確認するべきでしょう。

　以上のとおり、さまざまな場合に対応して集めるべき資料は異なりますが、債権を破産財団から放棄する場合には、債権額と他の管財業務の進捗状況とを考慮して、どこまで調査をするべきかバランス感覚をもつことも重要でしょう。とりわけ、その際、破産債権者からある程度納得を得られる程度の

回収活動、調査を尽くしたかという点を検討しておくのがよいと思います。

Q73 財団放棄と許可の要否

ある売掛先に300万円の売掛金を有していますが、回収をしようとしたところ、売掛先について破産手続が開始しており、しかも、配当の見込みもないことが判明しました。破産財団からの放棄を検討していますが、このような場合には、額面どおり300万円の売掛金を基準として放棄の許可申請をするべきなのでしょうか。

A

100万円を超える価額の財産を破産財団から放棄するには、裁判所の許可が必要です（法78条2項12号・3項1号、規25条）。この「価額」は、大阪地裁では合理的な資料や根拠に基づいた管財人の適正な評価額を基準として判断することとされています（運用と書式126頁。Q70参照）。債権の場合、まずは債権の存在は認められるか、認められるとして債権額（額面）はいくらなのか調査をします。この点、設問では、配当可能性の見込みがないとしても、特定の売掛先に300万円の売掛金を有していると認められ、これは額面では100万円を超えているため、裁判所の許可を得るべきでしょう。

100万円の超える価額の財産を放棄するには裁判所の許可が必要ですが、債権者集会において口頭で放棄の許可申請を行うこともできます。

Q74 債権放棄の時期

回収活動を行いましたが、まったく回収不能な債権が残っています。債権者集会はまだ1か月以上先ですが、先に破産財団から放棄してもよいでしょうか。

A

破産財団から放棄する場合には、十分に調査を行い、換価に向け最大限努力することが大切です。破産手続終結までに時間がある場合には、回収見込みがないと見込まれる場合であっても、できる限り債務者と和解交渉を行い、

また、サービサーへの売却を試みるなど、他にとり得る手段がないか十分に検討すべきです（実践マニュアル176頁）。いったん放棄した後で回収可能性が出てくる場合もありますし、集会で債権者から何か有益な情報を得られる可能性もありますので、性急に放棄するのは避けたほうがよいでしょう。

検討の結果、放棄せざるを得ない場合には、債権額が100万円以下であれば裁判所の許可なく放棄することができますが、債権額が100万円を超える場合は、放棄には裁判所の許可が必要です（法78条2項12号・3項1号、規25条。Q73参照）。もっとも、放棄の許可は、債権者集会において口頭で申請すること、具体的には債権者集会1週間前に提出する業務要点報告書、財産目録に「放棄予定である」旨を記載したうえ、債権者集会において口頭で放棄の許可申請を行うことができますので（運用と書式104頁）、性急に放棄するのではなく、換価に向けて最大限努力しましょう。

Q75 請負代金に関する抗弁

請負代金を回収しようとしたところ、①瑕疵担保責任を請求する可能性がある、②アフターサービスを受けることができなくなったとして、支払いを拒絶されました。どうしたらよいでしょうか。

A

(1) 瑕疵担保責任を理由とする支払拒絶（①の場合）

瑕疵が現実に発生しておらず、「将来瑕疵が発生するかもしれない」という程度であれば、注文者の瑕疵修補請求権ないし瑕疵修補に代わる損害賠償請求権は未だ発生していません。注文者の代金支払拒絶には法的根拠がなく、管財人としては、請負代金全額の支払いを求めて交渉すべきです（実践マニュアル169頁）。

他方、瑕疵が現実に発生している場合には、瑕疵修補請求権ないし瑕疵修補に代わる損害賠償請求権は具体化しています。当該債権は、破産手続開始決定前の請負工事を原因とする破産債権であって、相殺禁止にも該当しないことから（法72条2項2号）、注文者は、請負代金請求権と対当額で相殺する旨

の主張することができます（破産200問126頁）。瑕疵の具体的内容と評価額について、資料に基づき吟味することが重要でしょう。

(2) アフターサービス不履行を理由とする支払拒絶（②の場合）

アフターサービス契約が締結されている場合で、アフターサービスが必要となる状況が現実に発生しておらず、「将来必要となるアフターサービスを受けることができない」というだけの状況であれば、アフターサービス履行請求権は未だ具体的には発生していません。注文者の代金支払拒絶には法的根拠がなく、管財人としては、請負代金全額の支払いを求めて交渉すべきです（実践マニュアル169頁）。

他方、アフターサービス契約が締結されていない場合には、アフターサービス履行請求権は法律上の債権ではありません。このため、破産手続開始決定時にアフターサービスが必要となる状況が現実に発生していたとしても、これを理由とする注文者の代金支払拒絶の主張に応じる必要はありません（実践マニュアル169頁）。

Q76 営業保証金

旅行業者の破産手続で、営業保証金を差し入れていることがわかりました。営業保証金はどのように換価したらよいのでしょうか。

A

旅行業者は、旅行者の債権の引当てとするため、営業保証金の供託（旅行業協会の会員ではない場合）、または、弁済業務保証金分担金を納付（旅行業協会の会員の場合）しています。これらの営業保証金等は、旅行者の債権の引当てとなるため、取戻しにあたっては旅行者の権利行使を優先する必要があります。このため、旅行業廃止による営業保証金等の取戻しにあたっては、6か月を下らない期間を定めて官報に「営業保証金等取戻公告」を掲載したうえで、官報掲載後6か月を経過し、かつ営業保証金等の金額以上の権利行使がない場合に初めて取戻しを受けることができます。営業保証金等の取戻手続には時間がかかるため、早期に換価に着手したほうがよいでしょう（実践マ

ニュアル144頁）。

　なお、設問の点からは少し外れますが、旅行者は上記の期間中に旅行業協会に申し出ることにより、旅行費用の一部の弁済を受けることができる場合があります。これらの手続の進捗と内容を確認し、旅行者である破産債権者からの問合せに対応することも方法でしょう。

Q77 退職金の評価と換価方法

　破産者の退職金について、どのように評価し、また、換価したらよいのでしょうか。破産者は、破産手続開始後も勤務を継続しており、退職金は具体化しておりません。

A

　退職金債権は、その4分の3が差押禁止債権とされており（民執152条2項）、本来的自由財産となります（法34条3項2号）。他方、残りの4分の1は、自由財産拡張が認められない限り、破産財団に帰属します。もっとも、破産者が退職するのは将来のことであり、勤務先が倒産したり、破産者が懲戒解雇されたりして、将来退職金の支給を受けられない可能性があります。このため、大阪地裁の運用では、破産手続開始決定時に退職すれば支給することが見込まれる退職金の金額の8分の1が破産財団に帰属するとされています（運用と書式74頁・143頁、はい6民130頁、実践マニュアル148頁）。

　退職金債権が自由財産拡張の対象外である場合の換価方法は、破産者に対し、退職金評価額（通常は退職金の金額の8分の1）を破産財団に組み入れさせる方法が一般的です（実践マニュアル148頁、はい6民130頁）。破産財団の組入れの原資をどのように確保するかが難しいところですが、親族からの借入れや、月々の給与、ボーナスから少しずつ積み立てる方法などがあります。なお、半年以内に退職を迎えるなど、退職金不支給リスクが極めて低い場合には、8分の1ではなく、4分の1に近い額を基礎として評価する場合もありますので、このような事情がある場合は、裁判所と財団組入額について相談したほうがよいでしょう（運用と書式144頁、はい6民131頁、実践マニュアル

148頁)。

Q78 慰謝料と破産財団

破産者は、破産手続開始決定前に交通事故にあっていました。加害者に対して損害賠償請求権を有していますが、慰謝料は一身専属性があるため、破産財団に属しないと聞きました。管財人として、慰謝料や治療費などの損害賠償請求権について、どのように対応したらよいのでしょうか。

A

　交通事故の損害賠償請求権の中には、治療費や逸失利益などの財産的損害や慰謝料などさまざまな項目がありますので、個別に検討する必要があります。

　まず、治療費などの財産的損害に係る損害賠償請求権は、金銭債権として破産財団に帰属します。財産的損害に係る損害賠償請求権は、定型的拡張適格財産ではありませんが、治療費については、損害を受けた身体の治療にかかる費用であり、自由財産の拡張が認められると考えられます（破産200問90頁）。

　これに対し、慰謝料請求権は、行使上の一身専属性を有しており、性質上の差押禁止財産として、本来的自由財産になると考えられています。もっとも、具体的な金額が当事者間において客観的に確定した場合には行使上の一身専属性を失うとされていますので(最判昭和58年10月6日民集37巻8号1041頁、判タ513号148頁)、破産手続開始後に具体的な金額が確定した場合には一身専属性を失い、破産財団に帰属すると解されています（法34条3項2号ただし書）。金額の確定した慰謝料請求権も、定型的拡張適格財産ではありませんが、交通事故被害者の救済という観点から、①治療費と同様に自由財産の拡張を認める、②慰謝料額のうち一定金額を破産財団に組み入れることで破産財団から放棄するなど、柔軟な対応を検討すべきでしょう（破産200問91頁、実践マニュアル289頁）。実例として、慰謝料110万円を自由財産として拡張した事例、

181

慰謝料約350万円全額並びに逸失利益および休業損害についても相当程度を拡張した事例があるとされています。そのほか、詳細については小野瀬昭「交通事故の当事者につき破産手続開始決定がされた場合の問題点について」（判タ1326号54頁）を参照してください。

以上については、法律的に難しい問題を含むほか、金額も相当多額に上る場合もあること等から、処理方針については、検討したうえで裁判所とも相談しておくのがよいでしょう。

9 在庫商品、機械工具等その他各種動産

Q79 在庫商品等への担保設定

在庫商品には譲渡担保や所有権留保が付されていることがあると聞いたことがあります。担保の有無はどうしたらわかりますか。また、担保が設定されている場合、売却できないのでしょうか。

A

担保の有無については、破産申立書中の財産目録の備考欄、引継資料の債権調査票、破産者および関係者からのヒアリングなどによって情報を収集し、担保権設定の根拠となる契約書を検討して担保権設定の有無を確認します。破産者が契約書を紛失している場合には、契約相手先に契約書の写しの提出を求めます。また、動産譲渡登記を確認することも考えられます。

これらによって在庫商品に担保が設定されていることが確認できたとしても、成立要件（集合動産譲渡担保の場合の目的物の特定など）が充足されていなかったり、第三者対抗要件が具備されていなかったりする場合には、別除権の成立を認めず、無担保物件として当該在庫商品を売却することができますので、要件の充足については慎重に検討する必要があります。

他方、担保権の成立要件および第三者対抗要件の具備に問題がない場合には、別除権の成立を認めたうえ、早期に適正価格で売却するために、別除権者に当該在庫商品の任意売却への協力を求め、売却代金の一定額（売却までに

かかる維持管理費、売却代金への管財人の寄与度等を考慮）の財団組入れを求めることを検討します（管財の手引205頁、実践マニュアル171頁）。

Q80 委託販売の在庫商品

在庫商品を売却しようとしたところ、委託販売商品であることが判明しました。どうしたらよいでしょうか。

A

委託販売とは、売主（仕入先）と買主（破産者）との合意により、買主が商品を第三者に売却できた段階で売買が成立する売買取引をいいます。在庫商品が委託販売商品であった場合には、売主（仕入先）に在庫商品の所有権がありますから、仕入先の取戻権（法62条）を認め、当該在庫商品を仕入先に返還する必要があります。なお、100万円を超える委託販売商品についての取戻権の承認には、裁判所の許可が必要です（法78条2項13号・3項1号、規25条）が、大阪地裁など破産手続開始決定に際して包括的に許可がなされる庁もあります（運用と書式124頁）。

ただし、当該在庫商品が委託販売契約に基づく仕入商品なのか、通常の売買契約に基づく仕入商品なのか、判断が微妙な場合が少なくありません。契約書の記載内容、従前の取引における返品の有無、委託販売手数料の合意の有無などの事情を確認し、慎重に判断する必要があります（実践マニュアル111頁・171頁）。

Q81 在庫商品等の換価の一般的な留意点

在庫商品や原材料を換価するにあたって、スケジュールや在庫商品等の性質によって留意するべきことがあれば教えてください。

A

在庫商品や原材料は、季節商品や流行性の商品を想定すればわかるように、時間の経過によって著しく陳腐化する可能性があります。また、管財人が保有する在庫商品や原材料に対して、動産売買先取特権が行使される可能性も

あります。さらに、破産手続開始決定後に在庫商品を倉庫等に保管し続ければ、保管先の倉庫料や賃料が財団債権となり、配当可能財産が減少します。破産財団に帰属する倉庫等で保管している場合であっても、当該倉庫等の物件の任意売却が遅れる原因となります。そのため、在庫商品や原材料については、とくに迅速に売却する必要があります。事案の性質や商品の種類等にもよりますが、破産手続開始決定後1か月以内、遅くとも財産状況報告集会までに換価することを原則とすべきです（はい6民102頁）。

　酒類、たばこ等の販売については行政官庁の許可が必要であることにも留意が必要です。管財人は、破産者が受けている許可の範囲内であれば売却することができますので、まずは破産者に対する許可の有無、許可の内容を調査すべきです。そのうえで、売却をするのであれば、所轄の官庁等に問い合わせて、事前に管財人の売却方針に問題がないか確認しておけば安全です。破産者が販売許可を得ていない場合には、納入業者に引取りを求めるか、廃棄業者に依頼して廃棄することを考えましょう。

Q82　大量の在庫商品の換価

　　大量の在庫商品がある場合に、どのような方法で売却先をみつけたらよいのでしょうか。

A

　大量の在庫品は、商品の種類や性質にもよりますが、迅速に売却するためには、一括買取りを条件として売却することが有効です。ただ、その場合でも価格の適正性を担保するために（一括買取りの場合は安価になりがちです）、入札方式や場合により競り売りなどの方法も検討するべきです。

　大量の在庫商品が残っている場合、管財人事務所に買受希望者から問合せが寄せられることがあります。また、在庫商品のメーカー、納入業者、発注者、同業者、下請業者等に購入希望の有無を問い合せることが有利な換価につながる場合も多いですので、ぜひ行っておくべきです。なぜなら、メーカーや納入業者は、在庫商品等が倒産品として市場に出回って商品が値崩れ

を起こすことを懸念して買取りを希望することが少なくありませんし、発注者は一定量の在庫を確保する必要から比較的高値で買い取ることを希望する場合があり、同業者や下請業者は、原材料を少しでも安価で仕入れようと競って買い取ろうとすることがあるからです（破産・民再の実務(上)233頁）。とくに、破産債権者でもある納入業者や下請業者については、購入の機会を与えなければ、財産状況報告集会等で不満を述べる可能性がありますので、必ず事前に購入希望の有無を問い合わせ、購入の希望があれば入札等に参加する機会を確保しておくべきです（はい 6 民102頁）。

Q83 ブランド品・キャラクター商品や電気用品の換価

ブランド品やキャラクターがプリントされた在庫商品が多数あります。どのようなことに気を付けて在庫商品の処理をしたらよいでしょうか。同じく、PSE マークの付されていない電気用品が在庫商品にある場合の留意点についても教えてください。

A

　ブランド品やキャラクター商品については、ライセンス契約等を確認し売却先等が制限されていなければ、高額で売却できそうなものについては複数の買取業者から相見積りを取得して最高額を付けた先に売却し、その他のものは業者への一括売却を行うなどの方法によって、できるだけ高額での換価を図ることになります。これに対し、売却先等が制限されている場合には、仕入先、ライセンサー等に対し買戻しの交渉を行うことが多いでしょう（実践マニュアル160頁）。

　PSE マーク（電気用品の安全性に関する技術基準適合確認済みマーク）の付されていない電気用品安全法上の電気用品については、販売または販売の目的で陳列してはならないとされています（電気用品安全法27条）。管財人としては所定の検査を受けたうえで PSE マークを取得して販売するかどうかについて、検査にかかる費用および手間も考慮して検討することになります。

185

Q84 許可申請の要否の判断

許可申請の要否の判断における在庫商品の評価額はどのように算定すればよいのでしょうか。

A

「商品の一括売却」をする場合には対象物の金額にかかわらず許可が必要であるのに対して、在庫商品の個別的処分は100万円を超える価額を有する場合に限り許可が必要となります（法78条2項4号・7号・3項1号、規25条）。

そこで、まずどのような場合が「一括売却」に該当するかどうかが問題となりますが、破産者の取り扱っていた商品等の在庫が相当量あって破産財団の重要な部分を占めているような場合には、これをまとめて売却することは「一括売却」に該当すると考えるのがよいでしょう。

次に、破産財団に少量の未処分在庫等があるにすぎないような場合には、これをまとめて売却するとしても「一括売却」に該当すると解する必要はなく、評価額が100万円を超えるかが問題となります。評価額の手がかりとしては、決算報告書その他の帳簿上の計上価額である簿価や破産者作成の財産目録における評価額、さらには売却に際して複数業者の相見積もりをとった際の評価額などが考えられるでしょう。在庫品の評価額を客観的に確定することは容易ではない場合が多いので、帳簿価額や財産目録の計上額が100万円を超える場合には、許可申請の要否を検討することが無難ではないかと思います（裁判所の許可が必要な100万円超の判断における基準時・価額の内容等について、Q70参照）。

Q85 機械工具類・重機の保管

機械工具類・重機の保管に際して、留意することがあれば教えてください。

A

機械工具類・重機は、相当程度換価価値があり、破産財団にとって重要な

内容をなすことが考えられます。また、移動や持出しが比較的容易ですので、破産手続開始決定の前後の時期等に、債権者その他の関係者に持ち去られてしまう事例もみられます。いったん持ち去られるとその回収は極めて困難となる場合も多いことから、破産手続開始決定後は、管財人において、工場や倉庫内等施錠できる施設で、かつ、鍵を変える等して厳重に保管する必要があります。そして、できる限り速やかに売却をすることが望ましいといえます。保管に費用がかかる場合もあることからも、破産手続開始決定直後に直ちに売却できることが望ましいでしょう。

Q86 機械工具類の売却方法

機械工具類の一般的な売却方法を教えてください。また、破産者や元従業員が購入を希望した場合の留意点を教えてください。

A

機械工具類の売却方法としては、複数の動産買取業者に見積りを提出してもらって、最も高額な提示をした業者に売却するといった方法が考えられます。機械工具類の評価額が相当額に及び、債権者も関心をもつと考えられるような場合には、（主要な）債権者にも見積提示の機会を与えておくことも考えられます。

破産者や元従業員が購入することは、それ自体が不適切であるということではないとしても、債権者から、破産者・従業員は債権者に迷惑をかけておきながら、機械工具を廉価で買受けるのはおかしい、といったクレームを受けることのないように、売却価額の適正性についてとくに慎重に検討をしておくべきです。破産者や従業員に対しても、債権者に対して破産者や従業員からの協力によりとくに高額にて処分できたと説明できる程度の金額での買取りを検討してほしい等と説明をして、できる限り高額での処分に努めることも考えられます。

Q87 什器備品等の廃棄

明渡し未了の賃借物件を明け渡す際に、什器備品類を売却か廃棄したいのですが、これらの処分にあたってとくに留意するべき事項や物件があれば教えてください。

A

明渡しに際して、換価価値に乏しい什器備品についてまとめて廃棄をする必要がある場合は多いです。しかし、以下のような点に留意を要します。

まず、リース物件や第三者の所有物等が混入していないかという点について確認を要します。この点は、第7章（契約関係の処理）Ｑ9を参照してください。

次に、パソコンが含まれている場合には、その中に破産財団に関する重要なデータが入っていないか、顧客情報、従業員情報等の個人情報等が入っていないかに留意し、必要なデータはコピーをとっておくとともに、無用なデータは流出のおそれがないように破壊しておく必要があります。また、キャビネット等に放置された書類がある場合にも、同様に破産財団にとって必要な資料や個人情報に該当する資料がないかに留意を要します。

そのほか、神棚や仏壇などがある場合には、破産者に協力してもらって持って帰っていただくことも考えられます。

ただし、賃借物件の明渡しは速やかに行う必要があることから、上記の調査にはあまり時間をかけることはできませんので、速やかに見極める必要があります。疑問が解消できない物件で一定の価値のありそうなものについては、明渡しを依頼した業者等にしばらく保管をお願いして継続調査をすることも考えられます。

Q88 切手・印紙・金券等の換価

切手・印紙・金券等があるときに、どのように換価したらよいでしょうか。金券ショップなどでの換価が必須でしょうか。

A

　原則として金券ショップでの換価の方法がよいのではないかと思います。管財人が自ら適正価額で引き取って処理をする事例もあるようですが、形式的には、管財人の自己取引として善管注意義務に反するおそれがないではないこと（法85条。なお、管財人の自己取引の規制について、民再75条、会更78条参照）、実質的には債権者から換価方法や換価価額に疑問を提起されることもありうることから、慎重に行うべきでしょう。

　ただし、記念切手や古い切手等でなく、現在も広く流通している通常の郵便切手や印紙など収集価値が存在しないことが明らかなものについては、額面で管財人が買い受けても問題はないでしょう。

10　知的財産

Q89　知的財産権の換価方法

　特許権や商標権など、知的財産権はどのように評価し、売却したらよいでしょうか。

A

　破産者が知的財産権を保有している場合において、破産者（代表者）が当該知的財産権に極めて高い価値がある旨を主張することはよく見受けられます。しかし、冷静に考えれば、それほど高い価値がある知的財産権を有しているのであれば、なぜ破産に至ったのか、またなぜ破産に至る前に換価に至らなかったのかという疑問も生じるところであり、さらには、破産者が廃業して破産手続開始決定を受けたことにより破産者の有していた商標等は価値を失うこともよくあることであり、その評価は慎重に行うべきです。

　なお、知的財産権の登録内容については、特許庁のホームページにリンクされている特許電子図書館 IPDL（http://www.ipdl.inpit.go.jp/homepg.ipdl）などで検索して確認をすることができます。そして、知的財産権の価額の評

価には、弁理士の協力を求めることもありますが、上記のとおり、弁理士による評価に要する費用に見合う価値があるか不透明な場合が多いことから、まずは破産者の同業他社から購入希望を募ることが現実的です。また、購入希望者がない場合において共有者がいれば、共有者に申請費用程度で譲渡することもやむを得ないでしょう。当該知的財産権の存続期間の満了が近い場合や、権利の維持のために費用を要する場合もありますので、その点も確認しつつ迅速な換価に努める必要があります。なお、知的財産権の任意売却は、評価額にかかわらず裁判所の許可を要しますので（法78条2項2号・3項参照）、注意が必要です（以上、運用と書式147頁、実践マニュアル140頁）。

11　相続財産

Q90　遺産分割協議の実施方法

遺産分割協議が未了のまま、相続人について破産手続が開始した場合、管財人として遺産分割協議にはどのように関与することができるのでしょうか。

A

従来は、管財人が当事者として作成した遺産分割協議書では法務局において登記ができない状況にありました。しかし、平成22年8月24日の法務省民二第2078号通達により、戸籍謄本、管財人が他の共同相続人と作成した遺産分割協議書のほか、裁判所の許可（法78条2項）があったことを証する書面の提出があれば登記可能となりました。したがって、現在では、管財人も当事者として遺産分割協議に関与することができます。

Q91　遺産分割協議が完了しない場合の対応

遺産分割協議が未了のまま、相続人について破産手続が開始した場合、分割協議が調わなければ相続財産を換価することはできないのでしょうか。

A

　Q90記載の通達において、遺産分割調停または審判が申し立てられ、管財人が当事者となって調停が成立し、または審判がされた事案では、戸籍謄本等のほか、当該調停または審判に係る調停調書または審判書の正本の提出があれば登記可能である旨回答されています。

　したがって、管財人は遺産分割調停または審判についても当事者として関与することができますので、遺産分割協議が調いにくい場合には、管財人が当事者となって遺産分割調停または審判を申し立て、その結果に従って換価することも可能です。ただ、遺産分割調停または審判に相当な時間を要すると思われる事案においては、法定相続分の評価額を破産財団に組み入れてもらって、破産者の法定相続分を放棄することも検討する必要があるでしょう。

第4章

財団債権と破産債権

I 財団債権と破産債権に係る事務作業のチェックポイント等

1 財団債権と破産債権に係る事務作業の心構え

▶財団債権・優先的破産債権の弁済において、債権の存在自体を見落としたり、財団債権相互・優先的破産債権相互の優先順位を誤ると、取り返しのつかない過誤となりかねませんので、正確な知識を身に付ける必要があります。

▶労働債権については、元従業員の生活保障の観点から、速やかに処理を行う必要があり、独立行政法人労働者健康福祉機構による立替払制度の活用等を積極的に検討すべきです。

▶元従業員との間の雇用関係の処理にあたっては、未払労働債権の存否のみならず、離職票、給与所得者異動届出書、資格喪失届出等のさまざまな労務処理が円滑になされる必要があることに留意すべきといえます。

Ⅰ 財団債権と破産債権に係る事務作業のチェックポイント等

２ 破産手続開始決定直後の業務、引継面談時の確認事項

⑴ 公租公課庁に対する破産手続開始等の通知書の発送

❏送付を要する公租公課庁の確認

　※大阪地裁の場合は、申立書添付の被課税公租公課チェック表を確認する。

　※破産申立一件記録の精査、破産者からの聴取り等により、被課税公租公課チェック表に記載漏れ・誤りがないか、必ず確認すること。

　※破産手続開始決定時に滞納していなくても、交付要求がなされる見込みのある公租公課庁に対しては開始決定通知の発送が必要である。

　※市役所等に送付する場合には、送付すべき部署すべてに確実に送付されるよう、担当課・担当局を確認し、担当課・担当局別に送付するとよい。

　※公租公課および送付先は、以下のとおり。

●各公租公課庁に対する破産手続開始等の通知書の発送先

① 法人／自然人に共通する公租公課

　❏固定資産税・都市計画税

　　　破産者が破産手続開始決定時・開始決定前に不動産を所有していないか、当該不動産について固定資産税・都市計画税の滞納・未納がないかを確認

　　　→滞納・未納がある場合、登記簿謄本により不動産所在地の管轄市税事務所・市区役所・町村役場を確認

　　※固定資産税・都市計画税は、毎年１月１日現在の不動産の所有者に対し１年分が課税される。

　❏自動車税

　　　破産者が破産手続開始決定時・開始決定前に自動車を所有していないか、当該自動車について自動車税の滞納・未納がないかを確認

　　　→滞納・未納がある場合、車検証によりナンバーの管

チェックボックスの種類

❏必ず確認すべき事項
◉場合によって検討すべき事項のうち重要なもの
☐場合によって検討すべき事項

195

轄府税事務所・県税事務所を確認
　　　※自動車税は、毎年4月1日現在の自動車の所有者に対し当該年度分が課税される。
　❑軽自動車税
　　　破産者が破産手続開始決定時・開始決定前に軽自動車を所有していないか、当該軽自動車について軽自動車税の滞納・未納がないかを確認
　　　→滞納・未納がある場合、車検証によりナンバーの管轄市税事務所・市区役所・町村役場を確認
　　　※軽自動車税は、毎年4月1日現在の軽自動車の所有者に対し当該年度分が課税される。
　❑下水道使用料→未払下水道使用料がないかを確認
　　　→未払使用料がある場合、管轄市税事務所・市役所・町村役場を確認
　　　※下水道使用料は、地方税の滞納処分の例により徴収することができる請求権に当たる（地自231の3Ⅲ・附則6③、運用と書式258頁）。
　❑破産者が従業員を雇用している／していた場合
　　❑源泉所得税→管轄税務署を確認
　　❑厚生年金保険料等→管轄年金事務所を確認
　　❑健康保険料・介護保険料等→管轄全国健康保険協会支部等を確認
　　❑労働保険料→労働保険料確定申告書により管轄労働局を確認
　　❑特別徴収住民税→各従業員の住所地の管轄市税事務所・市区役所・町村役場を確認
　　　※給与台帳等により特別徴収をしているか否かの確認が必要。
② 法人に対する公租公課
　❑法人税→管轄税務署の確認
　❑消費税・地方消費税→管轄税務署の確認

☐法人市町村民税→管轄市税事務所・市役所・町村役場の確認

☐法人府民税・県民税→管轄府税事務所・県税事務所の確認

☐法人事業税→管轄府税事務所・県税事務所の確認
　※法人市町村民税、法人府民税・県民税、法人事業税は、事業所・事務所ごとに課税されるので、過去の申告書等により事業所数・事務所数、所在地の確認が必要。

③　自然人に対する公租公課

☐所得税→確定申告を行っているか、給与明細書等により給与から源泉徴収されているかの確認
　※確定申告をしている場合には、過去の申告書等により管轄税務署の確認を行う。
　※給与から源泉徴収されていて確定申告を行っていない場合には、所得税について公租公課庁に対する破産手続開始等の通知書の発送は不要。

☐府県民税・市町村民税→特別徴収か普通徴収かの確認
　※特別徴収の場合（勤務先等の給与等支払者が、給与等から税金等を天引きして徴収し、本人に代わって納入する場合）には、破産手続開始等の通知書の発送は不要。
　※普通徴収の場合（本人が直接に税金等を納入している場合）には、破産手続開始等の通知書の発送が必要→管轄市税事務所・市役所・町村役場の確認を行う。

☐国民健康保険料→国民健康保険加入の有無の確認
　※国民健康保険加入の場合は、市役所・町村役場の確認を行う。
　※勤務先の健康保険組合・共済組合に加入していて、健康保険料が給与から天引きされている場合には、破産手続開始等の通知書の発送は不要。

☐国民年金保険料→国民年金加入の有無の確認
　※国民年金加入の場合は、管轄年金事務所の確認を行う。
　※厚生年金・共済組合に加入していて、厚生年金保険料が給与から天引きされている場合には、破産手続開始等の通知書の発送は不要。

> ☐都道府県が設置する保育所についての未払保育料がないか
> 　※都道府県が設置する保育所についての保育料は、地方税の滞納処分の例により徴収することができる請求権に当たる（児童福祉法56Ⅹ）。
> ☐破産者が個人事業者の場合
> 　☐消費税・地方消費税（消費税課税対象者の場合）→管轄税務署の確認
> 　☐個人事業税→管轄都道府県税事務所の確認
> 　　※事業所・事務所ごとに課税されるので、過去の申告書等により事業所数・事務所数、所在地の確認が必要。

(2) 引継面談時の確認事項＝破産者が従業員を雇用している／していた場合

(A) 未払労働債権の存否・額等に関する調査

☐従業員を全員解雇済みかどうかの確認
　※解雇未了の従業員がいる場合には、原則、速やかに解雇の実施が必要。
☐未払労働債権（賃金・退職金・解雇予告手当）の存否および額の確認
☐就業規則・賃金規程・退職金規程・賃金台帳・解雇通知書・タイムカード・労働者名簿・労使協定書の引継ぎ
　※給料計算等が適切に行われていない場合もあるため、管財人において未払いの労働債権の額を確認するために必要。また、労働者健康福祉機構の立替払制度を利用する際にも必要となる。
　※直近（とくに解雇日）の賃金・解雇予告手当の支払いに対する領収書の引継ぎを受けておくとよい。
　※未払賃金・解雇予告手当の発生・額を確認するため、解雇通知書等の引継ぎを受けておくとよい。
☐交通費等の立替払いについての精算方法の検討　　　　☞ Q9
☐労働債権についての争いの存否の確認（とくに、残業手当不払

い、賃金カットの有効性——紛争性のある労働債権がないか）
☐労働者性に疑義のある対象者がいないかの確認→労働債権か役員報酬債権か（とくに、従業員兼役員の場合）、労働債権か請負代金債権か　　☞Q8
☐労働者健康福祉機構による立替払制度について説明済みか否かの確認
　※労働債権については、労働者健康福祉機構が所定の要件のもと一定割合・一定額を立替払いする制度があり、管財人は、元従業員による立替払請求について未払賃金額等の証明を行う。
　※従業員に対する情報提供努力義務（法86）等については、Q11参照。
☐中小企業退職金共済等の社外積立ての退職金制度に加入していたか否か、加入している場合、労働債権目録に記載された退職金の額が、加入先から支払われた／支払予定の退職金を控除した額かどうかの確認

⒝　雇用関係の終了に伴う事務処理についての確認

☐従業員の私物につき返還未了のものがないかの確認
☐破産者（事業者）からの貸出物件で返還未了のものがないかの確認（鍵、携帯電話、ETCカード、クレジットカード）
☐離職票、源泉徴収票が作成・交付済みであるか否かの確認
　※離職票は元従業員が失業保険を受給するために必要であり、源泉徴収票は元従業員が確定申告を行う場合や再就職先での年末調整のために必要。
☐給与所得者異動届出書、資格喪失届（事業主・各従業員）が作成・提出済みであるか否かの確認
　※給与所得者異動届は、元従業員の住民税につき、特別徴収から普通徴収への切替えを行うため、提出が必要であり、資格喪失届は元従業員が社会保険、厚生年金から国民健康保険、国民年金に切り替えるために社会保険事務所に提出する必要がある。
　※代表者についても特別徴収となっている場合があるので、確認が必要であることに注意。
☐雇用保険被保険者証・年金手帳を返還済みか否かの確認

3 破産手続開始決定以後の業務

(1) 租税等請求権

☐租税等請求権について、公租公課庁から届いた交付要求書を確認し、財団債権・優先的破産債権の区別の記載誤り等がないかを確認 　☞Q5

※財団債権・優先的破産債権の区別については、運用と書式208頁の租税等の請求権の優先関係に関する図を参照。

※財団債権・優先的破産債権の区別につき公租公課庁と管財人との認識が異なる場合の対応については、Q5参照。

※たとえば、市区町村が異動届に先行して交付要求を行ったため給料の未払月の特別徴収分の未払いまで含まれているような場合には、当該市区町村に交付要求の修正を行ってもらう必要がある。

※破産者本人あての交付要求通知書の取扱いについては、Q7参照。

☐住民税につき、給与所得者異動届出書の提出が未了の場合には、いつまでの賃金を支払済みか(＝いつまでの賃金につき預かり住民税が生じているか)を確認のうえ、給与所得者異動届出書を提出する。

※給料の既払月までの特別徴収分の住民税について交付要求を受けることになる。

☐労働保険料につき、当該年度分を納付済みか否かの確認

※労働保険料は毎年5月に1年分の概算保険料を前払いするため、納付済みの場合には還付請求をし、未納の場合には交付要求がされることになる。

☐労働保険料確定申告書・労働保険料等算定基礎賃金等の報告書の作成

※労働保険料の確定申告を行うにあたっては、労働保険料確定申告書・労働保険料等算定基礎賃金等の報告書の作成提出が必要。

☐給与支払報告書の作成提出

※所得税の源泉徴収義務がある給与の支払者は、前年中に支払いの確定した給与についての給与支払報告書を作成し、当年1月

31日までに、各従業員の当年1月1日現在における住所地の市町村長それぞれに対し提出しなければいけない（地税317の6）。
☐源泉徴収票の交付、資格喪失届・離職証明書の提出が未了の場合には、その作成につき申立代理人・元従業員（労務担当者）と協議

(2) 労働者健康福祉機構の立替払制度 ☞ Q12

※労働者健康福祉機構作成の［未払賃金立替払いの要件等に関するチェックリスト］を参照のこと（『未払賃金立替払制度実務ハンドブック』182頁以下参照）
① 福井地裁においては、立替払いの請求手続は申立代理人が必要書類の準備を行う。管財人は、内容を確認のうえ、管財人証明の押印をする立場であり、必要書類に不備等がある場合には申立代理人に補正を指示する。

(A) 立替払請求の前提としての確認事項

☐未払賃金・未払退職金が立替払制度の対象となるかの確認
※解雇予告手当は立替払制度の対象とならないことに注意。

☐請求権者であるか否かの確認

☐未払賃金・未払退職金を有する元従業員の退職日が破産手続開始申立てのあった日の6か月前までの期間か否か
※破産の場合、破産申立日の6か月前の日から2年の間に退職した人であることが必要。
※労働基準監督署長から事実上の倒産の認定を受けている場合には、退職日が事実上の倒産の認定申請日の6か月以内であれば請求権者たりうる。

☐元従業員の労働者性について確認

☐元従業員が請負契約や業務委託契約で働いていたかどうかの確認 ☞ Q8
※実質的な使用従属性を労務提供の形態や報酬の労務対償性およびこれらに関連する諸要素を勘案して総合的に労働基準法上の労働者かどうかを判断する。労働基準法研究会の報告「労働基準法の『労働者』の判断基準について」（昭和60年12月19日）を参照。

- □元従業員が会社の役員ではないか　　　　　　　　☞ Q 8
  ※法人の役員等については一般的には労働者とは認められな　　☞ Q 12
  いが、職務内容等によっては例外的に労働者として取り扱
  う場合もある。
  - □元従業員が個人経営の会社で事業主と同居している親
    族ではないか
    ※同居の親族については、その同居の親族がたとえ事業場で
    形式上労働者として働いている形式をとっていたとしても、
    一般的には実質上事業主と利益を一にし、事業主と同一の
    地位にあると認められ、原則として立替払いの対象となる
    労働者としては認められない。
  - □退職日の 6 か月前の日から労働者健康福祉機構に対する立
    替払請求の日の前日までの間に支払期日が到来している未
    払賃金・未払退職金か
    ※なお、立替払いの金額には上限があることに注意。
- □労働者健康福祉機構の立替払制度を利用するか否かの検討
  ※早期の換価業務により、和解契約による労働債権の弁済、ある
  いは労働債権の弁済許可申請まで行うことができる見込みか否
  か、労働債権が財団債権のみかどうか、破産管財事務の進行の
  見通し等を考慮して判断する。

(B) 立替払請求手続を行う場合のスケジューリング・必要作業

- □就業規則・賃金規程・退職金規程・賃金台帳・従業員名簿の
  引継ぎを受けているかの確認
  ※上記資料は、未払労働債権の額の計算のためにも、立替払請求
  の添付資料としても必要。
  ※必要書類について、労働者健康福祉機構作成の［未払賃金立替
  払に係る提出依頼資料］の確認（『未払賃金立替払制度実務ハン
  ドブック』190頁以下参照）。
  - □定型的な疎明資料が不足している場合に、代替となる資料
    の検討
    ※たとえば、賃金台帳、労働者名簿や勤務記録などの基本的な
    資料が現存しない場合には、労働者が受け取っていた給料明
    細や口座振込みの記録、前年度の源泉徴収票等が代替資料と

なりうる。
※退職金規程等は存在しないが、慣行により退職金が支払われていた場合の対応については、Q14参照。

☐賃金台帳等の信用性の確認（支払実績のない直前の賃上げ等）
※不正請求防止の観点からチェックが必要。　☞ Q13

☐未払賃金・未払退職金の額の計算チェック
※証明金額と賃金台帳等との間に齟齬がないか、また賃金に該当しないものが含まれていないか等。

☐労働債権性、労働債権の額（とくに残業手当）等につき争いがないか

　☐争いがある場合、その余の請求手続を先行させるか、あるいは、早期の解決が見込まれるとして、解決後に全体の請求手続を行うかの見極め

☐問題点・疑義がある場合の労働者健康福祉機構に対する事前相談の活用
※客観的な資料が存在しない場合や労働者性の判断（役員、建設手間請け従事者等）が困難な場合、証明を行うに際し疑問がある場合、多数の立替払請求が見込まれる場合などは事前に労働者健康福祉機構に連絡することが望ましい。

④ 財団債権・優先的破産債権の弁済

(1) 財団債権の弁済（全部弁済・按分弁済）

☐財団債権弁済時期の判断

※財団債権は配当によらず、随時、任意の方法で支払うことができるが、見込まれる破産財団の規模を勘案し財団不足にならないよう注意が必要。

☐財団債権に漏れがないかの再確認

☐交付要求書が提出されていない公租公課庁先に対し、債権の有無について確認

※当該年度の住民税等の納付書等がまだ届いていない場合の対応については、Q16参照。

※滞納公租公課が存在していることが明らかであるにもかかわらず交付要求がなされない場合の対応については、Q6参照。

☐開始決定前後に発生した財団債権（固定資産税・都市計画税、ゴルフ会員権年会費、別荘地管理費、賃料、NHK受信料、プロバイダ使用料、携帯電話使用料、保険料等）の漏れがないか

☐申立書一件記録（大阪地裁の場合は被課税公租公課チェック表）に記載のない公租公課について漏れがないか（下水道使用料、都道府県が設置する保育所についての保育料等）

☐公租公課・労働債権以外の財団債権について漏れがないか（財団債権の種類については運用と書式194頁を参照のこと）

※公租公課・労働債権以外の財団債権の例は、以下のとおりである。

- 破産財団に関して管財人が行った行為によって生じた請求権
- 双方未履行双務契約につき管財人の履行選択により相手方が有する請求権（法148 I ⑦）
- 管財人が双方未履行双務契約を解除した場合に、破産者が受けた反対給付が破産財団に現存しない場合の価額償還請求権（法54 II）
- 継続的給付を目的とする双務契約の相手方が、破産手続開始の申立て後破産手続開始前にした給付の請求権（一定期

間で算定する場合には、申立日の属する期間分の全部を含む）（法55Ⅱ）
　・破産者の行為が否認された場合の反対給付が破産財団に現存しない場合の価額償還請求権（法168Ⅰ②）
　・弁済による代位により取得した財団債権である原債権の行使（最判平成23年11月22日民集65巻8号3165頁）

☐財団債権・破産債権のいずれであるか（財団債権該当性）や債権の存否につき争いのある債権はないか確認し、争いがある場合には対応の検討
　※財団債権該当性について、Q1～Q3参照。
　※財団債権該当性について管財人と債権者との見解が相違する場合の対応については、Q4参照（賃借人が破産した場合で、賃貸借契約を破産法53条1項に基づき解除した場合における明渡費用、原状回復費用については第7章（契約関係の処理）Q10を参照）。
　①神戸地裁、京都地裁においては、破産手続開始決定前3か月間の未払解雇予告手当については、財団債権として扱うことになっている。

☐破産手続開始決定後に具体的納期限が到来する国民健康保険料につき交付要求がなされていないか――財団債権、優先的破産債権のいずれとして取り扱うかの検討　　☞Q2

☐財団債権を全額弁済できるか、按分弁済にとどまるか
　☐財団債権の全額弁済ができない場合、財団債権間の優先関係を確認
　　※財団債権相互の優先順位については運用と書式222頁を参照。
　　※とくに、破産手続開始決定後に賦課期日が到来する固定資産税・都市計画税が優先性を有する財団債権となることについては要注意。
　☐同列の租税等請求権と労働債権があるか
　　☐ある場合、積極的に延滞金・延滞税の減免申請　　☞Q17
☐公租公課庁に対し債権現在額申立書・納付書の送付依頼
☐福祉機構立替払いがなされた場合の財団債権・優先的破産債権の充当関係の確認

205

□財団債権の按分弁済の場合、按分弁済額の算定
　※財団債権を按分弁済する際の具体的な手順、弁済額の小数点以下の取扱いについては、Q15参照。

□弁済にあたり裁判所の許可取得（法78Ⅰ⑬）
　⚠ ただし、大阪地裁（運用と書式124頁）、神戸地裁、京都地裁、大津地裁、奈良地裁においては、許可不要の運用となっている。これに対し、福井地裁においては、100万円を超える場合には裁判所の許可が必要とされている。

□財団債権の弁済の実施　　　　　　　　　　　　　　　☞ Q15
　⚠ 大阪地裁においては、任務終了計算報告集会の前に弁済を実施することが望ましいとされているが、日程的に無理であれば異時廃止後に弁済を行い、弁済の報告を行うことも認められている（運用と書式308頁）。京都地裁、大津地裁、福井地裁においては、管財人報酬決定後に按分弁済した後に廃止決定となるのが一般的な扱いであり、異時廃止決定後に按分弁済を行うことはほとんどない。

□財団債権弁済報告書の作成

(2) 優先的破産債権の弁済

☞ 詳細は第13章（配当）Ⅷ⑨⑩

□財団債権が全額弁済済みであることの確認
□優先的破産債権を全額弁済できるか否か
　□優先的破産債権の全額弁済ができない場合、優先的破産債権間の優先関係を確認（運用と書式223頁）
□弁済の方法の判断（運用と書式273頁）（第13章（配当）Ⅱ配当の手続選択のイメージの図参照）
　※解雇予告手当の弁済について、Q10参照。
　※労働債権については、生活保障の観点から速やかな処理が必要である。
　□弁済できる優先的破産債権が租税等請求権のみか
　　□和解契約の許可申請
　□弁済できる優先的破産債権が租税等請求権および労働債権のみか
　　□和解契約の許可申請
　　□弁済許可による簡易分配

- ☐優先的破産債権全額について弁済が可能な場合
  - ☐和解契約の許可申請
  - ☐配当（配当までの所要期間等によりいずれの方法によるかを検討）
- ☐労働者健康福祉機構による立替払いがなされているか
  - ☐なされている場合、財団債権・優先的破産債権の充当関係の確認

第4章 財団債権と破産債権

II Q&A

Q1 財団債権該当性（立替金）

破産者が契約していたプロバイダの利用料が、信販会社から立替金として支払われていましたが、破産者はプロバイダ契約の解約を失念していたため、開始決定後、プロバイダから破産者に対する利用料の通知が転送されてきて、プロバイダ契約の存在が判明しました。

すでに信販会社が破産手続開始決定前に発生していたサービスの利用料を開始決定後に立替払いしていた場合、信販会社の立替金債権は財団債権でしょうか。破産手続開始決定後の利用料はどうでしょうか。

A

まず、破産手続開始決定前の利用料に係る立替金債権は、破産債権と考えられます。開始決定前の利用料は、立替払いの実行が開始決定後であったとしても、破産手続開始決定前の原因に基づくものとして破産債権となります。信販会社の立替金債権は、立替払契約に基づいてこの破産債権である利用料が支払われたことにより生じたものですので、破産手続においては利用料と同様に破産債権として取り扱われるものと考えられます。

他方、開始決定後の利用料を信販会社が立替払いした場合は、利用料自体が財団債権となるため、信販会社の立替金債権も財団債権として扱われます（最判平成23年11月22日民集65巻8号3165頁、「弁済による代位により財団債権を取得した者は、同人が破産者に対して取得した求償権が破産債権にすぎない場合であっても、破産手続によらないで上記財団債権を行使することができる」）。

Q2 財団債権該当性（国民健康保険料）

自然人の破産事件で、国民健康保険料について破産手続開始後の時

期のものを含めて交付要求がなされました。そのまま支払ってもよいでしょうか。

A

　破産手続開始決定後に具体的納期限が到来した部分については破産者の新得財産から回収されるべきですから、その部分については交付要求を取り下げるよう交渉すべきでしょう。

　国民健康保険料の法定納期限は条例・規約によるものとされており（国民健康保険法18条8号・81条）、一般に、毎年6月から翌年3月までの10期に分けて法定納期限が定められることが多いようです。国民健康保険料については、破産手続開始決定後に具体的納期限(国民健康保険料は法定納期限が同時に具体的納期限です)が到来する分の役所の取扱いが統一されていません。実務的には、国民健康保険料の1年分全額を財団債権として交付要求してくる役所のほうが少ないように見受けられますが、一部の役所では、全額交付要求してくる場合があります。

　しかし、国民健康保険は、保険の切替えや住所の異動の際には月割処理をしていることからすると、月単位で考え、破産手続開始決定日までに具体的納期限の到来した範囲については財団債権として交付要求できるが、破産手続開始決定後に具体的納期限が到来した部分については破産者の新得財産から回収されるべきものと考えるべきでしょう（実践マニュアル375頁、破産200問297頁、運用と書式204頁）。

　したがって、管財人としては、破産手続開始決定後に具体的納期限が到来する健康保険料についても交付要求された場合には、その部分について交付要求を取り下げるよう粘り強く交渉すべきです。

Q3　財団債権該当性（相続した租税債務について）

　破産者が相続した租税債務に係る債権は財団債権となりますか。また、他に相続人がいる場合には、管財人はどの範囲で租税債務を支払わなければならないのでしょうか。

A

相続した租税債務が財団債権あるいは優先的破産債権になるかについては、相続前の債務の性質により定まります。

他に相続人がいる場合、租税債務は、破産者の法定相続分の割合により納付義務を負いますが（国通5条2項、地税9条2項）、破産者が相続した相続財産が租税債務の額を超える場合には、相続した財産の範囲で連帯納付義務を負います（国通5条3項、地税9条3項）。

相続債務となる租税債権については、交付要求が漏れることが多いため、官公庁に交付要求の対象となる債務がないかを確認するとともに、他の相続人が法定相続分の納付を怠っている場合には、相続財産の範囲で租税債務を支払わなければならない場合もありますので、留意が必要です。

なお、熟慮期間内の破産申立ての場合には、「相続人の固有財産については相続人の債権者の債権が相続債権者及び受遺者の債権に優先し、相続財産については相続債権者及び受遺者の債権が相続人の債権者の債権に優先する」（法240条3項）ことから、固有財産と相続財産を分けて管理し、管財人報酬決定、財団債権の弁済、破産債権の配当に際しても、金額を分けて手続を進めることが必要となります。

Q4 財団債権該当性を争う場合の対応方法

ある債権の性質が破産債権か財団債権かについて、債権者と管財人の間で見解が食い違う場合、管財人としてどのように対応すべきでしょうか。管財人が財団債権ではないことを争うためには、財団債権ではないことを確認する訴訟を提起することになるのでしょうか。財団債権性を争うための現実的な対応方法はないでしょうか。

A

できる限り債権者との間で協議を尽くすべきですが、協議が整わない場合には、財団債権は「破産手続によらないで破産財団から随時弁済を受けるこ

とができる債権」(法2条7項)ですので、破産手続においては確定手続がなく、最終的には民事訴訟により財団債権の有無を判断せざるを得ません。具体的には、債権者から管財人に対する給付訴訟または確認訴訟を提起してもらうか、管財人が財団債権不存在確認訴訟を提起し、訴訟により解決せざるを得ません(管財の手引231頁、伊藤237頁)。ただし、公租公課については、賦課等の根拠になった行政処分の取消し等を求める手続をする必要があります。なお、優先的破産債権を財団債権として承認しても他の債権者を害さない場合には、和解により財団債権として承認する(法148条1項4号)ことも検討すべきです。

　債権者が財団債権と主張する債権について、管財人としては、破産債権としては認められるものの、財団債権としては認められない場合には、債権者に破産債権としての届出を促したうえで、債権者の主張にも一定の合理性がある場合や相応の配当が見込まれる優先的破産債権については、配当見込みの金額も踏まえた和解による財団債権化も検討すべきでしょう。

　なお、破産法には、破産手続廃止決定が確定等した場合に、存否または額について争いのある財団債権を供託しなければならないとの規定(法90条2項ただし書)がありますが、財団債権に争いがあって供託しなければならない状況のまま手続を終了する例は聞かれません(破産・民再の実務(中)92頁参照)。

Q5　公租公課庁からの交付要求

　公租公課庁から届いた交付要求書について、管財人として、どのような点に留意して内容のチェックをすればよいでしょうか。その結果、公租公課庁と管財人との認識が異なることが判明した場合はどのように対応すればよいでしょうか。

A

　交付要求書には、一般に、財団債権、優先的破産債権、劣後的破産債権の区分が記載されていますが、公租公課庁の理解に誤りがある場合もあります

211

ので、管財人としては、根拠法令を確認し、具体的納期限を確認したうえで、当該公租公課の区分を確認すべきです（管財の手引240頁）。区分の確認にあたっては、破産200問290頁、運用と書式208ないし212頁の図、実践マニュアル359頁のフローチャート、管財の手引242頁のフローチャートなどが参考になります。

　公租公課庁と管財人の認識が異なる場合には、公租公課庁との協議により管財人の見解について理解を求めるべきですが、財団債権、優先的破産債権、劣後的破産債権の区分を問わず、管財人が公租公課庁の交付要求の内容を争うためには、賦課等の前提となった行政処分の取消し等を求める手続(国税は国税通則法75条以下で定める不服申立て、地方税は地方税法19条以下で定める不服申立て、公課は当該公課の法令または行政不服審査法もしくは行政事件訴訟法による不服申立て)を行う必要があります(法134条1項)。行政処分の取消し等を求める手続には、法定の期限（国通77条など）がありますので、期限を徒過しないように速やかに対応をする必要があります。

Q6　交付要求を行わない公租公課庁がある場合の対応

滞納公租公課が存在していることが明らかであるにもかかわらず、交付要求を行わない公租公課庁があります。管財人として、公租公課庁に対し、積極的に連絡して交付要求を促すほうがよいでしょうか。

A

　滞納公租公課が存在していることが明らかな場合、管財人としては、公租公課庁に対し、交付要求がなされない事情を確認して、交付要求が速やかになされるよう促すべきです。交付要求がなされないことを放置して、そのまま他の財団債権の按分弁済、あるいは、配当の実施がなされた場合、管財人として、善管注意義務違反が問題となる可能性があります。

　たとえば、財団債権である滞納公租公課については、簡易配当の事案の場合、簡易配当の通知が通常到達すべきであった時を経過した旨の管財人の届出があった日から起算して1週間を経過した時までに管財人に知れたる財団

債権は、交付要求がなされたか否かを問わず、支払いをしなければなりません（法205条・203条）。

　また、優先的破産債権である滞納公租公課については、債権届出期間の制限は受けず（法114条1項）、配当表が確定するまで届出は可能であると考えられます。したがって、配当表が確定するまでに届出がなされなければ、破産手続上は失権することになりますが、配当手続が一定程度進んだ段階で初めて届出がなされると、一般破産債権に対する配当可能性が失われたり、あるいは、配当率が大きく変動してしまう可能性があります。さらに、租税等の請求権は非免責債権であることから（法253条1項1号）、破産者が自然人の場合には、破産者との関係において、管財人の善管注意義務違反が問題となることも考えられます。

　一方、異時廃止の事案で財団債権の按分弁済がなされる場合については、破産法上、財団債権の失権等につきとくに定めはありませんが、交付要求を行わなかった公租公課庁の対応に問題があったとしても、管財人の善管注意義務違反が問題となる可能性は考えられます。

　以上のとおり、滞納公租公課が存在していることが明らかである場合、管財人としては、善管注意義務違反として責任を問われる可能性があることを踏まえて、公租公課庁に対し、適切に交付要求を促すべきです。

　これに対し、滞納公租公課が存在することが疑われるものの、公租公課庁から交付要求がなされない場合には、管財人として、どこまで、公租公課庁に対し確認すれば足りるか、あるいは、どこまで交付要求を促せば足りるか、非常に悩ましいところです。管財人として、一度は、滞納公租公課の存否・額等について、公租公課庁に対し、積極的に確認をするべきですが、それでも公租公課庁が対応しない場合には（なお、公租公課庁とのやりとりは書面で行うなど証拠化しておくべきです）、滞納公租公課が存在する蓋然性の高さ、金額の大小、破産手続の円滑な遂行、善管注意義務違反が問題となる可能性等を総合的に考慮して、判断を行っていくことになります。

Q7 破産者本人あての交付要求通知書

公租公課庁から交付要求書が送付され、そのなかに破産者本人あての交付要求通知書が含まれていましたが、本人に交付すべきでしょうか。また、その後破産財団から公租公課を支払った場合、その事実および金額等を本人に通知すべきでしょうか。

A

公租公課庁からの破産者本人あての交付要求通知書は、交付要求書が送付される際に同封され、あるいは、破産者の住所あてに送付されたものが転送郵便により管財人に送付されます。これは、国税徴収法82条2項を根拠とするものであり、滞納者である破産者に対し異議申立ての機会を付与するためのものです。

理論的には、交付要求の内容を管財人が争わず、破産者のみが争うというケースも考えられますが、このようなケースはごく例外的であって、そのような例外的なケースでなければ、破産者本人に対し異議申立ての機会を付与するという限りでは、管財人が交付要求通知書を破産者本人に交付することが必要的とまではいえないでしょう。

なお、交付要求通知書を自然人である破産者に交付するのであれば、破産者において、破産事件係属中に支払いをするよう、破産者本人に対し請求がなされたものとの誤解が生じないよう、丁寧な説明および配慮が必要です。

管財人としては、以上を踏まえて、交付要求通知書を破産者に交付するか否か、破産財団から公租公課を支払った場合に、その事実および金額等を破産者に対し通知するか否かを、個々に判断していけば足りるでしょう。

Q8 労働債権該当性（労働者性）

会社の役員、業務委託契約・請負契約に従事していた者について労働者性に争いがある場合、どのようにして判断すればよいでしょうか。労働者性についての具体的な判断基準を教えてください。

A

「労働者」とは、一般に、使用者の指揮監督のもとで労働を提供し、その労働の対価である賃金を受ける者と解されています。労働基準法研究会報告「労働基準法の『労働者』の判断基準について」（昭和60年12月19日）では、「指揮監督下の労働」に関する判断基準として、①仕事の依頼、業務従事の指示等に対する諾否の自由の有無、②業務遂行上の指揮監督の有無、③拘束性の有無、④代替性の有無をあげ、「使用従属性」を補強する要素として報酬の労務対償性をあげ、そして、労働者性が問題となる限界的事例において判断を補強する要素として、ⓐ事業者性の有無、ⓑ専属性の程度等を挙げています（http://www.mhlw.go.jp/stf/shingi/2r9852000000xgbw-att/2r9852000000xgi8.pdf）。

上記判断要素は、破産事件についても、基本的に妥当するものですが、管財人としては、破産手続を適正かつ公正に行うという職責のもと、管財人の立場において、労働者性を判断することになります。

たとえば、労働者健康福祉機構に対する立替払請求において、対象者の労働者性につき労働基準監督署と見解が相違することもありますが、このような場合には、管財人は、あくまで管財人の立場において、検討を行うことが必要です。

Q9 労働債権該当性（交通費等）

従業員が勤務先のために交通費等を立替払いして、その精算がされないまま、勤務先について破産手続開始決定がなされた場合、立替金を労働債権として取り扱ってもよいでしょうか。

A

従業員が破産手続開始決定前に立替払いした交通費等に係る立替金返還請求権については、民法308条「給料その他債務者と使用人との間の雇用関係に基づいて生じた債権」に含まれると解することが可能な場合もあり、これに

よれば、従業員の立替金返還請求権は、一般の先取特権の被担保債権となり、破産法98条1項により、優先的破産債権として取り扱われることになります。

　立替金の取扱いについては、実務的には、当該立替金の内容（通勤費用、出張費用、営業回りにおいて従業員の判断で発生した交通費等々）、当該破産会社における立替金の取扱いの実情、当該従業員の破産会社における立場、立替金の額の大小等を要素として、管財人の立場において、破産手続の公正さの確保、弱者の立場にある従業員の保護等を考慮して、検討することになります。

Q10　解雇予告手当が支払われていない場合の対応

　解雇予告手当が支払われずに従業員が即時解雇されている場合に注意すべき点はありますか。

A

　解雇予告手当の支払いなしになされた即時解雇は、その後30日を経過するまで効力を生じないとされていますので（最判昭和35年3月11日民集14巻3号403頁）、これによれば、解雇がされたとする日の後30日間につき未払給料（または休業手当）の請求権が生じ、これは破産法149条1項の給料に含まれることになって、財団債権となります（運用と書式214頁）。この場合、労働者健康福祉機構の立替払制度の対象にもなりますので、元従業員への制度の説明や証明書の交付も行う必要があります。

　もっとも、何らかの事情で、解雇予告手当の支払なしにもかかわらず、即時解雇が有効に成立していると判断される場合には、解雇予告手当の発生のみを認めることも可能でしょう（破産200問322頁）。

　なお、解雇予告手当が破産法149条1項の財団債権に当たるか否かについては争いがあり、各地の裁判所によって運用が異なります。大阪地裁では解雇予告手当は優先的破産債権とされていますが（運用と書式213頁）、東京地裁では、破産手続開始決定前3か月間に使用者が労働者に対し解雇の意思表示をした場合の解雇予告手当について、管財人から、解雇予告手当も同項にい

う「給料」に当たるとして財団債権の承認の許可申請があれば、財団債権と認める運用がなされています（管財の手引198頁）。

そのため、解雇予告手当の取扱いについては、各地の庁の裁判所の運用をも踏まえた対応を検討する必要があります。

Q11　労働債権者に対する情報提供努力義務

破産法は、管財人に、破産債権である労働債権を有する者に対する情報提供努力義務（法86条）を課していますが、管財人として、具体的に、どのような場合に、どの程度の情報提供を行えばよいのでしょうか。

A

労働債権については、一般的に、その根拠資料（就業規則、賃金台帳、タイムカード等）が破産者である使用者の側に存在しているため、労働者自らが入手することは困難であり、また、入手することができたとしても、労働者が自らの債権額を正確に把握することは困難です。そのため、労働債権を有する者に対し、必要な情報を提供するよう努めるべき義務を管財人に課し、情報弱者の立場にある労働者に対して情報提供することで支援することにより債権者平等原則を実質的に保障しようとしたものが、破産法86条です。

条文上は、「破産債権である給料の請求権又は退職手当の請求権」と定められていますが、これは、破産債権については、届出の制度および失権のおそれがあることから、上記の定めとなったものであって、労働者を情報面で支援することにより債権者平等原則を実質的に保障しようとする同条の趣旨は、財団債権についても当てはまるところです。それゆえ、財団債権についても、管財人としては、情報提供の努力をなすべきと考えられます（条解破産630頁）。

具体的には、たとえば、破産債権届出、あるいは労働者健康福祉機構に対する立替払請求等では、一般的に、労働者自らが、必要な資料を入手して、正確に債権額を算定することは困難なので、管財人の側で、各労働者の労働債権の存否および額につき内容を精査し、労働者に対し、労働債権の内容・

額およびその根拠を提示・開示すべきです（債権届に関しては第12章Ｑ３参照）。

さらには、破産手続とは直接の関係がない破産会社が負担するその他義務についても、可能な限りにおいて対応することが望ましいといえます。たとえば、解雇に際しての源泉徴収票の交付、離職票の交付、特別徴収から普通徴収への異動届出の提出、社会保険に関する資格喪失届出の提出などは、原則的には破産手続開始申立て前に債務者または申立代理人において行うべき事項ですが、開始決定後、これらが未処理であるか否かを確認し、未処理であれば、申立代理人に処理を促すか、あるいは管財人の業務として直ちにこれらの処理を行う必要があります。

なお、従業員の中には、紛失等の理由により源泉徴収票の再発行などを求めてくる場合がありますので、必ずこれら書類の写しを保管しておくことが必要です。

Q12 立替払制度に関して管財人の留意すべき点

労働者健康福祉機構の未払賃金の立替払制度において、未払労働債権の証明書を作成する際の留意点を教えてください。

A

(1) 立替払いの対象となる者

立替払いの対象となるのは、労働基準法上の労働者であって、破産の場合は破産申立日の６か月前の日から起算して２年間に退職した人です。したがって、解雇から破産申立てまでに６か月が経過している場合には、労働者は立替払いを受けられません。「労働者」にはアルバイトも含まれますし、名義上は「役員」とされていても、業務執行権がなく、業務の内容や報酬において一般の労働者と何ら変わらない実態にある人については、「労働者」と認められる場合もあります。その場合には、①労働者としての実態を確認した旨と②当該役員の届出債権が労働債権として認められた事実を記載した証明文書を証明書に添付する必要があります。また、未払賃金の総額が２万円未満の場合には、立替払制度は利用できません。

(2) 立替払いの対象となる未払いの労働債権

　立替払いの対象となる「未払賃金」は、退職日の6か月前の日から労働者健康福祉機構に対する立替払請求の日の前日までの間に支払期日が到来している「定期賃金」および「退職手当」であって、未払いとなっているものです。賞与その他臨時に支払われる賃金および解雇予告手当等は、立替払いの対象となりません。証明金額に立替払いの対象とならないものが含まれていないか、注意が必要です。なお、未払賃金は、法定控除前のいわゆる額面額で計算します。

(3) 未払いの労働債権額の確認

　管財人が証明書を作成する前提として、未払いの労働債権額を賃金台帳、労働者名簿、就業規則および勤務記録といった客観的な資料に基づいて確認したうえで、その証明をすることになります。しかし、破産会社の場合、上記のような基本的な資料が散逸し、現存しない場合もあります。そのような場合には、労働者の受け取っていた給料明細等の客観的な資料に基づいて証明を行う必要があります。

　詳しくは、労働者健康福祉機構のホームページ（http://www.rofuku.go.jp/chinginengo/miharai/tabid/417/Default.aspx）をご参照ください。

Q13　立替払請求等に係る不正請求

　従業員からの未払賃金や退職金の請求が適正になされているか否かについて、どのような調査を行い、どのような事情を考慮すべきでしょうか。

A

　管財人としては、まず、賃金台帳や出勤簿、タイムカード、退職金規程等の客観的資料と請求金額が合致するかを確認する必要があります。破産会社に退職金制度がないため、他社の退職金規程を添付して請求が行われた事例も見受けられるようですので、破産会社において以前退職した労働者に退職金が支給されていたかどうかを確認するなど、資料の正当性も含めて確認す

る必要があるでしょう。客観的資料の乏しい請求や支払根拠が不明確な退職手当の請求については、安易に証明を行わず、労働者健康福祉機構にまず相談しましょう。

また、未払期間中の事業活動が疑われるケースもありますので、いつまで事業活動を行っていたかを確認することも重要です。

さらに、事業活動に著しい支障が生ずるに至った時期または未払賃金が発生している期間に賃金の増額改定が行われたり、退職金制度の新設や改定が行われたりしていないかの確認も必要です。これらの改定等の結果、増額された金額は、不相当に高額な部分として未払賃金の総額から控除される運用となっています。

Q14 退職金規程等がない場合の退職金の認定

退職金規程等はないものの、慣行に従った退職金の支払いに関する合意があった場合、管財人は労働者健康福祉機構に対し、未払退職金についての証明をすることができますか。

A

退職金規程等はなくても、未払い退職金につき立替払請求が認められる場合はあります。その場合、労働者健康福祉機構からは、①退職給与引当金の積立ての事実、②退職金制度が従業員に周知されていたこと、③過去の支払実績を示す資料の提出を求められます。①については貸借対照表等に記載があります。②については元従業員らの聴取り等を行い、その結果を上申書にまとめたものが提出されることがほとんどのようです。③については通帳の写し等支払いの事実を示す資料の収集・提出が必要となります。

Q15 財団債権の按分弁済の具体的手続

財団債権を按分弁済する際の具体的な手順について教えてください。

A

財団債権の按分弁済においては、按分弁済実施までの間に予測される破産

財団の収支の変動(振込手数料、按分弁済表の送付を希望する債権者に対する郵送費用、廃止通知送付用郵券代等)を考慮した破産財団の金額をもとに、按分弁済率を算出します。なお、租税等の財団債権については、公租公課庁に管財人が決めた基準日(一般的には按分弁済予定日を基準日とすることが多いと思われます)の債権現在額申立書を作成送付してもらい、財団債権額を確定します(減免申請についてはQ17参照)。

按分弁済率については、とくに小数点以下何桁までという決まりがあるわけではありません。按分弁済後に破産財団ができるだけ残存しないようにするという観点から、管財人において適宜決定すべきですが、財団債権の按分弁済で終わる事案の場合、財団の規模がそれほど大きくないことが通常でしょうから、小数点以下2桁程度でも構わないでしょう。また、各財団債権の額に按分弁済率を乗じた按分弁済額の算出につき、「切捨て」「四捨五入」「切上げ」のいずれの方法でも構いません。

Q16 財団債権の弁済(公租公課庁から納付書等が届いていない場合の対応)

自然人につき、1月15日に破産手続開始決定がなされ、当年4月に財団債権の按分弁済を行って破産手続が終了する見込みですが、まだ住民税(財団債権)の納付書が届いていない場合、財団からの弁済はどのようにすればよいのでしょうか。破産者が給与所得者で特別徴収の場合はどうでしょうか。

A

個人の住民税は、毎年1月1日を賦課期日として課税されますので(地税39条・318条)、1月15日に破産手続開始決定がなされた場合、その年度の住民税は破産手続開始前の原因に基づいて生じた租税等の請求権となります。そして、住民税が普通徴収されている場合は、6月、8月、10月、翌年1月の条例で定める日が法定納期限となるため(地税41条・320条)、通常は法定納期限と具体的納期限が一致しています。したがって、その年度の住民税は納期限

が未到来のものとして財団債権となります。

　4月に按分弁済を行うためには、なるべく早い段階で公租公課庁に連絡し、いつ頃交付要求を出してもらえるか、確認しておく必要があるでしょう。

　なお、特別徴収の場合には、破産者が勤務し続け、勤務先が納税している限り、滞納はありませんので、交付要求されることはありません（実践マニュアル371頁）。

Q17　公租公課の延滞金・延滞税の減免

　公租公課の按分弁済をする際に、公租公課庁に延滞金等付加税の減免申請を必ず行うべきでしょうか。減免申請を行う場合と行わない場合があるとすると、どのように区別しているのですか。

　また、公租公課庁に延滞税等の減免申請をする場合、どの段階で行うべきですか。

A

　減免申請は、他の債権との公平性の観点から行います。本税の全額を支払うことができない場合、すなわち、財団債権の按分弁済までしかできない場合には、租税債権間では平等が問題にならないため、減免申請をする必要性は低いと考えられます。もっとも、租税債権以外の財団債権がある場合には、それらの債権との平等が問題となります。ただ、本税の全額を支払うことができない場合には減免を認めない公租公課庁が多いため、労働債権等他の財団債権についても遅延損害金を付すことによって、公平性を保つ方法も考えられます。

　他方、配当事案については、延滞税の減免申請をし、できるだけ当該交付要求庁と交渉して免除してもらうよう努力する必要があります（運用と書式283頁）。頑なな公租公課庁の場合でも、本税の全額を支払うことが可能である破産財団が形成された日の翌日以降分については延滞税等の免除を求めることができ（国通63条6項4号、同法施行令26条の2第1号、地税20条の9の5第2項3号、同法施行令6条の20の3）、上記根拠規定に基づく免除は自由裁量

ではなく、羈束裁量的な運用がなされています(実践マニュアル418頁、破産200問303頁)。

実際に財団債権の弁済を行うことが決まった段階で、各公租公課庁に基準日(一般的には按分弁済予定日を基準日とすることが多いと思われます)の債権現在額申立書を作成送付してもらいます。

〔コラム**7**〕

労働保険料の申告

労働保険料は年度分(当年4月1日から翌年3月末日まで)の概算保険料を事前(当年6月1日から40日以内)に一括して納付されています(労働保険の保険料の徴収等に関する法律15条)。そして、破産手続が開始した場合には、事業の廃止時(実務上は破産手続開始時)から50日以内に当該年度の確定した労働保険料を申告することになります(同法19条)。多くの破産会社の場合、この申告により事前納付された労働保険料が還付されるので、忘れずに申告をしましょう。

ところで、この申告にあたっては、賃金台帳等の資料が必要になります。賃金台帳等がデータ管理されている会社も多いので、できる限り早期にこれらの情報を確保することが重要です。また、具体的な申告の仕方については、各都道府県労働局や労働基準監督署にもあるパンフレット「平成〇年度 労働保険 年度更新 申告書の書き方」(厚生労働省のホームページからも入手できます)を参考に、労働局に相談しながら申告するとよいでしょう。

また、破産財団がある程度組成できる場合で、かつ、従業員の数が多く、離職手続や源泉徴収票の発行事務などその他の多くの事務作業が見込まれる場合には、労働保険料に関する申告を含めて、社会保険労務士へ外部委託するほうが、合理的な場合もあります。

〔コラム❽〕

法テラス出捐の予納金

　法テラスが予納金を立て替えた事件で、換価によって財団が増殖したため、財団債権を支払うことになった場合、法テラスが立て替えた予納金も財団債権になります。しかも、債権者申立てや第三者予納の予納金は、第一順位である管財人報酬・事務費に続く、第二順位の財団債権ですから、公租公課や労働債権などの財団債権に優先しますので十分に注意しましょう（財団債権相互の優先順位は、運用と書式222頁参照）。

〔コラム❾〕

携帯電話の解約

　管財人には、双方未履行の双務契約について解除権が認められています（法53条1項）。したがって、不必要に財団債権が増えて、破産財団の負担となる場合には、この法定の解除権を行使して、継続的な契約関係は速やかに終了させましょう。

　携帯電話会社が所定の手続を要求し、解約の受付までに時間を要するような場合には、管財人は、法定の解除権（法53条1項）を行使します。解除の意思表示が到達した時点で携帯電話の利用契約は終了となります。このようにして、財団債権が増えないように心掛けるべきです。

第5章

税 務

第 5 章　税　務

I　破産管財事件における税務の流れ・概要

【法人破産の場合】

事業年度の確認

破産手続開始決定日をもって、事業年度が区切られる。
（例）3月末決算の会社が8月31日に破産して、翌々年の11月30日に換価を完了した場合

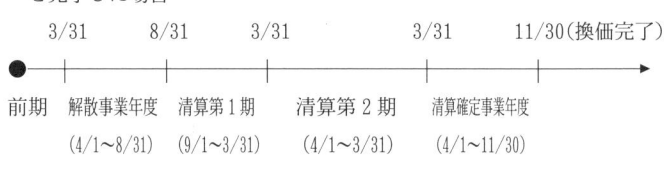

```
    3/31        8/31        3/31              3/31      11/30(換価完了)
─────●───────────┼───────────┼─────────────────┼────────────→
     前期     解散事業年度   清算第1期          清算第2期    清算確定事業年度
              (4/1~8/31)   (9/1~3/31)        (4/1~3/31)   (4/1~11/30)
```

確定申告を行うことが可能か否かの判断

⇒申告に要する費用を捻出できない等の理由で申告しないとの判断もあり得る。
＜判断基準＞：申告費用を捻出することができるか否か。
　　　　　　　税務申告を行うことが財団にとってメリットか否か。

解散事業年度（決算期の期首～破産手続開始決定日）の確定申告

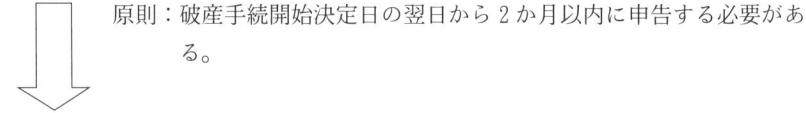

原則：破産手続開始決定日の翌日から2か月以内に申告する必要がある。

清算事業年度（破産手続開始決定日の翌日～決算期の期末）の確定申告

各清算事業年度の終了日の翌日から2か月以内に申告する必要がある。

清算確定事業年度（決算期の期首～残余財産確定日）の確定申告

残余財産確定日（換価業務が完了した日）の翌日から1か月以内に申告する必要がある。

226

【各確定申告における検討事項】

- 仮装経理による過大申告に係る更正の請求の可否の確認
- 欠損金の繰戻しによる法人税の還付の有無の確認
- 中間納付額の還付の有無の確認
- 消費税の還付の有無の確認
- 延滞税・延滞金の減免
- 管財業務に係る消費税の申告
- 管財人による源泉徴収

第 5 章　税　務

II　破産管財事件における税務のチェックポイント等

1　破産管財事件における税務の心構え

▶管財人は、税務申告に関する基本的事項を理解しておく必要があります。実際の申告業務については、税理士に委任するケースが多いですが、税理士に委任するか否かについて、判断するのは管財人ですので、申告の要否の判断や還付の可能性の有無の判断などを行うために、税金に関する基本的事項を理解しておく必要があるのです。

▶破産者（法人の場合、個人の場合）について一般的に発生し得る税目を確認し、申告の要否を検討します。

▶破産財団の規模が僅少であって、税理士費用を捻出することもできない場合、管財人が申告義務を負うとしても、申告をせずに、事件を終了させることもあります。他方、開始決定時の財団規模が引継予納金のみであり、僅少であるとしても、粉飾決算等がなされていて還付が見込まれる場合は、積極的に、申告を検討すべきです。

▶申告業務については、破産会社の従前の顧問税理士に依頼するケースもありますが、粉飾決算等を原因として税金の還付を受けようとする場合には、別途、倒産に伴う税務に詳しい公認会計士や税理士に委任するケースもあります。なお、税理士等の費用は、財団債権に該当します。

▶粉飾決算に伴う還付のための申告を依頼したり、管財事件における税務問題について助言を求めたりするために、日頃から、倒産に伴う税務に詳しい公認会計士や税理士との人脈・

連携を構築しておくことが望ましいと言えます。たとえば、税金の還付が認められない限り、財団が僅少ゆえに、税理士費用を支払うことができないようなケースであっても、人脈としてつながっている税理士に対し、費用につき、完全成功報酬として、申告業務を依頼することもないわけではありません。

▶公租公課庁から、税務申告の督促やその他の照会がなされることがありますが、この場合、公租公課庁には誠実に対応し、管財業務について理解を求め、申告をすることができない場合は、必要に応じて、その旨説明し、また、還付等がなされる見込みがある場合には、速やかに、確定申告を行い、還付の請求、更正の請求を行う必要があります。

2　法人破産の場合

(1)　税務申告等の概要（運用と書式151頁、管財の手引369頁）　☞ Q 1

❏破産法人の事業年度の確認

破産手続開始決定日をもって、事業年度が区切られる。

① 解散事業年度（直近の決算期首～破産手続開始決定日）

② 清算第1期の事業年度（破産手続開始決定日の翌日～決算期末）

③ 清算第2期の事業年度（決算期首～決算期末）

④ 清算確定事業年度（決算期首～残余財団確定日（換価終了日））

※換価業務が短期間に終了すれば、清算第1期の事業年度が清算確定事業年度となる。

❏法人が破産した場合に行うべき税務申告と異動届の確認

国税である法人税および消費税、地方税である都道府県民税・事業税、市町村民税が対象となる。

① 解散事業年度の税務申告

ⓐ 法人税の解散確定申告（税務署）

ⓑ 消費税の確定申告（税務署）

ⓒ 都道府県民税・事業税の解散確定申告（都道府県税事務所）

ⓓ 市町村民税の解散確定申告（市役所、町村役場）

❏破産手続開始決定日の翌日から2か月以内に申告する必要がある

※期限内に申告しなかった場合（実務上は、2期連続して期限に申告しなかった場合）、青色申告の承認が取り消され（法税127 I）、「欠損金の繰戻還付」を受けることができなくなるので、注意が必要である。

② 異動届出など

ⓐ 異動届出書（税務署）　破産による解散の旨の届出

チェックボックスの種類

❏必ず確認すべき事項

▣場合によって検討すべき事項のうち重要なもの

▢場合によって検討すべき事項

ⓑ 法人異動事項申告書（都道府県税事務所）　破産による解散の旨の届出

ⓒ 法人・事務所等異動届（市役所、町村役場）　破産による解散の旨および事務所等の廃止の旨の届出

❏破産による解散を明らかにするために、破産手続開始決定書の写しを添付する

❏清算事業年度以降の法人住民税の均等割の発生を防止するために、事務所等の廃止を届け出ておく

❏各清算事業年度の税務申告

　法人税および消費税について確認を要する。

　平成22年10月1日以降、従前の清算所得課税制度が廃止され、破産法人にも通常の所得課税（損益法）が適用されることになったので、破産法人が資産を簿価よりも高い価額で処分したときや債務免除を受けた場合、所得が生じ、法人税が課税される可能性がある。この場合、期限切れ欠損金の損金算入を行うことで課税所得をなくすことを検討する。

　なお、法人住民税の均等割については、破産に伴い、事業所としての実態がないことを理由とすれば課税されないことが多い。

❏各清算事業年度の終了日の翌日から2か月以内に申告する必要がある

❏清算確定事業年度の税務申告

　換価が完了して、その他に財産がないことが確定した後に行う最後の税務申告である。

❏換価が完了してその他に財産がないことが確定した日の翌日から1か月以内に申告する必要がある

① 配当事案の場合　配当許可の日の翌日から1か月以内に申告する。

※配当許可の日をもって、換価が完了しその他に財産がないことが確定した日とすることなどが考えられる。

❏消費税の計算の際に課税売上げがあれば、管財人報酬等に係る消費税を控除する。

② 異時廃止事案の場合　管財人の判断で換価が終了した日を認定し、同日から1か月以内に申告する。なお、消費税との関係で課税売上げがあれば、管財人報酬に係る消費税を控除するために、裁判所と協議のうえ、申告との関係で認定する換価終了日よりも前に、管財人報酬を決定してもらうことが有用である。

(2) 税務申告を行うか否かの判断　☞Q3

(A) 総　論

　一般的に、管財人は、解散事業年度、清算事業年度および清算確定事業年度の法人税や消費税等の税務申告義務を負うと解されるが、実際上、財団規模が僅少で、税務申告のための税理士費用等を捻出することができない場合、また、納付した税金の還付等の可能性もなく、税務申告が財団形成にプラスにならない場合、管財人の判断で、税務申告を行わずに、事件を終了せざるを得ない事例も多い。

☐破産財団の規模の確認・検討（わずかな引継予納金のみの事案か、一定程度の財団増殖が見込める事案か）、税務申告費用を捻出することができるか

☐税務申告を行うことで財団形成にプラスの影響を与えるか否か（税金の還付、既発生の税金の減額等を受けることができるか否か）の検討　☞Q8

　☐粉飾決算（仮装経理による過大申告）の有無

　☐欠損金の繰戻しによる法人税の還付の有無

　☐中間納付額の還付の有無

　☐消費税の還付の有無

　☐源泉所得税の還付の有無

☐税理士に対して申告業務を依頼するか否かの検討

　☐破産会社の元顧問税理士に依頼するか、別の税理士に依頼するか

(B) 仮装経理による過大申告に係る更正の請求について
（運用と書式150頁、管財の手引375頁）

Ⅱ　破産管財事件における税務のチェックポイント等

☐申立書類には粉飾決算についてどのような記載がなされているか
☐代表者や経理担当者は粉飾決算の有無についてどのような説明をしているか
☐直近3期分の貸借対照表および損益計算書を比較して推移を検討し、金額が著しく増減している項目がないか
　☐該当する項目がある場合、その原因を確認する
☐架空売上の有無
☐架空在庫、その他の架空資産の有無
☐仕入債務、その他の負債の過少計上の有無
☐経費の過少計上

　(C)　**欠損金の繰戻しによる法人税の還付**（法税80ⅠⅣ）（運用と書式149頁、管財の手引373頁）

☐青色申告法人か否か
☐前事業年度に法人税を納付していたか否か
☐前事業年度が欠損である（法人税を納付していない）場合でも、前々事業年度に法人税を納付していないか
　※破産も含め、適格合併以外による解散等の場合、その解散等の事由が期の途中で発生したときは、前期が欠損かつ前々事業年度が納税といったケースでも欠損金の繰戻還付が可能である。
☐納付すべき法人税が滞納になっているか否か
　※滞納している場合、解散事業年度の確定申告を行うことで、欠損金の繰戻し還付による法人税の還付額が滞納税額に充当され、法人税額等が減額される。

　(D)　**中間納付額の還付**（運用と書式149頁、管財の手引374頁）

☐法人税、消費税等の中間納付をしていたか否か
☐中間納付に係る法人税が滞納になっているか否か
　※滞納している場合、欠損金を計上して確定申告を行うことにより、他の滞納分に充当され、税額が減額される可能性がある。

　(E)　**消費税の還付**（運用と書式149頁、管財の手引381頁）

☐消費税を納税しているか否か

233

- □免税事業者である場合、課税事業者選択届出書の提出検討
- ❏課税売上げに係る消費税額よりも課税仕入れに係る消費税額のほうが多額になっているか否か。多額になっている場合、簡易課税ではなく、本則課税を選択しているか否か
  - □簡易課税の適用事業者である場合、簡易課税選択不適用届出書の提出検討
- ❏破産手続開始決定前に発生した売掛債権について貸倒処理をすることができるか否か。貸倒処理によって、当該売掛債権に係る消費税額を控除することで消費税の還付の可能性はないか
  - ❏決算書に何期にもわたって長期間計上されている売掛債権がないか
- ❏商品の返品や割戻しはないか
  ※返品等に係る売上げの消費税額は売上げに係る消費税額から控除される。

(F) 源泉所得税等の還付について (運用と書式150頁、管財の手引374頁)　☞ Q9

- ❏株式配当や預金の利子にかかる源泉所得税等の還付の可能性の有無
- ❏清算事業年度中の管財人口座の利子に係る源泉所得税等の還付（財団規模が小さい場合、還付額が少額過ぎメリットはない）

(3) 破産申立て前の税務申告が不明確な場合の対応　☞ Q3

- □過年度の申告書の控えが保管されていない場合

  破産者の従前の顧問税理士に対し、申告書の控えを保管していないか確認する。

  税務署にて過年度の申告書を閲覧する方法で対応する。
  ※コピーをすることができないので、手書きで書き写すなどの工夫を要する。

- □過年度の税務申告がなされておらず、過去の経理処理が不明な場合

破産手続開始決定時点における財産・負債状況に基づいて税務申告を行うか否かについて検討する。
※なお、破産手続開始決定後の清算事業年度の申告については、税理士に依頼せずとも申告書が作成できるように簡易な作成方法が認められている（事業再生研究機構税務問題委員会編『平成22年度税制改正対応　清算法人税申告の実務』には具体例と記載方法が紹介されており参考になる）。

(4)　消費税の申告等（運用と書式152頁、管財の手引381頁）　☞Q4・5

☐破産者が消費税の免税事業者か否か

☐当該課税期間に消費税が課税される取引があるか否か

　具体的には、建物、在庫、機械装置、工具器具、国内のゴルフ会員権等の売却取引があるか否か。資産の売却であっても、土地の売却は、消費税の課税売上げではない。

☐土地および建物を任意売却する際、建物の代金と土地の代金を明確に区分して記載する

☐土地および建物を任意売却する際、買主が当該建物を取壊し予定であれば、契約書上、建物の価額を０円とすることもあり得る

☐破産財団に属する建物が競売によって競落された場合、当該建物の売却について消費税が課税される場合があるので、管財人としては、競売による剰余金交付の可能性がないことを確認したうえで、事前に、買受人の代金納付前に、破産財団から、当該建物を放棄する必要がある

(5)　管財人による源泉徴収（管財の手引386頁）　☞Q10・11

☐破産手続開始決定前に解雇された従業員に対する未払給与・退職金について、管財人には源泉徴収義務はない（最判平成23年１月14日民集65巻１号１頁）

☐管財人が、履行補助者に対し、給与・報酬を支払う場合、源泉徴収義務がある

　※履行補助者とは、管財人が雇用する破産会社の元従業員、税理

235

士などを意味する。
- □ 管財人の報酬については、管財人に源泉徴収義務がある
    （個人破産の場合における管財人の報酬については源泉徴収はなされていないことに留意。Q11参照）
- □ 源泉徴収した税金については、所定の納付書にて翌月10日までに納付する

(6) その他

☐ 管財業務において発生し得る以下の税目等の把握・処理
- ☐ 固定資産税・都市計画税
    ※第3章（破産財団の管理・換価）⑥（不動産）Q41参照。
- ☐ 自動車税・軽自動車税
    ※所在不明の自動車に関し第3章（破産財団の管理・換価）⑤（自動車）Q19参照。
- ☐ 印紙税
- ☐ 延滞税・延滞金
    ※第4章（財団債権と破産債権）Q17参照。

③ 個人破産の場合 （運用と書式150頁、管財の手引384頁）

❏個人の破産の場合、所得税および消費税の申告義務は破産者本人にある

☐管財人には申告義務はないが、還付を受けることができる場合、破産者と管財人の連名で申告をするなどして、還付金の受領口座を管財人の口座とすることができるよう、税務署と調整に努めることも検討

☐個人である破産者が事業者である場合、資産の譲渡等に消費税が課されることは法人と同様

☐個人の破産事件において、非事業用不動産（自宅など）を任意売却する際、建物に消費税は課税されない

III Q&A

Q1 法人の破産事件における税務申告の概要等

法人の破産事件における税務申告の概要等について、教えてください。

A

　法人の破産事件における税務申告については、税務申告の計算期間となる破産法人の事業年度と、各事業年度において税務申告の対象となる税目を押さえておくことがまずもって必要です。

　まず、破産法人の事業年度は、①解散事業年度、②清算中の各事業年度（清算事業年度）および③清算確定事業年度（残余財産の確定する日の属する事業年度）という三つの事業年度に区分されます。解散事業年度は、破産手続開始決定の日を含む通常の事業年度の始期から破産手続開始決定日までの事業年度です。清算事業年度の第1期は、解散事業年度の終期の翌日から通常の事業年度の終期までですが、第2期以降は、通常の事業年度の始期から通常の事業年度の終期を事業年度とします。清算確定事業年度は、清算確定の日を含む通常の事業年度の始期（つまり、最後の清算事業年度の終期の翌日）から清算確定した日までを事業年度とします。清算事業年度の第1期の期中に清算確定した場合は、清算事業年度の第1期＝清算確定事業年度ということになり、結果的に、清算事業年度の税務申告はなくなることになります。

　次に、破産法人の各事業年度において税務申告の対象となる税目は次のとおりです。

【解散事業年度】
　① 法人税の解散確定申告（税務署に申告）
　② 消費税の確定申告（税務署に申告）

③　都道府県民税・事業税の解散確定申告（都道府県民税事務所に申告）

④　市町村民税の解散確定申告（市役所・町村役場に申告）

【清算事業年度】

①　法人税の確定申告（税務署に申告）

②　消費税の確定申告（税務署に申告）

③　都道府県民税・事業税の確定申告（都道府県民税事務所に申告）

④　市町村民税の確定申告（市役所・町村役場に申告）

なお、清算事業年度の法人税の確定申告について、管財人が自ら申告書を作成することができるよう簡易な申告の方式が設けられています（事業再生研究機構税務問題委員会編『事業再生における税務・会計Q&A〔増補改訂版〕』11頁〔植木康彦〕、管財の手引377頁）。

【清算確定事業年度】

①　法人税の清算確定申告（税務署に申告）

②　消費税の確定申告（税務署に申告）

③　都道府県民税・事業税の清算確定申告（都道府県民税事務所に申告）

④　市町村民税の清算確定申告（市役所・町村役場に申告）

なお、解散事業年度および清算確定事業年度の税務申告に際しては、それぞれ、以下の異動届出をあわせて行います。

【解散事業年度】

①　異動届出書（破産による解散）（税務署に届け出）

②　法人異動事項申告書（破産による解散）（都道府県民税事務所に届け出）

③　法人・事務所等異動届（破産による解散および事務所等の廃止）（市役所・町村役場に届け出）

【清算確定事業年度】

①　異動届出（清算結了）（税務署に届け出）

②　法人異動事項申告書（清算結了）（都道府県民税事務所に届け出）

③　法人・事務所等異動届（清算結了）（市役所・町村役場に届け出）

第5章 税 務

Q2 税務申告義務

法人の破産事件において、管財人は、税務申告を行う義務を負うのでしょうか。

A

　法人の破産事件における管財人の税務申告義務の有無については、解散事業年度、清算事業年度、清算確定事業年度の法人税の申告や各事業年度における消費税の税務申告に関して議論のあるところです。しかし、結論的には、Q1で論じた破産法人の各事業年度における各税目のいずれについても、管財人は税務申告の義務を負うものとされています。

　もっとも、法人破産の場合、解散事業年度においては、課税所得がなく、また、欠損金が生じている結果、法人税は発生しないことが多く、都道府県民税および市町村民税という法人住民税については均等割部分のみ発生することが通常です。清算事業年度においても、予納法人税については財団債権として納付すべきは土地譲渡益重課税だけと解されているところ（その他は劣後的破産債権と解されています）、土地譲渡益重課税は停止されているため、通常、納税は問題にならないものとされてきました。その後、平成22年の法人税法の改正により、清算事業年度においても、いわゆる清算所得課税制度（残余財産確定時に残余財産の価額をベースに清算所得を算出して課税する制度）が廃止されて通常の法人に類する損益課税の方式が採用されたため、免除益や譲渡益が生じた場合には清算事業年度においても法人税の発生の可能性が生じることとなりました。もっとも、破産事件において、このような益金が生じることは少なく、現行法下でも清算事業年度における法人税が発生する事例は稀であると思われます(以上について、事業再生研究機構税務問題委員会・前掲11頁、管財の手引376頁)。また、清算事業年度においては、法人住民税も、破産に伴って人的・物的設備がなくなったことを理由に、課税を免れ得ることが多いものと思われます。さらに、清算確定事業年度においては、実際上、いずれの税目についても課税は生じないケースが多いものと思われます。

Q3 税務申告を行うか否かの判断

法人の破産事件における税務申告について、財団債権全額を支払うことができない見込みの場合、経理資料の引継ぎが十分になされていない場合、解散事業年度より前の期につき確定申告がなされていない場合など、管財人として、税務申告について、どのように対応すればよいでしょうか。また、税務申告を行うか否かの判断において、実務的には、どのような点が考慮されているのでしょうか。

A

　財団債権全額を支払うことすらできないようなケースでは、税務申告のためのコストを負担することは困難と考えられます。このようなケースでたとえば課税所得等がなく実際に課税が生じないために税務申告の実益がない場合には、税務申告を行わない事例もみられます。

　経理資料の引継ぎが十分になされていない場合、とくに解散事業年度の税務申告は困難といわざるを得ません。管財人としては、入手可能な資料やデータを基に、税理士や公認会計士と相談して、可能な範囲で税務申告を行うという対応でやむを得ないと思われます(結果的に、いわゆるゼロ申告をすることや税務申告を行わないこともやむを得ない場合があると思われます)。

　解散事業年度より前の期につき確定申告がなされていない場合、管財人として当該前の期について税務申告の義務を負うものではないとの見解もあり得ます。しかし、当該前の期の税務申告がなされていないと、管財人が解散事業年度の税務申告をしようとしたときに、申告の連続性を理由に当該前の期の税務申告を求められるのが通常です。しかし、当該前の期について資料やデータが残っていないと管財人としては税務申告することは事実上不可能・困難といわざるを得ません。このような場合、いわゆるゼロ申告を行うか、当該前の期の税務申告は行わずに解散事業年度の税務申告だけを行うことでもやむを得ないと思われます(管財人が把握しうる情報に基づき申告をすることにつき、http://www.shojihomu.co.jp/images/stories/pdf/jigyo-saisei/kokuzeic

241

ho_komento.pdf、事業再生研究機構税務問題委員会・前掲33頁〔樋林一典〕参照）。

　Q2で論じたとおり法人の破産事件において管財人は広く税務申告の義務を負うとされているものの、実際上、課税が生じないケースも少なくありません。形式上は税務申告の義務があるとしても、結果として課税が生じないのであれば、税務申告する実益はないように思われます。もっとも、Q8で詳論するように税務申告することによって還付請求が可能となるケースでは、財団を増殖できる可能性があるので、税務申告する実益があることになります。他方、税務申告するには、相応の労力を要しますし、税理士等の協力を得る必要がある場合には相応のコストも要します。そこで、管財人としては、実際に課税が生じる場合か否か、税務申告するためにどの程度のコスト・労力を要するか、税務申告することで還付請求が可能となるか、還付請求が可能になるとしてどの程度の還付が見込まれるかといった事項を総合的に検討して、費用対効果の観点から実際に税務申告すべきか否かを判断すべきです。その際には、必要に応じて、倒産事件における税務に精通した税理士や公認会計士の協力を得るなどしたうえで、裁判所とも十分に協議すべきです。

Q4　消費税の申告

　破産会社に納付すべき消費税があるか否かは、どのように判断すればよいのでしょうか。

A

　国内において事業者が事業として対価を得て行う資産の譲渡等（消税2条1項8号）については、原則として消費税が課税されます（消税4条）。赤字会社であるかどうかや破産になっているかどうかは関係ありません。

　ただし、いわゆる免税事業者に該当する場合には、納税義務が免除されており（消税9条1項）、基準期間（その事業年度の前々事業年度。消税2条1項14号）における課税売上高が1000万円以下等の要件を満たす事業者は免税事業者とされています。免税事業者の要件は、平成25年1月以降、範囲が縮小していますので注意してください（国税庁のホームページ参照：http://www.nt

a.go.jp/taxanswer/shohi/6501.htm)。

したがって、免税事業者に該当せず、事業として資産の譲渡等がある場合には、原則として消費税が課税されますので、これを前提として消費税の申告を検討すべきでしょう。

本則課税を選択しており課税売上げにかかる消費税額に比し課税仕入れにかかる消費税（仕入税額控除）のほうが高額となっている場合など、納付すべき消費税がなくかえって還付が受けられる場合もあります。破産法人に顧問税理士がいた場合には、解散事業年度において消費税を納付しないといけないか、還付の見込みがないか聞いてみると参考になる場合が多いでしょう。

Q5 消費税の申告──不動産売却の場合、個人事業者の場合

管財人が消費税を申告する場合に留意すべき点を教えてください。とくに、不動産を任意売却した際の建物にかかる消費税の申告について、留意すべき点を教えてください。

破産者が個人の事業者でありかつ消費税の納税義務者である場合、管財人は、破産者所有の事業用建物・高額の在庫等を任意売却した際、消費税につき、どのように対応すればよいでしょうか。

A

土地および建物を一体として任意売却する場合、土地の譲渡については消費税が課されませんので（消税6条・別表第1）、財団債権の支払額を適正に抑える観点からも、土地と建物の代金の内訳を適切に設定し、売買契約書に明記すべきでしょう。具体的には、各固定資産評価額に按分して計算する方法がスタンダードです（実践マニュアル205頁）。買主が当該建物を取壊し予定であれば、建物の代金を0円とすることも比較的よく行われています。

なお、在庫売却にあたり業者に買受けの見積りを依頼する際には、消費税についても明記した見積書を取得するようにしましょう（あとになって消費税込の金額であるとの主張が業者からなされる場合も見受けられますので注意が必要です）。

243

第5章　税　務

　また、破産者が個人の場合、管財人は申告義務を負わない旨一般に解されていますが（運用と書式150頁）、破産者所有の事業用建物や高額の在庫等を任意売却した場合には、財団債権となる消費税を適切に処理する観点から、財団で税理士費用を負担のうえ、破産者本人に確定申告を行ってもらうことも検討すべきでしょう。ただし、個人の確定申告は翌年2月16日から3月15日までとなっており、時期がうまく合うかどうかの問題があります。そこで、消費税の計算期間を短縮する方法を検討することも考えられます（消税19条1項3号・3号の2、「はい6民です Vol.156」月刊大阪弁護士会2012年1月号69頁）。

Q6　清算事業年度の税務申告・清算確定申告の要否

　法人の破産事件において、管財人が、解散事業年度の税務申告のみを行い、清算事業年度の税務申告あるいは清算確定申告は行わない、という選択を行うことは可能でしょうか。

　また、法人の破産事件において建物あるいは高額の在庫等を売却した場合に、管財人が、消費税の確定申告のみを行い、清算確定申告は行わない、という選択を行うことは可能でしょうか。

　これらの判断にあたって留意すべき点を教えてください。

A

　法人の破産事件の場合、管財人は税務申告を行う義務があるものと一般的に解されています（Q2参照）。

　ただし、申告の実益の観点から、事実上、解散事業年度の税務申告のみを行い清算事業年度の税務申告あるいは清算確定申告は行わない事例や、破産財団がわずかで税務申告費用を捻出することがそもそも困難である場合に、消費税の確定申告のみ行い清算確定申告は行わない（行えない）という実例もあるようです。上記義務が一般的には存在すると考えられていることを前提として、適切に処理すべきでしょう。

　清算確定申告の方法については、簡略化した申告が可能となりましたが（事業再生研究機構税務問題委員会・前掲29頁〔榑林一典〕・11頁〔植木康彦〕、事

業再生研究機構「平成22年度税制改正後の清算中の法人税申告における実務上の取扱いについて」(http://www.shojihomu.co.jp/images/stories/pdf/jigyo-saisei/seisan-shotoku-kazei100720.pdf))、簡略化しているといっても、管財人が自ら申告書を作成して申告することはなされていない事例も多いようです。

Q7 破産会社が納税義務を負う地方税

破産会社が納税義務を負う地方税の内容について、教えてください。また、地方税の申告については、どのように対応すればよいか、教えてください。

A

破産法人の地方税としては、①法人の住民税である道府県民税・都税、市町村税・特別区税、②法人事業税が発生します。また、不動産や自動車を所有している場合、③固定資産税や④自動車税が発生します。

税金一般の把握の漏れを防ぐには、大阪であれば、定型書式である申立書添付被課税公租公課チェック表(法人用)が参考になるでしょう。

上記①および②については税務申告が必要となりますので、法人税等の申告とともに財団の規模などを勘案のうえ税理士に依頼することが便宜でしょう。

なお、上記①法人の住民税のうち、当該地方公共団体の区域内に事務所等を有することに対して課される均等割の部分については、破産手続開始決定前の廃業時点において事業所が廃止されていることを理由として月割りが認められることがあります。たとえば、解散事業年度が平成23年7月1日から平成24年5月30日(破産手続開始決定日)の場合、平成23年10月末の廃業時点において事業所廃止が認められれば、12分の4のみ課税される場合があります。

第 5 章　税　務

Q8　税金の還付

どのような場合に管財人が税金の還付を受けることができるか教えてください。また、税金の還付請求を行うにあたり、管財人として留意すべき点を教えてください。

A

　税務については苦手意識から及び腰、後回しになりがちといえますが、還付が認められる場合には回収不能リスクがまったくない資産の発見であり、破産財団の形成に資すること大です。

　税金の還付が認められる典型的なケースについては、Ⅱのチェックポイント等を参照してください（その他、運用と書式148頁以下参照）。確定申告書をチェックした際、青色申告法人で前事業年度に法人税を納付していたり、中間納付を行っている場合には、破産会社は解散事業年度が赤字の場合がほとんどですので、還付の可能性が高いといえます。

　ただし、破産手続開始決定後2か月以内に解散事業年度の確定申告を行わないと青色申告の承認が取り消され、上記還付を受けることができなくなる可能性がありますので、気を付けましょう。

　以上のようなことから、管財人に就任した直後に、税金の還付の可能性があるかどうかについて大まかに見通しをつけて、その可能性がありそうであれば早めに税理士に相談することを検討するのがよいだろうと思います。

Q9　源泉徴収税の過納金の還付請求

管財人が源泉徴収税の過納金につき還付請求を行うにあたっての留意点を教えてください。

A

　源泉徴収義務者が下記①～③の理由で源泉所得税額を納め過ぎた場合は、「源泉所得税及び復興特別所得税の誤納額還付請求書」（国税庁のホームページ：http://www.nta.go.jp/tetsuzuki/shinsei/annai/gensen/annai/1648_22.htm 参

246

照)を作成し、誤りが生じた事実を記載した帳簿書類の写しを添付して、源泉所得税の納税地の所轄税務署長に提出することで過誤納金の還付を請求することができます（国通56条、所得税基本通達181〜223共－6）。還付請求書の提出期限は定められていませんが、還付金請求金は、納付日から5年が経過すると、時効消滅するので、注意が必要です（国通74条1項）。

① 源泉徴収義務者における源泉徴収税額の計算誤り等による過誤納金
② 支払額が誤払等により過大であったため返還を受けたことによる過誤納金
③ 支払額が条件付きのものであったため返還を受けたことによる過誤納金

源泉徴収等による国税の過誤納金は、法令に別段の定めがある場合を除き、その国税を納付した源泉徴収義務者または特別徴収義務者に還付するものとされています。破産会社において、従業員の給与の源泉徴収税額の計算に誤りがあって、過大な納税となっている場合、源泉徴収義務者である破産会社が還付を請求することになります。この場合、当該従業員個人には、過納金の還付を請求する権利がありませんので、管財人において、還付請求を行い、還付を受けることとなります。他方、従業員に対する未払賃金等がある場合には、その賃金債権の性質（財団債権、優先的破産債権等）に応じて破産法に基づき支払いをする必要があります（この点、実践マニュアル354頁以下参照）。

Q10 税理士等に支払う費用の源泉徴収

税務申告を依頼した税理士に支払う報酬や事務補助者として雇用した破産会社の元従業員に対して支払う給与について、源泉徴収をする必要がありますか。源泉徴収をする場合、どのように対応すればよいですか。また、管財人が源泉徴収した税金の具体的な納付方法について教えてください。

A

設問の場合、いずれも、管財人が源泉徴収をする必要があります。管財人

は、管財業務を遂行するために、公認会計士や税理士に対して税務関係等の業務を依頼したり、弁護士に対して個別案件の処理を依頼したり、破産会社の元従業員を雇用したりすることがあります。この場合、管財人には、源泉徴収義務があります（所税183条・204条）ので、税理士等や元従業員に対して報酬や給与を支払う際には、その支払のつど、源泉徴収をしなければなりません（管財の手引386頁、実践マニュアル404頁）。

　税理士等に支払う報酬については、その金額に100分の10（同一人に対して1回に支払われる金額が100万円を超える場合、その超える部分の金額については、100分の20）の税率を乗じて計算した金額を源泉徴収し（所税205条。ただし、平成25年1月以降の支払確定分から所得税の税率に復興特別所得税2.1%を乗じた合計税率を支払金額に乗じて算出します。http://www.nta.go.jp/tetsuzuki/shinsei/annai/gensen/fukko/pdf/02.pdf）、元従業員等に対して支払う給与については、所得税法所定の表を適用した金額（所税185条。具体的な税額については、平成25年以後の給与等の源泉徴収税額表をご参考にしてください。http://www.nta.go.jp/shiraberu/ippanjoho/pamph/gensen/zeigakuhyo2012/01.htm）を源泉徴収して、支払月の翌月10日までに、所定の納付書をもって、金融機関または所轄税務署の窓口にて納付しなければなりません。所定の納付書については、①所轄税務署（本店所在地を管轄する税務署）、②法人税の確定申告書用紙に記載されている法人番号、③破産会社の商号を特定して、最寄りの税務署に対して作成を依頼することによって入手することができます（郵便で依頼することも可能ですので、税務署に問い合わせてください）。なお、支払調書（源泉徴収票）の発行も必要ですので、ご留意ください。税理士や会計士等への「報酬」に対しては「支払調書」を作成し、翌年1月末までに税務署長に提出します（所税225条1項）。元従業員等への「給与等」に対しては、「源泉徴収票」を2通作成し、1通は税務署長へ翌年1月末までに提出し、もう1通は支払いを受ける元従業員等へ交付します（所税226条1項）。

　管財人が源泉徴収義務を負うにもかかわらず、これを怠り、納付しない場合、当該源泉徴収税額のほかに、不納付加算税（本税の10%）が課されること

になりますので、注意が必要です。

Q11　管財人報酬の源泉徴収

法人である破産者の管財人報酬については、源泉徴収義務がありますか。源泉徴収をする場合、どのように対応すればよいですか。また、管財人が源泉徴収した税金の具体的な納付方法について教えてください。

A

　法人である破産者の管財人は、管財人報酬について、源泉徴収義務を負います。

　弁護士である管財人は、所得税法204条1項2号の規定に基づいて、自らの報酬を支払う際、その報酬について所得税を徴収し、これを国に納付する義務を負います（破産者が法人であった事案につき、最判平成23年1月14日民集65巻1号1頁、管財の手引386頁）。

　管財人は、裁判所が決定した管財人報酬の金額に100分の10（報酬金額が100万円を超える場合、その超える部分の金額については、100分の20）の税率を乗じて計算した金額を源泉徴収額として計算し（所税205条。ただし、平成25年1月以降の支払確定分から所得税の税率に復興特別所得税2.1％を乗じた合計税率を支払金額に乗じて算出します。http://www.nta.go.jp/tetsuzuki/shinsei/annai/gensen/fukko/pdf/02.pdf）、これを源泉徴収します。具体的には、管財人口座から、源泉徴収額と決定上の報酬額から源泉徴収額を控除した金額を、別々に出金して、源泉徴収額については、所定の納付書をもって金融機関または所轄税務署の窓口にて納付し、源泉徴収後の報酬については、自らの収入口座への入金処理をします。所定の納付書の入手方法や源泉徴収を怠った場合の不納付加算税については、Q10と同様です。

　なお、個人である破産者の管財人報酬について、管財人に源泉徴収義務が生じるかについては争いがありますが、東京弁護士会編著『＜新訂第6版＞法律家のための税法〔会社法編〕』（2011年、第一法規）587頁によると、平成

249

23年3月に国税局相談センター等に照会したところ、そのような義務はないとの回答がなされたとされています。実際にも徴収納付がなされていない事例が多いようです。

第6章

別除権

I　別除権処理の流れ・概要

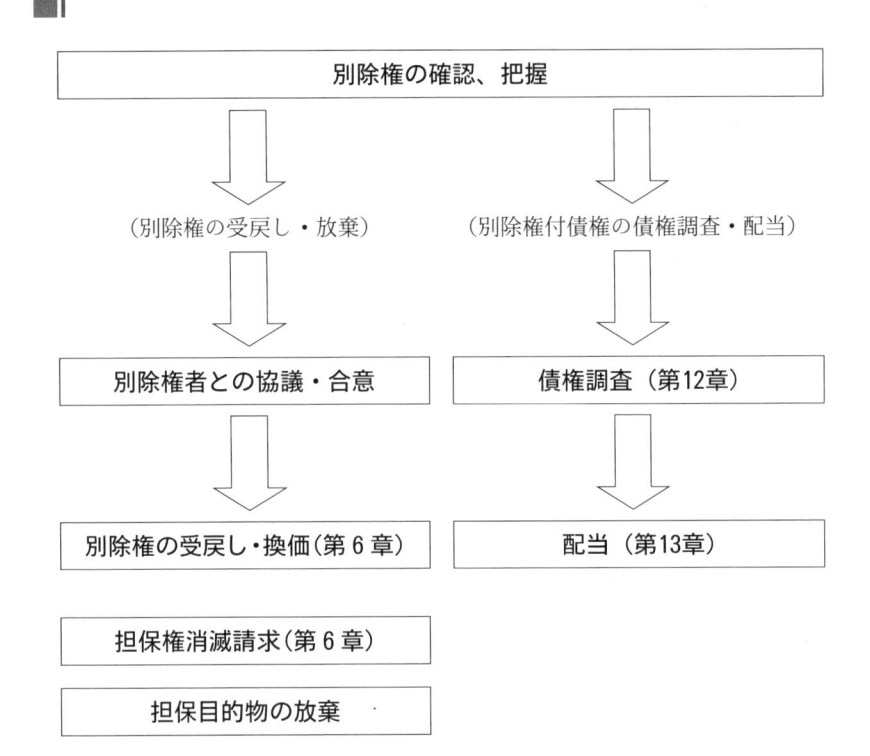

```
                    ┌─────────────────────┐
                    │   別除権の確認、把握    │
                    └─────────────────────┘
                      ↓                    ↓
         （別除権の受戻し・放棄）    （別除権付債権の債権調査・配当）
                      ↓                    ↓
         ┌─────────────────┐      ┌─────────────────┐
         │ 別除権者との協議・合意 │      │  債権調査（第12章）  │
         └─────────────────┘      └─────────────────┘
                      ↓                    ↓
         ┌─────────────────────┐  ┌─────────────────┐
         │ 別除権の受戻し・換価（第6章）│  │  配当（第13章）     │
         └─────────────────────┘  └─────────────────┘

         ┌─────────────────────┐
         │ 担保権消滅請求（第6章）    │
         └─────────────────────┘

         ┌─────────────────────┐
         │   担保目的物の放棄       │
         └─────────────────────┘
```

II 別除権処理における作業のチェックポイント等

1 別除権処理における心構え

▶別除権とは、破産手続開始の時において、破産財団に属する財産につき担保権を有する者が、これらの権利の目的である財産について、破産手続によらないで行使できる権利をいいます（法2Ⅸ・65）。

▶破産法には、別除権に関する規定が散在していることから（法65・66・78Ⅱ⑭・108・111Ⅱ・154・184・185・186・192・196Ⅲ・198Ⅲ・210など）、各規定の理解を通じて、破産手続における別除権の取扱いを総体的に把握することが必要です。

▶任意売却を行う場合、原則として、事前に別除権者と売却先の選定方法や売却金額、財団組入れなどについて協議、調整を試みるべきです（別除権目的物の換価の方法等については第3章を参照）。

② 別除権の確認・把握

❏財産の取得原因や破産申立書、引継書類、破産者・破産会社の元代表者等へのヒアリング等により、別除権の有無を確認、把握。なお、以下の各事項については各章へ。

※担保物件の換価については第3章（破産財団の管理・換価）⑥（不動産）Q38・39参照。

※別除権付債権の債権調査については第12章（債権調査）Q7参照。

※一般の先取特権を有する労働債権は優先的破産債権であり、別除権付債権ではない。

※リース契約の処理については第7章（契約関係の処理）Q17参照。

※別除権者の配当参加については第13章（配当）Q5参照。

チェックボックスの種類
❏必ず確認すべき事項
▣場合によって検討すべき事項のうち重要なもの
▢場合によって検討すべき事項

❏抵当権・根抵当権が設定されているか確認

　❏不動産の登記簿を確認

❏質権が設定されているか確認

※動産質権、敷金返還請求権、火災保険金請求権、継続的売買契約に基づく売掛金等の債権を目的とする質権、ゴルフ会員権や株式等の有価証券を目的とする質権など

　❏質権設定契約書の確認

❏特別の先取特権の成否を確認

※動産売買の先取特権、マンション管理費・修繕積立金等を被担保債権とする建物の区分所有等に関する法律7条1項に基づく先取特権等。

※動産売買の先取特権については、売主による権利行使の状況に応じて対応（Q1）。

※一般先取特権は、優先的破産債権の地位が与えられる（法98Ⅰ）。別除権には当たらない。

❏商事留置権の成否を確認　　　　　　　　　　　　　　　☞Q2

※請負契約の注文者破産の場合の請負人の商事留置権、手形上の商事留置権など。

※商事留置権の別除権の順位は、他の特別の先取特権に後れる（法66Ⅱ）。

※民事留置権は破産財団に対してその効力を失い（法66Ⅲ）、管財

人は民事留置権者に対し目的物の引渡しを請求できることに注意。

☐譲渡担保権を確認 ☞ Q 3
　※在庫商品等に対する集合動産譲渡担保、売掛債権に対する集合債権譲渡担保、手形の譲渡担保などがよくみられる。
　※譲渡担保を設定する契約書、破産者へのヒアリング、登記により譲渡担保権が設定されていないか確認。

☐所有権留保を確認 ☞ Q 4
　※自動車、原材料・在庫商品、機械等に対する所有権留保（第3章（破産財団の管理・換価）⑤（自動車）Q21・⑨（在庫商品）Q79参照）。　⇨ 申立てをするときは……⒄
　※商品に関しては、取引基本契約書を確認し、所有権の移転時期を確認する。

　☐リース契約の確認 ☞ 第7章（契約関係の処理）Q17
　　フルペイアウト方式のファイナンス・リースのリース料債権は別除権付債権として取り扱うのが大阪地裁の運用。破産裁判所の運用を確認。
　　それ以外のリースについては個別に検討する。

　☐その他、仮登記担保、売渡担保の確認

☐第三者対抗要件が具備されているか確認 ⇨ 申立てをするときは……⒅
　※別除権が破産手続上その効力を認められるためには第三者対抗要件の具備が必要。
　※代理受領や振込指定などの担保的効力が債権的効力にとどまる担保権は、その効力を管財人に対抗できない結果、別除権としての権利を主張できない（条解破産471頁）。

☐担保権の設定または登記が危機時期以降の場合、否認対象行為該当性についても検討（第8章）

③ 別除権者との協議・合意と別除権の受戻し

☐協議・合意すべき内容の確認、検討（別除権の行使による弁済額、充当関係、別除権不足額またはその確定方法、担保権の解除など）

　※別除権者は破産手続によらずに権利を行使できるため、任意売却の方針を固めたら、任意売却の実行前に別除権者との間で売却先の選定方法の他、弁済額、充当関係、別除権不足額またはその確定方法、担保権の解除など、別除権の受戻しに関する各種事項について協議し、任意売却の了承に向けた調整を進めておく。

　※目的物の価額を適正に評価・実現されることは、不足額責任主義との関係で担保権者の破産債権額に影響するため、重要である。

　回書面による合意の要否を検討

　　※後の債権認否に備え、充当関係を書面で明確化しておくと効率的。

　　※金融機関によっては書面による合意に時間を要する場合などもあるので注意。

☐別除権付きで売却する場合は、別除権者への通知（規56前段）

　※別除権（法65Ⅱに規定する担保権）であって登記がされたものの目的である不動産の任意売却をしようとするときは、任意売却の2週間前までに、当該担保権を有する者に対し、任意売却をする旨および任意売却の相手方の氏名または名称を通知しなければならない。

☐裁判所の許可の取得（法78Ⅱ⑭）

☞第3章（破産財団の管理・換価）⑥（不動産）Q38・39

4　担保権消滅手続（法186Ⅰ）

☐担保権消滅手続の利用を検討（要件、効果の確認）（運用と書式154頁以降参照）　☞Q5

※担保権消滅手続は、管財人の自助売却権（剰余主義は排除されている。法184ⅡⅢ）が認められている破産手続において、任意売却による売却価額では弁済を受けることができない後順位抵当権者による高額な抵当権抹消料（判子代）の請求によって担保物件の任意売却が阻害されている場合、担保権者が時価と著しく乖離した高額な売却価額に固執し譲歩しない場合（商工ローン業者に多い）および別除権者との財団組入額をめぐって協議が整わない場合等において、一定の要件のもと、担保権を消滅させることができる形成権である。

※実際には、担保権消滅手続は、相当の期間（順調に進行しても約3か月程度はかかる）を要するので、申立て件数は多くない。担保権消滅許可の申立てをする際には、否認権の行使等の他の手段で対応できないか、慎重な検討を要する。いわゆる「伝家の宝刀」として本制度を利用することを示唆しながら、担保権者と交渉を試みることが多いであろう。

◎申立てをするときは……(17)
　申立て前にリース物件の引揚げに応じる場合は、引揚げ対象物件を間違えて財団帰属財産を散逸したりすることがないよう、申立代理人もしくは申立人等にて引揚げに立会い、引揚げ対象物件を確認するとともに、物件引渡しの証拠を確保すべく、引揚げ時にリース業者から受領書を徴求しましょう。

◎申立てをするときは……(18)
　申立て前に自動車の引揚げを求められた場合には、漫然と引揚げに応じるのではなく車検証等の資料を確認するなどして信販会社・ファイナンス会社が第三者対抗要件（登録名義）を具備しているかを確認するようにしましょう。そのうえで、第三者対抗要件を具備していない場合は、対抗要件がないことを踏まえて適切な処理をしましょう（最判平成22年6月4日民集64巻4号1107頁参照、破産200問Q68参照）。

第 6 章　別除権

III　Q & A

Q1　動産売買の先取特権への対応

　　破産者の事業所に売買代金未払いの仕入商品があるのですが、管財人として、売主に断らずにこれを第三者に売却して問題ないでしょうか。売主から、動産売買の先取特権の主張を受けた場合、どのように対処すればよいですか。

A

　前段の場合には、売主が動産売買の先取特権（民311条5号・321条）を行使してくることが考えられますが、動産売買の先取特権には追及効がありませんので（同法333条）、第三者に売却することは可能であり、できるだけ早期に売却してしまうことが肝要です。ただし、破産者が支払停止直前の取込み的取引により商品の引渡しを受けており、取込詐欺をしている可能性がある場合などは当該仕入商品が被害品に該当するおそれがあるため、和解的処理をするなどの対応が無難でしょう（名古屋地判昭和61年11月17日判時1233号110頁以下における同115頁説示部分参照、実践マニュアル173頁）。

　また、先取特権者である売主から第三者へ売却した仕入商品の代金債権に対して物上代位（民304条）をされるおそれもありますので、売買代金の受領と引換えに仕入商品を引き渡すことが賢明でしょう（管財の手引174頁）。

　後段の場合について、売主から動産売買の先取特権を有する旨の主張がなされたとしても、上述のとおり、動産売買の先取特権には追及効がなく、担保権として弱い効力しか認められていないことから、直ちに先取特権を保存すべき法律上の義務があるとはいえないとされています（大阪地判昭和61年5月16日判時1210号97頁、名古屋地判昭和61年11月17日判時1233号110頁、東京地判平成3年2月13日判タ770号208頁）。

そして、動産売買の先取特権の行使方法は、動産競売の方法となり、その開始の要件は、①債権者が執行官に対し当該動産を提出した場合（民執190条1項1号）、②債権者が執行官に対し占有者の差押承諾文書を提出した場合（同項2号）、③債権者が執行官に対し動産競売開始許可決定書の謄本を提出し、かつ、捜索に先立ってまたは同時に当該許可決定が債務者に送達された場合（同項3号）ですが、①と②の方法は、現実的にはほとんど考えられません。したがって、売主から、動産売買の先取特権の主張を受けた場合であっても、③がなされるまでは管財人としては仕入商品を売却することは可能です（破産200問138頁参照）。

Q2　商事留置権者の権利と交渉方法

　破産会社は卸売業ですが、売掛金の回収作業をしているなかで、運送代金の一部が未払いとなっている運送業者が運送を委託された商品について**商事留置権**を主張しています。この場合、管財人としてはどのような点に留意して対応すればよいでしょうか。

A

　商事留置権は特別の先取特権とみなされますので（法66条1項）、別除権となります（法2条9項）。管財人としては、留置目的物の価額が被担保債権を下回る場合には、通常は破産財団からの放棄を検討することになるでしょう（管財の手引173頁）。

　一方で、留置目的物の価額が被担保債権を上回る場合には、別除権の目的である財産の受戻し（法78条2項14号）をして任意売却を試みることになるでしょう（管財の手引173頁、実践マニュアル173頁）。

　また、留置目的物の回復が破産財団の価値の維持または増加に資するとき（たとえば、目的物が部品等であり、他の仕掛品等の完成に不可欠である場合等）は、商事留置権消滅の制度（法192条）の利用も検討することになるでしょう（運用と書式131頁）。

第6章　別除権

Q3　譲渡担保と担保権者への対応

〔1〕　破産者の倉庫内の動産について、集合物譲渡担保権を設定している譲渡担保権者から、倉庫内の動産の保管状況を教えてほしい、倉庫内に立ち入らせてほしいと要請を受けています。担保目的物となる動産は、調査すれば特定が可能と思われますが、上記の要請に対し、管財人としてはどのように対応すればよいでしょうか。

〔2〕　売掛債権に集合債権譲渡担保権が設定されているところ、譲渡担保権者から、売掛債権の額や内訳、債権の証憑書類を見せてほしいと言われました。これらについては、調査すれば特定、準備が可能と思われますが、上記の要請に対し、管財人としてはどのように対応すればよいでしょうか。

A

(1) 集合物譲渡担保権者からの担保物保管状況確認の要請（〔1〕）

　集合物譲渡担保権も破産手続上は別除権として扱われますが、まず、目的物（集合物）の所在場所、種類および量的範囲等により目的物の範囲が特定されているかどうか、譲渡担保契約書等の内容を確認します。さらに、占有改定による引渡しまたは動産譲渡登記（動産及び債権の譲渡の対抗要件に関する民法の特例等に関する法律（以下、「特例法」といいます）3条1項）によって対抗要件が具備されているかどうかもあわせて確認します。

　目的物の範囲が特定され、対抗要件が具備されている場合には、管財人としては担保権の実行を受け入れざるを得なくなりますが、譲渡担保権者としても、担保権の実行の前提として倉庫内の動産の保管状況の確認や倉庫内への立入り等管財人の協力が不可欠ですので、目的物の売却価格の一定割合を破産財団に組み入れることを条件に譲渡担保権者の担保権の実行に管財人が一定の協力をする旨の協定を締結するのが一般的でしょう（管財の手引207頁、実践マニュアル172頁）。

(2) 集合債権譲渡担保権者からの担保物確認の要請（〔2〕）

集合債権譲渡担保権も、(1)と同様に、破産手続上は別除権として扱われますが、まず、目的債権（集合債権）が、その発生原因や債権額等に加えて債権の発生時期や弁済期に関する始期と終期を明確にするなど、譲渡人の有する他の債権から識別できる程度に特定されているかどうか譲渡担保契約書等の内容を確認します。さらに、確定日付のある証書による通知・承諾または債権譲渡登記（特例法4条1項）によって対抗要件が具備されているかどうかもあわせて確認します。

集合債権譲渡担保権が有効で、対抗要件が具備されている場合には、(1)と同様に、目的債権の売却価格の一定割合を破産財団に組み入れることを条件に売掛債権の額や内訳、債権の証憑書類の確認等譲渡担保権者の担保権の実行に管財人が一定の協力をする旨の協定を締結するのが一般的でしょう（管財の手引207頁、実践マニュアル170頁）。

Q4 所有権留保物件の処分

破産者の事業所に、所有権留保売買に基づいて購入した商品があり、売主から取戻権を行使したいと言われています。この場合、管財人としてどのように対応すればよいでしょうか。売主の要請を無視して、商品を第三者に売却して問題ないでしょうか。

A

管財人としては、まず、売買契約書等で所有権留保特約条項の有無を確認し、有効な特約が認められなければ、売主の取戻権の主張を拒否します。

これに対し、有効な所有権留保特約が存する場合、破産手続が開始された後の留保所有権は別除権と解するのが今日の通説であり、管財人は、売主の別除権の行使に協力すべきことになります（なお、留保所有権者に取戻権を認める説でも、実務上ほとんど差異がないため、取戻権として処理することも行われています（条解破産490頁参照））。

所有権留保の実行方法としては、①管財人が取戻権を承認して目的物を引き渡し、留保所有権者において目的物を売却し、余剰金の清算を行う方法と、

261

②留保所有権者の同意のもと、裁判所の受戻許可（100万円を超える場合）を得て目的物を受け戻し、管財人が目的物を換価する方法とがあります。この点、通常は①の方法によることが多いと思われますが、所有権留保の目的物の時価が未払代金額を上回り、かつ管財人が任意売却を行ったほうが高額で売却できると見込まれるような場合には、売主とも協議のうえ、②の方法によるべきでしょう。また、①の方法による場合であっても、事前に適正な評価額を示すなどして清算金について交渉しておくことが望ましいでしょう。そして、清算金がない場合でも、売主に協力する代わりに売却代金のうち一定額を財団に組み入れるよう交渉します。

なお、購入した商品が自動車である場合、所有者の登録が所有権留保の対抗要件となりますので（ただし、軽自動車の対抗要件は占有で足ります）、所有権留保を主張する売主を所有者とする登録がされていない限り、所有権留保を管財人に対抗できず、管財人は引揚げに応じる必要はなく、自ら当該自動車の換価を行っていくことになります。

Q5 担保権消滅手続

担保権消滅手続とはどのような制度ですか。管財人として、どのような場面でこの手続を用いるべきなのでしょうか。

A

(1) 担保権消滅手続とは

担保権消滅手続とは、破産財団に属する担保目的物について、任意売却につき担保権者から合意が得られない場合に、管財人の申立てにより、担保目的物に存する担保権を全て消滅させて売却をし、それにより取得する金銭の一部を破産財団に組み入れることを可能にする破産法上の制度です（法186条～191条）。

担保権消滅手続の対象となる担保権は抵当権に限られず、特別の先取特権、質権、商事留置権（法186条1項）のほか、仮登記担保権も含まれます（仮登記担保契約に関する法律19条1項参照）。一方、譲渡担保や所有権留保などの非

典型担保については、担保権消滅手続の対象に含まれると解することは困難であるとされています（条解破産1184頁）。

(2) 担保権消滅手続の利用のタイミング

　任意売却の売却価額や、無剰余の後順位担保権者の抹消料、財団組入れについての担保権者との交渉に際し、本手続の存在や手続の内容等を説明することで、交渉の円滑化や合理的な合意の形成に資するという事実上の効果が期待されます。

　上記のような交渉にもかかわらず、担保権者との交渉が不調に終わった場合、本制度の利用を検討します。もっとも、担保権消滅許可の申立てを行うと、配当までに3か月程度の期間を要することになりますし、管財人による申立てに対し、担保権者が対抗措置をとった場合（担保権の実行の申立てをしたことを証する書面の提出（法187条）、担保権者等による買受けの申出（法188条））には、財団への組入金はなくなってしまいます。

　したがって、本制度を利用する場合には、担保目的物の購入希望者に上記リスクを説明し、理解を得ておくことが必要ですし、手続中に年度を越してしまうことで多額の固定資産税の負担が見込まれる場合や、財団組入額を考慮しても配当率にほとんど変化がなく、かつ他の換価業務はすでに終了している場合などは、本制度を利用して換価業務を長期化させるよりも、担保目的物を放棄して早期に配当手続を実施するほうが破産債権者の利益に資する場合もあります。

第7章

契約関係の処理

I 契約関係処理の流れ・概要

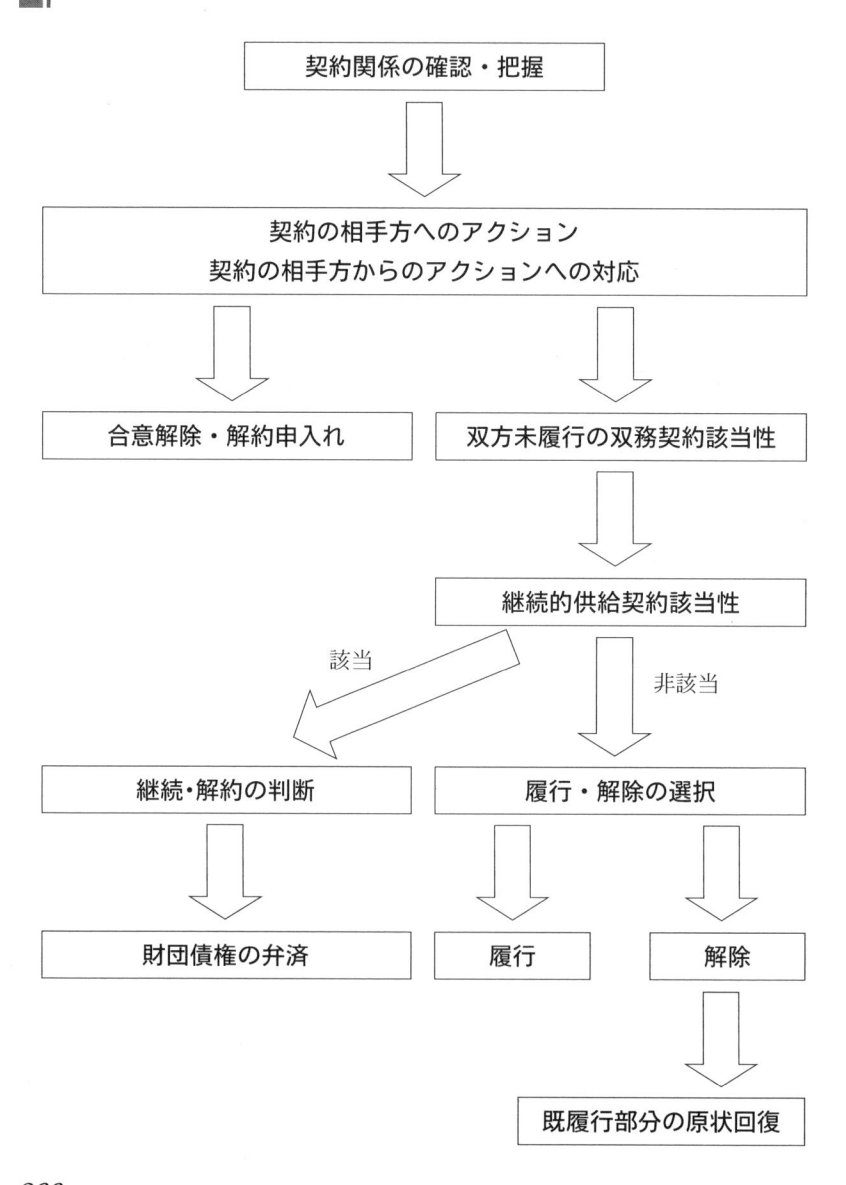

```
        ┌─────────────────┐
        │ 契約関係の確認・把握 │
        └────────┬────────┘
                 ▼
  ┌────────────────────────────────┐
  │ 契約の相手方へのアクション         │
  │ 契約の相手方からのアクションへの対応 │
  └──────┬──────────────────┬──────┘
         ▼                  ▼
  ┌──────────────┐   ┌──────────────────┐
  │ 合意解除・解約申入れ │   │ 双方未履行の双務契約該当性 │
  └──────────────┘   └─────────┬────────┘
                               ▼
                      ┌──────────────┐
                      │ 継続的供給契約該当性 │
                      └──┬────────┬──┘
                   該当 ◀┘        └▶ 非該当
  ┌──────────────┐               ┌──────────────┐
  │ 継続・解約の判断 │               │ 履行・解除の選択 │
  └──────┬───────┘               └──┬────────┬──┘
         ▼                          ▼        ▼
  ┌──────────────┐              ┌──────┐ ┌──────┐
  │ 財団債権の弁済  │              │ 履行 │ │ 解除 │
  └──────────────┘              └──────┘ └──┬───┘
                                            ▼
                                   ┌──────────────┐
                                   │ 既履行部分の原状回復 │
                                   └──────────────┘
```

II 契約関係の処理における作業のチェックポイント等

1 契約関係の処理における心構え

▶破産者が破産手続開始決定時点で締結している契約は、管財人がこれを引き継ぎますので、契約関係の清算が必要となります。契約によっては、破産財団に継続的な負担を生ぜしめるもの（2参照）もあるため、契約関係の早期の把握が必要です。

▶片務契約または一方当事者の履行が完了している双務契約について、相手方の有する請求権は原則として破産債権となり、他方、破産財団に属する権利は管財人としてその権利を行使することとなります。

▶双方当事者の債務の履行が未了の双務契約（4参照）にあっては、管財人として、破産財団に与える影響、得喪を中心に検討のうえ、契約の相手方と処理について協議を行うほか、協議が調わない場合などは、契約の履行を選択するのか、解除を選択するのか決定することになります。

▶継続的供給契約や、個別の契約類型によって特殊な取扱いや留意点があるので注意を要します。

▶とくに、賃借人の破産における賃貸借契約の処理においては、最終的に契約関係を清算する必要性を認識したうえで、管財業務継続のために当該賃貸借契約を当面継続する必要性があるか否か、継続した場合の解約条件がどうなっているか等を確認し、継続する必要性がないのであれば、明渡しや原状回復に要する費用と破産財団の状況を確認のうえ、賃貸人とも

協議しながら契約関係の清算、目的物の返還等を行います。

2　契約関係の確認・把握

(1) 契約の存否の確認

☐ 管財業務において問題となりうる各種契約類型の把握・存否の確認

　　たとえば、売買契約、製造物供給契約、委任・準委任契約、業務委託契約、運送契約、賃貸借契約、請負契約、リース契約、ライセンス契約、通信に関する契約、ライフラインに関する契約、警備・保守契約等

　※破産手続開始決定直後のみならず、破産者が失念し、あるいは意図的に隠している契約等が後日判明する可能性もあるので、常に留意を怠らない。

☐ 契約書、受発注書、請求書、決算書、総勘定元帳、売掛台帳、通帳、押印簿その他契約を裏づける資料の収集・確認

☐ 破産者（代表者）および関係者（主に経理担当者）へのヒアリング

　　口頭で締結された契約のほか、破産者から未提出の資料、破棄されまたは整理されていない資料等はないか

☐ 転送郵便物の確認

　　提出資料およびヒアリングで確認できなかった契約に関する資料等はないか

(2) 契約内容の把握

☐ 財団債権の発生原因となる契約の有無を確認

　※とくに継続して財団債権を発生させる契約（破産者を賃借人とする契約のほか、破産者が継続的給付を受ける契約等）があれば、財団債権増加防止の観点から早期の判断・対応が必要。

☐ （件数が多い場合など必要に応じて）契約リストを作成・管理

チェックボックスの種類

☐ 必ず確認すべき事項

☒ 場合によって検討すべき事項のうち重要なもの

☐ 場合によって検討すべき事項

第 7 章　契約関係の処理

③　契約の相手方からのアクションとその対応

☐契約の相手方の意向を確認
　※契約関係の処理において、契約の相手方との間で和解的に処理をすることが多い。したがって、管財人による解除・履行の選択権行使を検討する前に、まず、契約の相手方の意向の確認を含め、和解的処理の是非を検討する。

☐法53条 2 項所定の催告の有無の確認
　☐催告の対象となる契約が双方未履行の双務契約に該当するか
　※該当性の判断は④、該当する場合の対応は⑥参照
　☐破産申立てまたは破産手続開始決定を理由とする解除通知の有無の確認
　　☐契約書所定の解除事由の確認
　　☐約定解除事由として規定されている場合に、その有効性の確認　　☞ Q 1

4　双方未履行の双務契約該当性

- □双務契約において、契約当事者それぞれの債務の内容、履行の有無および程度を確認　☞Q2
- □双務性のある継続的契約で、破産手続開始決定時点で継続中のもの（賃貸借契約、ライセンス契約、有償寄託契約、仕事完成前の請負契約等）がないか確認
  - □単発的契約であっても、双方の義務の全部または一部が未履行のものがないか確認（引渡し未了・代金支払い未了の一回的売買契約や製作物供給契約等）

5　継続的供給契約該当性

☐ 当該契約が継続的供給契約に該当するか　　　☞ Q2

　☐ 電気、ガス、水道の供給契約、電話回線利用契約、インターネットプロバイダ契約、その他ライフライン関係の契約、警備・保守契約等はないか

　※賃貸借契約、NHK との受信契約は継続的供給契約に該当しないことに注意。

　※労働契約は継続的供給契約に該当するが、破産法55条の規律が適用されないことに注意（労働契約については第 4 章（財団債権と破産債権）参照）。

☐ 継続的供給契約に基づき発生する財団債権の把握

　☐ 破産申立日はいつか

　☐ 当該継続的供給契約に係る請求の締め日はいつか

　　☐ 財団債権部分を日割りで把握することができる契約か

☐ 当該継続的供給契約を開始後も継続する必要性の判断　　　☞ Q3

6　双方未履行の双務契約に関する履行・解除の選択（Q４）

(1)　前提事実の把握

☑破産法53条2項所定の催告の有無の確認

　□（催告があれば）相当期間内に確答を準備

(2)　履行選択を検討する場合

☐管財人が履行すべき債務と、履行選択により相手方に請求できる請求権の内容の確認・比較

　※破産財団を増殖させる観点から、履行すべき債務に比べ、相手方に請求できる請求権の利益が大きいといえるか。たとえば、物の製作が完了して引渡しのみが未了の請負契約における請負人の破産において、報酬全額の支払いを受けていない場合などは、物を引き渡せば報酬の支払いを受けられるため、破産財団の増殖に寄与することになる。

　☐管財人の債務の履行は可能か、容易か

　※契約上の義務を履行した結果、先順位の財団債権が支払えないような事態にならないよう留意する。たとえば、破産財団の残高が極めて僅少であり、これを上回る額の公租公課の滞納もあるなかで、管財人の契約上の債務が先払いの契約を履行選択しても、財団債権となる管財人の債務の弁済ができず、債務不履行の状態に陥る可能性がある。

　☐契約の相手方に資力はあるか

☐裁判所の許可は取得したか

□破産法53条2項の催告があれば、相当期間内に確答できているか

(3)　解除選択を検討する場合

☐解除可能な契約類型か

　※破産者を賃貸人とする対抗力ある賃貸借契約等は解除できない（法56 I）。

　※公平の観点から解除権が制限される場合があることに注意（ゴ

ルフ場の会員契約など)。
☐解除を実施した場合における相手方に対する返還請求権の有無・内容を確認
☐破産者がすでに受けた反対給付の有無・内容の確認
　※詳細な検討が未了のまま、双方未履行の双務契約の債務を履行したり、相手方からの給付を受領したりすると、後日の解除権行使にあたっての無用な紛争を招来するので注意。

(4) 解除実施後
☐解除実施後において、契約相手方を破産債権者として取り扱う必要があるか
　※相手方の損害賠償請求権は破産債権となる（法54Ⅰ）。
　☐既履行部分の返還請求が可能な場合には、請求する

7 とくに留意すべき契約類型とその処理

(1) 賃貸借契約

☐破産者を賃貸人とする賃貸借契約の有無を確認

　☐当該賃貸借契約の処理方針を検討

　　※合理的な賃貸借条件であれば賃借人付で第三者に売却することも多いが、他方で、賃借人との契約関係を解消して売却した方が、破産財団にメリットがある場合もありうる。なお、換価については、第3章（破産財団の管理・換価）参照。

　　※社宅として従業員に貸している場合は、解雇と同時に従業員が社宅に居住する権利を喪失するので、明渡しを求める。

　☐預り敷金・保証金の有無・額の確認　　　　　　　☞Q7

　☐賃料支払口座の変更通知を実施したか

☐賃借人が、賃料を支払っているか確認

　※事実上、賃借人が敷金・保証金保全のため、賃料を不払いとするケースが多い。未収がある場合には督促を実施する。

　※開始決定前の未収賃料把握のため、賃料台帳やレントロール等を確認する。

　☐賃貸物件管理のため、管理会社に業務を委託すべきか否か確認

　　※既存の管理会社に引き続き業務を委託すべき場合、既存の管理会社に代えて条件の良い管理会社に委託すべき場合、既存の管理会社との契約を終了させて自ら管理する場合、既存の管理会社がいない場合に新たに管理会社に業務を委託すべき場合等が考えられる。

　☐敷金・保証金を預けている賃借人からの寄託請求はなされているか　　　　　　　　　　　　　　　　　　　　☞Q8

☐破産者を賃借人とする賃貸借契約の有無を確認

　☐資料関係のほか、保管場所の賃借を前提とするような在庫商品、什器備品、自動車その他の動産類の有無を確認（存在すれば、占有権原の有無・契約関係等を確認）

(2) 土地賃貸借契約の場合

☐借地上に建物は存在するか
　※借地上の建物所有者の破産における処理方法については第3章（破産財団の管理・換価）⑥（不動産）Q30参照。

(3) 土地・建物賃貸借契約共通

☐賃貸借契約を終了させ、明渡しを行うべきか、時期も含めて検討
　※主に自然人の破産において、破産手続開始決定後も居住を継続する自宅の賃貸借契約は解除をしない場合が多い。さらに、預け敷金・保証金が自由財産拡張の対象となっている場合には、破産手続開始の通知が当該賃貸人に誤って発送されないよう、留意が必要である。
　※法人や事業者の破産の場合でも、破産財団を構成する在庫商品その他動産類を一定期間保管するため、直ちに賃貸借契約を終了させるべきではない事案も存する。

☐賃貸人の意向の確認
　※和解的処理で解決することができるか否かを確認する。

☐預け敷金・保証金の有無・額の確認
　※　質権が設定されている場合には、Q12参照。

☐賃貸借契約の解除・解約事由、違約金条項、明渡遅延の場合の損害金その他の規定はどうなっているか確認
　※違約金の取扱いは、Q11参照。

☐賃料を支払うべきか否かの検討
　※敷金・保証金を預けている場合に、賃貸人との交渉で充当を促すこともある。

☐明渡費用の額の確認

☐原状回復の必要性（破産者が施した原状変更の把握、居抜きでの再賃貸を促すことによる減免の可能性の確認）・費用の確認　　☞Q10
　※原状回復費用の取扱いについてはQ10参照。

☐物件内に残置された動産類の所有者の確認

☐第三者から賃借し、社宅として従業員に貸している物件では　　☞Q9

ないか確認

※原則として、解雇により従業員を立ち退かせて物件を返還することになるが、賃貸人および従業員と協議のうえで、破産者の賃借人たる地位を従業員に引き継がせる場合も考えられる。

(4) 請負契約

❑請負契約の処理における破産手続上の問題点を把握

※請負人破産であれば、仕事の完成の程度（出来高）、注文者が受ける給付の利益に応じ、中途にある仕掛品を提供して報酬を請求しうることとなる。ただし、残った仕事を管財人側で完成させ、全額の報酬を請求するほうが有利な場合もある。 ☞ Q15

※注文者破産であれば、報酬を支払って注文中の仕事における仕掛品を受領して転売等することができるか、仕事を完成させて成果物を受領することが、破産財団にとって有利か否か慎重な検討が必要である。また、請負人から仕掛品および預託している物に対する商事留置権を主張される場合もあるので、その処理も必要である。 ☞ Q14

❑請負契約の有無を確認

◉名目上は請負契約となっていても、実質的に雇用契約その他の契約類型ではないか確認

※実質的に雇用契約であれば、相手方の有する債権は労働債権となる。その取扱いについては、第4章（財団債権と破産債権）Q8参照。

※製造物供給契約、業務委託契約、委任・準委任契約等、類似の継続的契約に該当する場合に注意。ソフトウェアやシステムの開発委託契約、ホームページ作成契約、ショールームや衣服等のデザイン契約など、限界事例について慎重に検討する。ソフトウェアの開発委託につき、Q13参照。

(5) 注文者・請負人共通

❑仕事の進捗度合いを確認

資料の収集・担当者や契約相手方等関係者からのヒアリング等によって確認する

※出来高割合の査定については、Q15参照。

❏前受金、中間金その他の工事代金の授受状況を確認

(6) 注文者破産の場合

❏現場の占有状態の確認

❏現場の保全状態の確認
　※管財人が工作物責任を負わないよう、現場の保全に努める。
　※請負人が工事現場を占有している場合の権利関係（商事留置権の成否等）については、第6章（別除権）参照。

(7) 請負人破産の場合

❏下請け業者の有無、役割分担について確認
　とくに、下請け業者に一定額を支払うことによって仕事の完成が可能かどうか
　※管財人として仕事を完成させ、成果物を引き渡した場合、アフターサービスの義務や瑕疵担保責任は財団債権となることに注意。この場合、理論的には、アフターサービス、瑕疵担保の期間満了まで、財団債権の額が確定しないことになるが、これを回避するために、注文者および下請け業者と三者和解を行い、一定額を支払って、下請け業者にアフターサービスおよび瑕疵担保責任を負わせる場合や、注文者と協議して、請負代金を若干減額のうえ、瑕疵担保責任等の免除を受ける場合も考えられる。
　※成果物を引渡し済みの場合、注文者のアフターサービスや瑕疵担保の請求権は破産債権となる。ただし、アフターサービスや瑕疵担保の履行を受けられないことを理由として、報酬請求権の支払いを拒絶する注文者も多い。この場合の対応については、第3章（破産財団の管理・換価）⑧（売掛金・貸付金その他各種債権）Q75参照。

❏契約書上、違約金の定めがなされているかどうか確認
　※定めがある場合の対処方法については、Q16参照。

(8) リース契約

❏リース契約の有無・その種類を確認

※「リース」と呼称されていても、実質的に賃貸借契約の場合も多いので注意。

(A) フルペイアウト方式のファイナンス・リースの場合

❏リース物件の返還が終わっているか確認
　リース物件は、原則として破産手続開始決定後速やかに返還することになる。

❏返還が終わっている場合、リース物件について適切な評価がなされているか、債権届出の際、リース料債権から控除されているか確認

❏返還が終わっていない場合、返還を実施
　ただし、たとえば管財業務に当該リース物件を当面使用しなければならない場合や、不動産の売却にあたって他の動産類とともに不動産の買主にリース契約を引き継ぐことができ、それが破産財団にとって有利な場合等、リース会社と買取りや一定期間の利用を協議することが必要となる場合もある。

❏リース物件の返還費用はリース業者に負担を求める
　※返還にあたっては、約款に記載があることを理由として撤去・運搬費用を財団から負担するよう求められることがあるが、撤去・運搬請求権は破産債権と解されるのでこれに応じる義務はなく、リース業者に負担するよう伝える。リース業者が撤去・運搬費用の負担を拒否した場合には、リース物件の所有権放棄を受けたうえで換価あるいは財団から放棄することもある。

(B) 再リースの場合

❏償却の完了している狭義の再リースに該当するか確認
　※「再リース」という名目であってもなお、残価設定のある場合には、ファイナンス・リースに該当する場合がある。
　※狭義の再リースの場合は、動産賃貸借と同様のものと解されている。

(C) その他のリース形態の場合

❏当該リース料債権が別除権付きのものか判断

(9) ライセンス契約

- ライセンス契約の有無を確認
  - 何のライセンスを受けているのかを確認・把握
    たとえば、特許権、商標権、著作権、ノウハウなど

(A) ライセンサー破産の場合

- ライセンスをしている権利等の換価を検討
  - ※知的財産権等の換価については、第3章（破産財団の管理・換価）⑩（知的財産権）Q89参照。
  - ※換価にあたって、対抗力あるライセンシーとの契約は、双方未履行双務契約の解除ができないことに注意（法56Ⅰ）。なお、特許権の通常実施については、未登録であっても当然実施の規定があることに注意（特許法99）。

(B) ライセンシー破産の場合

- ライセンス契約を終了させるべきか否か検討
  - ※ライセンス料が発生する契約の場合、原則として契約を解除等により終了させることになる。ただし、物の製造装置を第三者に売却する際、ライセンスがなければ物を製造できない場合などは、ライセンサーとも協議のうえ、装置の買主に実施権等を引き継がなければならない場合もある。

(10) 商社取引

※破産者が、メーカー・納品先の間に入って商社的機能を果たしていた場合、メーカーおよび納品先との双方未履行契約をいずれも履行選択し、マージン相当額を財団に組み入れることも選択肢としてはあり得る。

　ただし、契約内容の整理には元従業員の協力が不可欠であること、場合によっては、マージン相当額の一部減額等、メーカーおよび納品先と三者合意の和解をする必要もあることから、費用対効果を念頭において履行選択するか否かを検討する必要がある。

Ⅲ　Q&A

Q1　倒産解除条項の有効性

破産者が締結していた契約の中に、破産申立てまたは破産手続開始決定があったことを契約の解除事由とするものがあります。破産手続開始決定後、契約の相手方から、当該解除事由に基づく契約解除の主張がなされました。かかる主張には応じなければなりませんか。契約の類型によって、判断が分かれるのでしょうか。

A

設問の例のように、実務上、契約書に破産申立てが解除事由として規定されていることがあります。この規定は、一般に倒産解除特約といわれるもので、破産だけではなく、民事再生や会社更生の申立てについても、解除事由とされていることが多いと思われます。破産手続と倒産解除特約との関係については、以下のとおり、議論があるところですが、管財人としては、双方未履行双務契約について、解除か履行かの選択権（法53条）が付与されている趣旨などを考慮して、契約の相手方の解除の主張に対応すべきです。契約の類型によっては、管財業務との関係で、履行を選択すべきものもありますので（Q4参照）、履行を選択すべきと考えられる場合は、相手方に対し、倒産解除特約が無効であるとの見解に基づき、契約上の義務の履行を求める交渉を行うのが相当です。

倒産解除特約は、再建型倒産手続との関係では、判例上、事業の更生・再生を図るという会社更生手続・民事再生手続の趣旨・目的に反するという理由で、無効とされています（最判昭和57年3月30日民集36巻3号484頁（所有権留保付き売買契約の事例）、最判平成20年12月16日民集62巻10号2561頁（ファイナンス・リース契約の事例））。他方、破産手続は、再建型ではなく、清算型の倒産

手続ですので、上記の判例の射程が及ぶか否かについては議論のあるところです。この点、法的清算手続である破産手続において、倒産解除特約を無効とすることは、契約自由の原則からして困難であるとする見解(園尾隆司ほか編『《新・実務体系(28)》新版　破産法』210頁)や、破産法が管財人に対して双方未履行双務契約について履行か解除かの選択権を付与している趣旨を考慮して、破産手続の場合にも倒産解除特約を無効とする見解(条解破産390頁、伊藤274頁)があります。また、下級審ですが、建物賃貸借契約の賃借人に破産手続開始申立てがあった場合における倒産解除特約について、平成16年法律第76号により当時の民法621条が削除された趣旨および破産法53条1項により管財人に未履行双務契約の履行・解除の選択権が与えられている趣旨に反するものとして無効と判示した裁判例(東京地判平成21年1月16日金法1892号55頁)もあります。

Q2　双方未履行の双務契約と継続的供給契約

〔1〕　双方未履行の双務契約にはどのような契約が該当しますか。

〔2〕　また、どのような契約が継続的供給契約に該当するのでしょうか。

A

(1) **双方未履行双務契約の例**（〔1〕）

　双方未履行とは、双務契約において、双方ともに契約上の債務の全部または一部が履行されていない場合をいいます(未履行の原因は問いません)。ここで、双務契約とは、契約当事者双方が互いに法律的に対価の債務を負担する契約を意味しており、売買契約、賃貸借契約、請負契約、ライセンス契約、後記の継続的供給契約などが該当します(運用と書式110頁以下、伊藤275頁以下)。

(2) **継続的供給契約の例**（〔2〕）

　破産法55条の継続的供給契約とは、契約の相手方が破産者に対して継続的給付の義務を負い、破産者がこれに対する対価を支払うことを約束する契約

をいいます（条解破産408頁）。電気、ガス、水道などの公共事業に関する契約が典型例ですが、公共事業に限らず、当事者間の契約によって、継続的供給が義務づけられる場合も、継続的供給契約に該当します（運用と書式112頁）。たとえば、携帯電話料金（同頁）、プロバイダ料金（実践マニュアル448頁）、継続的な運送・ビル清掃・エレベーターの保守管理・ビル警備（大コンメ破産226頁。警備については基本構造274頁も参照）がありますが、ほかにもインターネットバンキングの利用料金やBS料金、ケーブルテレビ料金等が考えられます。

Q3 継続的供給契約の処理

破産者が締結している携帯電話利用契約、固定電話利用契約、水道光熱費の供給契約について、どのように処理すればよいですか。破産財団にとって必要・不要の判断をどのようにすればいいのか教えてください。また、不要な契約であっても、継続的供給契約である以上、破産法55条2項による財団債権化の範囲に制限はないのでしょうか。

A

携帯電話利用契約等の継続的供給契約も双方未履行の双務契約として、管財人は解除または履行選択をすることができます（法53条1項）。

管財人としては、不要な財団債権の発生を抑えるため、継続的供給契約の有無および内容につき早期に調査して、不要なものは直ちに解約すべきです。継続的供給契約が破産財団にとって必要か不要かは、破産財団の増殖（もしくは減少の防止）につながるか否かという観点から個別具体的に判断するほかありませんが、破産法人の携帯電話・固定電話利用契約は通常は不要と考えられるので直ちに解除すべきでしょうし、水道光熱費の供給契約については破産財団に属する設備の維持管理等に最低限必要な限度でのみ履行を選択することになるでしょう。

なお、破産者が自然人の場合で生活上必要な携帯電話等の継続的供給契約については、契約上の地位をそのまま破産者に承継させるという処理を行う

283

ことが一般的です。

また、破産法55条2項では、継続的供給契約の相手方が破産手続開始の申立て後破産手続開始決定前にした給付に係る請求権は財団債権とするとされているところ、本規定は、適用される契約にとくに限定を付していません。よって、管財業務に不要な契約であっても、それが継続的供給契約である以上、本規定による財団債権化は免れないと考えられます（はい6民153頁）。

もっとも、東京地裁は、破産法55条2項は管財人が履行選択した場合に適用される規定と解するのが相当としており（管財の手引267頁）、このように解すると、管財業務に不要な継続的供給契約を早期に解除することで、本規定による財団債権化を回避することが可能となります。場合によっては、このような立場を前提として相手方と交渉を行い、破産財団にとって有利な内容での和解を目指すことも検討すべきでしょう。

Q4 双方未履行の双務契約についての履行・解除の判断基準

双方未履行の双務契約について、どのような場合に解除権を行使し、またどのような場合に履行選択をすればいいのでしょうか。判断の基準を教えてください。

A

双方未履行の双務契約については、管財人は解除または履行選択することができます（法53条1項）。ただし、賃貸借契約等で相手方が第三者対抗要件を備えている場合には、解除することはできません（法56条1項）。管財人が履行を選択した場合には、相手方の有する請求権は財団債権となります（法148条1項7号）。これに対し、解除を選択した場合には、相手方は破産債権者として損害賠償請求権を行使することになりますが（法54条1項）、相手方からの反対給付が破産財団に現存するときは、相手方はその返還を請求することができ、現存しないときはその価額について財団債権者として権利行使ができます（法54条2項）。

管財人としては、上記の点を踏まえ、管財人として債務の履行が可能かつ

容易か否か、相手方からの反対給付の内容、相手方の資力等を検討したうえで、破産財団の増殖につながるか否かを基準として、当該契約を解除するか履行選択をするかを判断することになります（なお、100万円を超える価額について履行選択する場合は裁判所の許可が必要です。法78条2項9号・3項1号、規25条）。

たとえば、売買契約で売主が破産した場合、対象物の引渡しが容易で買主から代金の回収が見込まれるときには履行を選択することになるでしょう。買主が破産した場合に履行を選択する場合には、転売先が確保されていて利益が確実に見込まれるといった例外的場合に限られるでしょう。継続的供給契約（ライフライン）についてはQ3を参照してください。請負契約で請負人が破産した場合については、そもそも履行が困難な場合が多く解除を選択する場合が多いでしょう。かりに破産財団の増殖を期し、履行を選択する場合には、請負代金の回収可能性の検討が必須です。ライセンス契約について、ライセンサーが破産した場合に特段の負担が認められない場合には履行を選択したうえ知的財産権の売却を行うことになるでしょう。ライセンシーが破産した場合に履行選択するのは、事業継続する場合で必要な例外的場合に限られるでしょう。

Q5 破産法53条2項所定の催告への対応

双方未履行の双務契約の相手方から、契約を履行するのか、解除するのか選択して回答するよう催告書が届きました。このような催告に対しては、どのように対応すればよいですか。催告書に記載された回答期限が非常に短く、履行するか、解除するか判断する時間に足りない場合にはどのように対処すればよいでしょうか。

A

双方未履行の双務契約の相手方は、管財人に対し、相当の期間を定め、その期間内に契約の解除をするか、または債務の履行を請求するかを確答すべき旨を催告することができ、管財人がその期間内に確答しないときは、契約の解除をしたものとみなされます（法53条2項）。

相手方から催告が届いた場合には、速やかに契約を解除するか履行選択するかを判断し、後者の場合は、期間内に相手方にその旨を確答する必要があります。確答の様式は決まっているわけではありませんが、後日の紛争を予防するため、内容証明郵便で行うべきでしょう。

ここでいう「相当の期間」は当該契約の内容等によって異なるものですが、一般的には2週間〜1か月程度の期間が定められることが多いようです（運用と書式112頁）。催告書に記載された回答期限が非常に短く、履行の是非を判断する時間が足りないような場合には、「相当の期間」を定めたとはいえませんので、かかる回答期限に管財人が拘束されるわけではありませんが、催告が届いた以上は、解除するのか履行選択するのかについて、できる限り早期に判断をするべきでしょう。

このような催告が届いた場合、管財人としては、契約の相手方に対し、回答期限までに履行の是非を判断することができない理由を説明するとともに、あらためて相当の期間を設定したうえで、それまでに履行を請求するかどうかを確答する旨の回答を書面で行うなどの対応をしておくことが、紛争予防につながるものと考えます。

Q6 賃貸借契約の一般的留意事項

破産手続開始決定時点において賃貸借契約が存続している場合に、管財人として行うべき事項、注意すべき事項にはいかなるものがありますか。

A

(1) 破産者が賃貸人の場合

賃貸借契約も双方未履行の双務契約ですので、破産法53条1項に基づき解除するか履行選択するかを判断することになりますが、賃借人が対抗要件を備えている場合には解除はできず（法56条1項）、管財人は、引き続き賃借人に使用収益させることが必要です。

賃貸借契約を解除しない場合には、直ちに賃借人に今後の賃料振込先にな

る管財人口座を連絡して賃料を回収しつつ、任意売却等による賃貸借物件の処分を図ることになります。賃借人に連絡する際には、今後の物件管理方法や処理の予定、場合によっては敷金の債権届出についての説明や寄託制度（Q8参照）の説明もあわせて行いましょう。賃貸借契約を終了させたほうが賃貸借物件をより高額で売却できる場合には、任意に退去してもらうよう賃借人と交渉することになりますが、その場合に立退料等の費用を破産財団から支出することには慎重になるべきでしょう。

なお、賃貸借契約を継続する場合には、管財人が賃貸借物件の管理を行う必要がありますが、物件で契約しているライフラインの契約やエレベーターの保守契約、清掃費用、固定資産税・都市計画税等の管理費用は財団債権となりますので、注意してください。

(2) **破産者が賃借人の場合**

この場合も、破産法53条1項に基づき賃貸借契約を解除するのか履行選択をするのかを検討します。

破産者が自然人で賃貸借物件に破産後も引き続き居住する場合には、通常は、敷金返還請求権について自由財産拡張申立てがなされており、これが認められれば、賃借権を破産財団から放棄して（特段手続はとられていないのが通常です）、破産手続とは無関係に破産者自身が賃貸借契約を継続していくことになります。

他方、事業用物件では、事業譲渡が予定されているなどの例外的な場合を除き、原則として賃貸借契約を解除することになりますので、賃貸借物件を明け渡して未払賃料等を控除のうえ敷金・保証金の返還を受けることになります。この場合、中途解約における違約金条項の適用の有無や、明渡し・原状回復費用の負担をどのように処理するか（詳細はQ11参照）について問題が生じる場合も少なくありませんが（大阪地裁は違約金条項の適用はなく、また、原状回復請求権は財団債権でなく破産債権との見解によっていますが、裁判例の分かれるところであり、事案に応じた解決が必要です。運用と書式115～117頁参照）、破産財団の減少を防ぐため、賃貸人側と十分交渉を行って、可能な限り有利

な内容での和解的解決ができるように努力することが大切です。

Q7　賃貸人破産における敷金・保証金の処理

賃貸人が破産した場合、賃借人の敷金・保証金の返還請求権をどのように扱えばよいですか。賃借人が、賃料債権との相殺を主張して賃料を支払わないのですが、これはやむを得ないのでしょうか。

A

賃借人の敷金・保証金の返還請求権は、賃借物件の明渡完了時に未払賃料等の被担保債権を控除してもなお残額があることを条件として発生する停止条件付債権です（最判昭和48年2月2日民集27巻1号80頁参照）。賃貸人が破産した場合には破産債権となります。

そのため、賃借人が賃借物件の明渡し前に、敷金・保証金の返還請求権を自動債権、賃料債権を受働債権として相殺することはできませんので、このような相殺の主張がなされた場合であっても、賃貸人の管財人は、賃借人に対して賃料を請求することができます。

ただし、賃借人の請求により賃料の寄託がなされている場合には（法70条後段）、賃借人は最後配当の除斥期間の満了までに賃貸借を終了させ賃借物件を明け渡して相殺の意思表示をすれば、この寄託金の返還を受けられます（運用と書式136頁）。寄託請求制度については、Q8を参照してください。

Q8　寄託請求への対応方法

賃貸人が破産した場合において、敷金・保証金を預け入れている賃借人から寄託請求が届きました。寄託請求とはどのような制度ですか。また、管財人として、これにどのように対応すればいいのでしょうか。

A

(1) 寄託請求の制度

敷金・保証金を預け入れている賃借人からの寄託請求とは、賃借人が賃料を弁済する際に、管財人に対して、将来発生する敷金・保証金返還請求金額

の限度で、弁済額を寄託することを請求することにより、破産手続が終了するまでに発生した敷金・保証金返還請求権と賃料債務を相殺することを担保する制度です(法70条後段)。

これにより、賃借人が、最後配当の除斥期間満了までに賃貸借契約を終了して明渡しを完了し、敷金・保証金返還請求権が確定した場合には、管財人は、その返還金額の限度で、賃借人が寄託していた賃料を賃借人に返還することになります。賃借人は、この場合には、本来相殺できないはずの敷金・保証金から(Q7参照)、優先的に回収することができます。

(2) 管財人の対応

管財人は、賃借人から寄託請求を受けた場合には、将来の返還に備えて、当該弁済金は別口座で分別管理し、財産目録において寄託請求分を明示して管理する必要があります(運用と書式114頁、条解破産515頁参照)。そして、賃借人が最後の配当の除斥期間満了までに賃貸借契約を終了して明渡しを完了した場合には、管財人は、賃借人の相殺の意思表示を受けて、敷金・保証金返還請求権の限度で寄託していた期間の賃料分を賃借人に返還して清算します。他方、最後配当の除斥期間満了までに賃貸借契約を終了して明渡しの完了がなされなければ、清算せず、最終的に賃料を破産財団に組み入れることができます。

管財人として、賃借人に対して寄託請求制度を紹介するかどうかについては、当初から賃借人全員に説明するのか、その場合に制度のみを紹介するのか、具体的な方法まで説明するのか、敷金・保証金との相殺についての問合せがあった場合のみ紹介するのか、一人に紹介した場合には全員に紹介するのかなどを選択することになります。いずれの立場をとるかについては、賃借人の数、賃料支払拒絶の程度、明渡時期、賃借人間の公平等を考慮して、事案に応じて、管財人として適切な方法を選択するべきでしょう。

Q9 賃借人の破産と物件明渡し時の留意事項

破産会社の賃借事業所の明渡し、とくに①事業所が複数ある場合にお

ける立会いの要否、②備置されている書類の取扱い、③一般廃棄物（危険物除く）処理にあたって留意すべきこと、④財団に帰属する財産と取戻権の対象物が混在している可能性がある場合に留意すべきことについて、それぞれ教えてください。

A

(1) 事業所が複数ある場合における立会いの要否（①）

　事業所が複数ある場合であっても、管財人が明渡しに立ち会うことは望ましいことですが、時間的な問題や物理的に複数箇所で立ち会うのが困難な場合には、管財人代理を選任したり、管財人の責任において、破産者の従業員に協力を求めるなどして立会いをしないこともあり得ます。もっとも、明渡し当日に立ち会えなかったとしても、廃棄業者に任せきりにすることなく、事業所毎に、事前に現地を確認し、換価可能な財産の換価やリース物件等の返還を事前に行い、必要書類を確保するなど、明渡し前の準備を十分に行ったうえで、実行するべきです。

(2) 備置されている書類の取扱い（②）

　明渡し時に注意するべきことの一つとして、事業所内に備え置きされている書類を安易に廃棄処分してしまわないということです。破産者の負債の確認や資産の換価など管財処理に必要な、債権債務の存在を証する契約書類、注文書・納品書、会計帳簿類、権利証、従業員名簿、顧客名簿等の重要書類は、明渡し前に現地を確認して事前に確保しておく必要があります。これらの書類は、後から管財人自身が困らないようにするだけではなく、破産者の従業員が顧客名簿などの会社財産を持ち出して自己の利益に利用することのないようにする配慮からも必要です。さらに、備置書類に顧客情報などの個人情報が含まれる書類が大量にある場合には、安易に廃棄業者に処理を任せず、費用をかけてでも別途溶解処理を依頼し、処理の証明書を受領するところまで行うべきでしょう。

(3) 一般廃棄物（危険物除く）処理にあたって留意すべきこと（③）

　破産会社が賃借している事業所内の一般廃棄物（危険物除く）を処理する場

合には、迅速に明渡しをする必要性がありますので、廃棄業者に早急に処分を依頼するべきですが、廃棄対象物については、必要書類をあらかじめ確保しておくこと、リース物件等他人所有の物を返還すること、個人情報を含む資料の処分に配慮することが必要です。明渡しが可能なように一切の残置物がないように処分するよう廃棄業者に委託し、廃棄処理費用については、できるだけ複数の御者の見積もりを受けて最も低廉な費用で対応する業者を選択するべきです。在庫品・什器備品・機械工具類等が残存している場合には、廃棄物の処分を込みで、高く売却処分できる業者を選ぶことが望ましいでしょう。

(4) 財団に帰属するべき財産と取戻権の対象物が混在している可能性がある場合に留意すべきこと（④）

事業所内の財産を廃棄処分するにあたっては、善管注意義務（法85条）違反により第三者の権利を侵害することにならないよう可能な限り権利者の権利の確保を務める必要があります。管財人としては、破産者や取戻権を主張する者から十分事情を聴取し、破産者の決算報告書への計上の有無、破産者の台帳上預り品等として管理されている事実の有無、また現地動産類に第三者所有の明示がないかを確認するなどして、いずれに帰属すべき財産であるかを判断します。また、知りうる限りの取戻権者には事前に連絡を取って引取を求めるとともに、取戻権を主張してこない場合には、期間を区切って処理を求め、場合によっては放棄書をもらいます。当該賃借物件の入口に張り紙をして、返還を希望する方は一定の期間内に管財人事務所に連絡するよう呼びかけるなどの対応をとることも考えられるでしょう。

なお、リース物件についても、リース会社が別除権ないし取戻権を有していると解されますので、管財人としてこれを誤って売却や廃棄してしまうと損害賠償責任が発生するおそれが生じます。リース物件の特定方法については、第3章（破産財団の管理・換価）[1]（破産財団の占有・管理）Q3を参照してください。

以上のとおりですが、賃借物件の明渡しは速やかに行う必要があることか

ら、速やかに見極めを行う必要があります。疑問が解消できない物件で一定の価値のありそうなものについては、明渡しを依頼した業者等にしばらく保管をお願いして継続調査をすることも考えられます。

Q10 賃借人の破産と明渡し・原状回復

賃借人が破産した場合で、賃貸借契約を破産法53条1項に基づき解除した場合における明渡費用、原状回復費用の取扱いと、賃貸人との交渉方法について教えてください。とくに、原状回復費用が敷金・保証金を超える場合や、予納金が十分にないなかで原状回復費用がかかる場合に、どのような処理をすればよいでしょうか。

A

(1) 原状回復請求権は財団債権か破産債権か

賃借人破産の場合に、管財人が破産法53条1項に基づき賃貸借契約を解除した場合、賃貸人の管財人に対する明渡請求権は財団債権であることには争いはありませんが、原状回復請求権は破産債権か財団債権かという争いがあります。この点、原状回復請求権は財団債権とする見解もありますが、大阪地裁第6民事部は破産債権説の見解を示しています（運用と書式115頁・116頁、はい6民146頁以下）。

(2) 実務上の処理の仕方

学説上の争いはさておき、実務上においては、管財人は、明渡請求権は財団債権、原状回復請求権は破産債権という立場を前提に賃貸人と交渉を行うべきです。管財人は、まずは、早急に賃貸物件内の残置物を搬出し、明渡しを行って賃貸人の利益に配慮しつつ、破産財団の困窮を訴えたうえで原状回復費用については免除してもらいながら、敷金・保証金の返還を求めるよう交渉するべきでしょう。

廃棄物の処理費用がかさむなど、どうしても原状回復費用を負担せざるを得ない場合であっても、賃貸人からの請求に対しては明細を提出させたうえで範囲と金額を吟味する必要があります。民間賃貸の原状回復に関する費用

負担について、国土交通省から「原状回復をめぐるトラブルとガイドライン」（平成23年8月改訂版）が出されています。なお、原状回復費用に関するトラブルにおいては明渡し時の現場の写真が有力な証拠になりますので現場の写真を撮影しておくようにするべきです。

　この点、賃貸人が不当に高額な原状回復費用を請求し、敷金・保証金返還債務を不当に高額な金額分について相殺する場合には、敷金・保証金の返還請求訴訟の提起による回収を検討する必要もあります。

(3) 原状回復費用が敷金・保証金を超える場合、予納金が十分にないなかで原状回復費用がかかる場合の処理

　このような場合であっても、前述の処理方針は同じです。管財人は、負担すべき原状回復費用の見積もりを精査し、破産財団からの出費をできるだけ押さえ、原状回復費用が敷金・保証金の範囲内に収まるよう賃貸人と交渉することが必要です。予納金が十分にない場合には破産財団に支払能力がないことを賃貸人に十分説明して、原状回復費用を全部もしくは一部でも免除してもらうよう交渉します。

(4) 開始決定前の賃貸借契約の終了

　他方で、破産手続開始決定後の解除による財団債権としての原状回復義務の負担を防ぐために、管財人は、可能であれば開始決定前に賃貸借契約を終了するよう破産者ないしは破産申立代理人に促すなどの工夫も検討するべきです（ただし、違約金条項の有効性を争うために破産法53条1項に基づく解除を検討する場合は別です。Q11参照）。また、すでに賃料未払期間が相当経過しており、賃貸人から出ていくよう求められている事実がある場合には、開始決定前に賃貸人から債務不履行解除の意思表示がなされていたとの法的構成や破産者との間で合意解約がなされていたとの法的構成を主張して財団債権性を争うことも検討するべきでしょう。

Q11　賃借人の破産と違約金条項の有効性

　賃借人が破産し、物件の明渡しをしたうえで賃貸人に敷金・保証金

の返還を求めたところ、違約金充当の主張を受けました。このような場合、賃貸人にどのような請求ができますか。管財人として賃貸借契約を破産法53条1項に基づいて解除した場合、破産手続開始決定前に解約申入れがなされている場合、さらに破産手続開始決定前に精算合意書が締結されている場合に分けて、それぞれ教えてください。

A

(1) 破産法53条1項に基づく解除の場合

　管財人が破産法53条1項に基づいて賃貸借契約を解除した場合、同契約にある違約金条項の適用があるかどうかについては争いがあります。違約金条項とは、「期間内で中途解約する場合は、残存期間の賃料相当額を違約金として支払う」などというもので、たとえば4年間の期間で1年後に解約した場合、残りの3年分の家賃を支払えという損害賠償の予定を定めたものです（民420条3項）。

　もっとも、破産法53条1項に基づく解除権は、民法上の解除原因や契約当事者間の合意内容いかんにかかわらず行使しうるものであるとして、法によって管財人に与えられた特別の権能と考える立場からは、破産者にとって不利な違約金条項には拘束されないと考えられており（運用と書式116頁以下、はい6民149頁以下）、大阪地裁第6民事部においても同様の見解をとっています。なお、違約金支払請求権は破産手続開始前の原因に基づくものとして破産債権と考えられています（条解破産391頁）。

　上記の前提で、管財人の実務上の処理としては、違約金条項の適用はないと考える立場を前提に賃貸人に説明を行い、賃貸人が敷金・保証金を違約金に充当している場合には違約金条項の適用を否定して敷金・保証金の返還請求を行うことを検討すべきでしょう。したがって、早い段階で、早期の明渡し・原状回復義務の履行を行い、できるだけ多くの敷金・保証金の返還請求を行うことも念頭に処理を進めるべきです。

(2) 破産手続開始決定前にすでに解約申入れがなされている場合

　なお、破産手続開始決定前にすでに解約申入れがなされている場合に違約

金条項の適用があるかどうかという問題については、前述の議論を前提にすれば、破産法53条1項を前提とする解除ではない以上は、違約金条項の適用があることになります。

しかし、この場合であってもそもそも違約金条項自体の有効性を争うことは検討すべきです。すなわち、違約金条項は契約が中途解約された場合に、次の賃借人をみつけるまでの期間の賃料を賃貸人に保証する意味合いが強く、すぐに賃借人がみつかった場合には、賃貸人は賃料の二重どりが可能となることになります。他方、違約金が高額である場合には、立場の弱い賃借人からの事実上の解約制限となり不当ともいえます。この点、下級審裁判例においても、違約金の額が高すぎる場合には公序良俗違反として全部もしくは一部が無効となると解されていますので（東京地判平成8年8月22日判タ933号155頁）、これらの趣旨を説明したうえで賃貸人と交渉することになるでしょう。また、同様の趣旨として、賃借人が自然人であった場合には、違約金条項を消費者の利益を一方的に害する条項として、その全部または一部の無効を争うことも検討するべきと思います（消費者契約法10条）。

(3) 破産手続開始決定前に清算合意書が締結されている場合

上記の議論を前提にした場合、破産手続開始決定前に清算合意書が締結されていた場合であっても、同合意書中の違約条項の精算については、本来、果たすべき義務のない履行の約束となり、詐害行為ないしは無償行為として、否認の対象になり得ると考えられます（法160条1項・3項）。

したがって、かりに、管財人に就任した際に、すでに清算合意書が締結されていた場合であっても、違約金額が高額な場合にはかかる約束は詐害行為として否認されるべき行為として賃貸人と交渉して、敷金・保証金の返還を求めることを検討すべきでしょう。この場合、賃貸人は、賃借人が事業を閉鎖して立ち退く場合には、破産申立代理人の張り紙等により危機的状態であることを知っており、悪意の相手方であることを前提に交渉することができる場合もあるでしょう。

Q12 質権が設定された敷金・保証金返還請求権の処理

破産者が賃借した建物の敷金・保証金に係る敷金・保証金返還請求権について質権が設定されている事案において、管財人としては、賃貸人との交渉で、未払賃料を、敷金・保証金から充当させて、財団から賃料を支出することを避けたいと考えていますが、問題ないでしょうか。

A

　最高裁により管財人にも質権者に対し担保価値維持義務がある旨判示されたため（最判平成18年12月21日民集60巻10号3964頁）、慎重な検討が必要です。

　破産財団に十分な財産があり、破産手続開始決定後の未払賃料を支払うのに支障がなかったにもかかわらず、同未払賃料を敷金・保証金をもって充当する旨の合意を賃貸人と行うことは担保価値維持義務違反に該当するとされています。このような場合、破産手続開始決定後の賃料については財団債権として支払いを行って明渡しを行うべきでしょう。すでに同最高裁判例が出されている以上、同違反があった場合、今後は管財人の善管注意義務違反に該当すると判断される可能性が高いといえます。

　ただし、開始決定後の未払賃料のうち、明渡しに必要な合理的期間分の充当の可否については反対説があるところです（中井康之「破産管財人の善管注意義務」金法1811号40頁参照。実践マニュアル224頁）。

　このように、開始後賃料の支払いについて質権が設定されている敷金をあてにすることはできませんので、管財業務に必要がない賃借物件については早期に明け渡すようにしましょう。

Q13 請負・準委任の区別

　破産者が、第三者からソフトウエアの開発委託を受けていましたが、開発途中で破産手続が開始されました。工程表の7割程度進捗していたので、注文者に代金の7割を支払うよう請求しましたが、完成品が

インストールされていなければまったく使えないので、代金は払えないと言われました。この場合、管財人としてどのように対応すればよいでしょうか。

A

まずは、開発続行によりソフトウェアを完成させることが可能か（容易か）、また完成に要する期間、費用の検討が必要でしょう。期間をそれほど要せず、完成が可能でかつ容易と考えられ、財団形成に資すると考えられる場合には、開発続行の選択肢もありうるでしょう。

ただし、開発続行を希望しない委託者からは、準委任に該当することを理由とした契約の当然終了（民653条2号）の主張がなされることがあり得ます。この場合には、当該ソフトウェア開発委託が、仕事完成義務を負っている請負契約であるのか、委任された事務を処理することを目的とする準委任契約であるのかの判断が必要でしょう。請負契約に該当するのであれば、破産法53条に基づいて履行を行うことになります。

これに対し、開発続行が不適と考えられる場合には、出来高の請求ができないかを検討します。この場合も、まずは、当該ソフトウェア開発委託が請負契約か委託契約かを検討することが必要です。請負契約に該当することとなれば、請負代金の請求には原則として仕事の完成が必要となるからです。ただし、請負契約と判断される場合でも、必ずしも全体としてのソフトウェアの完成を目的とするものと考えるだけでなく、その一部であっても独立したソフトとして完成しているとみられる部分もあり得るため、その完成部分の対価を得るということも考えられます。また、契約全体がどちらかの契約であると判断されるとは限らず、個別の段階ごとにそのソフトウェアの開発内容に照らし、委任に該当すると判断される場合もあるでしょう。

Q14 工事請負契約の注文者の破産における一般的留意事項

工事請負契約における注文者が破産したところ、工事中の建設現場があります。管財人として、どのような点に留意して処理をすればよ

297

A いでしょうか。

　注文者の破産の場合、民法642条が破産法53条の特則として適用され、管財人または請負人は契約の解除ができます。その場合、請負人の報酬請求権および費用の請求権は破産債権となりますが、損害賠償請求権は、管財人が解除した場合にのみ破産債権として請求できます（民642条2項）。

　請負人から契約を解除された場合、管財人は請負人に対し建物の出来形および敷地の明渡しを求めることになりますが、請負人から建物や敷地の商事留置権を主張されることもあり得ます（商事留置権の主張に対する対応一般については第6章（別除権）Q2参照、なお、破産200問256頁以下参照）。

　請負人から契約解除がなされなかった場合、管財人としては、①契約を継続して当該請負人に対しそのまま仕事を続行してもらうか、②契約を解除して、請負人に対し建物の出来形および敷地の明渡しを求めることが考えられます。

　①の場合、破産手続開始決定後分の請負代金は財団債権となりますが、開始決定前の出来高部分が破産債権となるか財産債権となるかについては争いがありますので（はい6民143頁、実践マニュアル119頁）、処理方法について請負人と合意のうえ、契約を続行したほうが無難でしょう。また、財団債権が発生することになりますので、支払いの具体的な見込みについて判断のうえ慎重に進める必要があります。破産財団に余剰資金がない場合には、任意売却の際の配分案について、あらかじめ抵当権者とのすり合わせが必要なこともあるでしょう。

　契約解除となった場合には、建物や敷地の明渡しを請負人から受けて残りの工事について他の業者に依頼するか、契約を続行しても財団増加の見込みが乏しい場合には土地を任意売却するか（出来形を撤去して売却するか、現状有姿で売却するかがあり得ます）を検討することになります。抵当権者や請負人との調整がつかない場合には最終的に破産財団から放棄するという選択肢もありうるでしょう（破産200問256頁参照）。

Q15 工事請負契約の請負人の破産における一般的留意事項

工事請負契約における請負人が破産したところ、工事中の建設現場があります。管財人として、どのような点に留意して処理をすればいいでしょうか。

A

　請負人の破産でも破産法53条が適用されますので、解除か履行を選択することになりますが、通常は残工事ができず解除を選択することになるでしょう。なお、代金全額が支払われている場合には同条の適用場面にはならず、注文者の履行請求権は破産債権となります。

　解除した場合、工事の出来高の査定がまず必要です。出来高の査定にあたっては、工事の明細、施工図面や工程表を確保し、現場監督等の協力も得ながら、現場写真を撮影のうえ、工事の進捗状況を把握し、査定を行うことになります。査定にあたっては知り合いの建築業者に相談してみるのも一案でしょう。そのうえで、相手方と出来高について交渉を行うことになりますが、前受金や中間金の支払いがすでになされている場合も多く、この場合、受領済みの前受金・中間金を超えている差額分を請求することになります。

　施主からは、倒産間際に実施された工事であることから、将来瑕疵が発見される可能性があることを理由として支払いを拒絶される場合がありますが、出来高査定の実施等により抽象的な不安にすぎないことが認められるときは、同支払拒絶や出来高の減額に応じる必要はないでしょう。

　ただし、中断した工事を他の建築業者が引き継ぐ場合には、工事代が割高になるのが通常であり、施主からは同損害分につき相殺の主張がなされるのが常です（相殺禁止に該当するかどうかにつき、肯定説については東京地裁平成24年3月23日判タ1386号372頁、破産200問258頁、否定説については破産150問287頁）。また、民間工事で利用されることの多いいわゆる旧四会約款（民間（旧四会）連合協定工事請負契約約款）では、請負人の責に帰すべき事由により契約期間内に目的物を引き渡すことができない場合には、遅滞日数に応じ違約金が請求

299

できることとされており（同約款30条）、開始決定後の遅滞分は財団債権に該当するものと考えられます。

出来高査定を伴い、このような多くの争点を伴う紛争類型について訴訟を行った場合ある程度の期間が見込まれ、また結果の予測につき困難を伴うことも考慮の上、柔軟な解決が望まれるところです。建築紛争審査会を利用した実例もあるようです。

なお、前受金が工事の出来高を超えている場合は、その差額を注文者から財団債権として請求されることになります（法54条2項、最判昭和62年11月26日民集41巻8号1585頁）。ただし、注文者から開始前に解除されていた場合、出来高超過部分の前受金の返還請求権は破産債権となります（実践マニュアル120頁）。

Q16　請負人の破産と違約金条項の有効性

公共工事請負契約約款を用いた工事請負契約を締結している請負人が破産し、施工途中の工事について注文者に代金の支払いを求めたところ、約款所定の違約金が生じているので、これと相殺するとの主張を受けました。かかる注文者の主張には従わなければならないのでしょうか。違約金の発生を防ぐため、管財人としてしなければならないことはありますか。

A

公共工事標準請負契約約款46条2項では、請負人から契約の規定によらない契約の解除の申し出があったとき等、同条1項に定める事由が生じた場合、注文者は契約を解除でき、その際、請負代金額の10分の1に相当する額の違約金が生じる旨が定められています。しかし、当該規定は注文者から規定に基づき解除権を行使した場合の規定であり、管財人が先に破産法53条に基づき解除した場合の規定ではなく、違約金は発生しないとする裁判例もあります（名古屋高判平成23年6月2日金法1944号127頁）ので、相殺の主張については慎重に検討すべきでしょう。

Q17 リース契約の処理方法

破産者の事業所にリース物件があるのですが、管財人としてどのように処理すればよいでしょうか。破産手続開始決定時、すでにリース物件を引き揚げていたリース会社に対して、何かすべきことはありますか。

A

　一口に「リース契約」と呼称される契約形態の中にも、ファイナンス・リース契約のほかに、メンテナンス・リース契約、再リース契約、呼称のみ「リース」とされる純然たる賃貸借契約など、賃貸借契約の規律が適用される契約もありますので、管財人としては、「リース契約」と呼称される契約が具体的にどのような権利関係を創出する契約なのかをまず確認すべきです。

　ファイナンス・リース契約の場合で、破産者の事業所にリース物件がある場合、当該リース契約は双方未履行の双務契約に該当しないと解する見解が一般的です（最判平成7年4月14日民集49巻4号1063頁）。未払いのリース料債権、規定損害金債権（以下、本項でまとめて「リース債権」といいます）がある場合には、リース会社がリース物件の返還を求め、その交換価値によって未払いのリース債権を担保するという関係になりますので、リース会社は別除権者としての扱いをすることになります。

　したがって、管財人としては、原則としてリース物件をリース会社に返還したうえ、リース会社にリース物件の交換価値を算定させ、別除権の行使として未払いのリース債権に充当してもらう、という処理をします。リース会社に連絡した際、引揚げに要する費用をリース会社からあらかじめ求められることがありますが、これは財団債権でなく破産債権にすぎないと考えられますので、応じる必要はありません（ただし、リース物件が古く交換価値がほとんど認められないため、リース業者が引揚げに積極的でないような場合には、明渡しのため、リース業者から物件の放棄書を取得して、管財人において処分することもよくあります）。

ただし、残務処理のために必要なもの(残務に必要なデータ読み取りのためのソフトウエア、データの入ったパソコン、荷物搬出が必要な倉庫内のリフト等)がリース物件の場合には、直ちにこれを返還すれば残務に与える影響が大きいため、リース会社と協議のうえ、利用期間分の利用料を財団債権としてリース会社に支払う等して返還時期の猶予を求めたり、価格や利用期間によっては、リース物件を買い取り、当該買取代金をリース債権へ充当する趣旨の和解を行うことも検討します。なお、リース物件の特定については、第3章(破産財団の管理・換価) 1 (破産財団の管理・占有) Q3を参照してください。

すでにリース物件が引き揚げられていた場合で、当該リース物件が残務に必要でなければ、債権調査の場面において、リース会社から別除権の届出が合わせてなされているか確認し、リース会社が交換価値を充当している場合には、リース物件の交換価値の算定が適切か確認する必要があります。

他方、残務処理のための必要性が高いパソコン等がすでに引き揚げられている場合もあります。このような場合、リース会社の手元でデータが消去される可能性がありますので、直ちにリース会社に連絡をとり、データの抽出への協力を求めるようにします。

第8章

否　認

I 否認の流れ・概要

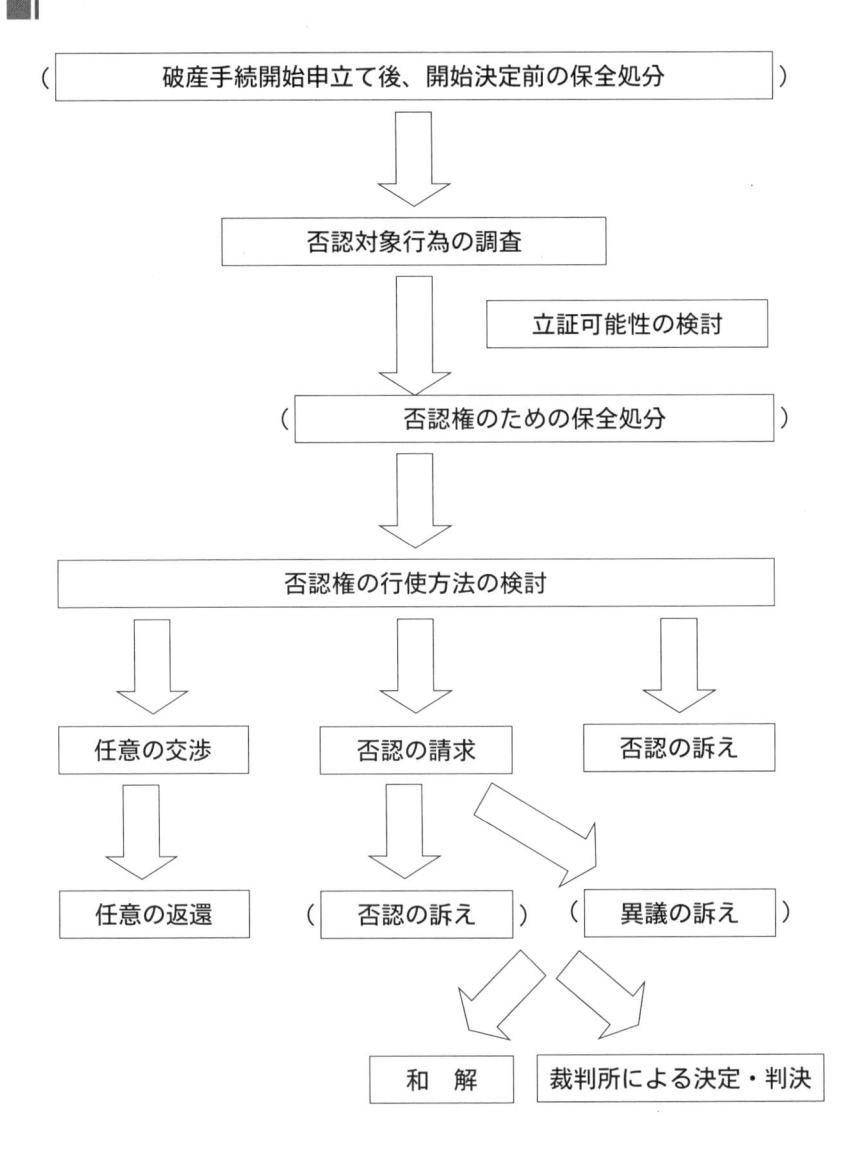

```
( 破産手続開始申立て後、開始決定前の保全処分 )
                    ↓
           否認対象行為の調査
                              立証可能性の検討
                    ↓
     ( 否認権のための保全処分 )
                    ↓
          否認権の行使方法の検討
         ↓            ↓            ↓
     任意の交渉      否認の請求      否認の訴え
         ↓            ↓   ↘
     任意の返還   ( 否認の訴え )  ( 異議の訴え )
                          ↓       ↓
                        和　解   裁判所による決定・判決
```

II 否認の処理における作業のチェックポイント等

1 否認の処理における心構え

▶否認権は、責任財産を回復し、破産債権者に対する公平な満足を実現するために破産法が特別に認めた形成権です。

▶迅速かつ適切に、否認対象行為の有無の調査と否認の処理を行うようにします。

▶財産調査の過程で否認対象行為が発見される場合も多いといえます。

▶否認対象行為には多数の類型があり、その要件や立証責任、効果も複雑であるから、そのつど、破産法の条文（法160〜176）、注釈書（大コンメ破産621頁〜721頁、条解破産1010頁〜1126頁など）、運用と書式（175頁〜186頁）などにあたって確認することが肝要です。

2 否認対象行為の調査

(1) 調査開始前の確認事項

☐調査対象期間（除斥期間）の確認
　※破産手続開始決定の日から2年間、否認対象行為の日から20年間（法176）。

☐支払いの停止を要件とする否認については、申立ての日から1年以上前にした行為でないか（法166）

(2) 危機時期および破産債権者の認識時期の確認　　☞Q1

☐受任通知書等債権者あてに送付された書類の確認
　※破産者ないし申立代理人からの引継資料にないものについては提出を指示。

☐破産申立書のほか、家計収支表、預金通帳、債権調査票、受任通知書等債権者あてに送付された書類等から支払不能時期および支払停止時期並びに破産債権者の認識時期を確認
　※「支払不能」とは、債務者が、支払能力を欠くために、その債務のうち弁済期にあるものにつき、一般的かつ継続的に弁済することができない状態をいう（法2 XI）。
　※「支払停止」とは、支払不能の旨を外部に表示する債務者の行為をいい、支払不能を法律上推定する際の前提事実とされている（法15 II）。

(3) 否認対象行為の把握

☐資金の流れや商品等の資産の流れを確認
　※通常の資金、資産の流れ（自然人であれば通常月の収入、支出の額等）を把握しておくことで、これに沿わない行為や対価が不当である契約など、否認対象行為となりうる行為を発見しやすくなるとともに、否認対象行為該当性の判断の際にも参考となる。

☐否認対象行為の発見の端緒となりうる資料等の確認、収集
　☐破産申立書およびその添付資料の確認

チェックボックスの種類

☐必ず確認すべき事項
◉場合によって検討すべき事項のうち重要なもの
☐場合によって検討すべき事項

❏処分済財産等一覧表や倒産直前の処分行為等一覧表等の確認
　※否認対象行為は倒産直前に行われたものである場合が多いため、これらの資料の確認は必須。
　※詐害行為、偏頗行為等の確認。

◫財産目録、家計収支表、給与明細等を確認
　※財産目録　→　家計収支表の繰越額の推移との整合性を確認
　※家計収支表　→　繰越額の推移、不自然な収入および支出がないかなどを確認
　※給与明細　→　家計収支表の反面資料とする
　※破産手続開始決定前の収入と破産手続開始時の財産に不均衡がある場合、報告のない処分行為の有無を確認

◫決算報告書、総勘定元帳（とくに最終決算期以後について）を確認
　□最終決算期の決算報告書に計上されている財産であって破産申立書添付の財産目録や処分済財産等一覧表や倒産直前の処分行為等一覧表等に記載のないものを確認
　　※詐害行為や無償行為、隠匿目的での財産処分行為等の発見の端緒。
　　※実質的危機時期以降に回収した売掛金等の使途を確認（偏頗行為等がないか）。
　□未回収の売掛金等に譲渡担保権等の担保権を設定していないか確認
　　※担保権の設定の事実は、必ずしも決算報告書や総勘定元帳だけからは判明しない場合も多いことから、債権者一覧表の別除権の有無欄、債権調査票の記載、破産者へのヒアリングなども踏まえて確認、把握する。
　□最終決算期の決算報告書に計上されている債務であって債権者一覧表に記載のないものを確認
　　※偏頗行為等の発見の端緒。

◫免責不許可事由に関する報告書を確認
　※免責不許可事由に該当する行為が否認対象行為にも該当す

第8章 否　　認

　　　　る場合がある（破産財団に属すべき財産の不利益処分など）
　　回報告書中、申立人の経歴（結婚・離婚歴等）を確認
　　　　※不当な財産分与等の離婚給付の発見の端緒。
□破産者、破産会社の元代表者等へのヒアリング
　　破産者が否認対象行為に該当することに気づいていなかったり、申立代理人に報告していなかったりする場合も少なくないので注意
　　※とくに以下の事項については報告のない場合が多いので注意。
　　回相続が発生していないか確認
　　　　※遺産分割と否認については、Q7参照。
　　回離婚していないか確認
　　　　※財産分与が否認行為に該当する場合がある。
□預金通帳の記帳、銀行取引の取引明細等の確認
　　回振込みや自動引落し、資金使途の報告のない預金の引出しの確認
　　　　※偏頗行為や無償行為等を調査、確認。
　　　□実質的危機時期以降を確認
　　　　　※とくに支払停止の6か月前以降か。
　　　□支払停止から申立てまでに相当の期間が経過している場合は、さらに遡って通帳や取引明細等を入手するかを検討
　　　□証券会社口座の推移の確認
　　　　　※マネー・マネージメント・ファンド（MMF）などの投資信託の残高がある場合がある。
　　　□報告のない保険料の自動引落しの停止を確認
　　　　　※第三者への名義変更や、報告のない保険契約の解約、解約返戻金による偏頗行為や無償行為等が行われている場合がある。
　　　□必要に応じて、配偶者などの親族名義の預金通帳の提出も依頼
□債権調査票、破産債権者との取引履歴等を確認
　　※実質的危機時期以降の債務負担ないし偏頗弁済の把握。

- □転送郵便物の内容を確認
    - ※請求書や領収書、受領書、通知書などの各種転送郵便物の記載から否認対象行為が発見される場合がある。
- □給与明細の内容を確認　　　　　　　　　　　☞Q4
    - ※勤務先の天引きによる偏頗行為の把握。
- □処分済財産の処分時の契約書、評価書、見積書等関係書類を確認
    - ※詐害行為等の把握。
    - ※不動産の売却の場合、売却代金で担保権者以外の債権者に偏頗弁済を行っていないかを配分表等で確認。
- □不動産の登記簿を確認
    - ※危機時期以降に設定または登記された担保権の把握。

3　立証可能性の検討

☐管財人が立証責任を負う事実の確認
　※理論上の一般的要件（行為の有害性、不当性）については、Q2参照。
☐立証方法の検討、証拠の収集、立証可能性の検討
　☐破産者および相手方の主観の立証方法
　　※収入と支出の額、財産の有無や家計の状況（自然人の場合）、破産者へのヒアリングなどによって支払不能の時期・破産者の認識時期等を慎重に検討（破産者の主観）。
　　※受任通知書その他の支払停止通知の到達時期や破産者ないしその関係者による説明の有無・内容・時期等を調査（相手方の主観）。

4　否認権のための保全処分

☐否認権のための保全処分の検討
　※破産手続開始の申立て後、当該申立てについての決定があるまでの間は、否認権が未だ発生していないため、これを被保全権利とする保全処分ができない。そこで法は、受益者の手続保護にも配慮しつつ、否認権の実効性を確保し、破産財団の充実を図るため、否認権のための保全処分を創設している（法171・172）。
　※破産手続開始決定後は、否認権を被保全権利として、管財人が通常の保全処分を申し立てることができる。

☐破産手続開始の申立て後、開始決定までの間になされた保全処分（否認権のための保全処分）の有無を確認

☐上記保全処分に係る手続の続行（法172）または管財人による通常の民事保全の申立ての要否を検討
　※可能な限り早急に判断（破産手続開始決定後1か月以内に否認権のための保全処分を続行しなければ、当該保全処分は効力を失うことに注意（法172Ⅱ））。

5　否認権の行使方法の検討

(1) 任意での返還交渉が可能な場合

☐任意の返還交渉を行うことについて支障がない場合、まずは任意の返還交渉を行う　☞Q8

　※立証の難易、相手方の対応（否認権の成立を争っているかなど）、原状回復の可否や相手方の利益償還・価額償還の能力（資力）の有無、解決までに要すると見込まれる期間等を総合的に考慮して、適切な和解が可能であれば和解による解決を検討する。

☐和解をする場合、許可申請の要否の確認、（許可を要する場合）許可申請

(2) 任意での返還交渉が困難ないし不適当な場合

☐否認権の行使方法の検討

　※判断の方法等は、Q8参照。
　※行使方法については裁判所に事前相談する。

☐相手方は争っているか

　※相手方が争っている場合は、始めから否認の請求ではなく否認の訴えを選択したほうが合理的である場合もある。

☐否認の請求後の和解可能性はあるか

　※受益者によっては、任意の交渉による和解は困難であるが、否認の請求がなされれば和解に応じるという場合もあり、そのような場合には早期に否認の請求をすることが事案の早期解決につながることになる。

☐破産管財業務の（残務）スケジュールとの兼ね合い

Ⅲ　Q&A

Q1　支払停止・支払不能の判断

否認権の行使を検討していますが、「支払停止」、「支払不能」の時期はどのような資料をみて判断すればよいのでしょうか。私的整理の受任通知、再生の受任通知、破産の受任通知がそれぞれある場合、どの時点で「支払停止」といえますか。

A

「支払停止」というためには、弁済能力の欠乏により即時に弁済すべき債務を一般的かつ継続的に弁済することができない旨を債権者に表示する主観的行為が必要です。具体的には、銀行取引停止処分を受けた場合や、債権者の請求に対する履行の拒絶、債務猶予の懇請、債権者に対する事業停止の通知、説明会による告知、店頭掲示、廻状、閉店、逃亡等が挙げられます（条解破産116頁）。管財人としては、破産者や申立代理人にこれらの事由の発生時期を確認し、その資料を提出してもらうことが肝要です。

一方で、「支払不能」とは、債務者が、支払能力を欠くために、その債務のうち弁済期にあるものにつき、一般的かつ継続的に弁済することができない状態（法2条11号）のことをいいます。この客観的状態の認定は容易ではありませんが、「支払停止」は「支払不能」を推定させる事実ですので、「支払停止」の時期を手掛かりに総合的に判断します。また、支払能力は、債務者の財産、信用および労務に基づく3要素から判断されるものであり、支払不能は、そのいずれをとってもなすべき債務の履行ができない状態ともいえるため（条解破産36頁）、当時保有していた財産の総額（資料としては決算書、試算表、預金通帳など）、その後の収入見込み（資料としては事業計画や家計収支表など）や借入れなどによる資金調達の可能性があったのかなどからも総合的

313

に判断できます。加えて債務につき履行期が到来していたかも重要な要素になるため（条解破産37頁）、いつ期限の利益を喪失したのかを請求書などから確認することも重要です。

　これを受任通知で検討すると、私的整理、再生、破産は、いずれも債務の支払いをいったん止めるものではありますが、なかでも私的整理は、特定の債務のみ対象として支払いを停止する場合も考えられますので、私的整理の受任通知が「支払停止」に該当するか否かの判断にあたって「一般的」に弁済することができない旨を表示したものか否か注意して検討する必要があります（私的整理の受任通知が支払停止に該当すると判断したものとして、最判平成24年10月19日判時2169号9頁。ただし、判決の射程に関し、一定規模以上の企業の場合については須藤正彦裁判官補足意見参照。なお、事業再生ADR手続の申請に向けて行われた支払猶予の申入れ等の行為が会社更生法88条1項所定の「支払停止」に該当せず、同項による否認が認められなかった事例として、東京地決平成23年8月15日判タ1382号349頁があります）。

　他方、再生や破産の受任通知は即時に弁済すべき債務を「一般的」かつ「継続的」に弁済することができない旨を債権者に表示することになりますから、一般的に「支払停止」に該当するといえるでしょう。

Q2　否認の一般的要件（有害性・不当性）

　否認の要件には、条文上の要件のほかに、一般的要件として行為の有害性と不当性があるとのことですが、有害性や不当性とはどのようなものでしょうか。また、行為が有害性や不当性を欠くのはどのような場合でしょうか。

A

　有害性とは、その行為が、行為時において、破産債権者にとって有害なものであることであり、不当性とは、その行為自体が破産債権者にとって有害なものとみなされる場合であって、かつ、その行為がなされた動機や目的を考慮して、破産債権者の利益を不当に侵害するものであることをいいます

(伊藤389頁以下)。

　これらの一般的要件は、旧法下で説かれたものです。現行法において否認の類型は、責任財産の減少を招来する詐害行為否認と、債権者間の公平性を害する偏頗行為否認とに分けられ、有害性については、それぞれの類型のなかで検討をすることになります。たとえば、危機時期前に設定された担保の目的物が、破産者から担保権者に対し、危機時期後に適切な時価を前提に代物弁済された場合には、代物弁済行為そのものは条文上の要件を満たしうるものですが、有害性を欠き、否認の対象にならないことになります（条解破産1012頁）。

　他方、生活費や事業の運転資金（労働債権弁済のための資金）を捻出するための財産売却等については、その動機や目的に照らして不当性を欠くと判断される場合があります。不当性の要件については、そもそも公序良俗等一般法理で処理すべきとする見解（大コンメ破産626頁）や、適用範囲を厳格に解すべきとの見解（条解破産1014頁）もあるところですが、実際の管財事件においては、動機や目的、否認権行使をした際に受益者が受ける不利益など種々の利害を考量して（コラム❿参照）、管財人として否認権を行使すべきか否かの判断の一助としています。

Q3　売掛債権の譲渡の否認

　破産者が、破産手続開始前に売掛債権を譲渡していました。この場合、管財人はどのようなことに留意して対処すべきでしょうか。

A

　売掛債権の譲渡といっても、①廉価処分がされていた場合、②代物弁済がされていた場合、③譲渡担保の場合、④対抗要件の具備の有無・時期に問題がある場合などが考えられます。

　まず、①売掛債権が廉価処分されていた場合には、当該処分を詐害行為として否認することを検討します（法160条1項）。この場合、売掛債権の総額と譲渡価格との間に齟齬があるだけでは直ちに廉価とはいえません。売掛先の

信用力や回収可能性等を考慮して相当の減価をした額よりさらに廉価といえるか否かを検討することになります。

②代物弁済がされていた場合で、当該代物弁済が支払不能後になされていた場合には、当該代物弁済を偏頗行為として否認することを検討します（法162条）。他方、代物弁済が支払不能後ではなくても、代物弁済により消滅した債務の額より、代物弁済に供した売掛債権の価額が大きい場合には、別途、破産法160条2項に基づく否認の可能性を検討することになりますので、留意しましょう。

③譲渡担保に供されていた場合には、担保提供の時期に応じて、当該担保提供を偏頗行為として否認することを検討します（法162条）。

なお、④売掛債権の譲渡について第三者対抗要件が具備されていない場合には、当該債権譲渡は管財人に対抗できませんので、管財人はこれを回収する必要があります。他方、債権譲渡担保が危機時期前になされていたとしても、譲渡担保権設定日から15日以上を経過し、支払停止等の後にこれを知って対抗要件を具備した場合には、対抗要件否認（法164条1項）を検討します。

Q4 給料からの天引きと否認

破産者は雇用主から100万円の貸付けを受け、毎月の給料から4万円が天引きされていましたが、給与明細を確認したところ、雇用主への支払停止の通知後も天引きが行われていました。管財人としてはどのような対応をすればよいでしょうか。また、上記と同様の状況で、借入先が雇用主ではなく職員互助会等で、給与支給機関が返済金相当額を天引きしている場合はどうでしょうか。

A

破産者の雇用主が、支払停止の通知を受けた後も、破産者の給与から貸付けの返済として天引きをすることは、支払不能（支払停止は支払不能を推定します（法15条2項））後になされた既存債務の弁済に該当します。したがって、偏頗行為として否認権行使の対象となります（法162条1項1号イ）。

ただし、否認権の行使には、主観的要件の充足、つまり、設問であれば雇用主が天引きを行った当時、破産者が支払不能であったことまたは支払いの停止があったことを知っていたと認められる必要がありますので、申立代理人からの受任通知の送付時期等を確認し、その立証可能性につき検討する必要があります。

次に、職員互助会等が破産者に対して金員を貸し付けていた場合に、給与支給機関がその返済のため、給料から返済金相当額を天引きし、これを職員互助会等に払い込んでいた場合には、給与支給機関は破産者の債務の弁済を代行していたものと評価されています（最判平成2年7月19日民集44巻5号837頁、最判平成2年7月19日民集44巻5号853頁）。

したがって、職員互助会等の場合も、雇用主による天引きの場合と同様に、職員互助会等に対する支払停止の通知がなされた時期を確認し主観的要件を充足するか、偏頗行為否認の成立を検討し、成立するのであれば天引きにより回収した金額の返還請求を行います。

Q5 破産手続開始決定前の和解による一部免除と否認

破産手続開始決定前に、貸金業者に過払金返還請求権を有していた破産者が、請求権の一部を免除する趣旨を含む和解をしていました。この場合、和解が詐害行為否認の対象になることはありますか。和解による免除率によって、その判断は異なるのでしょうか。

A

貸金業者に対する過払金返還請求権の一部を免除する趣旨を含む和解は、請求権の一部を免除している点で無償行為ともいえますが、免除している一方で貸金業者から支払合意を得ているわけですから、和解の内容を総合的に判断して詐害行為否認ないし無償否認が成立するか（法160条）検討することになります。

具体的には、和解に至った経緯、貸金業者の信用状態、回収可能性および回収に要する時間、免除率等を勘案して、和解の許容性や合理性を検討しま

す。多くは申立代理人弁護士において和解の許容性や合理性等を十分に検討して和解が成立していることが多いですが、なかには破産の申立てを急ぐあまり、通常よりも不利な条件で和解している場合もありますので慎重に検討しましょう。

なお、否認権行使をすれば合意は原状に復するのが原則ではありますが（法167条1項）、すべてを原状に復すると自由財産拡張との関係でも法律関係が煩雑になり破産者に不利になりかねないため、和解により免除した限度で一部否認として貸金業者から財団への回復を図るといった解決方法も検討可能でしょう。

Q6 給与債権差押えへの対処方法

破産者が、破産手続開始決定前に給与債権の差押えを受けている場合、管財人はどのようなことに留意して対処すべきでしょうか。また、給与債権の差押えを否認できる場合はありますか。

A

破産者が給与の差押えを受けている場合は、破産者の生活維持のためにも、破産手続開始決定後、直ちに差押えを終了させるべきです。

この点、破産手続開始決定の効力として、続行中の執行手続（別除権に基づく強制執行、国税滞納処分の場合を除く）は失効することになりますが（法42条2項）、管財人には続行を選択する権限も付与されています（法42条2項ただし書）。そこで、管財人は、実務上、執行裁判所に対し、執行手続の続行をせず終了する旨の上申書を提出する必要があります（実践マニュアル88頁）。上申書には、管財人選任証明書と、開始決定正本の添付が必要となるのが通常ですが、開始決定の写しで足りるという運用をしている裁判所もあるため、添付資料は執行裁判所に確認するようにしましょう。

ところで、給与債権に対する差押えについても、否認対象となりうるため（法165条後段）、差押債権者が給与債権を差し押さえ、配当等により満足を受けている場合、偏頗行為否認（法162条1項1号）の該当性を検討すべきです。

この点、否認が成立するためには支払停止（支払不能）後に債務消滅に係る行為がなされたことが必要ですが、その判断時期を、執行手続の申立て時、差押債権者が満足を受けた時のいずれとするかについて問題となります。この点は、執行手続の申立て時とすると、支払停止前に執行の申立てがなされた以上、否認できないことになってしまい、他の債権者との関係でも公平を欠く結果になってしまいます。そのため、差押債権者が実際に満足を受けた時点を基準に、支払停止（支払不能）の有無を判断すべきといえます（「はい6民Vol.153」月刊大阪弁護士会平成23年10月号）。

破産手続開始前に給与債権の差押えがなされ、破産者の勤務先が供託または弁済を留保していた場合、開始決定により、供託金還付請求権等は破産財団となります。もっとも、当該請求権等につき自由財産拡張申立てがなされている場合があります。これらが自由財産として認められるか否かについては争いがありますが、もともとは給与であり、預貯金と同視できることから、自由財産として認めることも可能でしょう（実践マニュアル297頁）。

Q7 遺産分割と否認

破産者が、破産手続開始決定前において、遺産分割により自らは相続債務を引き継ぎ、相続財産については共同相続人に単独で取得させるなど、不利な内容の遺産分割を行っていた場合、管財人としてどのようなことに留意して対処すべきでしょうか。

A

(1) 遺産分割協議も否認の対象となる

判例は、遺産分割協議は、財産権を目的とする法律行為であるということができるため、詐害行為取消権の対象となり得ることを認めています（最判平成11年6月11日民集53巻5号898頁）。

したがって、破産者が、破産手続開始決定前に、不利な内容の遺産分割遺産分割協議を行っていた場合、詐害行為否認（法160条1項）や無償行為否認（法160条3項）の対象にもなるものと解されます。この場合、管財人としては、

詐害行為否認や無償行為否認の要件を満たすか検討したうえで、否認権を行使するか否かを検討することになります。

(2) **詐害性の判断**

まず、遺産分割協議における詐害性の判断について、法定相続分と具体的相続分のいずれを基準とすべきかが問題となりますが、民法は、法定相続分を基準に相続人相互間の特別受益や寄与分等も考慮した具体的相続分を最終的な相続分として認めていますので、具体的相続分を基準に詐害性を判断すべきといえます。したがって、破産者の法定相続分を下回る遺産分割協議がなされたからといって、直ちに詐害行為否認の対象となるわけではないことに注意が必要です。

また、遺産分割協議である以上、詐害性の判断にあたっては、「各相続人の年齢、職業、心身の状態及び生活の状況その他一切の事情」(民906条) が考慮されるべきです。たとえば、被相続人の配偶者の居住の確保の必要性から、現に建物に居住する配偶者に当該建物を単独相続させる内容の協議がなされ、その結果、破産者が相続した財産が具体的相続分を下回っていたとしても、不当性が認められず、詐害行為否認が成立しないという場合も考えられます(民法百選Ⅱ〔第5版〕43頁)。

(3) **否認権行使の効果**

ところで、管財人が、遺産分割協議に対して否認権を行使する場合、協議の全体が効力を失うのか、それとも一部のみが効力を失うのかについては、争いがあります。否認の効果は相対効であると解されていることからすれば、一部のみが効力を失うとするのが理論的であると思われますが、そうすると、法律関係が複雑化する懸念があるため、協議全体が効力を失うとの立場に立って処理したほうが簡便な場合もあるでしょう。また、一部のみの効力を失わせて関係者から相当額の組入れを求めて解決する方法も考えられますので、否認権行使により財団に回復するべき額と遺産分割協議をあらためてすることのコストなどを勘案して具体的な対応は検討しましょう。

なお、管財人が否認権を行使して、遺産分割協議全体を失効させた場合に

は、あらためて、遺産分割協議を行うことになります。

　この場合、管財人が、遺産分割協議の当事者となることができるかという問題があります。従前、遺産分割の調停・審判手続や、登記手続において、管財人には当事者としての地位を認めない運用がなされていましたが、現在は、調停・審判手続においても、登記手続においても、管財人を遺産分割協議の当事者として認める運用に変更されています。

Q8　否認権行使と手続選択

〔1〕　否認権の行使が可能な場合、任意の和解、否認の請求、否認の訴えのいずれで処理すべきか、具体的な判断基準を教えてください。

〔2〕　和解による解決を図る場合、考慮すべき要素や留意点があれば教えてください。

A

(1)　否認権の行使方法選択の判断基準（〔1〕）

　否認権の行使が可能な場合、まずは、任意の和解による解決を模索すべきです。任意の和解による解決によることが、否認の請求や否認の訴えといった法的手続との比較において、紛争解決のための時間や費用等のコストも削減でき破産財団の維持・増殖に資するからです。交渉を行うことにより、事実関係の確定や相手方の主張の当否、資力といった相手方の状況その他解決のために必要な情報が得られるという利点もあります。また、紛争となっている金額が少額の場合や相手方の経済的状況により否認権を行使しても得られる利益が僅少な場合には、同様の費用対効果の面を考慮すると、可能な限り任意の和解による解決を考えるべきでしょう。もちろん、当初より争いが深刻な場合など、和解による解決が困難な場合には、和解交渉によることで前記コストがかえって増大することも考えられ、その場合には、裁判所の関与・判断を仰ぐことにより紛争解決を促進させることを狙って、当初より法的手続をとることも考えられることには留意してください。

　和解によって解決することが困難な場合には、否認の請求や否認の訴えと

いった法的手続を検討することとなります。この場合、否認の請求と否認の訴えをどのように使い分けるかですが、まず、破産裁判所による簡便かつ迅速な判断が期待できる手続である否認の請求による解決が可能かを検討することとなります。

次に、当初より争われることが予想される事案については、否認の請求によるか否認の訴えによるか、管財人によって考え方はさまざまあります。一般的には、否認の請求に対する決定については、不満のある当事者は通常訴訟である異議の訴えに手続移行させることが可能となっているため、否認の請求によって終局的解決を望むことができないような事案について否認の請求を行ったとしても、最終的には異議の訴えに移行することが想定され、当初より否認の訴えを提起した場合と比較して、かえって解決のための時間的費用的コストが増大することとなってしまうため、破産裁判所の決定やそれに至るまでの関与による説得的機能により紛争が解決できるような場合には否認の請求を行い、そのような事情がない場合には否認の訴えによるべきといわれています（運用と書式176頁以下、破産200問196頁以下）。

また、否認の請求では証拠調べができないため、人証が必要な事案には適していないともいえます。他方で、費用面からすれば、否認の請求に対する決定に不満のある当事者が通常訴訟へと移行するための訴訟費用を一次的に負担せねばならないこと、否認の請求は破産裁判所で審理されることなどから、まずは否認の請求によるべきとしている管財人もいます。どちらを採用するかは事案と手続のメリットデメリットを検討のうえ、裁判所とも相談をして最終的に決定するようにしましょう。

(2) **和解による解決の際の留意点**（〔2〕）

任意の和解による解決について考慮すべき事項ですが、和解による解決一般の場合と同様に、和解の必要性、合理性をいずれも備えている必要があるので、これら必要性、合理性を支える事情を考慮すべきこととなります。

とくに和解内容の合理性、相当性が要請されることになりますが、この合理性等を担保するには、財務状況等の相手方の事情等を踏まえたうえで、法

的手続に至った場合の結論とのバランスが不相当となっていないことが重要です。もちろん、法的手続をとった場合に下される裁判所による判断と同様の和解内容となり、和解内容が実施可能性が高いものであれば問題はないのですが、たとえば、裁判所による判断と比較して破産財団に幾分不利なものであったとしても、相手方が生活に困窮しており資力が乏しい場合には和解内容としては合理性等が認められる場合もあります。また、回収自体は可能であったとしても長期間要するような場合には、管財業務に関するコストが増大しかえって財団の維持のためにはならないこともあり、そのような事情がある場合に一定の譲歩を行うことはむしろ和解内容としては合理的であることもあり得ます。

〔コラム⑩〕
否認権の行使の判断

　たとえば、①破産者が事故を起こし破産手続開始決定前に不法行為に基づく損害賠償債務を支払っていた場合や、②金融負債とともに多数の一般消費者に対する債務を負っている破産会社が破産手続開始決定前に多数の一般消費者に対してのみ債務を支払っていた場合で、弁済を受けた被害者や消費者が破産者・破産会社が実質的危機時期にあることを知っていたときには、形式的に否認の要件を満たすことになります。そうだとしても、倫理的、社会的には破産者に非があるものであり、否認権行使が相手方の事業や生活に決定的ダメージとなり酷ともいえる場合があります。

　このような場合、管財人としては、一律形式的に否認権を行使するのではなく、①について、被害者の被った被害と損害賠償債務の内容（物損にとどまるのか、人身傷害を伴うのか。実損の補塡のほかに、慰謝料部分への弁済があるか否か等）を考慮したり、②について、消費者に対する債務の内容（投機的要素を含むもので消費者がリスクを把握すべき立場にある取引に基づく債務なのか、物品レンタル料の先払いを返還した場合のように消費者がリスクを把握することが著しく困難である事案なのか等）を考慮したりしたうえで、破産裁判所とも相談して、Ｑ２記載の不当性の要件を満たさないも

のとして、否認権の行使を断念したり、否認権を行使する範囲を限定したりすることも考えられるでしょう。

　否認権を行使し、原状回復として全額の償還を求めた場合に受益者の事業や生活に決定的なダメージとなる場合については、そのことのみをもって否認権の行使を躊躇すべきではないでしょう。なぜなら、一般に管財人には、相手方の真の財産状況はわかりませんし、とくに偏頗行為否認の場面であれば、相手方は比較的近接した時期に現に相当額の利得を受けているからです。ただし、多額の財産を破産者に拠出し、その一部について偏頗弁済を受けたにとどまる者に対する場合や、被害者・消費者に対する否認の場合など例外的な場合には、行為が不当性の要件を欠くものとして否認権の行使を断念したり、否認権を行使する範囲を限定したりする場合も考えられます。

　なお、早期解決の観点から、相手方の信用状況を調査したり、否認権行使をする旨通知した上で相手方からの情報提供を受けるなどして、回収可能性を考慮して和解の可能性を検討しましょう。

〔コラム**11**〕
申立代理人報酬やコンサルタントフィーと否認

　近時、申立代理人に多額の報酬や事業停止後の債権回収業務などに対して別途報酬が支払われているケースがあります。また、事業再生のコンサルタント業者も増え、このような業者に多額のコンサルタントフィーを支払い、ついに破綻をしたという企業も増えてきています。このような場合に、管財人として、これら申立代理人やコンサルタント業者に対して、否認権行使をして支払った費用の返還を求めることが可能か検討してみましょう。

　まず、破産手続開始申立てを受任した代理人の報酬について「その金額が役務の提供と合理的均衡を失する場合には、その合理的均衡を失する部分の支払行為は、破産債権者の利益を害する行為として否認の対象となり得る」（東京地判平成9年3月25日判タ957号265頁）とされています。また、貸付金債務の処理、自己破産の申立てなどについて、破産者から報酬の支払いを受けた申立代理人弁護士に対する管財人からの否認権の行使が認められた事例において、裁判所は否認の対象行為となりうるとしたうえで「破産者から受

任した事件について着手金及び報酬金等の相当額を、事件の難易、弁護士が費やした労力及び時間、その成果等の諸般の事情を総合考慮し、さらに、廃止前の報酬規程や弁護士会の報酬規定（……）も参照した上で算出し、それを基準として、否認権行使の対象となるかどうかを判断する」（神戸地裁伊丹支決平成19年11月28日判タ1284号328頁）と判示しています。かかる裁判例は、弁護士の費用だけではなく、事業再生のコンサルタントフィーでも同様に当てはまるものと考えられます。

　さらに、司法書士が書面作成代行をして申立てをした破産手続についても注意が必要です。そもそも司法書士は、地方裁判所の管轄に属する訴訟行為である破産申立ての代理をすることはできません（法5条、司法書士法3条1項参照）。また、司法書士が書類作成事務にあたって応じることができる「相談」（同項5号）の内容は、「法律常識的な知識に基づく整序的な事項に限って行われるべきもの」にすぎませんので（高松高判昭和54年6月11日判タ388号57頁）、弁護士が取り扱うことが認められている法律事務（弁護士法3条1項）とは性質を異にする事務です。したがって、書類作成の代行をしている司法書士の報酬が、弁護士代理の場合を超えているような場合はもちろん、これと同水準である場合には、役務の提供と合理的均衡を失している疑いがあるといえるでしょう。

　このように、場合によっては否認権行使により財団を回復させることも可能であるため、役務の提供と報酬等の合理的均衡を検討して管財人として対応しましょう。

第 9 章

相　殺

第9章 相　殺

I　相殺（相殺禁止、管財人による相殺）の処理の流れ・概要

1　相殺禁止（破産債権者による相殺）

```
┌─────────────────────────────┐
│     破産債権者による相殺の確認      │
└─────────────────────────────┘
              ↓
┌─────────────────────────────┐
│ 対立する破産債権および破産財団に属する債権の確認 │
└─────────────────────────────┘
              ↓
┌─────────────────────────────┐
│  相殺禁止の要件、相殺禁止の解除事由の確認  │
└─────────────────────────────┘
   （相殺禁止で相殺済みの場合）　　（相殺可能で相殺未了の場合）
              ↓                           ↓
   ┌──────────────────┐      ┌──────────────┐
   │ 請求（任意の請求、訴訟等） │      │   相殺の催告   │
   └──────────────────┘      └──────────────┘
```

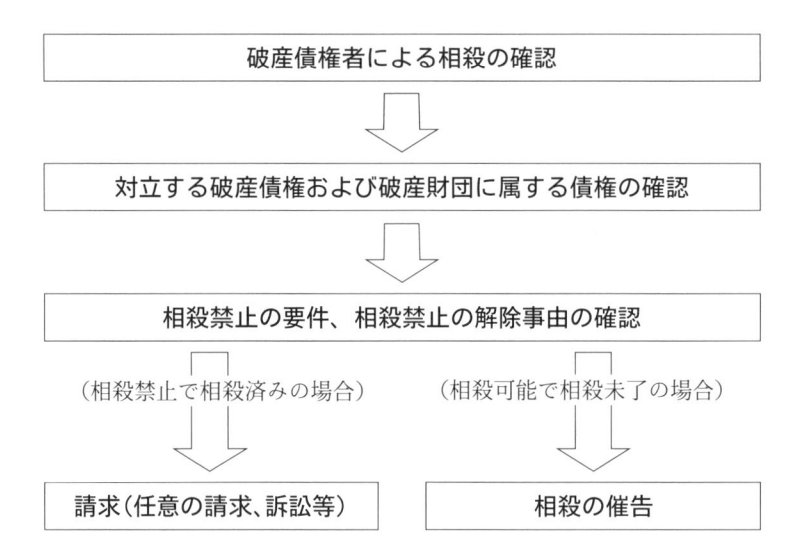

2　管財人による相殺

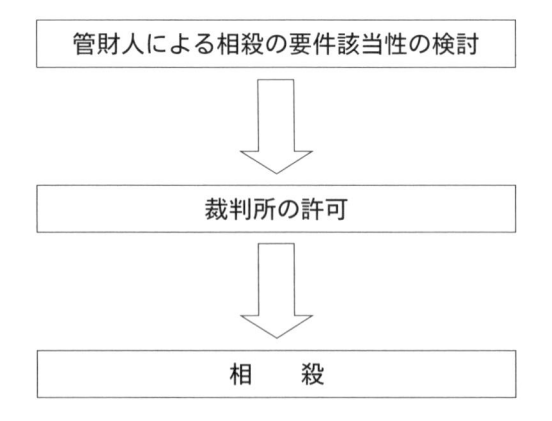

```
┌─────────────────────────┐
│  管財人による相殺の要件該当性の検討  │
└─────────────────────────┘
              ↓
┌─────────────────────────┐
│        裁判所の許可        │
└─────────────────────────┘
              ↓
┌─────────────────────────┐
│         相　殺           │
└─────────────────────────┘
```

Ⅱ 相殺の処理における作業のチェックポイント等

1 相殺の処理における心構え

▶相殺の担保的機能の尊重の観点から、破産債権者からの相殺権の行使は認められていますが（法67）、破産債権者間の平等（偏頗的な満足の防止）に反する危機時期以降に負担した債務（受働債権）等については相殺が禁止されています（法71・72）。危機時期以降に行われている破産債権者の相殺については、相殺禁止に当たらないか否かを必ず確認します。

▶とくに、破産債権者が金融機関であって、破産者が同金融機関に預金口座を有している場合、相殺禁止に反する相殺が行われていないか確認します。

⇨申立てをするときは……(19)

▶破産法は、相殺に供することができる債権やその額、相殺の禁止などについて定めており、その適用範囲や要件、効果も複雑ですので、そのつど、破産法の条文（法67〜73・102）、注釈書（大コンメ破産291頁〜317頁・427頁〜428頁、条解破産500頁〜536頁・708頁〜710頁など）、運用と書式（114頁・187頁）などにあたって確認することが肝要です。

第9章 相　殺

2　破産債権者による相殺、相殺未了の破産債権者の確認

❏破産債権者による破産手続開始決定前の相殺の把握
　※相殺通知書のほか、債権調査票、預金通帳（金融機関による預金と貸付金の相殺）申立て直前の帳簿（売掛帳、買掛帳）等の確認および破産者へのヒアリング（申立て前に相殺された財産は、財産目録に記載されていないため）。

❏破産債権と対立する破産財団に属する債権の把握
　※相殺の催告や管財人よる相殺の要否の検討対象となる債権債務の対立を把握。
　※財産目録の相殺予定の記載等の確認。

チェックボックスの種類
❏必ず確認すべき事項
回場合によって検討すべき事項のうち重要なもの
□場合によって検討すべき事項

◎申立てをするときは……⒆
　金融機関に債務がある場合、受任通知を送付すると預金口座が凍結され、相殺されてしまうことがあります。受任通知送付時点で預貯金の残高が一定程度ある場合には、受任通知の送付に先行して預貯金を引き出しておくなど十分に注意しましょう。とくに、年金や給与の入金直後は申立人本人への影響も大きいですので、より注意が必要です。なお、受任通知送付後に入金された年金や給与については、支払停止後の入金であることを明確にすることで、相殺禁止の対象とすることができます。

Ⅱ　相殺の処理における作業のチェックポイント等

③　破産法67条ないし73条の適用の有無および相殺の要件の確認

☐破産法67条ないし73条の適用範囲の確認（条解502頁以下）
　※相殺権に関する規定は、破産債権を自働債権、破産財団に属する債権を受働債権とする、破産債権者からの相殺について定めている。
　※上記以外の相殺の可否については、自働債権、受働債権の性質ごとに相殺の可否を検討する（伊藤359〜361頁参照）。

☐相殺の要件の確認（法67Ⅰ・71・72、民法505Ⅰ・509・677）
　☐破産手続開始時点で具体化していない損害賠償請求権による相殺の可否
　　※請負契約で瑕疵修補やアフターサービスを受けられないことによる損害賠償請求権など（第3章（破産財団の管理・換価）⑧（売掛金、貸付金その他各種債権）Q75参照）。

☐相殺に供することができる債権および額による相殺か確認　　☞Q1
（法67〜70）
　☐期限付・解除条件付債権を自働債権または期限付・条件付債権を受働債権とする相殺は可能（法67Ⅱ）
　☐非金銭債権や金額が不確定の金銭債権、金額または存続期間が不確定の定期金債権を自働債権とする場合の破産債権の額（破産手続開始決定時の評価額。法68Ⅰ・103Ⅱ）
　☐期限未到来の債権を自働債権とする相殺の自働債権の額（劣後的破産債権となる部分の額の控除。法68Ⅱ）
　　※自働債権の一部が、相殺に供することができる破産債権の額を超えている場合があるので注意。

☐相殺適状時期の確認
　※金融機関による相殺については、銀行取引約定書等に基づく充当の順序や相殺の効力発生時期（遡及効の制限）などに注意。

331

4 相殺禁止およびその解除事由の確認

(1) 危機時期および相殺を主張する破産債権者の認識時期の確認

☐受任通知書等債権者あてに送付された書類の確認
　※破産者ないし申立代理人からの引継資料にないものについては提出を指示。

⇨申立てをするときは……(20)

☐報告書の支払不能時期の記載のほか、家計収支表、預金通帳、債権調査票、受任通知書等債権者あてに送付された書類等から支払不能時期および支払停止時期並びに破産債権者の認識時期を確認
　※支払不能・支払停止の意義については、第8章（否認）Q1を参照。
　※支払不能・支払停止の事実およびそれに対する悪意の主張立証責任は管財人負担。

(2) 破産債権者の破産者に対する債務の負担

☐破産手続開始後の債務負担かを確認（法71Ⅰ①）
　※破産債権の個別弁済の禁止（法100）の潜脱の防止および債権者平等のため、例外なく相殺が禁止される。
　※相手方の主観（破産手続開始決定の認識の有無）は問題とされず、相殺禁止の解除事由も認められていない。

　◻（金融機関による相殺の場合）破産手続開始決定後に振り込まれた売買代金等が受働債権となっていないか確認

☐支払不能後の債務負担かを確認（法71Ⅰ②）
　※以下のいずれかの目的による債務負担であることが必要。
　※法71Ⅱによる例外がある。

　☐もっぱら破産債権をもってする相殺に供する目的による破産者の財産の処分を内容とする破産者との契約による債務負担か。
　　※相手方がもっぱら相殺に供する目的および支払不能について悪意であることが必要。

Ⅱ 相殺の処理における作業のチェックポイント等

☐ 破産者に債務を負担する者の債務を引き受けることを内容とする契約による債務負担か
   ※相手方が支払不能について悪意であることが必要。
☐ 支払停止後の債務負担行為かを確認（法71Ⅰ③）
   ※相手方が支払いの停止について悪意であることが必要。
   ※支払いの停止があったときに実際には支払不能ではなかった場合には、相殺は禁止されない（債権者平等を強制する必要がないため）（法71Ⅰ③ただし書）。
   ※法71Ⅱによる例外がある。
☐ 破産申立て後の債務負担かを確認（法71Ⅰ④）
   ※相手方が破産手続開始の申立てがあったことについて悪意であることが必要。
   ※法71Ⅱによる例外がある。
   ▫ 申立代理人において破産債権者に対する破産手続開始の申立ての通知を行っている場合はその時期を確認

(3) 破産者に対して債務を負担する者による破産債権の取得

☐ 破産手続開始決定後の他人の破産債権の取得（法72Ⅰ①）
   ※例外なく相殺は禁止される。　　　　　　　　　　　　　☞ Q2
   ▫ 破産手続開始決定後に新たに発生した破産債権を取得した場合の相殺の可否
      ※法72Ⅰ①は「他人の」破産債権を取得して相殺することを禁止した規定であるため、「自己の」破産債権を取得場合における同号の類推適用の可否が問題となる。
☐ 支払不能後の破産債権の取得（法72Ⅰ②）
   ※相手方が支払不能について悪意であることが必要。
   ※法72Ⅱによる例外がある。
☐ 支払停止後の破産債権の取得（法72Ⅰ③）
   ※相手方が支払いの停止について悪意であることが必要であるが、支払いの停止があったときに実際には支払不能ではなかった場合には、例外として相殺は禁止されない（債権者平等を強制する必要がないため）（法72Ⅰ③ただし書）。

第9章 相　殺

※法72Ⅱによる例外がある。
☐破産手続開始の申立て後の破産債権の取得（法72Ⅰ④）
　※相手方が破産手続開始の申立てがあったことについて悪意であることが必要。
　※法72Ⅱによる例外がある。
　回申立代理人において破産債権者に対する破産手続開始の申立ての通知を行っている場合はその時期を確認

◎申立てをするときは……⑳
　管財人による否認権行使の際の債権者の悪意の立証に支障が生じないよう、また債権者からの相殺を制限するために受任通知を送付するのがふさわしい事案については、受任通知を送付し、支払停止の旨を明確に通知しましょう（破産200問31頁参照）。

5　請求（任意交渉、訴訟）

☐相殺禁止に反する相殺を確認した場合は、破産債権者に対し早期に相殺禁止に該当する相殺であることを指摘し、破産財団への返還を求める
　※紛争化し、回収に相当の期間を要する場合が少なくないため。
　※債権額次第で裁判所の許可を要するので注意。

6 相殺の催告

☐相殺の催告期間は1か月以上とする必要があること(法73Ⅰ)を踏まえたスケジュールの確認
　※債権調査期日前には法73の催告はできないことに留意。
　※破産債権者の負担する債務が弁済期にあることも必要(法73Ⅰただし書)。
　※実際には、催告前に、破産債権者に対し、事前に相殺権の行使を促しておくことが多い。

7　管財人による相殺（Q 3）

❏裁判所の許可（法102）は取得したか
　※原則、管財人が破産財団に属する債権と破産債権を相殺することはできない。
　※100万円以下の債権でも許可は必要。
❏破産財団に属する債権の実質的価値の評価、判断資料の確認、収集
　※「破産債権者の一般の利益に適合するとき」（法102）に該当する場合かどうかの判断に必要。

第 9 章　相　殺

Ⅲ　Q&A

Q1　相殺権と自働債権に関する規律

破産債権者から次のような破産債権を自働債権とする相殺を主張されていますが、このような相殺は認められるでしょうか。
① 期限未到来の破産債権
② 解除条件付きの破産債権
③ 停止条件付きの破産債権または将来の請求権
④ 非金銭債権

A

(1) **期限未到来の破産債権（①）**

民法の原則によれば相殺はできませんが（民法505条1項）、破産手続においては、期限付債権は破産手続開始の時点で弁済期が到来したものとみなされる（法103条3項）結果、自働債権が破産手続開始決定の時点で期限未到来であっても相殺をすることができ（法67条2項前段）、債権債務の迅速な精算と当事者間の不均衡の解消が図られています（条解破産506頁以下）。

(2) **解除条件付きの破産債権（②）**

民法の一般原則からも相殺は可能であり、破産法もその旨の確認規定をおいています（法67条2項前段）。ただし、自働債権の解除条件が成就した場合の破産債権者の債務の履行を確保するため、破産債権者は、相殺時に、相殺によって消滅する債務の額について、破産財団のために担保提供もしくは寄託をしなければなりません（法69条）。

(3) **停止条件付きの破産債権または将来の請求権（③）**

停止条件付債権または将来の請求権（保証人の主たる債務者に対する事前求償権等、法定の停止条件が付されている請求権）は、民法の原則どおり、条件が

成就するまでは相殺をすることはできません。

　もっとも、破産手続開始決定後に条件が成就した場合の相殺の実効性を確保するため、上記の債権を有する破産債権者が破産者に対する債務を弁済する際、当該破産債権者は、その債権額の限度において、弁済額の寄託を請求することができます（法70条前段）。かかる寄託の請求が破産債権者からなされた場合において、最後配当に関する除斥期間の満了時点までに停止条件が成就し、相殺がなされたときは、相殺が認められ、管財人はかかる寄託金を当該破産債権者に返還することになります。同時点までに停止条件が成就しなかったときは、破産債権者は相殺できませんので、寄託金は破産財団に帰属することになります。なお、寄託の請求をするか否かは破産債権者の任意であり、管財人において破産債権者にかかる寄託の請求ができることを説明する義務まではないと解されます。ただし、たとえば、破産債権者が敷金・保証金債権者で、相殺を主張して賃料を支払ってこない場合など、破産債権者が反対債権の履行を行わないときは、管財業務の円滑な進行という観点から、寄託の請求の説明をして、賃料等の支払い交渉を行ったほうがよい場合もあります（第7章（契約関係の処理）Q8参照）。

(4)　**非金銭債権**（④）

　民法の原則によれば、自働債権と受働債権が同種の目的のものでない限り相殺はできませんが（民法505条1項）、破産手続においては、非金銭債権である破産債権は破産手続開始決定時における評価額にて金銭化される結果（法103条2項1号イ）、金銭債権を受働債権として相殺することができます（法67条2項前段。ただし、不作為請求権のような金銭評価ができない非金銭債権については認められません）。これも、債権債務の迅速な精算という破産手続の要請を適えるための制度と解されています（条解破産507頁以下）。

Q2 破産手続開始決定後の第三者弁済、保証債務の履行による求償権を自働債権とする相殺の許否

　破産者に対して債務を負担する者に弁済を求めたところ、破産手続

開始決定後に破産債権の第三者弁済をしたとして、その求償権を自働債権とする相殺を主張されています。このような相殺の主張は認められるのでしょうか。また、破産手続開始決定後の保証債務の履行による求償権を自働債権とする相殺の主張の場合はどうでしょうか。

A

　破産手続開始決定後に第三者弁済により破産者に対して有することとなった求償権を自働債権とする相殺は認められません（旧法104条3号（現法72条1項1号）の類推適用とする名古屋高判昭和57年12月22日判時1073号91頁参照）。第三者弁済がなければ相殺に供すべき受働債権のない破産債権であった債権が、第三者弁済を機として相殺に供することができるとすると、開始決定時における破産債権者間の平等が害されることとなり、「開始決定後に他人の破産債権を取得したとき」に、当該破産債権を自働債権とする相殺を禁止する破産法72条1項1号の趣旨が没却されてしまうからです（なお、破産200問221頁以下も参照）。

　また、破産手続開始決定後の委託なき保証債務の履行による求償権を自働債権とする相殺の主張については、認めるべきではありません。最高裁も、委託を受けない保証の場合については、保証契約が破産手続開始決定前になされたものであることに着眼して求償権は破産債権であるとし、この相殺は「破産手続開始後に、破産者の意思に基づくことなく破産手続上破産債権を行使する者が入れ替わった結果相殺適状が生ずる点において」、破産法72条1項1号が禁止する相殺に類似し、破産手続上の破産債権者間の平等を害するとして同号を類推適用したうえで相殺の効力を否定しています（最判平成24年5月28日判タ1375号97頁）。

Q3 管財人からの相殺（破産債権者による相殺権の行使が期待できない場合における管財人からの相殺の可否）

　クレジットカード会社から債権届出がなされましたが、破産者は当該会社に対して消滅時効期間を経過した過払金債権を有しています。

この場合、破産債権者からの相殺は期待できないため、管財人から相殺権を行使すべきでしょうか。

A

　破産財団に属する債権と破産債権との相殺をすることは、当該破産債権者に不当な利益を与え、破産債権者間の平等に反する結果となりますので、原則としてこのような相殺はできません。

　ただし、例外的に、管財人が積極的に相殺を行うことが、破産債権者の一般の利益に適合するときは、裁判所の許可を得て、管財人から相殺をすることができます（法102条）。この点、相殺を行うことが破産債権者の一般の利益に適合するかどうかは事案によりますので、破産債権者による権利行使の意向の有無、破産債権に対する配当見込みと破産財団に属する債権の実質的価値の比較、相殺を行うことが破産財団に属する債権の実質的価値以上の破産財団の増殖につながるかどうか（破産財団に属する財産に設定された担保権の被担保債権を相殺によって消滅させることで、目的物を担保権の拘束から早期に解放し、より高額での換価を実現できる場合などが考えられます）などから個別に検討し、判断していくことになります（実践マニュアル273頁）。もっとも、破産財団に属する債権の実質的価値が破産債権のそれよりも低い場合などは、むしろ管財人から相殺を行うことが破産債権者の一般の利益に資することになります。また、破産債権者が相殺権（法67条1項）の行使を怠っている場合、管財人は催告を行うことができますが（法73条1項）、破産債権者からの相殺の意思表示を期待できない場合もあります。

　設問の場合、破産財団に属する過払金債権は消滅時効期間の経過により実質的価値は消滅しており、取立てができなくなっています。もっとも、当該過払金債権の消滅時効期間の経過前に、クレジットカード会社の有する破産債権との相殺に適するようになっていた場合には相殺が許されますので（民法508条）、この場合には管財人から相殺を行うべきでしょう。管財人から相殺を行う場合には、認否前に意思表示をすることになるでしょう。

第10章

免責・破産犯罪

Ⅰ 免責・破産犯罪に関する事務作業のチェックポイント等

1 免責・破産犯罪の処理における心構え

▶個人の破産者については、自己破産申立ての場合、破産手続開始申立てと同時に免責許可の申立てをしたものとみなされます（法248Ⅳ本文）。

※裁判所は、管財人に対し、免責不許可事由の有無または免責許可の決定をするかどうかの判断にあたって考慮すべき事情についての調査をさせ、その結果を書面で報告させることができるとしています（法250Ⅰ）。大阪地裁では、すべての事件について管財人に調査および報告を求めています。

▶免責不許可事由は、破産法252条1項各号に列挙されています。したがって、免責不許可事由の有無を判断するに際しては、適宜、注釈書等を参照し、その要件該当性を検討する必要があります。

▶債権者によっては、感情的な理由を挙げ、免責不許可の意見を出してくる場合がありますが、あくまで各号の要件に該当するかどうかを判断しなければなりません。 ⇨ 申立てをするときは……(21)

▶破産犯罪とは、破産債権者を害する行為等のうち、違法性の強いものです。いかなる行為が破産犯罪に当たるかは、破産法265条以下に定められていますので、適宜、注釈書等を参照してください。 ⇨ 申立てをするときは……(22)

2 免責不許可事由の有無を検討すべき場合

(1) 破産手続開始決定時

☐ 免責観察型か
　※該当する場合は、運用と書式315頁以下および各地の運用を確認。

☐ 裁判所から免責不許可事由の存在が窺われる旨の申し送り事項がないか　　☞ Q1

(2) 管財業務中

☐ 財産隠匿が疑われるような不自然な財産の動きはないか
　※破産申立書、通帳写し等の引継資料を検討する。

☐ 通帳の記載および郵便物の中に射幸行為を窺わせるものはないか
　※競馬・競艇などの公営競技の利用が通帳の記載により判明する場合がある。

☐ 債権者から免責不許可とすべきという意見は出ていないか

チェックボックスの種類
☐ 必ず確認すべき事項
回 場合によって検討すべき事項のうち重要なもの
☐ 場合によって検討すべき事項

◎申立てをするときは……(21)
　裁量免責が認められないほどの重大な免責不許可事由がある事案もありますので、免責不許可事由の有無、裁量免責の可能性を検討し、申立人とも十分に話し合ったうえで、破産・個人再生・任意整理などの各種手続の中から適切と考えられる手続を選択しましょう。

◎申立てをするときは……(22)
　受任時には申立人に対して、追加または新規の借入れやクレジットカードの使用をしないよう注意しておきましょう。

3　免責不許可事由が窺われる場合

(1)　浪費・射幸行為の場合

▣「浪費」にあたるか　　　　　　　　　　　　　　　☞Q3
□家計簿・反省文の提出の検討
　※開始決定後の生活状況等を総合的に検討して、破産者の経済的再生が期待できるのであれば、裁量免責相当の意見を出すべきであり、その判断の一資料として有用なため。

(2)　その他の問題点

□使途不明の財産処分が判明した場合の処理
□破産者が法人の代表者として不法行為等をしていた場合の処理　　　　　　　　　　　　　　　　　　　　　　☞Q4

(3)　共　通

▣裁量免責が認められるか　　　　　　　　　　　　☞Q2・5

4　破産犯罪

- □ 詐欺破産罪（法265）に該当する行為はないか
- □ 特定の債権者に対する担保供与等（法266）はないか
- □ 破産者等が管財人に対して、説明を拒んだり、虚偽の説明を行ったりしていないか（法268 I II IV）
- □ 管財人が求めた検査を拒絶してないか（法268 III）
- □ 財産目録の提出を拒んだり、虚偽の財産目録を提出したりしていないか（法269）
- □ 債務者の帳簿等を隠滅、偽造、変造した者がいないか（法270）
- □ 審尋等において裁判所の説明の求めに対して、これを拒否したり、虚偽の説明をしたりしていないか（法271）
- □ 管財人等に対して、偽計・威力を用いて、その業務を妨害していないか（法272）
- □ 破産者やその親族等に面会強制や強談威迫をしている者はいないか（法275）
- □ 管財人による刑事告発または告訴の要否　　　　　　　　☞ Q6

II Q&A

Q1 一般的留意事項

〔1〕 裁判所から免責不許可事由の存在が窺われるとの申し送りがありました。管財人として免責意見を出すにあたって、どのような調査を行うべきですか。

〔2〕 また、免責不許可事由の存在が判明した場合、管財人として破産者をどのように指導すべきですか。①免責観察型の場合と、②通常の事件の場合で違いはありますか。

A

(1) 免責不許可事由の存在が窺われる場合（〔1〕）

免責不許可事由の存在が窺われる場合、まずは破産法252条1項各号に列挙された免責不許可事由に該当する事実の有無を調査します（法250条1項）。要件が厳格に定められていますので、慎重に検討するようにしましょう。破産者がいかに社会的に不誠実な行動をとっていたとしても、同条項の要件に該当しなければ免責不許可事由にはあたりません。

(2) 免責不許可事由の存在が判明した場合（〔2〕）

免責不許可事由に該当する事実の存在が明らかとなった場合には、次に裁量免責（法252条2項）相当とするかどうかの判断にあたって考慮すべき事情の有無、内容を調査します（法250条1項）。

裁量免責相当であるのは、当該行為の程度が軽微な場合や破産者の不誠実性を徴表するとまでは言えない場合などです。具体的には、支払不能となった原因にどの程度影響を及ぼしているか、債権者の被害の回復の有無・程度、債権者の意見、破産者の現在の生活状況、反省の程度などを考慮することになります。したがって、管財人としては、上記の観点から免責不許可事由に

該当する事実の詳細を調査する必要があります。たとえば浪費が認められる場合であれば、費消した金額、時期、使途、目的、および当時の収入、並びに破産手続における積立状況（Q5参照）、および現在の生活状況などを調査することになります。また、財産隠匿（法252条1項1号）であれば、当該財産の規模、隠匿の手法（処分方法）に加え、破産者の主観（隠匿についての故意、隠匿の理由）などです。また、管財人に対する説明義務（法40条1項1号）や調査報告義務（法250条2項）を果たしているかといった破産手続開始決定後の事情についても裁量免責の判断に影響しますので、調査が必要です。

免責観察型管財手続とは、免責不許可事由に該当する行為の内容および程度が重大であり、そのままでは免責許可が困難というべき破産者について大阪地裁などで行われている運用です（運用と書式315頁）。

①免責観察型の破産事件の場合には、申立て時にすでに重大な免責不許可事由が存在することが判明しているため、破産手続期間中の破産者の経済的再生状況を管財人が指導観察することで、裁量免責の可否を判断します。

管財人としては、破産者と定期的に（1か月に1回程度）面談を実施し、破産者に作成させた家計収支表を基に家計状況や改善点を報告させたうえで、免責不許可行為の解消、更生意欲、免責観察への協力態度等につき指導を行い、経済的再生を促します（運用と書式315頁以下、実践マニュアル495頁以下、はい6民247頁以下）。

ただし、実際にはこれらの指導がスムーズに進まない場合もあります。そのような場合には、1日毎や1週間毎の家計収支表書式を作成して渡したり、場合によっては面談の頻度を増やしたりするなど、管財人として破産者が経済的再生を果たすことができるよう工夫することも必要です。

②免責観察型でない場合でも、免責不許可事由が判明し、このままでは免責許可相当との意見を出すことが困難と思われる場合や、破産者の家計状況等の観察が必要と判断される場合には、①の場合と同様に定期的な面談と家計状況の報告を求めることもあります。

Q2 免責不相当と判断される場合

Q 管財人として免責不相当の意見を出すのはどのような場合ですか。

A

　管財人として免責不相当の意見を出すのは、破産法252条1項各号の免責不許可事由が存在し、かつ、裁量免責（法252条2項）も相当でないと判断される場合です。

　裁量免責相当か否かを判断する要素はＱ１のとおりですが、免責不許可となった具体例としては、破産者が破産手続開始決定前5年間にわたり、毎月の収入のほぼ全額に加え家族が代表者を務める法人の売上げの一部をもパチンコ等のギャンブルに費消したうえ、生活費や遊興費を賄うための借入れが破産の主たる原因となっていた事案において、破産者が免責観察期間中も管財人に秘してギャンブルを続け、反省や経済的再生の意欲がまったく垣間見られなかった事例や、破産手続開始決定直前に多額の保険金を家族に贈与したり費消したりしたうえ、管財人に対しては保険金受領の事実、贈与の事実等を否認し、虚偽の説明を行った事例など、免責不許可事由に該当する事実自体が重篤であることに加え、破産手続開始決定後の説明義務（法40条1項1号・250条2項）や調査報告義務も誠実に果たしていないケースが多いようです（その他の事例につき判タ1342号13頁以下参照）。

Q3 免責不許可事由である「浪費」の判断基準

Q 事業者であった破産者が営業活動のため、取引先に対して飲食を伴う接待を継続していました。新たな仕事を獲得するためではあっても、高額の飲食代を費やしている以上「浪費」にあたるとして免責不許可事由にあたると考えるべきですか。

A

　破産法252条1項4号の「浪費」該当性については、当該財産処分行為が、破産者の地位、職業、収入および財産状態に比して通常の程度を超えた支出

といえるかという点や、当該行為の目的、動機、金額、時期、社会的許容性等の観点から総合的に判断を行うことになります（東京高決平成16・2・9判タ1160号296頁、はい6民249頁）。

まずは、当該飲食が本当に営業活動の一環であったのか、具体的案件の有無、受注実績などから検討します。営業活動の一環である場合には、単に破産者が高額の飲食代を費やしているだけで「浪費」と判断するのではなく、破産者の営業活動としての接待行為の必要性、時期、破産者の主観、接待に費消された金額が破産者の財産状況に比して通常の程度を超えた支出か否か、当該接待による支出が破産の原因にどの程度影響しているか等を検討すべきでしょう。

Q4　法人の代表者としての行為が自然人の免責に及ぼす影響

法人の代表者の破産事件において、当該法人が不法行為（架空取引等）を多数行っていたことが判明しました。この場合、代表者の免責不許可事由に該当するでしょうか。

A

法人と法人代表者は別人格であり、代表者個人の免責判断においては、法人の行為は原則として免責不許可事由とはなりません。

なお、非免責債権の存在と免責不許可事由とは別の問題ですので、当該架空取引につき代表取締役として不法行為責任を問われた結果、非免責債権としての損害賠償請求権（法253条1項2号）が存在することになっても、それ自体が免責不許可事由とはならないことに注意してください。

Q5　財団組入れによる裁量免責の可否

破産者の浪費があまりに酷いため裁量免責も認めにくい事案において、破産者に財団組入れさせることにより、裁量免責を認めることはできますか。

A

351

裁量免責事情の一要素として、破産者に金銭を積み立てさせる運用が行われています。大阪地裁の免責観察型の運用では、行為の内容や程度、収入状況などを勘案して、管財人が積み立てを指示できることとしています。ただし、多くの場合、債権者への按分弁済を行うために積立てをさせるので、管財人ではなく申立代理人の預かり口座に保管させ、申立代理人において按分弁済を行うのが原則です（運用と書式317頁参照）。積み立てる金額は個別ケースによって異なります。浪費額等がはっきりしている場合は、その何割という額を目安にすることがあります。ただし、あまり長期間となるのは避けるべきなので、裁判所と相談するとともに、申立代理人とも協議して検討するべきでしょう。

Q6　管財人による刑事告発・告訴の要否

破産者について破産犯罪に該当する事実がある場合に、どのように対応すべきですか。たとえば、破産者が説明を拒んだり、虚偽の説明を行ったり、財産を隠匿したりした場合、管財人としては、どのように対応すべきですか。

A

破産犯罪に該当する事実があるとしても、直ちに告訴や告発に踏み切るのは相当ではありません。破産犯罪を立件することは、管財人の主たる任務ではないからです。告訴・告発は、あくまで破産財団の増殖の一つの手段としてとらえるべきでしょう。破産者には、刑事罰の存在や内容を十分に説明し、警告することによって、任意に協力させ、あるいは財産を回復するよう促します。もちろん、刑事罰の可能性を告げる場合は、弁護士として節度ある言動を用いなければなりません。

しかし、非協力的態度が改まらないとか、財産隠匿の程度が目に余る場合は、裁判所とも協議したうえ告訴・告発も検討することになるでしょう。

第11章

債権者集会

I 債権者集会の流れ・概要

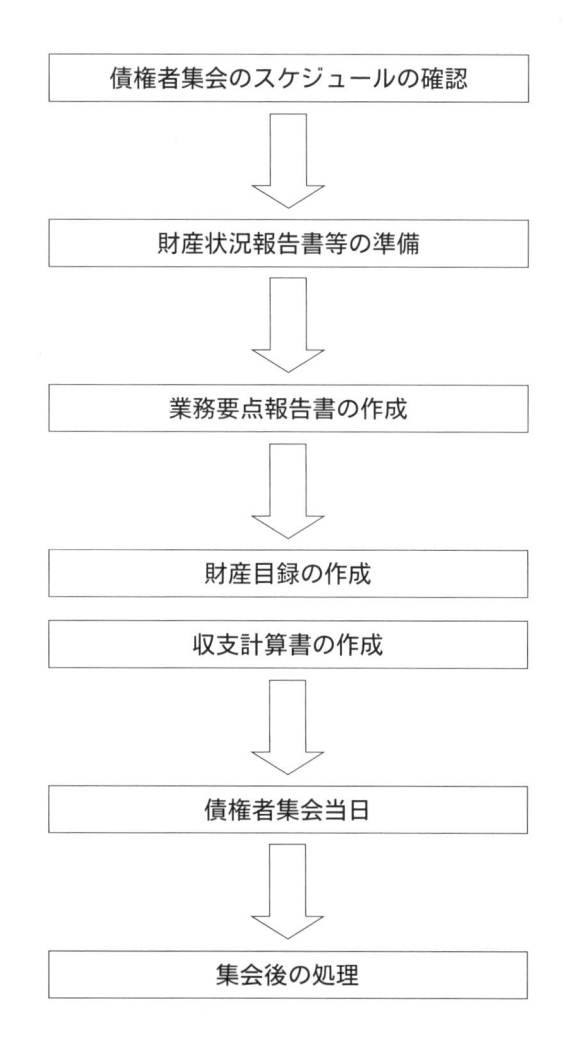

```
┌─────────────────────────┐
│ 債権者集会のスケジュールの確認 │
└─────────────────────────┘
            ↓
┌─────────────────────────┐
│    財産状況報告書等の準備    │
└─────────────────────────┘
            ↓
┌─────────────────────────┐
│    業務要点報告書の作成     │
└─────────────────────────┘
            ↓
┌─────────────────────────┐
│      財産目録の作成       │
├─────────────────────────┤
│      収支計算書の作成      │
└─────────────────────────┘
            ↓
┌─────────────────────────┐
│      債権者集会当日       │
└─────────────────────────┘
            ↓
┌─────────────────────────┐
│      集会後の処理        │
└─────────────────────────┘
```

Ⅱ 債権者集会に関する事務作業のチェックポイント等

1 債権者集会に関する処理における心構え

▶債権者集会は、破産者が破産に至った事情、財団の管理・換価の状況および結果、配当可能性等について、債権者に対し報告を行う場です。

▶債権者集会には、財産状況報告集会、異時廃止のための意見聴取集会、任務終了報告集会、および、これら以外の債権者集会があり、複数の集会、債権調査期日または免責審尋期日が同時並行で行われます。

▶したがって、どの集会・期日が予定されているのかを確認したうえ、各集会・期日に必要な書類を適宜提出し、報告を行わなければなりません。

2　スケジュールの確認

☐債権者集会でなされることを確認
　※運営方法および進行につき、Ｑ１参照。

☐債権者集会の日時を確認
　※破産手続開始決定書を参照、２回目以降は、集会において日程調整

☐財産状況報告書等の提出予定日の確認　　☞Ｑ３
　※大阪地裁の運用では、集会１週間前までに提出。

☐破産者が債権者集会の日時を把握しているか確認
　※本人申立ての場合や申立代理人に不安を感じる場合等。
　※破産者の出席の要否につき、Ｑ４参照。

チェックボックスの種類

☐必ず確認すべき事項
◉場合によって検討すべき事項のうち重要なもの
☐場合によって検討すべき事項

3　財産状況報告書等

☐提出書類（①業務要点報告書、②財産目録、③収支計算書、④管財人口座通帳の写し）の作成

☐財産目録、収支計算書を作成する基準日の確認

※換価作業が継続している場合や残務がある場合には、どこかの時点を基準にしなければならない。書類の提出日を基準日とすることが多いと思われる。

4　業務要点報告書

❏記載方法（運用と書式432頁、大阪については「はい6民です vol.155」月刊大阪弁護士会2011年12月号57頁以下）を参照（財産目録、収支計算書についても同様）　　☞Q2

回特記事項の確認
　※業務要点報告書の書式には記載されていない事項で、とくに、裁判所に報告すべき事項があれば記載する。もっとも、報告書は記録に編綴され、債権者の閲覧が可能なため、報告書に記載するかどうかについては配慮を要する。

5 財産目録

- 記載方法(運用と書式435および436頁)
- 申立書に記載のある財産について、すべて記載しているか確認
- 申立書に記載のない財産が発見された場合「申立書に記載のない財産である」「開始決定後に発見された財産である」等、その旨の記載をしたか
- 回収額と収支計算書の収入額が一致しているか
  ※ただし、収支計算書の収入および支出の部に管財人口座開設費をあげている場合、開設費分だけ差額が生じる点に注意
- 各財産の番号と収支計算書の収入の部の番号とが一致しているか
- 残務欄に記載漏れがないか

6　収支計算書

☐記載方法（運用と書式437頁）
☐通帳残高として記載した金額が、管財人口座の実際の残高と一致しているか
☐基準日までの立替費用（郵便代、印刷費、交通費等）の精算は済んでいるか
　※実際に管財人口座から出金する時期については、随時、集会毎、報酬受領時に一括等の方法が考えられるが、手間と金額に応じて、適宜、対応する。少額の場合、報酬受領時にまとめて精算するのが一般的である。

7　管財人口座通帳の写し

☐残高が、収支計算書の通帳残高と一致しているか
☐通帳の表紙、表紙裏、履歴ページが揃っているか
　※入金には「保険解約返戻金」「預金」「売掛金」「不動産売却代金」等、出金には「立替事務費償還」「財団債権按分弁済」「配当」等、それぞれ費目を記載しておくとわかりやすい。

8 交付要求にかかる公租公課一覧表・労働債権一覧表の作成の要否

❏作成の要否の検討
　※交付要求に係る公租公課一覧表は、交付要求が複数ある場合、財団債権と優先的破産債権の区別を明確化する場合等に、労働債権一覧表は、労働債権がある場合に、作成を検討する。

(1) 共　通
☐財団債権と優先的破産債権を分けて一覧表を作成しているか

(2) 公租公課一覧表
☐財団債権として交付要求のあった滞納税金の中に優先的破産債権が混じっていないか、また、その逆がないか
☐交付要求者名、税目、本税額、延滞金額、督促手数料額、法定納期限等を記載しているか

9　配当見込みの検討

▣配当見込みの判断において、延滞税加算を考慮しているか

▣財団の換価・管理費用を見込んでいるか

　※不動産の明渡費用、土壌汚染の処理費用、固定資産税等の公租公課等、将来、費用が発生する可能性がある。

□法人につき過年度の確定申告が済んでいるか

　※未了の場合、過年度分の税金も申告により新たに発生し、財団債権となる。

10 債権者集会に向けての準備事項

☐債権者集会において配付すべき資料 　　　　　　☞ Q6
☐債権者出席の有無の確認、債権者集会運営上の対応につき裁　☞ Q7
　判所との協議調整の要否を検討
☐立替事務費の精算時期の確認（収支計算書の項を参照）

11　その他

□ いかなる費用が計上可能か　　　　　　　　　　☞ Q5

III Q&A

Q1 運営方法および進行
債権者集会の実際の運営方法や進行について教えてください。

A

　債権者集会は、破産法上は「財産状況報告集会」と称されています（法31条1項2号）。その名称のとおり、管財人による財産状況の報告が中心となります。配当事案では、債権調査期日も同時に開催されます。

　期日には、管財人と破産者および申立代理人が出頭しますが、債権者が出頭する場合もあり、それぞれ所定の席に着席します。非公開の手続ですが、対面型、円卓型、法廷型など、裁判所によって会場の設営方法は異なります。

　裁判官の指揮により進行しますが、報告や説明を行うのはもっぱら管財人です。債権者が不出頭の場合は、事前提出書面に基づく簡単な報告等で足りますが、債権者が出頭している場合はある程度の口頭説明が求められます。報告等の程度は、集会が初回かどうか、事案内容の複雑さ、債権者の出頭数などによって異なりますが、一般的には、ポイントを絞った端的な報告が好ましいでしょう。その際、破産財団や換価の状況等について簡単なペーパーを用意するのがよいと思われます（Q6参照）。また、状況に応じて質疑応答もあります。債権者の関心が高いのは配当可能性であることを念頭に置きましょう。なお、債権者が出頭している事件では、破産者（あるいは破産会社の代表者）による挨拶の機会を設けることがあります。

　集会の場では、財産放棄の口頭許可も行われます。債権調査期日では債権者表記載のとおり債権調査の結果を発表しますが、配当可能性が明らかでない場合は続行（延期）されるのが一般です。期日を続行する場合は次回期日の指定を受けます。

所要時間は、裁判官の指揮にもよりますが、簡単な案件では5分程度、債権者が出頭する案件では10〜15分程度、大型事件や複雑な事件だと30分〜1時間程度です。

Q2　裁判所への提出資料

債権者集会、配当実施後の任務終了集会の前には、それぞれどのような資料を提出したらよいですか。また、**業務要点報告書**には、どのような事項についてどの程度記載すればよいですか。

A

「①報告書（業務要点報告書）」、「②財産目録」、「③収支計算書」を作成し、「④管財人口座の通帳の写し」を添えて、集会の1週間前までに裁判所に提出します。債権者集会と同時に債権調査期日が実施される場合には「⑤破産債権者表」も提出します。配当後の任務終了集会の前にはあらかじめ「⑥最終の収支計算書を添付した計算報告書」を提出します。自然人の破産事件ではこれらの報告書とともに、「⑦免責に関する意見書」もあわせて提出します。これらの書式のひな形は参考例があるので、参考にすればよいでしょう（運用と書式432〜438頁参照）。

業務要点報告書には、破産法157条において規定されている事項を必ず記載する必要があります。具体的には、破産手続開始に至った事情、破産者および破産財団に関する経過および現状等です。その他には、換価業務の今後の見通し、配当見込みの有無などを記載します。業務要点報告書作成においては、破産事件の現状を裁判所や債権者にも客観的に把握できるように配慮することが必要となります。各庁において、業務要点報告書の参考様式がある場合もありますので、各庁の取扱いに合わせて適切な資料を作成して提出する必要があります（運用と書式432頁参照）。

債権者集会には、財産状況報告集会、異時廃止のための意見聴取集会、任務終了報告集会などがありますが、これらの債権者集会は、破産者が破産に至った事情、財団の管理・換価の状況および結果、配当可能性等について、

債権者に対し報告を行う場です。

そのため、債権者集会に債権者の出席が見込まれる場合には、原則として債権者用の配布文書・資料等も作成しておく必要があります（Q6参照）（以上につき、運用と書式102頁以下、実践マニュアル310頁参照）。

Q3　報告書の提出時期

〔1〕　財産状況報告書の提出は「開始後遅滞なく」とされていますが、具体的にはいつまでに提出すればよいですか。

〔2〕　また、異時廃止決定後に財団債権の按分弁済を行う場合など、廃止決定後の残務がある場合、任務終了の計算報告書はいつ提出すればよいですか。

A

(1)　財産状況報告書の提出時期（〔1〕）

財産状況報告書は遅くとも第1回の財産状況報告集会の1週間前までに裁判所に提出する必要があります。

破産法157条1項には「開始後遅滞なく」と記載されています。しかし、業務要点報告書を開始後すぐに提出しても、破産財団の経過および現状についての情報は乏しく、債権者集会（財産状況報告集会）直前の状況を踏まえた報告のほうが裁判所や債権者にとっても正確かつ最新の情報となり、都合がよいと考えられます。ただし、裁判所にも報告書の検討の機会が必要ですので、遅くとも第1回の財産状況報告集会の1週間前までには裁判所に提出する必要があります。

(2)　廃止決定後の残務がある場合の任務終了計算報告書（〔2〕）

廃止決定後の残務がある場合の任務終了の計算報告書については、異時廃止決定後の財団債権の按分弁済などの残務が終了した後速やかに提出する必要があります。

異時廃止で財団債権の按分弁済を行う場合、異時廃止後に弁済をする場合もあります。このように、異時廃止後にも按分弁済などの残務がある場合に

は、残務終了後速やかに財団債権弁済報告書、解約した管財人口座の通帳の写しとともに、任務終了の計算報告書を提出する必要があります（任務終了の計算報告書の書式は運用と書式490頁参照）。

Q4 破産者の出席の要否

債権者集会が続行となる場合、破産者や申立代理人から「次回も出席する必要があるか」と尋ねられることがありますが、出席の要否についてどのような基準で判断、回答すればよいですか。

A

破産者は、説明義務を負っていますので（法40条1項1号）、債権者集会には出席するのが原則です（法136条1項）。もっとも、破産者が高齢であるとか障害をもっていたり、遠方に居住していたりするなど破産者に毎回の出席を求めることが酷な事情があるケースで、第1回の期日に債権者が出席せず、今後も出席が予想されず、免責不許可事由がないまたは軽微であり、破産者にとくに尋ねるべきこともない場合には、破産者から債権者集会への不出頭の希望があり、裁判所から管財人として破産者の出席を求めるかどうかの意見を聞かれた場合には、出席を要しないと回答しても問題はありません。

なお、集会以外の機会に回答する場合は裁判所への連絡、相談をするようにしましょう。

Q5 各種費用

破産手続終了の通知を債権者に対して発送する場合、業務要点報告書に添付する収支報告書においては、当該通知に要する費用をどのように記載すべきでしょうか。当該費用が確定できない場合は、いったん見込み額を計上してもよいのでしょうか。

なお、破産管財業務に関して行ったコピー代については、全額を費用計上してもよいのでしょうか。

A

破産手続終了の通知を管財人において発送する場合、任務終了報告集会の時点では、その後の通知発送に要する費用を確定できないことが通常です。収支報告書には、たとえば「終了後の通知事務費」として、80円×債権者数などの基準で計算した見込み額を記載します。

その後、実際に通知発送事務を行い、確定した金額を記載した収支計算書をあらためて裁判所に提出します。大阪地裁における一般管財事件の場合、計算報告集会において、残郵券および同集会後1か月以内に生じる3万円以下の財団残額について包括的に追加報酬とする決定がなされる運用が行われており、あわせて差額についての追加報酬受領報告書を提出します（運用と書式307頁）。

破産管財業務に関して行ったコピー代についても全額を費用計上して構いません。ただし、その金額については、印刷コストに応じて、正確に算定すべきです。

Q6 債権者への情報開示の方法

債権者集会に出席した債権者には必ず資料を配布すべきですか。配布する場合はどのような資料を配布したらよいですか。

また、債権者から財産状況報告書や終結決定などの各種書類を送ってほしいと依頼された場合、どのように対応したらよいですか。

A

債権者集会に出席した債権者は、現在の破産財団の状況、換価の進捗状況、配当見込みなどに関心をもっていますから、原則として、これらの点を説明するための資料を用意することが望ましいと考えられます。

どの程度の資料を用意するかは事案の複雑さ、破産財団の内容、債権者の関心の高さなどに応じて異なりますが、①裁判所に提出した財産目録や収支計算書をそのまま配布する、②財産目録・収支計算書に加え、換価状況や今後の管財業務の見通しなどを付記する、③裁判所に提出した報告書の要点を記載した書面を作成するなどの方法が考えられます。

また、個別的事情によっては、債権者に資料を配付することが適当でないこともあります。どんな場合でも必ず資料を配付しなくてはならないというわけではありません。

Q7 債権者集会における債権者対応

破産者に対して感情的になっている債権者などが債権者集会に出席することが予想される場合、どのような点に留意して対応すればよいですか。また、多数の債権者の出席が予想される場合はどうですか。

A

いずれの場合も、事前に書記官を通じて裁判所に情報を提供し、裁判所と協議をしたうえで、警備を要請する、多数の出席者に対応できる集会室を準備するなどの対策を講じてもらう必要があります。

大阪地裁における業務要点報告書の書式には「集会期日に多数債権者の出頭が予想される事情の有無」をチェックする欄がありますが、場合によっては記録に編綴されず閲覧の対象とならない方法により裁判所に連絡をするなどの工夫が必要な場合もあります。

第12章

債権調査

I 債権調査の流れ・概要

【債権者に対する債権届出用紙等発送業務】

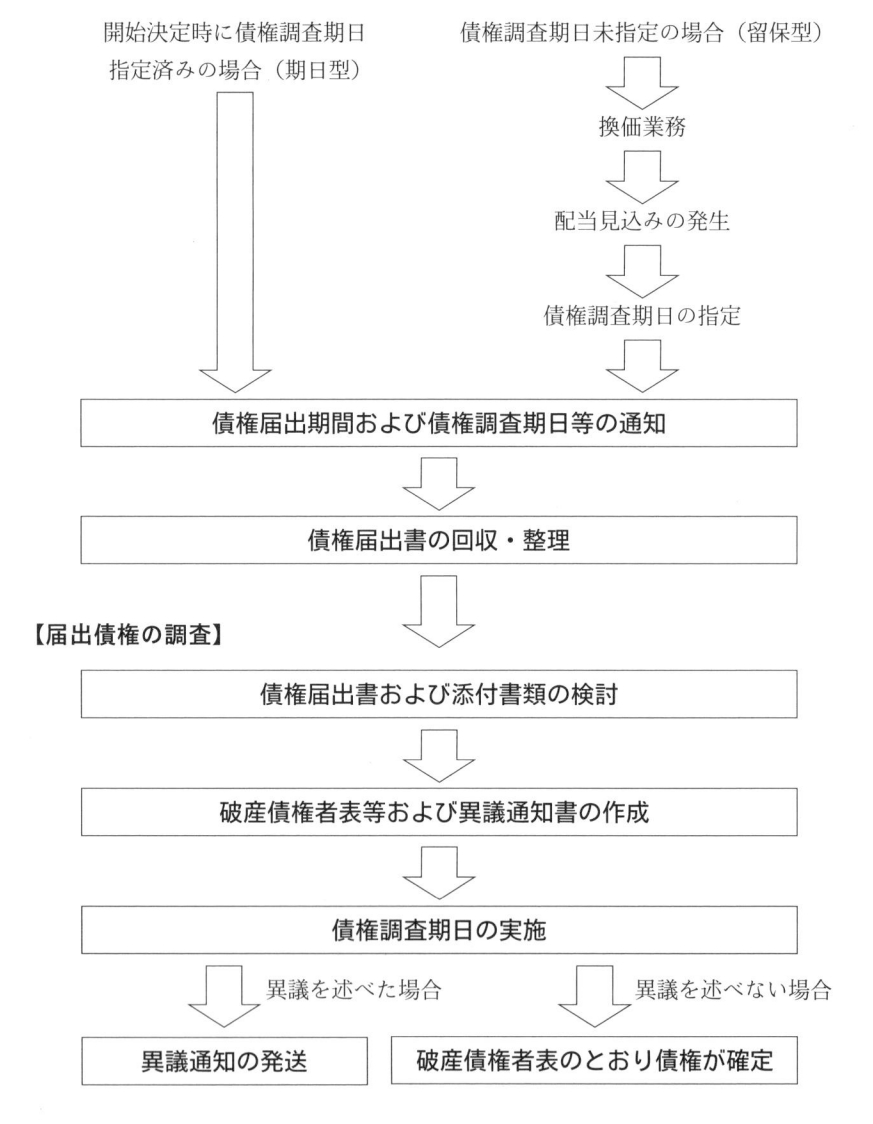

開始決定時に債権調査期日指定済みの場合（期日型）

債権調査期日未指定の場合（留保型）
⇩
換価業務
⇩
配当見込みの発生
⇩
債権調査期日の指定
⇩

債権届出期間および債権調査期日等の通知
⇩
債権届出書の回収・整理
⇩

【届出債権の調査】

債権届出書および添付書類の検討
⇩
破産債権者表等および異議通知書の作成
⇩
債権調査期日の実施

├─ 異議を述べた場合 → 異議通知の発送
└─ 異議を述べない場合 → 破産債権者表のとおり債権が確定

I 債権調査の流れ・概要

【管財人の異議通知に不服がある場合】

査定申立て、異議訴訟

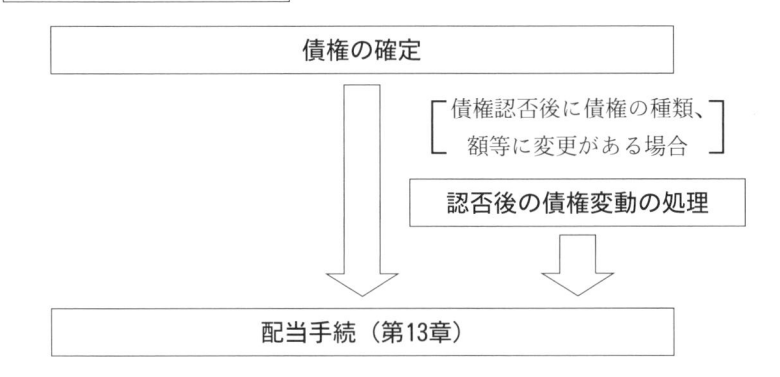

債権の確定

［債権認否後に債権の種類、額等に変更がある場合］

認否後の債権変動の処理

配当手続（第13章）

II 債権調査における事務作業のチェックポイント等

1 債権調査における心構え

▶債権調査は、配当に加えるべき破産債権の範囲および額を確定するための手続です。破産債権者表に記載ミス・計算ミスがあると、その後の手続（配当表の作成、配当許可の申立て、配当実施など）に大きな影響を及ぼすことがあるため、管財業務のなかでもとくに正確性が要求される業務であるといえます。

▶債権調査手続は、①債権者に破産債権の種類および金額を根拠資料とともに届け出させ、②管財人が当該届出債権を認めるか否かについて調査、判断し、債権調査期日（または債権調査期間）において認否を行う手続です。

▶一般的には債権届出期間の終期から債権調査期日（または債権調査期間）まで1か月程度しかないため、迅速に債権届出書および根拠資料のチェックを行い、届出書の記載に不備がある場合や、根拠資料が不十分な場合には、訂正や資料の追加依頼等を行い、遅くとも債権調査期日の1週間前までには認否予定書（破産債権者表）を完成させましょう。

▶開始決定時には債権者に債権届出を求めず、換価業務の結果、配当見込みが生じた場合に債権調査期日を指定し、債権調査を行ういわゆる留保型の運用となる事案もあります。配当見込みが生じた場合は、速やかに裁判所にその旨連絡し、債権調査手続期日の指定を行ってもらうようにしましょう（法31Ⅲ）。

2 債権者に対する債権届出用紙等発送業務

☐受任した事件が債権調査期日指定事案（いわゆる期日型）の場合、以下の事項を確認し、開始決定後速やかに知れている破産債権者に対して破産債権届出書等を発送（法32Ⅲ①）
　※大阪地裁では、開始決定時点において配当見込が不明である場合、債権者に債権届出をさせず、配当見込が生じた段階で債権調査期日を指定する運用（留保型）をとっているため、開始決定時に債権届出書等を発送しないことも多い。
　※大阪地裁では、書面の送付等の事務は管財人が行う（規7、第1章（破産手続開始決定）、運用と書式93頁、管財の手引96頁・240頁）。
　※大阪地裁では、一部の大型事件を除いて、債権調査は、債権調査期間（期間方式）ではなく、債権調査期日（期日方式）においてなされる運用となっている（運用と書式226頁）。

☐送付先の確認
　※裁判所から受領した通知用封筒と、申立代理人から直送のあて名ラベルを利用（大阪地裁の場合）。
　※あて先に漏れがないか、債権者に変動がないか、申立て後に判明した債権者はいないかに注意。
　※不達の場合は、申立代理人に調査を依頼する等の対応をする。

☐送付すべき書面の確認
　※債権調査期間および債権調査期日の通知書、破産債権届出用紙、破産債権の届出の方法等について、管財人名の「ご連絡」文その他（運用と書式93頁・97頁）。

☐郵便切手貼付の確認
　※裁判所の封筒に「料金別納」と印刷されていても切手を用意して貼付（大阪地裁の場合）。

☐破産債権に関する関係資料の整理と資料整理用ファイル等の作成
　※債権者ないし債権額の変動状況等については、債権者毎に順次各文書を綴り、申立代理人から引き継いだ債権者一覧表のデータを流用するなどして一元管理しておくことが有益。

◉労働債権者に対する情報提供の要否を検討

チェックボックスの種類

☐必ず確認すべき事項
◉場合によって検討すべき事項のうち重要なもの
☐場合によって検討すべき事項

※労働債権者への対応方法については、Q3参照。

☐受任した事件が債権調査期日未指定事案（いわゆる留保型）の場合、換価業務の結果、配当が見込まれる状態となった時点で裁判所にその旨を連絡

※債権調査期日には破産者の出頭も必要（法121③、運用と書式97頁）。

※破産者の出頭を確実にするため、申立代理人とあらかじめ期日調整をしたうえで、裁判所と期日調整する。

☐期日調整ができ、債権調査期日が指定されたら、債権者に債権届出書用紙等を発送（発送に関する注意点は前記のとおり）

※債権調査期日は公告事項のため（法32Ⅰ③）、破産財団から官報公告費用の納付が必要。

③ 【債権者による届出】債権届出書等の回収・整理

- □ 債権届出書および添付資料等の受領時期、方法をあらかじめ確認
  - ※債権届出書および添付資料は、原則として裁判所に送付されるので、管財人は債権届出期限経過後に裁判所に受取りにいくことを失念しないこと（運用と書式236頁、管財の手引244頁）。
    - ①大津地裁では、管財人に直送される。債権調査期日が開かれる場合、集会の1週間前に債権者表とあわせて裁判所に提出する。集会後、債権者届出書は管財人が管理し、破産手続終了報告集会時に裁判所へ返却する。

- □ 裁判所に提出された債権届出書、添付書類および証拠書類等を受領
  - ※受領時期は、債権届出期間の終期の2日後以降を原則とするが、破産債権者数および提出状況等に応じて適宜受領して検討に着手する。
  - □ 他の破産事件の届出書が紛れ込んでいないか、裁判所の受付印が押捺されているかを確認
  - □ 債権届出期間内に、債権届出書等が管財人あてに直送された場合、裁判所に持参して受付印の押捺を受ける

- □ 債権届出書等の整理（優先的破産債権、一般破産債権、劣後的破産債権毎に分類）（運用と書式240頁）
- □ 裁判所から受領した債権届出書等について、必要に応じて、管財人の手控え用に写しを作成（運用と書式237頁）
  - ①奈良地裁では、正本と副本が用意されており、原本を管財人に貸し出して管財人事務所で保管するという扱いはされていない。

4 【届出債権の調査①】債権届出書および添付資料の検討

☐届出未了の債権者の有無を確認
　※届出未了者への対応方法については、Q4参照。
☐債権届出期間経過後または一般調査期日終了後の届出ではないかを確認
　※債権届出期間経過後等の届出があった場合の対応方法については、Q5参照。

(1) 形式的事項のチェック

☐債権届出書に、住所、氏名・商号（郵便番号、電話番号、ファクシミリ番号）は明記されているかを確認（運用と書式230頁）
☐法人については、資格証明書の原本が添付されており、届出債権者の記載と一致しているかを確認
　※大阪地裁では原本の提出が必要的とされている。原本の提出がない場合については、Q6参照。
　☐発行時期が古過ぎる場合には再度提出するよう依頼するか検討
　☐債権回収会社が受託しており、代理人名で届出をしている場合には、当該債権回収会社の資格証明書の原本および委任状の原本も提出されているかを確認
　☐支配人名で届出をしている場合には、当該支配人が登記されているかを確認
　☐その他の代理人名（従業員等）で届出をしている場合には、委任状の原本も提出されているかを確認
☐届出債権の表示の記載は正確か、記載漏れはないかを確認
☐届出人の印鑑が押捺されているかを確認
　※破産債権者には、その後の債権調査および配当手続においても、同一の印鑑を使用するように注意喚起しておくことも要検討。
　☐その他形式的な瑕疵はないかを確認
　※形式的な瑕疵がある場合の対応については、Q6参照。

❑裁判所所定の定型書式を利用しているかを確認（運用と書式444頁、管財の手引474頁）

　❑利用していない場合には、配当金が少額（1000円未満）である場合にも受領する意思がある旨の記載があるかを確認

　　※この意思の届出をしていない破産債権者に対する配当金額が1000円未満であった場合には、当該配当金額を他の破産債権者に配当する必要があるが、配当手続の事務負担が増大するため、当該意思の届出を求めておく（法205・201⑤、運用と書式230頁・287頁）。

(2) 実質的事項のチェック

❑届出債権につき消滅時効を援用する余地がないかを確認

❑届出債権が財団債権に該当しないかを検討

　❑財団債権となる従業員の労働債権または労働者健康福祉機構が立替払いを行った労働債権はないかを確認

　❑その他財団債権となる債権（たとえば申立日の属する月分以降の電気代、水道代、ガス代、電話代、インターネット使用料等）はないか

❑届出債権が優先的破産債権に該当しないかを検討

　❑優先的破産債権となる従業員の労働債権または労働者健康福祉機構が立替払いを行った労働債権はないかを確認

　❑その他優先的破産債権となる債権はないかを確認

❑届出債権が劣後的破産債権に該当しないかを検討

❑届出債権が別除権付債権に該当しないかを検討

　※別除権付債権に該当するか否かの判断方法およびその認否方法については、Q7参照。

❑届出債権が停止条件付債権または解除条件付債権に該当しないかを検討

　※これらの債権に該当する場合の認否方法および留意点については、Q8参照。

❑届出債権につき連帯債務、保証または物上保証関係があり、

求償権ないし将来の請求権が関連しないかを検討
　※代位弁済の有無、範囲およびその時期により取扱いが大きく異なるので、とくに注意を要する。
　※破産手続開始決定後に発生した利息または遅延損害金に対する代位弁済がなされている場合の留意点については、Q12参照。

☐その他破産債権たる損害賠償請求権につき保険代位が生じていないかを確認
　※保険代位その他債権届出が二重になされる可能性がある場合の認否方法および留意点は、Q9参照。

☐届出債権が手形・小切手債権ではないかを確認
　※原因債権と手形債権の二重届出の可能性がある場合の認否方法および留意点については、Q9参照。
　※その他手形債権の認否方法については、Q10参照。

☐利息または遅延損害金としての届出債権について、計算内容は適法かつ正確かを確認
　※利息債権または遅延損害金債権の認否方法については、Q11参照。
　※その他、利息制限法上の上限利率を超過した取引が含まれる場合の認否方法については、Q13参照。

☐届出債権者に対する反対債権が存在しまたは存在していた場合、相殺の意思表示の有無、相殺の可否および相殺の効果等を確認（第9章相殺参照、運用と書式187頁、管財の手引256頁）

☐その他、届出債権につき添付された疎明資料やその他の資料で認めることができるか検討
　※疎明資料が不存在ないし不足すると思われる場合の対応は、Q14・Q17参照。
　※非免責債権の取扱いについては、Q15参照。
　☐債権譲渡がなされている場合には債権譲渡を証する資料および対抗要件の有無の確認
　　☐債権届出後に債権譲渡がなされた場合には、承継届出書（変更届出書）および承継者の資格証明書が提出されているかを確認
　☐代位弁済がなされている場合には代位弁済を証する資料の

確認
- □求償権と原債権が二重に届出されていないかを確認
    ※債権届出が二重になされる可能性がある場合の認否方法および留意点については、Q9参照。
- □原債権者につき相続または合併等の包括承継が生じている場合には、承継関係を証する資料および対抗要件の有無の確認
- □債権者が商号変更している場合には、商号変更の事実を証明できる資料の有無の確認

5 【届出債権の調査②】認否予定書（破産債権者表）および異議通知書の作成

☐債権届出書および添付資料並びに追加指示により入手した資料に基づき、当該債権を認めるか否か判断
　※債権調査手続を経た破産債権者表は、確定判決と同一の効力を有するため、安易に認否の判断をせず、証拠に基づいた判断をする。

☐認否の結果を記載した認否予定書（破産債権者表）を作成する作成要領については、各庁の運用に基づき、債権者名、住所、電話番号、届出債権額、認否額等を正確に記載する
　※破産法上、破産債権者表は書記官が作成することとなっているが、大阪地裁では、認否予定書と一体化させた書式により、管財人が事実上破産債権者表を作成する（法115①②・117①、規42、運用と書式236頁、破産債権者表の意味・作成者については、Ｑ１参照）。破産債権者表等の作成方法については、Ｑ２参照。大阪地裁の破産債権者表の書式例および記入例については、運用と書式453ないし456頁参照。
　※債権調査期日の１週間前には、認否予定書（破産債権者表）を裁判所に提出できるように準備する必要がある。

☐異議を述べる場合、当該債権者が債権調査期日に出頭するか否かにかかわらず、異議通知書をあらかじめ作成
　※債権調査期日までに換価が終了しない場合、債権の疎明資料が不十分な場合の対処方法については、Ｑ16・Ｑ17参照。

6 【破産債権の確定】債権調査期日の実施

- □ 債権者数および換価作業の進行状況等を踏まえ、債権調査期日を実施するかまたは延期するかにつき、事前に裁判所と協議
    - ※大阪地裁の一般管財手続では、原則として換価終了までは債権認否の結果を発表しない（運用と書式228頁）。
        - ① 福井地裁では、原則として第1回債権調査期日にその時点の債権届出に対して認否を行い、追加の債権届出があれば続行期日に追加分の認否を行うのが一般的な扱いとなっている。

- □ 債権調査期日に債権者が出頭した場合には、全債権者分を読み上げるのではなく、当該債権者分の認否のみを発表
    - ※大阪地裁の個別管財手続では、債権者集会室に破産債権者表を備え付けて出席債権者に閲覧させる（運用と書式240頁）。
        - ① 大津地裁においては、出席した債権者に破産債権者表の写しを渡している（ただし、集会後に回収）。発表の内容についてはとくに決まりはなく、管財人に任されている。

- □ 異議を述べた場合、債権調査期日終了後に、当該債権者に対して異議通知書を発送
    - ※「暫定的異議」の適否については、Q18参照。
        - ① 京都地裁、大津地裁においては、異議通知書の写しを裁判所に提出する。

III Q&A

Q1 破産債権者表とは

A 破産債権者表は、どのような書類で、誰が作成するものでしょうか。

　破産債権者表は、破産債権者から届出があった各破産債権について、その金額や性質等を表にして整理したものであり、議決権行使や配当の基礎となる重要な書類です。申立書に添付されている、いわゆる債権者一覧表とは、まったく別の書類ですので、間違えないようにしてください。

　破産債権者表の記載事項のうち（法115条2項・111条1項）、破産債権の額、優先性または劣後性の有無については、管財人が債権調査にて認め、他の届出債権者からの異議がなければ確定し、破産債権者の全員に対して確定判決と同一の効力を有します（法124条3項）。

　破産債権者表は、破産法上は裁判所書記官が作成することとされていますが（法115条1項）、大阪地裁では、管財人の認否予定書（規42）と一体化した書式を採用しているため、事実上、管財人が破産債権者表を作成する運用となっています。そして、破産債権者表や認否予定書の記載方法について、各裁判所で定型書式や細かなルールが定められています。

　実際の入力は担当事務員が行う場合が多いと思いますが（ただし、最初は管財人自身も入力作業を経験すべきでしょう）、管財人から、事務員に対し、依頼する作業内容を明確に示したうえで、決められたルールに従い、入力ミスのないよう最大限注意を払うよう伝えます。そのうえで、最終的なチェックは管財人が自ら行って、裁判所へ提出するようにしてください。

Ⅲ　Q＆A

Q2　認否予定書（破産債権者表）の作成方法における留意点

管財人が認否予定書（破産債権者表）を作成する場合、どのような点に留意が必要でしょうか。また、認否予定書（破産債権者表）の記載について、どのような点に留意するよう指示すべきでしょうか。

A

まず、認否予定書（破産債権者表）の作成に先立ち、債権届出書の記載や添付書類に不備がないか形式面をチェックします。不備があれば、管財人の判断により、早めに届出債権者に追完を求めます（具体的なチェック事項はⅡのチェックポイント等、実践マニュアル429頁以下。また、Q6参照）。債権届出の不備としてよくあるのは、資格証明書の添付忘れ、約定利率・遅延損害金利率に関する疎明資料添付忘れ、代理人届出の場合の委任状添付忘れ、代位弁済・債権譲渡の事実に関する疎明資料添付忘れ、合併、商号変更等を証する資料の添付忘れ等です。

次に、認否予定書（破産債権者表）を作成する際には、債権届出書に記載された内容について、正確に「届出破産債権」欄に記載します。一般破産債権だけでなく、優先的破産債権も存在する場合には、それぞれのページを別にしておくと、全体の管理がしやすく、誤った配当も防止できますので有益です。

また、届出債権額については、以降の手続全体に影響してしまう危険性もあるため、とくに誤記や計算ミスがないように細心の注意が必要です。合計金額欄も含めて、担当事務員にも複数回確認するように徹底しておくことが重要です。そのほか、具体的な記載方法は、運用と書式240頁・453頁、実践マニュアル432頁、管財の手引249頁・475頁を参照してください。

Q3　労働債権者に対する留意点

破産者の元従業員から、債権届出書を提出するに際して、未払賃金や退職金の額を教えてほしい、賃金台帳をみせてほしい等といった要

387

望を受けているのですが、応じてもよいのでしょうか。管財人として、労働債権者については、債権調査の段階でどのような点に気を付けて対応すればよいでしょうか。

A

　管財人は、労働債権者が破産手続に参加すること、すなわち破産債権の届出を行うために必要な情報を提供するよう努める義務がありますので（法86、第4章（財団債権と破産債権）Q11）、債権届出に関する情報開示を求められた場合には、できるだけ丁寧に対応することが望ましいといえるでしょう。ただし、その際に、使用者に直接の開示義務まではない賃金台帳を開示することが相当か否かは事案毎に考慮する必要がありますし、労働債権者の人数や要望の内容によっては、そのすべてに個別に応じることも煩雑になりますので、情報提供の程度や方法に工夫が必要になります。

　実務上は、労働債権者間の公平にも配慮する観点も踏まえ、労働債権者向けに債権届出書作成のための説明会を開催する、労働債権の金額が確実に判明している場合には、債権届出書の用紙にあらかじめ印字または鉛筆書きをしたうえで送付する等の方法があり得ます（実践マニュアル450頁）。また、届出をしていない労働者に対しては、電話や書面等で届出を促しておくのがよいでしょう（Q4参照）。

　当然のことですが、労働債権として優先的な取扱いを認めるためには、実質的にも労働債権に該当するか否かの判断が前提になりますので注意してください（第4章（財団債権と破産債権）Q9）。

　なお、優先的破産債権も、原則として配当手続によらなければ弁済することができませんが、労働債権は、財団債権部分のみならず、優先的破産債権部分についても、配当手続を経ることなく（債権届出は必要）、労働債権弁済許可制度による弁済が可能です（法101条1項）。また、大阪地裁においては、和解契約の許可を得て弁済する方式も認められていますので、労働債権額等に争いがない場合には、これらの方式により簡易迅速に弁済することも検討すべきです（運用と書式217頁・232頁・273頁、実践マニュアル351頁・472頁以下）。

Q4 届出がない債権者に対する対応

破産債権者のうち、債権届出書を提出していない債権者がいるのですが、管財人として、どのように対処すればよろしいでしょうか。

A

破産手続には、民事再生手続におけるような自認債権の制度がなく（民再101条3項）、明らかに存在が認められる債権であっても、債権届出がない限り、管財人の側から認めることはできません。また、債権者が権利行使をするか否かは自由ですので、通知を受けた債権者が債権届出をする義務があるわけでもありません。

したがって、管財人は、知れたる破産債権者に対して債権届出に関する通知を行う義務はありますが（法32条3項1号・1項3号・4項本文）、その後、債権届出がない場合でも、破産債権者に対し届出を促すまでの義務はなく、そのままとくに何も対処しないという選択肢もあり得ます。

もっとも、一般調査期日の直前や終了後に突然債権届出書が提出されることによって、かえって管財事務が煩雑化することもあります（Q5・Q6）。

また、手続終了後に、破産債権者から債権届出に関する通知が届いていなかったという苦情が出される可能性もあります。

そこで、このような事態を可及的に回避するために、管財人としては、債権届出書が提出されていない債権者に対して、電話やファクシミリなどにより、届出なしではまったく配当を受けられなくなることを注意喚起のうえ、届出意思の有無を確認することも検討します（運用と書式238頁）。

具体的に、どのような債権者に対して確認を行うのかについては、債権者間の公平の観点からも考え方は一様ではなく、現に、①労働債権者以外には行わない、②届出がなされた場合の配当見込額の大小を斟酌して行う（少額になる債権者には行わないなど）、③債権者の属性を斟酌して行う（手続に精通している金融機関や、破産者の親族や取締役等の関係者には行わないなど）、④金額等にかかわらず一律に行う、というようにさまざまな対応方法があるようで

す。
　ただし、労働債権者については、管財人に情報提供義務があることからも（Q3）、債権届出がない場合には、管財人から連絡をとり、届出意思の有無を確認することが望ましいといえ、多くの管財人がそのように対応しているようです（実践マニュアル429頁・450頁）。

Q5　債権届出期間経過後の債権届出

　債権届出期間経過後から一般調査期日までの間に、債権者から届出書が提出された場合、また、すでに届出をしている債権者から、新たな債権または債権額を増額する旨の届出がなされた場合、どのように対応すべきでしょうか。他方、一般調査期日が終了した後であれば、どのように対応すべきでしょうか。

A

(1)　一般調査期日が終了する前の債権届出

　破産債権者は、破産手続に参加するためには債権届出期間内に届出を行うことが原則ですが（法111条1項・121条1項）、期間経過後の届出や届出債権額の変更も、一律に排斥されるわけではありません（運用と書式233頁以下）。
　一般調査期日の終了前に届出があった場合には、特別調査期日を定めることも可能ですが（法122条1項本文）、実務上は、他の破産債権者から異議が出されることも少なく、予定されていた一般調査期日において、期間内に届出があった破産債権ととくに区別することなく認否を行うことが多いと思われます（同項ただし書）。ただし、一般調査期日の直前に届出があったことにより、十分な検討を行うことができない場合には、安易に暫定的な異議を述べることは相当ではなく（Q18参照）、裁判所と協議のうえで、当初の一般調査期日を延期または続行させて、その次の一般調査期日にて認否をすることが望ましいでしょう（法121条10項）。

(2)　一般調査期日終了後の債権届出

　他方、一般調査期日が終了した後は、同期日終了までに届出ができなかっ

たことについて「責めに帰することができない事由」があり、当該事由消滅後1か月の不変期間内に限って債権届出が認められ(法112条)、特別調査期日の開催が必要となります(法119条1項・2項・122条2項)。そこで、管財人としては、まずは同事由の存否を確認し、これを認めることができない場合には、届出債権者に対し、同届出の取下げを求めます。その際には、同届出債権を調査するための特別調査期日に関する費用(官報公告・通知)が当該届出債権者の負担となること(法119条3項・122条2項)や配当見込額もあわせて説明すると有効でしょう(実践マニュアル423頁)。

届出債権者から取下げがなければ、裁判所が同事由の存否等を判断し、当該届出を却下するか否かを決定するので、速やかに裁判所に報告します(管財の手引280頁)。

Q6 債権届出書の記載不備に対する対応

債権届出書に軽微な形式的不備がある場合に補正を促しても、届出債権者から補正がなされない場合、また資格証明書の原本が添付されておらず、届出債権者に対し原本を追完するよう促しても、追完がなされない場合、管財人として、どのように対応すればよいでしょうか。とくに、配当見込額が極めて低い場合の対応方法について、教えてください。

A

債権届出書の形式的な事項について、資格証明書や疎明資料との齟齬があるなど、明らかに誤記であると認められる場合には、書面による補正がなくとも、合理的な意思解釈に基づいて認否予定書(破産債権者表)に記載すればよいでしょう。ただし、債権者は、査定手続や異議の訴えにおいては、破産債権者表に記載された事項しか主張することができなくなるため(法128条)、当該届出債権に異議を述べる場合には、そのまま忠実に記載しておきます(運用と書式242頁)。

なお、大阪地裁においては、法人の資格証明書原本の提出が必要であり、

原本還付には応じないことになっています(規32条 2 項 1 号・12条、民訴規18条・15条、運用と書式230頁)。

　確かに、とくに配当見込額が極めて低い場合には、資格証明書の取得手数料が大きな負担となるため、届出債権者のなかには、他庁の運用も引き合いに出し、写しのみの提出で届出を認めるよう求めてくることもあります。しかし、債権届の認否は確定判決と同様の効力を有するものであり、権利帰属主体の存在について厳格な審査が必要であること、破産手続への参加も訴訟手続と同様に原本が必要であること等を説明して追完を求めます。それにもかかわらず、最終的に債権調査期日までに原本の追完がなかった場合には、適法な届出がないものとして、全額異議を述べることとなります。

Q7　別除権付債権の該当性判断および認否方法

　　抵当権付きの債権について債権届出があったのですが、これは別除権付債権ということになるのでしょうか。別除権付債権の債権届出について、破産債権届出書の「予定不足額」欄の記載がなされていない場合、また、別除権付債権について別除権がある旨の記載がなされていない場合には、どうしたらよいでしょうか。

A

　別除権付債権とは、破産財団に属する財産に設定された担保権（別除権）が破産債権を被担保債権としている場合の当該破産債権のことをいいます。したがって、設問の抵当権が設定されている不動産が、破産財団に属するものであれば、当該抵当権は別除権となりますが、第三者の所有物であれば、その抵当権は別除権ではなく、不足額責任主義の制約がありません（法108条 1 項）。そのため、破産手続開始時の債権額全額での債権届出が認められます。

　他方、その不動産が破産財団に属するものであったとしても、抵当権の被担保債権が第三者に対する債権である場合には、破産手続外で抵当権を実行することはできますが、破産債権ではない以上、破産手続に参加することは

できず、別除権付債権には該当しません。

 別除権者は、本来、予定不足額も債権届出書に記載する必要がありますが（法111条2項2号）、予定不足額は、債権者集会での議決権の額となるだけであり（法140条1項2号）、通常、決議が行われることはないため、厳格性は求められていません（運用と書式243頁、管財の手引252頁）。そこで、「予定不足額」欄に記載がない場合には、これを「0円」とする届出があったものとして取り扱っても差し支えありません（実践マニュアル441頁）。

 また、本来は別除権付債権であるのに、別除権がある旨の記載がない場合には、まずは、届出債権者に補正を促すことになりますが、それに応じない場合には、別除権付債権であり、予定不足額はないものと認否することになります（実践マニュアル441頁、運用と書式251頁）。

 なお、大阪地裁では、別除権付債権については、不足額の確定がないままに配当してしまうという過誤を防止するため、債権調査の段階で、破産債権者表上の債権の性質欄に「別」という記号を付記しています（根抵当権の場合は「別根」を付記する。運用と書式241頁・453頁）。

 その他、別除権付債権に関する配当時の注意点については、第13章（配当）Q5を参照してください。

Q8 条件付債権・将来の請求権の認否

 届出債権が停止条件付債権、解除条件付債権あるいは将来の請求権である場合、管財人は、どのように認否をすべきでしょうか。また、これらの届出債権について債権認否を行うにあたり、管財人が留意すべき点を教えてください。

A

 破産債権が停止条件付債権、解除条件付債権あるいは将来の請求権であっても、破産手続に参加できます（法103条4項）。

 解除条件付債権は、最後配当の除斥期間内に条件が成就しなければ、無条件の債権として取り扱われ、配当対象となりますが、停止条件付債権と将来

の請求権は、最後配当の除斥期間経過前に権利行使可能な状態にならなければ配当から除斥されます（法205条・198条2項）ので注意が必要です。たとえば、敷金返還請求権は、賃借物件の明渡完了後に、未払賃料その他の債務を控除した残額が存在することを条件として発生する権利であるため、停止条件付債権とされています（運用と書式257頁）。

　大阪地裁では、このような特質を看過し、条件未成就等のままに配当してしまうという過誤を防止するため、債権調査の段階で、破産債権者表上の債権の性質欄に「停」という記号を付記しています（運用と書式242頁・453頁）。

Q9　債権届出が二重になされる可能性がある場合

　　原債権者と保証会社の両方から同一の債権について、債権届出が二重になされているようなのですが、そもそも、そのようなことがありうるのでしょうか。二重に届出がなされる可能性があるのはどのような場合ですか。

　　また、二重に債権届出がなされた場合、どのような点に留意して認否すべきですか。

A

　債権届出においては、複数または同一の債権者から、実質的に同一の債権について二重に届出がなされる場合があります。管財人としては重複して同一債権を認めることのないように注意し、必要に応じて取下げを促したり、異議を述べたりする必要があります。

　典型的には、①届出債権につき連帯債務、保証または物上保証の関係がある場合に原債権者と保証人等から重複して届け出られること、②手形の振出し等が支払いのためになされていた場合に、手形債権と原因債権が重複して届け出られること、③損害賠償請求権について保険代位があった場合に、被害者と保険会社から重複して届け出られること等が考えられます。

　とくによくある原債権と求償権の両方が届出された場合（①）については、代位弁済の有無および時期のほか、代位弁済が全額であるのか否かによって、

Ⅲ　Q＆A

いわゆる開始時現存額主義との関係もあり、取扱いが異なりますので、十分に注意してください（法104条）。

詳細については、運用と書式253頁以下、実践マニュアル444頁以下、管財の手引255頁以下などを十分に参照してください。

Q10　**手形債権の認否方法**

届出債権が手形・小切手債権である場合、管財人は、どのような点に注意して債権認否を行うべきでしょうか。また、届出の補正あるいは追完は、いかなる内容について、どの程度求めるべきでしょうか。

A

手形・小切手債権については、必ず、疎明資料として、手形または小切手の表裏両面のコピーを提出してもらい、手形・小切手要件はもちろんのこと、その他形式的記載事項の有無、裏書の連続といった、手形法・小切手法上の要件を充足しているかを確認して認否を行います（手形法75条・77条1項1号・16条1項、小切手法1条・19条）。したがって、破産者が裏書人であり、所持人から遡求権の届出があった場合には、適法な支払呈示のほか、無担保裏書や期限後裏書ではないかも確認します。もちろん、手形金元本の届出のほかに、附帯請求の届出もなされている場合には、適法な支払呈示があったことも必要です。加えて、Q9のとおり、原因債権と重複して届出がなされていないかについても注意を要します。

大阪地裁では、債権調査実施の際に、債権者あてに、「破産債権届出書」の用紙とともに、「破産債権の届出の方法等について」という注意書きを発送することになっており、同文書には、必要な証拠書類として、「手形の表と裏の写し（裏は白紙でも必ず）」と記載されていますが（運用と書式94頁・442頁）、手形の裏面のコピー自体が添付されていないことがありますので、その場合には、必ず追完を求めます。

また、手形債権者が破産者の支払停止等を認識し、そもそも取立てに回していない場合には、必要的記載事項の一部が白地のままであることがありま

395

すし、取立てに回して不渡付箋が付いている場合にも、最終被裏書人が取立委任を受けた金融機関のままになっているなど、届出債権者と異なっており、裏書の連続を欠くことがあります。そのような場合には、届出債権者が手形を所持しているのであれば、通常、白地補充権限や裏書抹消権限がないことを対抗できないこともあり（手形法77条2項・10条・77条1項2号・16条1項）、届出債権者に対し、手形の原本上に必要な補充や抹消を施したうえで、そのコピーを提出するよう求めます（運用と書式247頁、実践マニュアル438頁）。

　なお、満期が開始決定後に到来する手形債権については、開始決定から満期までの中間利息分が原則として劣後的破産債権となりますので（法99条1項2号）、その劣後化した額を控除して一般破産債権として認否します。もっとも、中間利息の控除は1年未満の端数を切り捨てた年単位で行うので（法99条1項2号かっこ書）、満期が開始決定後1年以内に到来する手形債権については、劣後化する部分はありません。計算式については運用と書式248頁を参照してください。

Q11　利息金・遅延損害金債権の認否方法

　元本たる債権とともに、その約定利息金や遅延損害金債権の債権届出がなされている場合には、どのような点に注意して認否をすればよいのでしょうか。破産手続開始決定後の遅延損害金について、元本の「支払済まで」といったように具体的な金額が記載されていない届出については、どうしたらよいでしょうか。

A

　元本たる債権と、その約定利息金や遅延損害金は、別個の債権ですので、枝番を用いて区分して記載し、個別に認否します（運用と書式240頁）。

　その際、法定利率を超える利率にて届出がなされている場合には、当該利率に関する約定の有無を確認する必要がありますし、利息等の計算についても、届出内容を鵜呑みにせずに検算を行う必要があります。もちろん、利息制限法や消費者契約法などの上限利率に違反した利率の約定が存在する場合

には、超過部分は無効であるとして、いわゆる引直計算を行います（詳細はQ13参照）。

また、開始決定日以後（開始決定日を含む）の約定利息金や遅延損害金は、劣後的破産債権となりますので（法99条1項1号・97条1号・2号）、開始決定前のものと明確に区分して記載します（大阪地裁では、債権の性質欄を「Ｃ」と記載します）。

そして、開始決定後の利息等については一般破産債権としては異議を述べ、債権者が劣後的破産債権としてあえて届け出る場合には劣後的破産債権として認めることになります。ただし、劣後的破産債権への配当の可能性がない事案などでは、債権者にその旨説明して一部取下げを促します（実践マニュアル451頁）。

Q12 開始決定後に保証人が利息・遅延損害金も含めて代位弁済した場合の認否方法

　破産手続開始決定後に、保証人が同決定後の利息や遅延損害金も含めて代位弁済をしているのですが、その代位弁済額の全額が求償債権の元本であるという債権届出がなされています。これはそのまま認めてよいのでしょうか。

A

開始決定後に保証人が利息や遅延損害金を含めて全額代位弁済した場合には、保証人からは、設問のように、開始決定後の利息や遅延損害金の額に相当する部分についても、特段区別することなく、一つの一般破産債権たる求償権元本であるという届出がなされることが時折あります。

しかし、求償権のうちの破産手続開始決定後の利息や遅延損害金に相当する部分は劣後的破産債権となりますので、同部分についても、漫然と、一般破産債権として認めてしまうのではなく、一部取下げを促したり、一般破産債権としては異議を述べたりすることが必要です（運用と書式254頁、実践マニュアル446頁）。

397

第12章 債権調査

Q13 利息制限法上の上限利率を超過した取引がある場合の認否方法

〔1〕 消費者金融会社や信販会社からの届出債権のうち、利息制限法上の上限利率を超過した利率での金銭消費貸借に基づくものがあったので、引直計算を行ったのですが、債権者が引直しをした届出金額と一致しませんでした。どのように認否をしたらよいのでしょうか。

〔2〕 また、金銭消費貸借については過払いとなるところ、同過払分を差引きして別口の立替金債権や求償債権の債権届出がなされている場合には、どのように認否をしたらよいのでしょうか。

A

(1) 管財人による引直計算と届出額が一致しない場合（〔1〕）

利息制限法の上限利率を超える利息を届け出てきている債権者に対しては、利息制限法に基づく引直計算を行ったうえで、債権額の認否をします。

管財人が計算した金額より、債権者が引き直した届出金額のほうが少額であれば、届出金額の全額について認めれば足りますが、届出金額のほうが高額であれば、管財人としての計算方法を債権者に伝えて一部取下げを促し、これに応じない場合は異議を述べることになります。

債権者によっては、契約の一連一体性、消滅時効、遅延損害金の利率の適用時などについて、自らに有利に解釈して計算することがありますが、管財人としては最高裁の基準に照らして判断します。

(2) 別口の金銭消費貸借における過払いを踏まえて立替金債権等の債権届がなされている場合（〔2〕）

金銭消費貸借については過払いとなるが、同過払分を差し引きして別口の立替金債権や求償債権の債権届出がなされている場合においては、通常相殺の意思表示があったものと考えられることが多いと思われますので、管財人としても引直計算を確認のうえ、相殺禁止規定に該当しないのであれば（第

9章（相殺）参照）、過払金を充当した残額で認否します。

その際、破産債権者は、特段の約定が存在していないのに、相殺の遡及効（民506条2項）に配慮せずに、現在（債権届出書の作成時等）の残高をもって充当していることがありますので、相殺の効力にも注意してください。

Q14 債権認否における債権疎明資料

管財人が債権認否を行う場合には、訴訟での受訴裁判所のように、債権調査手続において提出された資料のみに基づいて判断をすればよいのでしょうか。

A

債権調査は、債権届出書自体の記載や添付されている疎明資料だけで行うものではありません。会計帳簿類（元帳、買掛帳）やいわゆる手形帳の耳（手形帳のミシン目から各手形を切り離した控えの部分）、契約書、請求書、納品書などの手持ち資料の一切も判断材料にします。それでも認否の判断ができない場合には、届出債権者に追加で資料を提出させることになります。また、届出債権者、破産者や破産会社の代表者、従業員などからヒアリングすることもあります。

資料がないという理由だけですぐに異議を出すのではなく、さまざまな疎明資料の収集を行ったうえで、総合的に判断するべきです（運用と書式238、246頁、実践マニュアル431頁、管財の手引246頁）。

Q15 未払養育費等の非免責債権の取扱い

破産者に未払養育費等の非免責債権が存在する場合、破産手続上、これらの非免責債権は、どのように扱えばよいでしょうか、また、債権認否において、どのように認否をすればよいでしょうか。

A

非免責債権とは、免責許可の決定を受けても、主として政策的または道徳的な理由から免責が許されないものをいいます。一定の扶養義務等に関する

請求権（養育費）や租税等の請求権などです（法253条1項各号）。

　非免責債権であったとしても、破産手続上、特別な扱いを受けることはありません。免責許可決定の確定後に、破産債権者は、破産者に対し、破産配当による弁済を受けることができなかった残債務について弁済を求めることができるだけです。

　非免責債権か否かによって債権認否の手続きに違いはありません。届出されたのが非免責債権であったとしても、通常どおり、破産債権に該当するのか、破産債権であるとして優先的破産債権、一般の破産債権、劣後的破産債権のいずれに該当するのかを適切に判断し、債権認否を行います。

Q16　認否結果を発表する時期

　債権調査期日が指定され、債権届出書も検討していたのですが、同期日までに財産の換価が終了しそうもありません。このような場合でも、予定どおり、同期日にて認否結果を発表するのでしょうか。

A

　債権調査期日までに換価業務が終了しそうにない場合には、債権認否の結果を発表せず、債権調査期日を延期すべきです。

　なぜなら、換価業務の終了が債権調査期日より数か月後になるような場合、債権調査期日と配当期日の間に時間が空いてしまい、破産債権者表と配当表の作成時に、それぞれ別々に破産債権の整理や資料の確認をしなければならず、またその間で権利変動が生じることで突き合わせの面倒が生じたりするからです（運用と書式227頁）。そこで、このような場合には、債権調査期日を延期して、換価業務を終了させ、権利変動の結果等をすべて織り込んだうえで延期した債権調査期日において債権認否を行い、配当手続に入るようにします。この方法によると債権調査を無駄なく合理的に行うことができます。

　ただし、異議を述べる見込みのある破産債権者との間でどうしても調整（和解）がつかず、査定申立てが避けられない場合には、破産債権の査定申立てを調査期日から1か月の不変期間内にすべきと規定されているため（法125

条2項)、債権者の査定申立ての機会を奪うことがないように換価終了前に債権認否を実施するという配慮を行うべき場合も考えられますので注意しましょう（運用と書式228頁）。

Q17 債権認否における疎明の程度および判断基準等

親族や知人からの債権の届出がなされていますが、破産会社の代表者がその存在を認めているのみで債権の存在を示す疎明資料がまったくありません。これらは、破産者が認めている以上、管財人としても認めてよいのでしょうか。また、金銭授受の状況が判明する資料はないのですが、契約書は整えられている場合にも、認めてもよいのでしょうか。

A

まったく疎明資料がないような場合には、通常、債権の存在を認めるわけにはいかないでしょう。破産者（ないしその代表者）と近い位置にいる親族や知人であれば、通謀による債権の作出の可能性も考えられます。ただし、その破産債権を届け出た親族や知人にヒアリングを行い（反対尋問的な質問も行うべきです）、そこで得た事実関係が破産者から聞いた事情と合致し、積極的に肯定の心証がとれたような場合には、認めてよい場合もあると考えられます。

設問の後段ですが、契約書が整えられているからといって一概に認めてよいということにはなりません。契約書があることは、金銭の授受を窺わせる一事情にすぎません。届出債権者や破産者などに対しヒアリングを行ったうえで、総合的な判断によるべきです。

Q18 「暫定的異議」の適否

届出債権者の疎明資料が不十分であり、そのまま認めることができないため、暫定的に異議を出しておき、同債権者の反応をみようと考えているのですが、このような手法はいかがなものでしょうか。

A

　そのような手法は、いわゆる暫定的異議といって、旧法時代に、とくに中間配当の実施が要求されるような事案でよく行われていた認否の手法でした。一般債権調査期日終了後でなければ、中間配当は実施できないため（旧法256条）、中間配当を速やかに実施することを目的に、とりあえず「調査時間不足のため全額異議」として暫定的に異議を述べ債権調査期日を終わらせていました。

　しかし、現行法下では、異議を述べられた債権者は、一般調査期日から1か月の不変期間内に破産債権査定申立てをしなければならず（法125条2項）、暫定的異議を述べた場合には、査定申立てが頻発する可能性もあり、管財人や破産裁判所の負担が増大し、破産手続が遅延することにもなりかねません。したがって、現行法下では、原則として、暫定的異議は行うべきではありません（運用と書式244頁）。

　なお、暫定的異議に相違するものとして、届出債権者に否認対象行為があり、その解決がなされていない場合や届出債権者が破産法人と特別に密接な関係にある場合など、破産債権の存在自体は否定しないものの、届出債権者間の実質的な衡平を図る観点からなされる異議については、戦略的異議と呼ばれています（大コンメ破産487頁、条解破産790頁、管財の手引271頁）。

第13章

配 当

第13章 配　　当

I　配当手続の流れ・概要

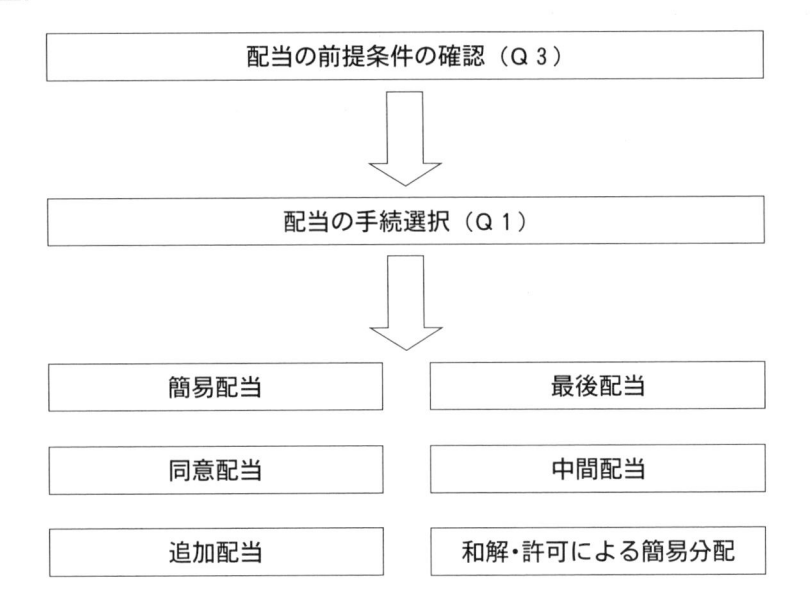

```
┌─────────────────────────┐
│   配当の前提条件の確認（Q3）   │
└─────────────────────────┘
             ↓
┌─────────────────────────┐
│   配当の手続選択（Q1）        │
└─────────────────────────┘
             ↓

┌──────────┐        ┌──────────────┐
│  簡易配当  │        │   最後配当    │
└──────────┘        └──────────────┘

┌──────────┐        ┌──────────────┐
│  同意配当  │        │   中間配当    │
└──────────┘        └──────────────┘

┌──────────┐        ┌──────────────────┐
│  追加配当  │        │ 和解・許可による簡易分配 │
└──────────┘        └──────────────────┘
```

II 配当の手続選択のイメージ

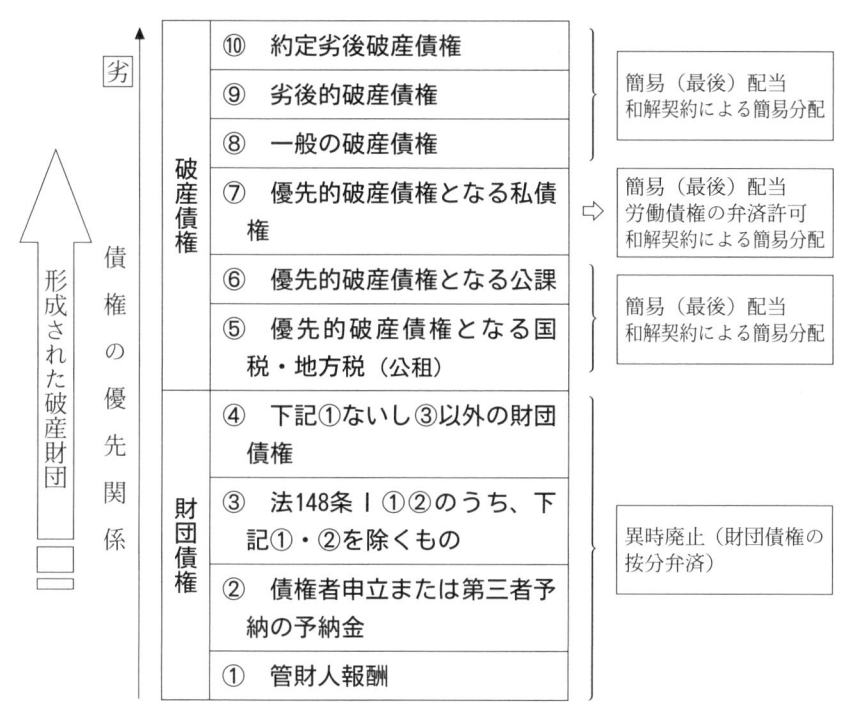

	債権種別	番号・内容	手続
劣	破産債権	⑩ 約定劣後破産債権 ⑨ 劣後的破産債権 ⑧ 一般の破産債権	簡易（最後）配当 和解契約による簡易分配
		⑦ 優先的破産債権となる私債権	簡易（最後）配当 労働債権の弁済許可 和解契約による簡易分配
		⑥ 優先的破産債権となる公課 ⑤ 優先的破産債権となる国税・地方税（公租）	簡易（最後）配当 和解契約による簡易分配
	財団債権	④ 下記①ないし③以外の財団債権 ③ 法148条Ⅰ①②のうち、下記①・②を除くもの ② 債権者申立または第三者予納の予納金 ① 管財人報酬	異時廃止（財団債権の按分弁済）

（左側：形成された破産財団／債権の優先関係）

※形成された破産財団が、①〜⑩のいずれに達しているかによって、概ね右欄記載の手続を検討することとなる。

第13章 配　　当

III　簡易配当の流れ・概要

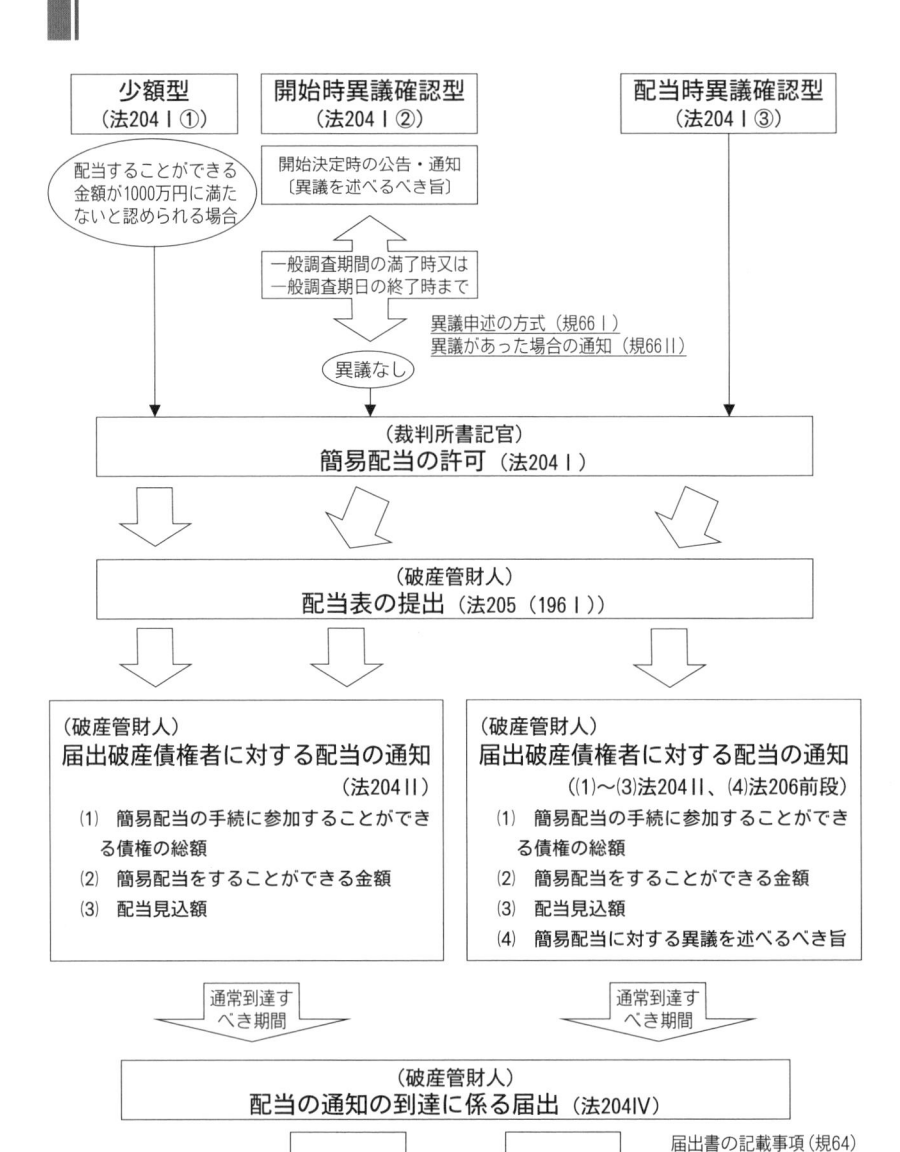

```
┌─────────────┐  ┌─────────────────┐  ┌─────────────────┐
│   少額型      │  │ 開始時異議確認型   │  │ 配当時異議確認型   │
│ （法204 I①）  │  │ （法204 I②）     │  │ （法204 I③）     │
└─────────────┘  └─────────────────┘  └─────────────────┘
```

- 少額型：配当することができる金額が1000万円に満たないと認められる場合
- 開始時異議確認型：開始決定時の公告・通知〔異議を述べるべき旨〕
  - 一般調査期間の満了時又は一般調査期日の終了まで
  - 異議なし
- 異議申述の方式（規66 I）
- 異議があった場合の通知（規66 II）

（裁判所書記官）
簡易配当の許可（法204 I）

↓

（破産管財人）
配当表の提出（法205（196 I））

↓

（破産管財人）届出破産債権者に対する配当の通知（法204 II）	（破産管財人）届出破産債権者に対する配当の通知（(1)〜(3)法204 II、(4)法206前段）
(1) 簡易配当の手続に参加することができる債権の総額 (2) 簡易配当をすることができる金額 (3) 配当見込額	(1) 簡易配当の手続に参加することができる債権の総額 (2) 簡易配当をすることができる金額 (3) 配当見込額 (4) 簡易配当に対する異議を述べるべき旨

通常到達すべき期間

（破産管財人）
配当の通知の到達に係る届出（法204 IV）

届出書の記載事項（規64）

III 簡易配当の流れ・概要

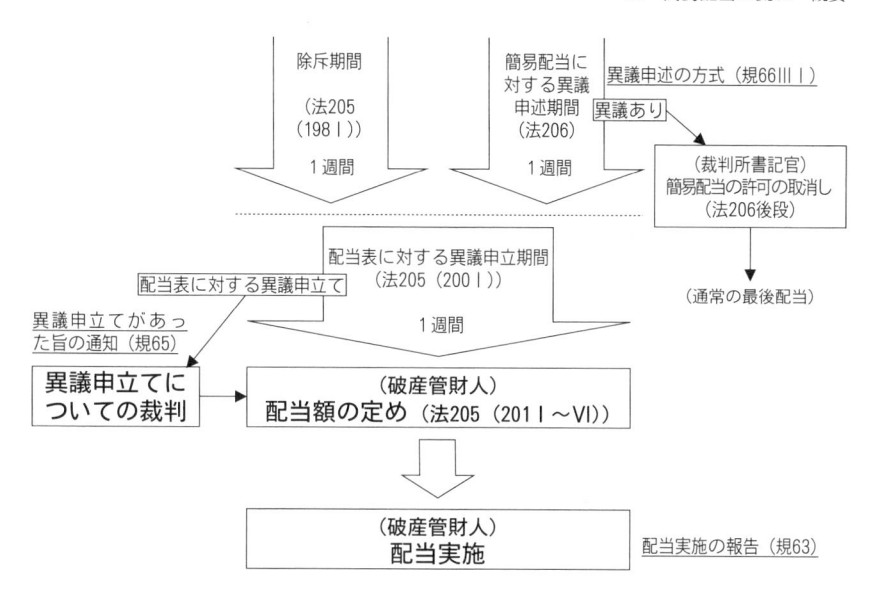

```
除斥期間              簡易配当に           異議申述の方式（規66Ⅲ1）
                    対する異議
（法205              申述期間           ┌─異議あり
(198Ⅰ)）            （法206）          ↓
   │1週間              │1週間         （裁判所書記官）
   ↓                   ↓              簡易配当の許可の取消し
                                        （法206後段）
                                            │
          配当表に対する異議申立期間              ↓
          （法205（200Ⅰ））            （通常の最後配当）
配当表に対する異議申立て
              │1週間
異議申立てがあっ    ↓
た旨の通知（規65）
┌──────────┐    ┌─────────────────────┐
│異議申立てに │    │（破産管財人）                │
│ついての裁判 │    │配当額の定め（法205（201Ⅰ～Ⅵ））│
└──────────┘    └─────────────────────┘
                        │
                        ↓
                ┌─────────────┐
                │（破産管財人）      │    配当実施の報告（規63）
                │配当実施          │
                └─────────────┘
```

（最高裁判所事務総局民事局作成のものを修整）

407

Ⅳ 最後配当の流れ・概要

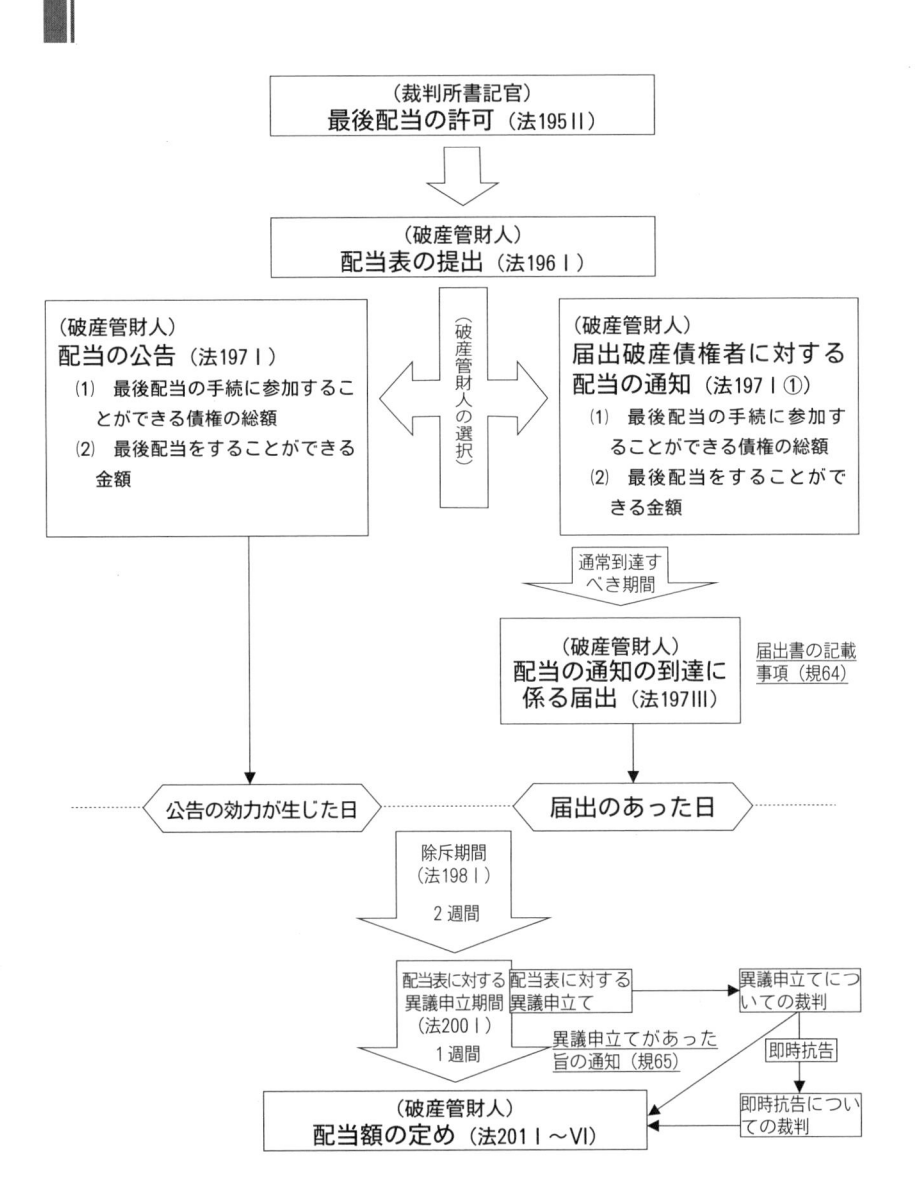

```
            (裁判所書記官)
         最後配当の許可（法195Ⅱ）
                  ↓
            (破産管財人)
         配当表の提出（法196Ⅰ）
           ↙（破産管財人の選択）↘
  (破産管財人)                    (破産管財人)
  配当の公告（法197Ⅰ）          届出破産債権者に対する
  (1) 最後配当の手続に参加するこ  配当の通知（法197Ⅰ①）
      とができる債権の総額        (1) 最後配当の手続に参加す
  (2) 最後配当をすることができる      ることができる債権の総額
      金額                        (2) 最後配当をすることがで
                                      きる金額
                                         ↓ 通常到達すべき期間
                                  (破産管財人)
                                  配当の通知の到達に
                                  係る届出（法197Ⅲ）   届出書の記載事項（規64）
  ─ 公告の効力が生じた日 ─       ─ 届出のあった日 ─
                    ↓ 除斥期間（法198Ⅰ）2週間
         配当表に対する異議申立期間（法200Ⅰ）1週間
         配当表に対する異議申立 → 異議申立てについての裁判 → 即時抗告 → 即時抗告についての裁判
         異議申立てがあった旨の通知（規65）
                  ↓
            (破産管財人)
         配当額の定め（法201Ⅰ～Ⅵ）
```

Ⅳ　最後配当の流れ・概要

```
┌─────────────────────┐
│    （破産管財人）    │
│ 配当額の通知（法201Ⅶ）│
└─────────────────────┘
           ⇩
┌─────────────────────┐
│    （破産管財人）    │    配当実施の報告（規63）
│     配　当　実　施    │
└─────────────────────┘
```

（最高裁判所事務総局民事局作成のものを修整）

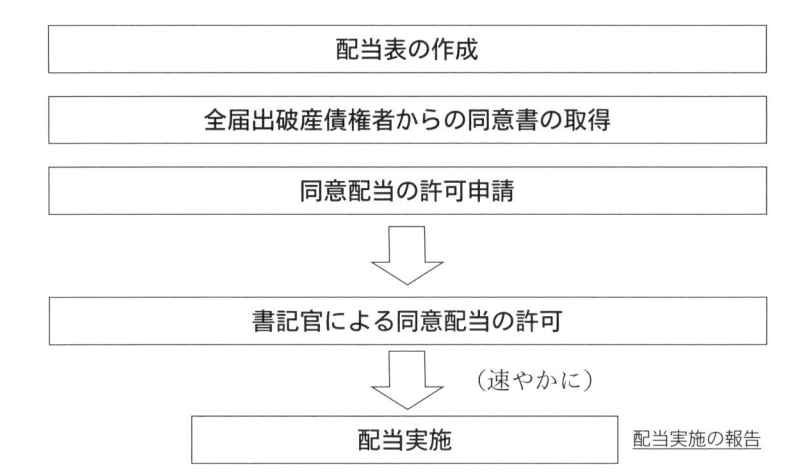

V 同意配当の流れ・概要

```
配当表の作成
         ↓
全届出破産債権者からの同意書の取得
         ↓
同意配当の許可申請
         ↓
書記官による同意配当の許可
         ↓（速やかに）
配当実施 ── 配当実施の報告
```

Ⅵ　中間配当の流れ・概要

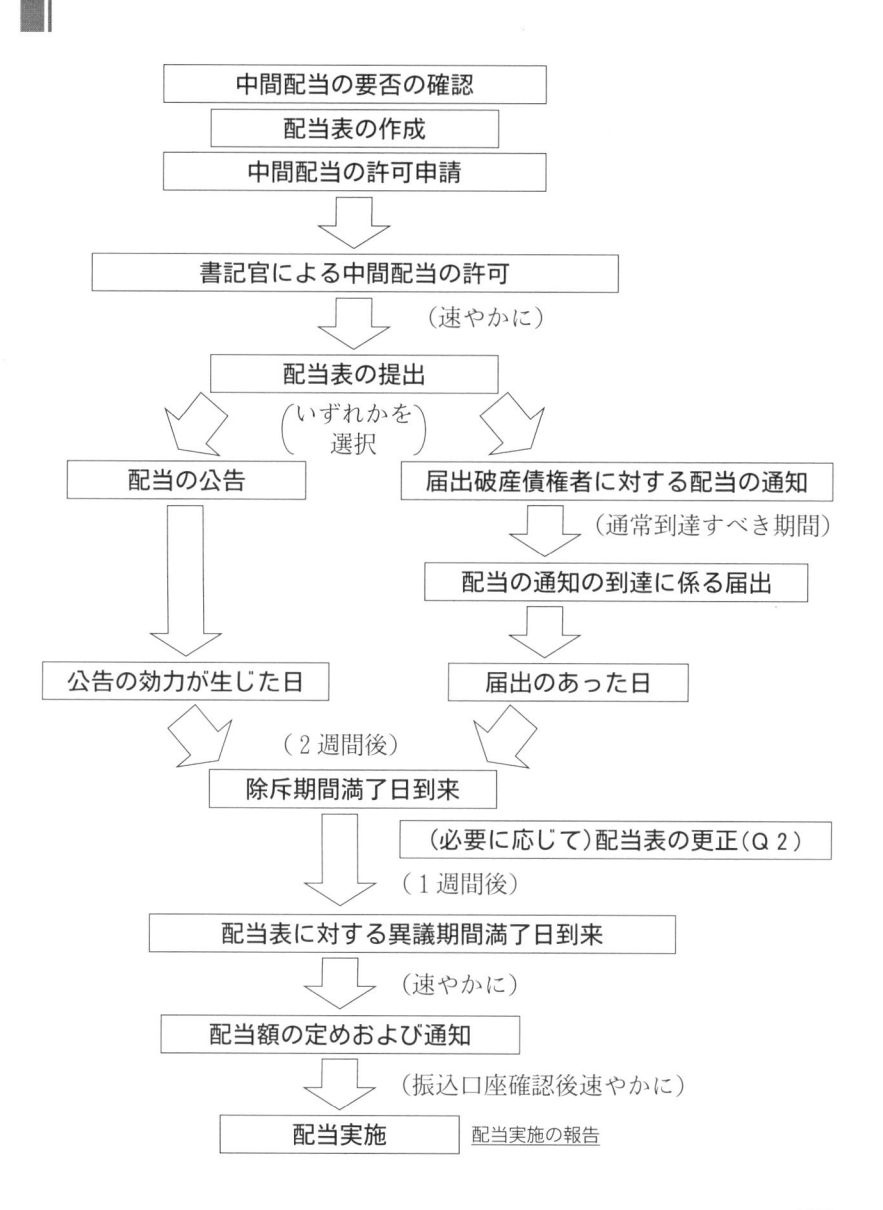

```
        ┌─────────────────────┐
        │  中間配当の要否の確認  │
        └─────────────────────┘
          ┌─────────────────┐
          │   配当表の作成   │
          └─────────────────┘
         ┌───────────────────┐
         │  中間配当の許可申請  │
         └───────────────────┘
                  ⇩
    ┌─────────────────────────────┐
    │  書記官による中間配当の許可  │
    └─────────────────────────────┘
                  ⇩（速やかに）
         ┌───────────────────┐
         │    配当表の提出    │
         └───────────────────┘
           ⇙（いずれかを選択）⇘
    ┌───────────┐       ┌─────────────────────────────┐
    │ 配当の公告 │       │ 届出破産債権者に対する配当の通知 │
    └───────────┘       └─────────────────────────────┘
          │                       ⇩（通常到達すべき期間）
          │              ┌─────────────────────────┐
          │              │  配当の通知の到達に係る届出  │
          │              └─────────────────────────┘
          ⇩                       ⇩
  ┌───────────────┐       ┌───────────────┐
  │ 公告の効力が生じた日 │   │  届出のあった日  │
  └───────────────┘       └───────────────┘
          ⇘（2週間後）       ⇙
         ┌─────────────────────┐
         │  除斥期間満了日到来  │
         └─────────────────────┘
                   （必要に応じて）配当表の更正（Q2）
                  ⇩（1週間後）
    ┌─────────────────────────────────┐
    │   配当表に対する異議期間満了日到来   │
    └─────────────────────────────────┘
                  ⇩（速やかに）
       ┌─────────────────────────┐
       │   配当額の定めおよび通知   │
       └─────────────────────────┘
                  ⇩（振込口座確認後速やかに）
             ┌──────────┐
             │  配当実施  │  配当実施の報告
             └──────────┘
```

411

VII 追加配当の流れ・概要

```
┌─────────────────────────────────┐
│   追加配当の要否の判断（Q2）      │
└─────────────────────────────────┘
┌─────────────────────────────────┐
│         配当表の作成              │
└─────────────────────────────────┘
┌─────────────────────────────────┐
│       追加配当の許可申請          │
└─────────────────────────────────┘
              ⇩
┌─────────────────────────────────┐
│     書記官による追加配当の許可    │
└─────────────────────────────────┘
              ⇩  （速やかに）
┌─────────────────────────────────┐
│       配当額の定めおよび通知      │
└─────────────────────────────────┘
              ⇩
┌─────────────────────────────────┐
│         計算報告書の提出          │
└─────────────────────────────────┘
              ⇩  （振込口座確認後速やかに）
┌─────────────────────────────────┐
│           配当実施                │   配当実施の報告
└─────────────────────────────────┘
```

Ⅷ 配当手続におけるチェックポイント等

1 配当手続における心構え

▶配当手続は、誤った処理をしてしまうと是正することが困難である場合が多いため、事前に入念な確認・検討を行ったうえ、スケジュールに沿って確実な処理を行う必要があります。

▶配当手続には法律上さまざまな種類があり、配当に関する運用上の工夫等も存在します。破産財団や財団債権・優先的破産債権等の状況に応じ、迅速かつ適切な手続を選択する必要があります。

2 配当の可否等の前提事実の確認

☐換価作業が終了していることの確認
　※清算申告に伴う消費税の還付の有無等もあわせて検討する。

☐財団債権処理の確認
　☐将来の納税費用等の計上漏れはないか
　　※破産手続開始後の売掛金の回収による消費税の発生の有無、清算確定事業年度の申告に要する税理士費用の計上漏れの有無等を確認する。
　☐破産記録の保管に要する倉庫代や将来に発生する破産管財事務費用等の計上漏れはないか
　☐その他、債権者申立ての場合の予納金等はないか
　　※法テラスを利用した場合、法テラスによる第三者予納がされていないか確認する必要がある。

☐配当原資が存在することの確認　　　　　　　　　　　☞Q3
　※配当額の算出にあたっては、破産財団を残存させないために、配当手続費用（配当時の振込手数料等は破産財団が負担する）等も考慮する。

☐管財人報酬の額が決定されているか確認

☐自然人の破産事件において、換価または放棄した不動産について破産登記がなされていた場合、破産登記抹消上申の漏れがないか確認（運用と書式282頁）

チェックボックスの種類

☐必ず確認すべき事項
☑場合によって検討すべき事項のうち重要なもの
☐場合によって検討すべき事項

3 配当の手続選択

☐下記に列挙した各事情がない場合、簡易配当を検討　　　☞ Q1
　※配当原資が1000万円未満の場合は少額の簡易配当。
　☐多数の届出債権を否認した場合や査定申立てがなされている（または予想される）など配当手続の選択についても争われる可能性が高い場合または債権者数が多数に及ぶ場合
　　　→最後配当を検討
　☐中間配当を実施している場合
　　　→最後配当による
　　※中間配当を実施している場合、簡易配当はできない（法207条）。
　☐相当程度の破産財団が形成されたものの終結までには時間を要する場合
　　　→中間配当を検討
　☐新たな債権届出や交付要求がなされるおそれがない事案で、債権者数が少なく、債権認否において異議を述べる必要がない場合
　　　→和解契約方式による簡易分配（Q1(2)(C)）または同意配当を検討
　☐最後配当、簡易配当または同意配当後新たに配当財団が発見された場合
　　　→追加配当による
　☐租税債権の優先的破産債権部分までの配当見込の場合
　　　→和解許可による簡易な分配を検討
　　※Q1(2)(A)参照。優先的破産債権内における配当の優先順位は財団債権と異なるため注意する。
　　☐労働債権の優先的破産債権部分までの配当見込の場合
　　　　→弁済許可による弁済の手続を検討（Q1(2)(B)）
　☐配当手続を選択した後、配当のスケジュールを検討
　　※簡易配当進行表等を用いることにより、必要な書類の提出等を失念しないこと。

第13章 配　　当

※祝日等の関係により、各作業の遂行に支障が生じ得るか否かを検討すること。

4　簡易配当（法204以下）

(1) 配当表の作成

☐配当対象となる債権の選別

　☐未確定の有名義債権

　　※異議があっても配当対象となるため配当表に記載する（ただし、配当表に対する異議申立期間経過時に破産債権確定のための裁判手続等が係属しているときは、配当額を供託する（法205・202①））

　☐未確定の無名義債権につき破産債権確定のための裁判手続等の係属が管財人に証明された場合（法205・198Ⅰ）

　　※配当対象となるため配当表に記載する（ただし、配当表に対する異議申立期間経過時に破産債権確定のための裁判手続等が係属しているときは、配当額を供託する（法205・202①））。

　☐別除権付債権　　　　　　　　　　　　　　☞Q5

　　☐不足額確定の証明がなされていない場合、配当からは除外されるため、配当表には記載しない（法205・198Ⅲ）

　　　※破産債権者表一体型の配当表の場合、配当関係欄を空欄のままにしておく。

　　☐根抵当権の極度額を超える部分は配当対象となるため配当表に記載する（法198Ⅳ・196Ⅲ）

　☐停止条件付債権および将来債権

　　※除斥期間内に現実化しない限り、配当から除斥される（法205・198条Ⅱ、打切主義）ため配当表に記載しない。

　☐解除条件付債権

　　※除斥期間内に条件が成就しない限り、配当対象となるため、配当表に記載する。

　☐その他

　　※主たる債権者の届出がない場合における委託を受けた保証人の代位弁済前の事前求償権、手形の原因債権のみの届出に対して異議が述べられているが除斥期間内に手形債権の届出がない場合の取扱いは、運用と書式285頁～286頁。

第13章 配　　当

☐破産債権者表に枝番号が付されている場合、配当表も枝番号に応じて債権額・配当額を記載する。その際、債権者ごとの小計を別途計算しておくと配当を行う際に有用である。

　☐債権の一部承継があった場合、基礎となる届出番号に枝番号を付して承継分を記載し、どの債権につきいくら承継されたかを明確にする

　☐定型書式によらない届出がなされ、少額配当の受領意思の記載がない場合、別途「配当額が1000円未満の場合も配当金を受領します」旨の記載がなされた裁判所あての書面の提出を求める
　　※法111Ⅰ④・113Ⅱ、規32Ⅰ。

☐債権調査期日以降に破産債権の変動がないか確認し、変動がある場合は配当表に反映する
　※債権調査期日以降の債権の取下げ、債権の全部または一部の承継など。

☐配当率に基づき、具体的な配当額を算出する　　　　　　☞Q4

(2)　簡易配当の許可申請（法204条Ⅰ①）

☐簡易配当許可申請書に、収支計算書、管財人口座通帳写し、配当表を添付して提出する

　☐収支計算書には未払の財団債権（管財人報酬、管財人の立替費用、配当通知費用、配当金振込のための費用）の見込額も支出の部に計上し、許可申請書の「現在の破産財団の現金総額」欄にも同額を記載する

　☐許可申請書の「配当をすることができる金額」欄には、「財団の現金総額より御庁の報酬決定額を控除した金額」と記載する（すでに報酬額を支払済みでも上記文言のまま記載するので注意）

(3)　届出破産債権者への通知

☐配当見込額を定め、届出破産債権者に対し、簡易配当の手続に参加することができる債権の総額、簡易配当をすることが

できる額および配当見込額を通知する（法204条Ⅱ）
- □ 配当額が1000万円以上であり、配当時異議確認型がとられる場合、簡易配当につき異議のある破産債権者は裁判所に対し異議申述期間内に異議を述べるべき旨も通知する（法204Ⅱ・206前段）
□ 届出債権者に送付する配当通知書には、振込依頼書を添付し、返送を求め、配当金の振込先口座を確認する

(4) 通知が債権者に到達したものとみなされる旨の届出
（法204Ⅳ、規67・64）

□ みなし到達日以前の届出も可能であるため、届出破産債権者への通知発送と同時に裁判所に提出する
　※みなし到達日を過ぎて同届出をすると、配当表に対する異議期間満了日がずれ、配当金の支払日が異なってくるので注意。

(5) 配当表の更正

下記の場合は配当表の更正が必要となる

□ 除斥期間内（法205・198Ⅰ）に、債権届出の取下げ、破産債権の譲渡、異議等の撤回、破産債権確定手続の決着による破産債権の確定等の破産債権者表を更正すべき事由が生じた場合（法205・199Ⅰ①）

□ 除斥期間内に、異議等のある無名義債権者から、破産債権確定のための裁判手続等の係属が証明された場合（法205・199Ⅰ②）

□ 除斥期間内に、別除権者から、不足額確定の証明がなされた場合（法205・199Ⅰ③）

□ 除斥期間内に、停止条件付債権または将来の請求権である破産債権が行使できるようになった場合（法205・198Ⅱ）

□ 配当表に対する異議申立期間内に、新たに配当に充てることができる財産が発見された場合（法205・201Ⅵ・201Ⅰ）　☞Q2
　※配当表に対する異議申立期間経過後に、新たに配当に充てるこ

とができる財産が発見された場合、配当表の更正による対応はできず、追加配当の原資となる（法215Ⅰ）。ただし、財産が僅少な場合は管財人の追加報酬や簡易配当の際にあわせて配当することもある。

☐配当表に対する異議申立期間内に、管財人に知れていない財団債権が判明した場合（法205・203）
　※財団債権を優先的に弁済するため配当原資が減少し、配当表の更正が必要となる。
　※配当表に対する異議申立期間経過後に財団債権が判明した場合、配当表の更正は必要なく、配当後になお破産財団に残りがあれば、その限度で弁済する。

☐誤記など配当表に明白な誤りがあった場合、配当表に対する異議申立期間内であれば更正する（法13、民訴257）。配当表に対する異議申立期間経過後に誤りが発見された場合、配当表の更正はできないため裁判所に相談する。
　※当該債権者から念書を受領したうえで正しい額を配当すること等も考えられる。

(6) 配当額の定め

☐配当表の更正があった場合、更正後の配当表を裁判所に提出する。

(7) 配当の実施

☐債権者から振込依頼書が返送されているか確認
　※返送されていなければ督促する。

☐あらかじめ裁判所と打ち合わせた配当実施予定日（簡易配当の配当通知書にも記載された日）に、振込依頼書の指定口座に配当金を振り込む。
　※大阪地裁では、振込手数料は破産財団の負担としている。
　※振込みによる配当の場合は、配当実施日に必ず振り込まれるように数日前に銀行に持ち込んで準備をしておく。

☐手形・小切手債権者に対する対応

❏手形・小切手債権者に対する配当金の支払いは、手形等の呈示が必要となるため、配当金の振込前に手形等の原本を管財人事務所まで持参または送付してもらう
　※持参・送付に要する費用は債権者が負担（法193Ⅱ本文）。
❏紛失等のため手形等を呈示しない（できない）場合、供託する（供託先は管財人事務所の所在地を管轄する法務局）
　※手形等紛失の経緯や手形等を有する第三者が現れても当該債権者が責任を負う旨の念書等を徴求したうえで配当金を支払うこともある（運用と書式292頁）。
❏供託の判断時期
　配当表に対する異議申立期間（除斥期間経過後１週間）経過時点において、破産債権確定のための裁判手続等が係属している場合、債権者が配当金を受領しない場合または戸籍の附票等でも債権者の通知先を知ることができない場合等は、当該債権者に対する配当金を供託する（法205・202①・②・202③・200Ⅰ）
　※供託先は管財人事務所の所在地を管轄する法務局。

(8)　配当後の手続
❏配当終了後、振込受付書写し・供託書写し等を添付した配当実施報告書、配当表の写しを裁判所に提出する（規63）

第13章 配　当

5　最後配当（法195以下）

(1)　配当表の作成
☐簡易配当の場合と同様

☐中間配当を実施した場合でも、配当表の「配当の手続に参加することができる債権の総額」欄には、確定債権額を記載し、中間配当額を控除しない。
　※ただし、破産債権届出の取下げがあった場合は控除する。

(2)　最後配当の許可申請（法195Ⅱ）
☐最後配当許可申請書の提出
　※作成要領は簡易配当の場合と同様。

(3)　配当の公告または届出破産債権者への通知
☐配当の手続に参加することができる債権の総額および最後配当をすることができる金額を公告または届出債権者に通知する（法197Ⅰ）
　※大阪地裁では原則公告による運用。配当公告の費用は1行2854円（消費税込。平成26年4月1日以降2936円）。

(4)　配当表の更正
☐簡易配当の場合と同様
　※ただし、「配当表に対する異議申立期間（除斥期間経過後1週間）内」を「配当額の通知を発する前」に、「配当表に対する異議申立期間内（除斥期間経過後1週間）経過後」を「配当額の通知を発した後」に、それぞれ読み替える。

(5)　配当額の定めおよび通知
☐あらかじめ決めた配当通知予定日に、最後配当の手続に参加できる破産債権者に対し、配当額、配当の日時・場所、支払方法等を通知する（法201Ⅶ）

☐通知書には、振込依頼書を添付し、配当金の振込先口座を確認する

(6) 配当の実施
☐下記以外、簡易配当の場合と同様
☐供託の判断時期
　※簡易配当と異なり、供託の要否の判断時期は、最後配当の通知を発した時点である（法202条）。

(7) 配当後の手続
☐簡易配当の場合と同様

6　同意配当（法208）

(1) 配当表の作成
☐根抵当権の極度額超過債権についての特則は適用されない（法208Ⅲは法196Ⅲを準用していない）ことを除き、簡易配当の場合と同様

(2) 全届出破産債権者からの同意取得（法208Ⅰ）
☐全届出破産債権者に対し、配当表を送付し、配当額並びに配当の時期および方法について同意を得て、同意書を返送してもらう

(3) 同意配当の許可申請（法208Ⅰ）
☐同意配当許可申請書の提出
　※作成要領は簡易配当の場合と同様。
☐許可申請書には、全届出破産債権者からの同意書を添付する

(4) 配当の実施
☐同意配当の許可があった場合、速やかに、同意を得た配当額並びに配当の時期および方法に従い、配当を実施する（法208Ⅱ）
☐その他は簡易配当の場合と同様

(5) 配当後の手続
☐簡易配当の場合と同様

7 中間配当（法209以下）

(1) 中間配当の要否の確認（今後の管財業務の確認等）

☐残務の内容、終了時期、今後の破産財団増殖および財団債権の発生見込み等を確認し、中間配当後の残余財産で最後配当が可能かを確認する

　※最後配当があまりに少額とならないよう、数パーセント程度の配当原資は最後配当用に確保することが多い（運用と書式300頁）。

(2) 配当表の作成

☐おおむね簡易配当と同様だが、下記の債権につき注意する

　☐別除権付債権

　　権利実行の着手の証明および不足額の疎明がなされた場合、除斥されないため（法210Ⅰ）、配当表に記載する。なお、配当額は寄託される

　　☐権利実行の着手の証明はなされているか

　　☐不足額の疎明はなされているか

　☐停止条件付債権および将来の請求権

　　※配当表に記載する。なお、後記(7)のとおり、請求権が現実化するまで、配当額は寄託される（法103Ⅳ参照、法214Ⅰ④）。

　☐解除条件付債権

　　※配当表に記載する。なお、後記(7)のとおり、当該債権者が相当の担保を供しない限り、配当額は寄託される（法103Ⅳ参照、法214Ⅰ⑤・212Ⅰ）。

　☐少額配当の受領意思の届出をしていない債権

　　※配当表に記載する。なお、中間配当額が1000円未満であるか否かにかかわらず、配当額は寄託される（法214Ⅰ⑥）。

　☐前に中間配当がなされている場合

　　※前になされた中間配当において除斥された破産債権者が、新たに行う中間配当において必要事項を証明または疎明した場合、他の同順位の債権者に先立って、従前の中間配当におい

第13章 配　　当

　　　て受けることができた額の配当を受けることができる（法213
　　　条）ため、同額を考慮して配当額を記載する。
　□中間配当においては、根抵当権の極度額超過債権についての特則は適用されない
　　※法209Ⅲは法196Ⅲを準用していない。

(3) 中間配当の許可申請（法209Ⅱ）
☐中間配当許可申請書の提出
　※基本的に簡易配当と同様。

(4) 配当の公告または届出破産債権者への通知
☐最後配当の場合と同様

(5) 配当表の更正
☐下記以外、最後配当の場合と同様
　□除斥期間内に、別除権の目的である財産の処分に着手したことを証明し、かつ、当該処分によって弁済を受けることができない債権の額を疎明した場合、当該債権者を配当表に記載する（法210Ⅲ）

(6) 配当率の定めおよび通知（法211）
☐下記以外、最後配当の場合と同様
　☐裁判所に対し、配当率の定めを書面で報告する（規68Ⅰ）
　※優先的破産債権、劣後的破産債権および約定劣後破産債権をそれぞれ他の破産債権と区分し、優先的破産債権については法98Ⅱに定める優先順位に従って配当率を記載しなければならない（規68Ⅱ）。

(7) 配当の実施
☐簡易配当の場合と同様

426

❏下記の破産債権については、配当額を寄託する
　※寄託とは、管財人が破産財団に属する金銭を保管するために設定した金融機関の預金口座等に入金することをいう。中間配当額の寄託金の保管口座は、一般の破産財団保管用の口座とは別に開設することが望ましい。
　□異議等のある債権であって、破産債権確定のための裁判手続等が係属しているもの（法214Ⅰ①）
　□租税等の請求権または罰金等の請求権であって、配当率の通知時に不服申立手続が終了していないもの（法214Ⅰ②）
　□別除権者が疎明した不足額（法214Ⅰ③）
　□停止条件付債権または将来の請求権（法214Ⅰ④）
　□解除条件付債権であって、相当の担保が供されていないもの（法214Ⅰ⑤）
　□少額配当の受領意思の届出をしなかった破産債権者の有する債権（法214Ⅰ⑥）

(8) 配当後の手続
❏簡易配当の場合と同様

8 追加配当（法215）

(1) 追加配当の要否の判断

☐以下の場合（配当表に対する異議申述期間が満了していない場合）は、配当表の更正が可能であるため、追加配当によらず、配当表の更正によって対応する ☞Q2

　☐簡易配当につき、除斥期間経過後1週間を経過していない場合

　☐最後配当につき、配当額の通知をしていない場合

　☐同意配当につき、配当の許可がなされていない場合

☐新たに判明した財団が、配当するに足りるか否かの確認

　※少額の場合、管財人の追加報酬とされ、配当がなされないこともある。

(2) 追加配当の許可申請（法215Ⅰ前段）

☐追加配当許可申請書の提出

　※作成要領は簡易配当の場合と同様。

(3) 配当額の通知

☐追加配当手続に参加できる破産債権者に対し、配当額を定めて通知する（法215ⅣⅤ）

　※配当表は、簡易配当、最後配当または同意配当につき作成された配当表に基づく。

(4) 計算報告書の提出

☐（追加配当の場合には、計算報告のための債権者集会は開かれないため）遅滞なく、裁判所に対し、収支計算書を添付して計算報告書を提出する（法215Ⅵ）

(5) 配当後の手続
□簡易配当の場合と同様

9 租税債権の優先的破産債権部分の簡易分配

(1) 簡易分配の可否の判断
☐破産財団、交付要求の漏れの有無・内容等を確認し、財団債権の弁済ができること、優先的破産債権である租税債権までの配当にとどまることを確認
　※優先的破産債権である租税債権は、優先的破産債権である労働債権等の私債権より優先する。

(2) 公租公課庁との和解
☐各公租公課庁に連絡し、按分弁済につき了解を得る
　※通常は口頭の了解による。公租公課庁が応じれば和解契約書を締結して構わない。

(3) 和解の許可申請
☐裁判所に対し、許可申請書の提出

(4) 弁済の実施
☐各公租公課庁に対し、和解に基づき、弁済を実施する。

10 労働債権の優先的破産債権部分の弁済許可による簡易分配

(1) 簡易分配の可否の判断

☐破産財団、交付要求の漏れの有無・内容等を確認し、財団債権の弁済ができること、優先的破産債権である租税債権に対する配当ができること等を確認

☐賃金台帳、タイムカード等の客観的資料がなく、労働債権の存否および額に争いがある場合、一般破産債権者に労働債権に対する異議を述べる機会を確保するため、通常の配当手続によるべきである

(2) 破産債権届出

☐従業員に対し、破産債権の届出を促し、破産債権の届出を受ける（債権調査は不要。また、労働債権の内容、額に問題がない場合は、和解許可によることも考えられ、この場合は届出不要）

☐労働者健康福祉機構の立替払いがなされている場合、同機構からも債権届出を受けるか、または、按分弁済につき了解を得る

(3) 破産法101条の要件該当性

☐破産法101条1項の要件である「生活の維持を図るのに困難を生ずるおそれがあるとき」への該当性の確認。

※労働者がすでに再雇用されて従前以上の収入を得ているとか、従前相当高額の給与を得ていたために相当額の貯蓄がされていた等の特段の事情がなければ同要件は満たすと考えられ、個々の労働者の個別事情まで判断する必要はないとされている（運用と書式219頁）。

(4) 破産法101条の弁済許可の申請

☐裁判所に対し、許可申請書の提出

(5) **弁済の実施**
☐各従業員に対し、振込依頼書を発送し、返送を受ける
☐各従業員に対し、弁済許可に基づき、弁済を実施する

IX　Q&A

Q1　配当の種類と選択・運用上の工夫

配当手続の種類および配当に関する運用上の工夫としてはどのようなものがありますか。また、どのような事情に着目して配当手続を選択すべきでしょうか。

A

(1)　配当手続の種類と選択基準

配当手続には、①最後配当（法195条以下）、②簡易配当（法204条以下）、③同意配当（法208条）、④中間配当（法209条以下）、⑤追加配当（法215条）の5種類があります。

法律上の原則類型は①最後配当ですが、実務上は、②簡易配当によるのがほとんどです。多くの場合は、配当可能額が1000万円に満たないため、債権者の配当に対する異議を述べる機会のない少額型の簡易配当（法204条1項1号）によります。次に、配当可能額が1000万円を超える場合には、配当時異議確認型の簡易配当（法204条1項3号）または最後配当によることになります。この場合の配当手続の選択について、東京地裁は原則として最後配当としていますが（管財の手引301頁以下参照）、大阪地裁では配当時異議確認型の簡易配当としていますので（運用と書式280頁以下参照）、係属庁に確認が必要です。なお、簡易配当によった場合でも、債権者から簡易配当をするについて異議が述べられた場合には、最後配当手続をやらなければならず、二度手間になりますので、異議を述べるような債権者が見込まれる場合には、最後配当を選択すべきです。もっとも、異議を述べられることはほとんどないようです。

③同意配当は、債権者の人数が少なく、管財人が定めた配当表、配当額、配当時期、配当方法について債権者全員の同意が得られるような限られた場

433

合に行われます（管財の手引302頁、運用と書式278頁、実践マニュアル475頁）。

　④中間配当は、一般の債権調査終了後、破産財団に属する財産の換価終了前に、配当をするに適当な相当程度の破産財団が組成できた場合に最後配当に先立って行われる配当手続ですが、実務上は、大型事件のように相当規模の大きい破産財団が組成され、かつ、訴訟等によって換価業務が長期化すると予想される場合に行われる例外的な手続とされています（管財の手引329頁以下、運用と書式300頁以下）。中間配当を行った場合には、その後は最後配当を行うことになります。

　⑤追加配当は、①～③の配当手続後に新たな財産が判明した場合に行われる配当手続です（管財の手引332頁以下、運用と書式303頁以下）。新たな財産発見の場合の対応については、後述のＱ２を参照してください。

(2) 運用上の工夫

　配当に関する運用上の工夫としては、①租税等請求権の優先的破産債権部分の簡易分配の方法、②労働債権の優先的破産債権部分の簡易分配の方法、③和解による簡易分配の方法、④法人併存型の場合の配当手法の工夫などがあります。

(A) 租税等請求権の優先的破産債権部分の簡易分配の方法

　配当可能額が租税等請求権の優先的破産債権部分までにとどまる場合には、配当がない一般の破産債権者に債権届出を要求し債権調査を行ったうえで配当をすることは訴訟経済的に不合理です。そこで、これらの不都合を回避するための運用上の工夫として、①債権調査期日に債権認否を留保したまま、簡易配当または最後配当を行う運用（東京地裁の運用。管財の手引235、244頁、実践マニュアル472頁）や②裁判所に和解許可を得て和解によって按分弁済を行う運用（大阪地裁の運用。運用と書式275頁、実践マニュアル470頁）があります。後者は、裁判所の和解許可により、租税等請求権の優先的破産債権の按分弁済部分を財団債権化して、財団債権としての支払いを行い、手続としては異時廃止とするものであり、破産法上の配当手続ではありません。

(B) 労働債権の優先的破産債権部分の簡易分配の方法

配当可能額が労働債権の優先的破産債権部分までにとどまる場合には、租税等請求権の場合と同様の不都合を回避するための運用上の工夫として、①労働債権の弁済許可制度（法101条1項）により、弁済許可を得る方法（運用と書式276頁、実践マニュアル473頁）、②裁判所に和解許可を得て和解によって按分弁済を行う運用（運用と書式276頁、実践マニュアル473頁）、③債権調査期日に労働債権の認否のみ行い、その他の一般破産債権の債権認否を留保したまま、簡易配当または最後配当を行う運用（管財の手引245頁）があります。②の方法は、債権届出すら不要ですので、労働債権の存否や額に争いがない場合には、一番簡便な方法となります。

(C) 和解による簡易分配の方法

前記の(A)②、(B)②の場合に限らず、裁判所の和解許可を得て和解によって債権を財団債権化して弁済し、異時廃止として手続を終了させる方法は、最も簡便な簡易分配方法として有用です。換価すべき業務も少ないが配当が可能な財団が組成され、かつ、債権者数も少なく、かつ、その金額に争いがないなどの事情があり、第1回期日までに換価業務や債権の弁済業務のすべてを終わらせることができるような比較的小規模な事案では、この方法を利用することで、債権調査等を経ることなく分配を行い、異時廃止によって手続を終了させることができます（運用と書式278頁、実践マニュアル475頁）。

(D) 法人併存型の場合の配当手法

法人とその代表者がともに破産している法人併存型の破産手続において、その両者間に債権債務が存在し、かつ、配当が可能な場合、一方の配当手続を先行させて他方が配当を受けたうえでさらに配当を行うと、時間もかかるため、これをほぼ同時に進める工夫があります。具体的には、債務を負担する側の事件で管財人報酬を決定して配当原資と配当額を確定後、もう一方の事件ではその配当額を前提に換価終了として配当手続を行い、両事件同一の期日に配当期日を設定するという工夫です（実践マニュアル467頁）。

第13章 配　当

Q2 配当許可申請後に新たな破産財団が判明した場合の対応

配当許可申請後、新たに破産財団を構成する財産の存在が判明した場合、どのように対応すればよいですか。また、当該財産が少額である場合や、換価に相当の期間を要すると見込まれる場合はどうでしょうか。

A

(1) 配当許可申請後に新たな財産が判明した場合の対応

配当許可申請後に新たな財産が判明した場合の対応は、以下のとおり、配当手続の進行状況がどの段階にあるかによって異なります。いずれの場合であっても、速やかに裁判所に連絡し、事後の対応につき協議する必要があります。

(A)　配当許可決定前

配当許可決定前であれば配当表の更正手続による必要はないため、配当許可申請書および配当表を差し替えることにより対応します。

(B)　配当許可決定後～配当表に対する異議申立期間経過前

管財人は、配当許可を受けた後、遅滞なく配当表を作成して裁判所に提出しなければなりませんが（法205・196条1項）、その後に配当表の記載事項に変更が生じた場合は、配当表の更正の手続による必要があります（運用と書式290頁、管財の手引320頁）。実務上は配当許可申請とあわせて配当表を提出しているため、配当許可決定後であれば配当表の更正手続によることになります。

配当表の更正については裁判所の許可は不要ですが、「配当表の更正」という表題を付して、配当額を修正した配当表を提出しなければなりません（運用と書式290頁）。

なお、配当表に対する異議申立期間は、簡易配当と最後配当の場合とで異なるため、注意が必要です。

(C)　配当表に対する異議申立期間経過後～配当実施前

配当表に対する異議申立期間を経過している場合、配当表の更正を行うことはできません（運用と書式290頁）。したがって、新たに発見された財産は原則として追加配当の原資となります（法215条1項）。

実務上の工夫としては、裁判所の了解のもと、配当の際に当該財産の換価による増加分をあわせて支払う方法により、事実上の追加配当を行うことも考えられます（運用と書式290頁）。また、後述のとおり、当該財産の価額が小さい場合は管財人の追加報酬とされる場合もありますので、裁判所とも相談のうえ、その処理について決定する必要があります。

(D) 配当実施後

原則として追加配当を行うことになりますが、後述のとおり、財産の額が小さい場合は管財人の追加報酬となる場合があります。

なお、破産手続が終結した後に新たな財産が発見された場合であっても、当該財産については管財人の管理処分権が残っているとして、清算人の選任を要することなく、追加配当の手続によることが可能であると解されます（運用と書式304頁、管財の手引336頁以下）。

(2) 財産が少額である場合や換価に相当の期間を要する場合の対応

新たに存在が判明した財産が少額である場合には、裁判所の判断により管財人の追加報酬となる場合がありますので、裁判所にその処理について確認する必要があります。

また、新たに存在が判明した財産が換価に相当の期間を要する場合、当該財産が債権であればサービサーに売却する等、早期に換価を完了し得る方法がないか検討し、早期処理を目指す必要があります。早期換価が困難な場合には、裁判所とも相談のうえ、管財人の残務処理についての管理処分権に基づき、破産財団からの放棄、換価のうえ追加配当等を行うことになります。

Q3 配当見込みの判断

破産財団の換価がほぼ完了し、管財人報酬を除く財団債権・優先債権を全額弁済しても一定の破産財団が残る見込みとなりました。どの

ような事情を考慮して、配当の見込みについて判断すればよいでしょうか。

また、債権者から配当見込みについて問い合わせを受けた場合、どのように回答すべきでしょうか。

A

　まず何よりも、管財人報酬を除く財団債権・優先債権の漏れがないか確認する必要があります。そのうえで、換価終了後に裁判所に対して、業務報告をするとともに管財人報酬を決定してもらう必要があります（換価未了時に問い合わせた場合には内示額を教えてもらうこともあります）。

　この管財人報酬額に、今後の配当費用、具体的には、最後配当であれば官報公告費用（1行（22文字）あたり消費税込2854円（平成26年4月1日以降2936円）×行数。概算額としては3～4万円程度）に加え（簡易配当であれば配当時の官報公告費用は不要です）、配当のための振込手数料、配当通知等の通信料、コピー代などの事務費用として、1債権者あたり1000円程度を概算の事務費用として見込んだ金額を加算した金額が、今後発生するであろう財団債権総額となります。また、債権者申立てや準自己破産申立てで予納金等の補填が必要な場合には、その金額も加算する必要があります（運用と書式282頁）。

　このように組成された破産財団から、今後発生予定の財団債権概算額および既発生の財団債権・優先債権を控除したものが、一般の破産債権者への予想配当原資となります。これと配当対象の破産債権額を見比べると、概算の配当見込みないし予想が可能です。

　もっとも、換価終了前であれば、債権調査も未了の場合が多いため、配当対象の債権額が未だ決定していないでしょうし、そもそも換価終了時期が未定な場合もあります。そのような時期に、債権者の問合せに安易に応答し、配当予想率などの見込みを知らせると、債権者との間で不測のトラブルが生じる可能性もあります。もっとも、破産債権者にできる限り情報を提供することは管財人の職務でもありますので、債権者の問合せには、換価未了あるいは債権調査未了であり現時点の不確定な見込みにすぎないことを必ず留保

のうえ、その時点の配当見込みおよびその時期について説明することもありうるでしょう。

Q4 配当額の算出方法

〔1〕 配当表の作成にあたって、配当率は具体的にどのように算出すればよいでしょうか。また、配当率は小数点以下何桁くらいまで決めればよいのでしょうか。

〔2〕 配当額のうち1円未満の部分は、四捨五入、切り捨てのいずれとするのが一般的でしょうか。また、配当額の合計額と配当原資の額とは、完全に一致させなければいけないのでしょうか。

A

(1) 配当率の算出方法（〔1〕）

配当率は、以下の手順に従って計算します。

① 破産財団の現金総額の算定

まず、破産財団に属する現預金残高を確認します。このとき、管財人において立て替えている費用があれば精算しておきます。

また、今後の配当費用や事務手続に要するための費用を見積もり、これも控除します（具体的にはQ3参照）。このとき、後に不足が生じないように注意しましょう。なお、大阪地裁の運用では配当許可申請時に提出する収支計算書では、この見積額を支出に計上しておきます。

これらの見積額を現預金残高から控除して、破産財団の現金総額を算定します。

② 配当の手続に参加することのできる破産債権の総額の算定

破産債権につき、債権調査により認めた債権の総額を算定します。

③ 管財人報酬

裁判所による決定額です。なお、追加報酬決定もあり得ますが、まずは配当時までに確定した報酬額で足ります。

④ 配当率の算出

①破産財団の現金総額から③管財人報酬を控除することで配当原資となる破産財団が算出できます。これを②一般破産債権の総額で割ると配当率を算出できます。

この点、配当率の算出にあたっては、簡易配当後に破産財団ができるだけ残存しないようにする必要があります（運用と書式283頁）。大阪地裁の書式の記載例（運用と書式469頁以下）では、配当率が小数点以下6桁まで記載されていますが、小数点以下何桁でよいかという決まりはなく、できるだけ破産財団に残りがないように計算をすれば足ります。

(2) 端数の処理方法（〔2〕）

大阪地裁における配当表では、各債権の額に配当率を掛けた金額を各債権の「配当することができる金額」欄に記入します。このとき、1円未満の金額が生じますが、これを四捨五入（ExcelではROUND関数を使用）とするか、切捨て（ExcelではINT関数を使用）とするか、とくに決まりはありませんので、配当原資に不足が生じる計算方法でない限り、いずれを用いても構わないでしょう。このように、1円未満の端数処理が生じますので、配当表の「配当することのできる金額」の総合計が簡易配当申請書の差引残高・現金総額（配当原資の額）と必ずしも一致せずとも構いません。

Q5　不足額未確定の債権者に対する配当の是非

オーバーローン状態にある別除権の目的物である不動産を財団から放棄し、当該不動産について競売手続が進行しているところ、破産手続で配当手続を行うことになりました。競売手続が完了するまでには時間がかかる見込みで、別除権者に促しても、競売手続が完了するまで、別除権不足額の証明はできないとのことです。このように、別除権不足額が未確定な債権者がいる場合に配当から除斥し、他の破産債権者に対して配当をして、手続を終結させてもいいのでしょうか。それとも、配当のスケジュールを調整するように裁判所と協議すべきでしょうか。

当該別除権者の有する破産債権の別除権不足額が、①破産債権総額のごく一部と見込まれる場合、②破産債権総額の過半のような大口のものと見込まれる場合、③破産債権総額のほぼすべてを占めると見込まれていて、他の破産債権者へ配当したときには、破産財団の残りを破産者に返還することになり得る場合とで、判断に違いはありますか。

A

前提として、別除権付破産債権者は、別除権の行使によって弁済を受けることができない債権額（不足額）についてしか破産債権者として権利を行使することができません（不足額責任主義。法108条1項本文）。そのため、別除権付破産債権者は、配当を受けるためには、除斥期間の満了前に不足額を証明（法198条3項・205条。なお、中間配当の場合は疎明（法210条））するべく、管財人に対して、たとえば競売事件での配当表謄本など不足額を証明する資料を提出しなければなりません。なお、これによって管財人が不足額が証明されたと判断すれば、裁判所に対して、その資料を添付した不足額確定報告書を提出して、当該別除権付破産債権者を配当対象として配当額を計算し、配当を実施します（運用と書式284頁以下、管財の手引249頁以下）。

したがって、設問のように、別除権付破産債権者が競売申立てをしつつも、除斥期間内に競売手続で競落されず、不足額の証明がない以上、当該債権者は配当から除斥されることになります。管財人としては、迅速な配当を期待する他の破産債権者の利益にも配慮して、原則どおり、当該債権者の不足額の証明を待たずに配当手続を進め破産手続を終結させるのが一般的でしょう。

もっとも、総債権額に占める別除権付破産債権額が非常に大きい場合（設問の②③）や、競売手続が相当程度進んでいる場合（競落され、競売手続の配当が間近な場合）には、別除権者の不足額確定を待ったり、管財人と別除権者との間で被担保権の範囲を限定する合意を行って不足額を確定させたりなどして、当該債権者が配当に参加できるよう対応することも検討します（運用と書式285頁）。

このように事案に応じて管財人としての不足額に対する対応と配当スケ

ジュールを検討したうえで、裁判所と十分協議して配当手続を進めましょう。

第14章

破産手続の終了

I　破産手続の終了の流れ・概要

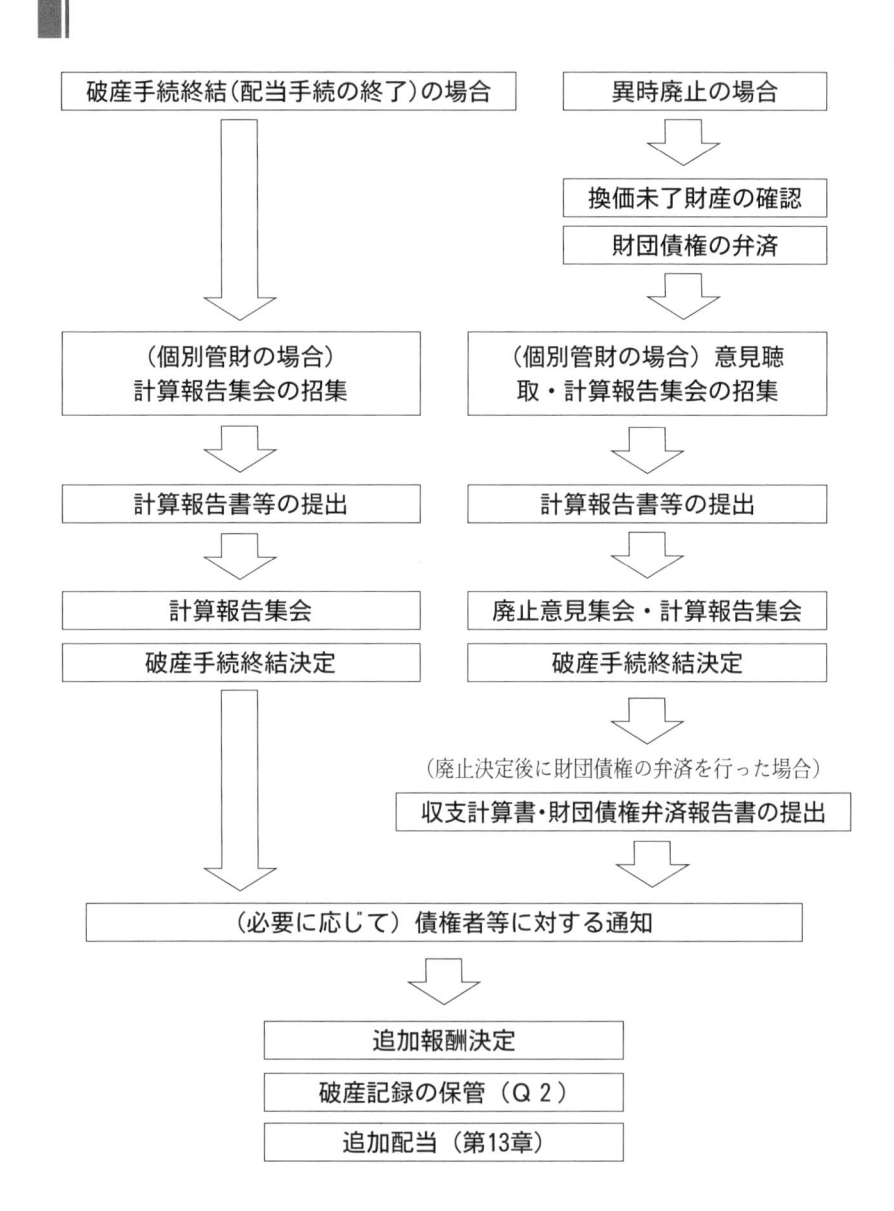

```
┌─────────────────────────────┐        ┌─────────────────┐
│ 破産手続終結（配当手続の終了）の場合 │        │ 異時廃止の場合 │
└─────────────────────────────┘        └─────────────────┘
                │                               ↓
                │                    ┌─────────────────┐
                │                    │ 換価未了財産の確認 │
                │                    ├─────────────────┤
                │                    │  財団債権の弁済   │
                │                    └─────────────────┘
                ↓                               ↓
    ┌──────────────────┐          ┌──────────────────────┐
    │（個別管財の場合） │          │（個別管財の場合）意見聴│
    │ 計算報告集会の招集 │          │ 取・計算報告集会の招集 │
    └──────────────────┘          └──────────────────────┘
                ↓                               ↓
    ┌──────────────────┐          ┌──────────────────┐
    │ 計算報告書等の提出 │          │ 計算報告書等の提出 │
    └──────────────────┘          └──────────────────┘
                ↓                               ↓
    ┌──────────────────┐          ┌──────────────────────┐
    │   計算報告集会    │          │ 廃止意見集会・計算報告集会 │
    ├──────────────────┤          ├──────────────────────┤
    │  破産手続終結決定  │          │   破産手続終結決定    │
    └──────────────────┘          └──────────────────────┘
                │                               ↓
                │             （廃止決定後に財団債権の弁済を行った場合）
                │               ┌──────────────────────────┐
                │               │ 収支計算書・財団債権弁済報告書の提出 │
                │               └──────────────────────────┘
                ↓                               ↓
        ┌─────────────────────────────────────────┐
        │      （必要に応じて）債権者等に対する通知       │
        └─────────────────────────────────────────┘
                             ↓
                  ┌──────────────────┐
                  │    追加報酬決定    │
                  ├──────────────────┤
                  │ 破産記録の保管（Q2） │
                  ├──────────────────┤
                  │ 追加配当（第13章）  │
                  └──────────────────┘
```

II 破産手続の終了における チェックポイント等

1 破産手続の終了における心構え

▶破産手続を終了してよいか再度入念に確認し、異時廃止または破産終結により破産手続を終了させます。

▶破産手続終了後、破産記録をどのように取り扱うかを検討する必要があります。

▶以下は、大阪地裁の運用を記載しているので、他庁については、各地の運用を確認するようにします。

第14章　破産手続の終了

2　破産手続終結の場合

(1)　計算報告集会の招集（個別管財の場合）

☐計算報告集会の招集申立書を提出（法88Ⅲ・135Ⅰ本文）
　※一般管財では、破産手続開始と同時に計算報告集会が指定され、集会期日が続行していることから、計算報告集会の申立ては不要。

(2)　集会前の書面の提出（法88Ⅴ）

(A)　一般管財の場合

☐集会期日の1週間前までに、業務要点報告書、財産目録、収支計算書、預金通帳の写しを裁判所に提出

(B)　個別管財の場合

☐集会期日の4日前までに、任務終了の計算報告書を裁判所に提出

(3)　破産手続終結決定後の処理

☐郵便回送嘱託取消通知書を郵便回送嘱託をした日本郵便株式会社の郵便局に送付

☐（法人の場合）法務局へ商業登記嘱託書を送付

☐許認可庁へ終結（廃止）決定確定通知書を送付

チェックボックスの種類
☐必ず確認すべき事項
☒場合によって検討すべき事項のうち重要なもの
▫場合によって検討すべき事項

446

3 異時廃止の場合

(1) 処理漏れがないことの確認

☐ 換価未了財産の有無の確認
　※破産の登記をしていた場合には、破産登記の抹消上申を忘れないようにする。

☐ 財団債権の弁済
　※日程的に難しければ異時廃止後に財団債権の弁済を行ってもよい。

(2) 廃止意見聴取・計算報告集会の招集（個別管財の場合）

☐ 廃止意見聴取・計算報告集会が開始決定時に指定されていなければ、換価終了後速やかに、同集会の招集申立書を提出（法217Ⅰ・Ⅱ）
　※一般管財では、破産手続開始と同時に計算報告集会が指定され、集会期日が続行していることから、計算報告集会の申立ては不要。

(3) 集会前の書面の提出

(A) 一般管財の場合

☐ 集会期日の1週間前までに、業務要点報告書、財産目録、収支計算書、管財人口座の預金通帳の写しを裁判所に提出

(B) 個別管財の場合

☐ 集会期日の4日前までに、任務終了の計算報告書を裁判所に提出

(4) 廃止決定後の財団債権の弁済報告（廃止決定後に財団債権の弁済を行った場合）

☐ 財団債権の弁済後速やかに、収支計算書、財団債権弁済報告

書および解約した管財人口座の預金通帳の写しを裁判所に提出

(5) 債権者に対する通知

☐ 破産終結決定または破産手続廃止決定を債権者等に通知するか検討し、必要に応じて通知書を送付 ☞ Q1

① 京都地裁、福井地裁においては、債権者が債権届出を行ったが異時廃止になった場合に限り、管財人が配当がない旨の通知（または異時廃止決定がなされた旨の通知）を行う運用となっており、届出留保型の場合には管財人が債権者への通知を行う運用とはなっていない。大津地裁においては、異時廃止になった場合、裁判所からの事務連絡に従い、債権者等（交付要求庁を含む）に廃止決定正本の写しを送付する運用となっている。

4　破産記録の処理

☐破産記録のうち、返還すべきもの、保管しておくべきもの、廃棄すべきものを選別し、適宜処理する　　☞Q2

5 破産手続終了後の財産の発見

❏破産手続終了後、新たに破産財団に属する財産が発見された場合、原則として、管財人の残務として換価する

※第13章（配当）Q 2 参照。

☞ 第13章（配当）Q 2

Ⅲ　Q&A

Q1　異時廃止の場合の債権者に対する通知の要否

破産手続が異時廃止で終了した場合、債権者あてにそのことを通知する必要はあるのでしょうか。

A

　管財人に破産手続の廃止を債権者あてに通知する義務は課されていません。したがって、破産手続の廃止を債権者に通知するか否かは、基本的に管財人の判断に委ねられているといえ、債権者から問合せがあれば、そのつど、破産手続廃止決定をファクシミリ等により送付することで足りると思われます。

　もっとも、債権者が破産手続の推移に強い関心を有しており、破産手続廃止の有無・時期につき多数の問合せが予想されるような事件では、債権者に対して廃止決定がされた旨の通知を行っておくほうが好ましいと考えられます。

　通知の具体的内容としては、廃止決定されたという結果報告のみのもの、管財事務の詳細につき記載したもの（運用と書式494頁）などさまざまありますので、債権者の態度、関心の程度など事案に応じて検討しましょう。

　なお、書面の郵送等、費用が生じる方法によって債権者に対する通知を行う場合、配当や財団債権の按分弁済を行うにあたって、当該費用を財団債権（法148条1項2号）としてあらかじめ控除しておくことも可能です。

Q2　破産手続終了時の資料の保管および処理

破産手続が終了した場合、破産事件に関する資料（商業帳簿、実印など）はどうしたらよいでしょうか。破産者が法人の場合と自然人の場合とで異なる点はありますか。また、事件の内容等によって対応に差

451

異が生じるでしょうか。

A

　実務上は、破産手続が終了すると、管財人は破産財団に対する管理処分権を失うことから、破産者または破産会社の代表者に資料を返還するようにしています。また、申立代理人において資料を受領する意思を有しているのであれば、申立代理人に返還することでも問題ないと思われます。

　もっとも、破産者や破産会社の代表者が受取りを拒絶している場合や同人らによる適切な管理が期待できない場合などは（たとえば、破産会社の保有していた個人情報等を違法に利用するおそれがある場合など）、管財人として保管を継続せねばならない状況もあります。このような場合、とりわけ商業帳簿の保管義務期間は会社法では10年と定められていることから（会社法432条2項・508条）、商業帳簿については管財人も10年間保管せねばならないのか問題となりますが、管財人が弁護士の場合、弁護士業務の一環として商業帳簿を受領したに過ぎないため弁護士の書類保存義務を定めた民法171条に従って破産手続終了時から3年間保管すれば足りると解されています（はい6民241頁）。

　なお、管財人にて資料の保管・廃棄を行う場合、これに要する費用を、配当原資の計算または財団債権の按分弁済を行う前に把握し、計上しておくこともできます。そのため、外部業者に委託するのであれば保管料と将来の廃棄費用の見積りをとるようにしましょう。

● 事項索引 ●

【数字】

1号仮登記	140
2号仮登記	140

【アルファベット】

BS料金	283
PCB	127
PSEマーク	185

【あ】

明渡費用	292
アスベスト	128
アフターサービス	179
新たに知れたる債権者	12・24
按分弁済	352・430・431・434・435
異議通知	384・385
異議の訴え	322
意見聴取集会	355
遺産分割	319
────協議	190
異時廃止	447・451
慰謝料	96・181・319
────請求権	48
委託販売	183
一身専属性を有する権利	48
一般管財	25・27・385
移転費用	131
違約金条項	294
印鑑	21
印紙	100・189
インターネットバンキングの利用料金	283
請負契約	277
────代金	43・94
請負人の破産	278・299・300
売掛金	43・92・166
運行供用者責任	74
営業保証金	95・179
延滞金・延滞税の減免	205・222
大阪地裁における自由財産拡張制度の運用基準	49

【か】

会員保証金	95
海外の売掛先	169
会計帳簿類	107
解雇予告手当	216
解散事業年度	238
回収不能	177
解除条件付きの破産債権	338
解約返戻金	38・114～
拡張適格財産	38
────の価額の評価	50
家財道具	99
火災保険	78・129
瑕疵担保責任	178
貸付金	43・94・167
ガス料金	283
課税庁	146
過払金	95・168
株券	157
株式	42・89・154～
簡易配当	417・433
簡易保険	42
簡易分配	430・431・434
換価業務	73

453

管財人からの相殺	340	契約関係の処理	267
──口座	24	契約者名義	114
──の追加報酬	437	ケーブルテレビ料金	283
還付請求	242・246	下水道	196
官報公告費用	422・438	決済	149
機械工具類	43・98・187	欠損金	230・232・233・240
危機時期	306	現金	41・43・49・53
議決権	158	原材料	97
期限切れ欠損金	231	原状回復費用	292
期限付・解除条件付債権	331	源泉徴収	247・249
期限未到来の債権	331	源泉徴収税の過納金	246
────破産債権	338	現地確認	125
期日型	377	現場確認と現場保全	30
切手	100・188	高価品保管口座	12・24
キャラクター	185	行使上の一身専属権	48
給与債権の差押え	318	後順位担保権者	145
給料からの天引き	316	公租公課	195
京都地裁の自由財産拡張基準	44	公租公課一覧表	362
業務要点報告書	357・358・367	交通事故の損害賠償請求権	58
共有不動産	79・134	交通費等	215
許可	174・177	光熱費	283
─申請	86・186	交付要求	211・212
─申請書	172	────通知書	214
許認可官庁（許認可庁）	11・23	抗弁	170
金額が不確定の金銭債権	331	小切手	91
金券	100・188	告示書	65・77・125
具体的納期限	205・209・212・221	国民健康保険料	208
区分所有建物	78	固定資産税	147
計算報告集会	446	────の精算	147
軽自動車	76	個別管財	6・385
係属中の訴訟等	26	個別弁済の禁止	332
継続的供給契約	267・272・282	雇用保険	199
携帯電話	224	ゴルフ会員権	90・160・161・162
────料金	283	コンサルタントフィー	324
警備契約	77	コンデンサー	126

事項索引

【さ】

サービサー	93
────の活用	175
債権者集会	355
債権者破産	32
債権調査	376
────期日	355
債権届出期間経過後の債権届出	390
────の記載不備	391
在庫商品	43・97・183
最後配当	422・433
財産隠匿	108
財産状況報告集会	355・366
財産状況報告書	368
財産目録	357・359
────に記載のない財産	52
財団組入	351
財団債権	208〜・405
────の按分弁済	220
────の弁済	204・220
再リース	279
────契約	301
裁量免責	346・348
差押禁止債権	47
差押禁止財産	47
差押登記	146
暫定的異議	401
仕掛金	97
敷金・保証金	95・275・339
敷金・保証金返還請求権	39・288
事業所の明渡し	290
資産調査費用	111
質権	117・161・296
支店発送	150
自動車	66・74・104・119〜
自動車税	75
自賠責保険	72・75
支払停止	306・313
────後の債務負担行為	333
支払不能	306・313
────後の債務負担	332
借地	135
射幸行為	346
重機	98・186
什器備品	99・187
従業員持株会	90・157
集合債権譲渡担保	260
集合物譲渡担保	260
自由財産拡張	36・48
────制度	48
────制度の運用基準	42
────手続	36
────の判断時期	55
────申立て	38
収支計算書	357・360
修繕積立金	254
住民税	199・200・221
出資金	38・70・113
小規模企業共済	42・71・118
条件付債権	393
証拠	171
商号変更	383
証拠化	171
商社取引	280
商事留置権	254・259・298
譲渡担保	255
消費税	242・243
商標権	189
情報開示	32・388
情報提供義務	217・390

455

事項索引

将来の請求権	338・393
職員互助会	316
所在不明	120
除斥期間	407・408・411
賞与	219
所有権留保	122・255・261
────付きの自動車	76
書類保存義務	452
信用金庫	114
水道料金	283
請求書	168
税金の還付	246
清算確定事業年度	238
清算事業年度	238
清算事業年度の税務申告	244
性質上の差押禁止財産	47
税務申告義務	240
────の概要	238
────を行うか否かの判断	232
説明義務	350
戦略的異議	402
相殺	329
──禁止	329
──の催告	336
──予定	113
相続	102・209
相当性の要件	50・52
双方未履行の双務契約	271・282
─────────の履行・解除	284
双務契約	30
訴訟提起	93・172
ソフトウエアの開発委託	296
損害賠償請求権	96

【た】

第1回債権者集会	151
代位弁済	397
退職金	40・96・180・219・220
滞納処分	79・84・92
代物弁済	315
打切主義	417
立替金債権	208
立替費用	360
担保価値維持義務	296
担保権消滅請求の申立て	146
──消滅手続	257・262
──の消滅交渉	145
知的財産権	101
地方税の内容	245
仲介業者	81・142・152・153
中間納付	233
中間配当	425・433
中小企業退職金共済（中退共）	42・71・118
中小企業倒産防止共済	118
注文者の破産	277・278・298
調査報告義務	350
著作権	101
賃借人の破産	267・290・292・294
賃貸借契約	272・273・275・284・286
賃貸借保証金	95
賃貸物件	138
賃貸物件・収益物件	80
追加配当	428・433
追加報酬	370・437
────受領報告書	370
通知	451
積立金	42
定期金債権	331

事項索引

定型的拡張適格財産	38・49・51	【は】	
停止条件付きの（破産）債権		廃棄物	291
	338・417・419・425・427	売却困難物件	151
抵当権設定仮登記	139	廃業届	13・20
手形	91・162・163・164	廃止意見聴取・計算報告集会	447
―・小切手	43	配当金	90・158
―債権の認否方法	395	配当時異議確認型の簡易配当	433
電気料金	283	配当表の更正	419・422・
転送郵便物	69		426・428・436
電話加入権	39	配当率	439
同意配当	424・433	配分案	83
登記留保債権者	139	破産記録の処理	449
倒産解除条項（倒産解除特約）	281	破産債権者表	367・386
動産売買先取特権	183・254・258	破産者居住用不動産	78
投資信託等	90	破産手続開始決定前の保全処分	21
登録自動車	76	破産登記	31
特別徴収住民税	196	破産登記の抹消上申	447
特別法上の差押禁止債権	47	破産犯罪	344・352
土壌汚染	126	端数処理	440
特許権	189	引渡命令	131
取引先持株会	90	非金銭債権	331・338
取引保証金	95	非上場株式	155
		引直計算	398
【な】		否認権	305・313～
内覧会	144	―権のための保全処分	311
入札	82・143	―の訴え	321
任意売却	132	―の請求	321
認否予定書	386	非免責債権	351・400
任務終了の計算報告書	368	ファイナンス・リース	278
任務終了報告集会	355	――――――契約	301
年会費	160	封印執行	64
農地	78	不可欠性	44
ノウハウ	101	―――の要件	51・53
		不足額確定報告書	441
		不足額責任主義	441

457

事項索引

不動産	42・77・125〜
――の評価	140
――売却許可申請	149
――売買契約書	147
不当性	314
不法占拠者（不法占有者）	64・78・130
ブランド品	185
振込手数料	420
プリペイドカード	100
プロバイダ料金	283
不渡手形	163
別除権	253〜
――付債権	392
弁済業務保証金	95・179
保育料	198
包括承継	383
放棄	176・177
法人資産	109
法人税	196
法定納期限	209・221
法テラス	224・414
保管義務期間	452
保険契約の解約	115
保険証券	71
保険料拠出者	114
保証金	144
保証債務の履行による求償権	340
補助者	33
本来的自由財産	42・47

【ま】

マンション管理費	254
未払賃金立替払制度	10・201・218
免責観察型	345・349
――許可の申立て	344
――審尋期日	355
――制度と自由財産拡張	56
――不許可事由	344〜・348・350
――不相当	350
メンテナンス・リース契約	301
申立書類の引継ぎ	18
申立代理人報酬	324

【や】

役員報酬	199
有害性	314
有害物質	66
有価証券	89・154〜
優先的破産債権	200・430・431・434
――の弁済	206
養育費	399
寄託	427
寄託請求	288・339
預貯金	38・70・111・168
予納金	25

【ら】

ライセンサーの破産	280
ライセンシーの破産	280
ライセンス契約	279
リース契約	278・301
リース物件	67・104
利害関係の確認	15
リゾート会員権	90・160
利息制限法	398
留保型	377
旅行業協会	179
旅行業者	179
レッドブック	40

廉価処分	315
労働債権	194・198・214〜・415・430・431・434
───一覧表	362
───の弁済許可制度	435
労働者性	214
労働保険料の申告	223
浪費	346・350

【わ】

和解	93・173・174

破産管財 BASIC ──チェックポイントと Q&A──

平成26年2月16日　第1刷発行
令和4年8月30日　第5刷発行

定価　本体 4,200円＋税

監　修	中森亘・野村剛司・落合茂
編　著	破産管財実務研究会
発　行	株式会社　民事法研究会
印　刷	株式会社　太平印刷社

発行所　株式会社　民事法研究会
〒150－0013　東京都渋谷区恵比寿 3－7－16
〔営業〕☎03－5798－7257　FAX03－5798－7258
〔編集〕☎03－5798－7277　FAX03－5798－7278
http://www.minjiho.com/　　info@minjiho.com

カバーデザイン／鈴木　弘　　ISBN978-4-89628-919-0 C3032 ¥4200E
本文組版／民事法研究会(Windows7 64bit+EdicolorVer10+MotoyaFont+Acrobat etc.)
落丁・乱丁はおとりかえします。

■破産管財人の必携書として好評の『破産管財BASIC』の実践編！■

破産管財
PRACTICE プラクティス
―留意点と具体的処理事例―

中森 亘・野村剛司 監修　破産管財実務研究会 編

A 5判・330頁・定価　3,740円（本体3,400円＋税10％）

▷▷▷▷▷▷▷▷▷▷▷▷▷▷▷ **本書の特色と狙い** ◁◁◁◁◁◁◁◁◁◁◁◁◁◁◁

▶業種別（第1部）と実務の場面ごと（第2部）に、事務処理上の留意点や直面する悩みへの着眼点、知恵・工夫を網羅！
▶第1部は、業種・事業類型別の事務処理上の留意点をまとめ、同じ編者による『破産管財BASIC』からさらなる架橋を図る！　製造業、小売業、建設業、不動産業、理美容師、医師、整骨院、労働者派遣業、農業、牧畜業など種々掲載！
▶第2部は、執筆者が破産管財事件でうまく処理できた事例、創意工夫した事例、苦労した事例を持ち寄り、特殊な部分を除き、一般に使えるように、編集委員が103の事例とコラムにアレンジしてまとめ上げ、読者が同種の事案を処理するに際して、有益な情報となるものを集約！　中堅・若手弁護士必携！

本書の主要内容

第1部　業種・事業類型別の
　　　　事務処理上の留意点
第2部　破産手続における
　　　　場面・手続ごとの具体的処理事例
　第1章　破産手続開始の申立て
　第2章　破産手続開始決定
　第3章　自由財産拡張
　第4章　破産財団の管理・換価
　第5章　事業の継続
　第6章　労働債権
　第7章　契約関係の処理
　第8章　否　認
　第9章　役員の責任追及
　第10章　債権調査
　第11章　配　当
　第12章　破産者の死亡
　第13章　免　責

発行　民事法研究会

〒150-0013　東京都渋谷区恵比寿3-7-16
（営業）TEL. 03-5798-7257　FAX. 03-5798-7258
http://www.minjiho.com/　info@minjiho.com

破産管財人の必携書として好評の『破産管財シリーズ』の応用編！

破産管財ADVANCED
―応用事例の処理方法と書式―

中森 亘・野村剛司 監修
破産管財実務研究会 編著

A5判・347頁・定価 3,960円（本体3,600円＋税10％）

▶基礎編の『破産管財BASIC』、実践編の『破産管財PRACTICE』をさらにステップアップし、破産財団増殖のための事業譲渡、債権者申立て、業種類型別・財産別の処理、否認権行使のノウハウ等を書式を織り込み徹底解説！

▶7つの業種類型（出版取次業、給食サービス業、建設業、有料老人ホーム運営業、医療法人、運送業、産業廃棄物の中間処理業）別に問題点を抽出しつつ、処理事例を紹介するだけでなく、業種類型別の問題点についても解説！

本書の主要内容

第1章　事業譲渡を想定した破産申立て
　第1　総論
　第2　破産申立て前の事業譲渡①
　　　　──スーパーマーケットの事例
　第3　破産申立て前の事業譲渡②──学習塾の事例
　第4　破産申立て前の会社分割につき、管財人から否認権の行使がなされた事例
　第5　私的整理中の事業譲渡
　第6　保全管理人によって事業譲渡がなされた事例
　第7　民事再生申立て後、再生手続開始前に事業譲渡を行い、破産に移行した事例
　第8　再生手続開始後に破産手続へと移行し、破産手続の保全管理段階で一部事業譲渡がなされた事例

第2章　破産手続開始決定後の事業継続
　第1　総論
　第2　廃業に伴う社会的混乱を回避し、大量の在庫を処分するために事業継続がなされた事例
　第3　保全管理命令を経た事例①
　第4　保全管理命令を経た事例②

第3章　債権者による破産申立て
　第1　総論
　第2　協力型──破産者が管財業務に協力した事例
　第3　対立型──破産者が管財業務に協力しなかった事例

第4章　業種類型別の問題点と処理事例
　第1　出版取次業
　第2　給食サービス業
　第3　建設業
　第4　有料老人ホーム運営業
　第5　医療法人
　第6　運送業
　第7　産業廃棄物の中間処理業

第5章　財産調査及び換価の工夫
　第1　多数の売掛債権の回収方法
　第2　特許権の換価
　第3　商標権の換価
　第4　著作権の換価
　第5　在外資産の調査・換価①
　第6　在外資産の調査・換価②
　第7　借地権付建物・相続財産の換価

第6章　否認権行使──訴状・申立書等の記載例──
　第1　はじめに
　第2　総論
　第3　記載例
　　〔事例1〕不動産の廉価売却（その1）（差額償還請求──建物取壊・土地転売事例）
　　〔事例2〕不動産の廉価売却（その2）（差額償還請求──不動産転売事例）
　　〔事例3〕詐害行為否認～債権額減少等を内容とする合意を否認した事例
　　など全19例

発行　民事法研究会

〒150-0013　東京都渋谷区恵比寿3-7-16
（営業）TEL. 03-5798-7257　FAX. 03-5798-7258
http://www.minjiho.com/　info@minjiho.com